戴季陶と近代日本

Dai Jitao and Modern Japan

張玉萍

Zhang, Yuping

法政大学出版局

戴季陶
［出所：簡笙簧・侯坤宏編『戴伝賢与現代中国』国史館印行，1989 年，3 頁］

孫文
[出所：万仁元主編『孫中山与国民革命』香港：商務印書館，1994 年，47 頁]

蔣介石
［出所：万仁元主編『孫中山与国民革命』，73 頁］

目次

戴季陶と近代日本

序　章　戴季陶研究の現在

一　戴季陶という人物

本書の主人公は、近代日中の架け橋となり、またその狭間で苦悩したひとりの中国人である。その名を戴季陶《タイキトウ》という。戴は少年期に日本留学を経験し、その後、日本との深いつながりを持つことになるが、彼の政治活動や政治思想はいったいどのようなものであったのか。本書はそれを、当時の輿論や戴の人生にもっとも大きな影響を与えた孫文《ソンブン》の日本観などと比較しつつ、彼の日本観の形成・発展・変化の過程と、その内容や特徴を考察していく。はたして日本という存在は、戴季陶にとってどのような意味を持っていたのであろうか。

ここで戴季陶を取り上げるのは、彼が多くの留日経験者のなかで、後にもっとも傑出した知日家となり、日本および日本人について深く研究し、意味深い「日本」論を著わした人物だからである。さらに、国民党の第一級の日本問題専門家かつ要人としての戴の日本観は、同時代の中国人の対日認識に大きな影響を与えただけでなく、国民党政権の樹立と強化や、国民政府の対日政策の決定に力を発揮したことも、彼を取り上げる理由である。

しかし、戴季陶の日本観は一朝一夕に形成されたわけではなく、各時期の革命情勢にもとづく発生・発展・変化の過程を経て、しだいに成熟していったものである。したがって、戴の日本観の時系列的な変化のほかに、さらに彼が日本問題について意見を発表した際の、背景、動機、対象、目的から環境などにいたるまで、多くの関連する要因をあわせて考慮しなければならない。そのときどきの政治状況などの変化にともない、戴による日本観の表出の重点や方法もまた変化していったからである。戴の日本観を全体として正確に把握するためには、その著述、講演、書簡などに表われた主張とともに、その背後で進行しつつあった中国革命の展開や深化と、そのなかにおける彼の現実の政治行動および政治思想とを、不可分のものとして考察する必要があると思われる。そうしたことから、本書は歴史的な実証研究とあわせて、その思想（日本観）を丹念に追っていく。

とはいえ、戴季陶という人物は中国近現代史において多方面に関係を持ち、多くの歴史的事件を経験しながら、また自ら影響力を発揮した重要人物でもあった。そのため、「新右派」、「共産党」、「国民党反動派」、「反共理論家」、「三民主義正統派」など、一九二〇年代には政治的意図にもとづいたレッテルが貼られ、二〇世紀の終わりにいたるまで、それぞれの思想的・政治的な観点からの解釈が行なわれてきた。その意味で、私たちは両極端の戴季陶像に向かい合わざるをえない状況に置かれている。これまで中国（大陸・台湾）および海外においても戴季陶研究は十分に行なわれておらず、(1) 近年では関連著作がやや増えてきてはいるものの、やはり国民党の元老としてその日本観をとらえているものが多い。後年の政治的立場からではなく、日本留学を含む経歴や政治思想との関連のもとに戴の日本観形成の全過程を追って検討したものは、これまでなかったといえる。

本書は、戴季陶が一八九一年に生まれてから一九四九年に亡くなるまでの五八年間を対象としている。戴は日本留学期間中にも文章を発表したというが、これらは発見されていないため、その日本観をみるにあたっては、彼が留学を終えて帰国した後の一九〇九年以後が中心である。そこで本書では、戴の経歴や思想と相互に関連、影響しながら、その日本観に生じた内在的な変化を軸に、第一期「辛亥革命期（一九〇九～一二年）」、第二期「討袁運動期（一九一三～一六年）」、第三期「護法運動期（一九一七～一八年）」、第四期「五・四運動期（一九一九～二三年）」、第五期

「国民革命期（一九二四～二八年）」、第六期「国民革命後（一九二九～四九年）」というように六つの時期に分けて論じていく。

二　研究の動向

右に述べたように、本書では、戴季陶の日本留学経験やその後の日本とのつながり、政治思想との関連などを通じて彼の日本観の展開過程を検討していくが、全体として直接的な先行研究に当たるものはない。とはいえ、各時期における戴の人物像を描くにあたっては、多くの先行研究に依拠している。また、本書では戴季陶研究の一環としてその日本観を考察するため、いうまでもなく、彼の政治活動、政治思想、日本観についての基本的な把握が不可欠である。だが、それらに関連する著作の多くは各章において取り上げているので、この節では政治活動と政治思想に関する詳細は避けて、戴の日本観を簡単に紹介し、それぞれの特徴と問題点のみを指摘するにとどめる。以下、三つに分類して年代順に整理しながら、本書の課題と方法をより明確にしておきたい。

(1) 政治活動について

戴季陶の政治活動に関する研究は、中国（大陸・台湾）や日本においてある程度行なわれてきた。その最大の特徴は、戴を中国国民党右派の代表とみなして政治的な視点から紹介したものが多く、日本との関わりについては簡単に述べるにとどまり、彼の思想にどのような影響を与えたのかにはまったく触れていないことである。しかも、しばしば学術性と厳密性に欠けており、間違いが散見される。

また、中国大陸における戴季陶研究は、政治的原因から長年にわたり、批判や簡単な紹介の文章を除けばほとんど空白状態であった。一九八〇年代に入ってようやく研究が再開され、一九九〇年代以後は少しずつ増えてきたが、その大部分は早期の彼を革新的な思想の持ち主であり、孫文の忠実な助手だと評価しながらも、後期になると国民党元老の反共的人物ととらえ、その政治理論を批判するものである。日本留学や帰国後の日本とのつながり、日本観については、ごく簡単に触れられているだけである(2)。

さらに、台湾においては、大陸と正反対に戴季陶が逝去した二年後の一九五一年に年譜が出版され、それ以後、編年体の伝記や数多くの回顧的文章が現われたが、彼の国民党元老としての地位を意識したうえで、高く評価したものがほとんどである。しかし、一九九〇年代以後は、台湾史研究の台頭と反比例して、中国（大陸）史研究は低潮になった。それにつれて、戴に関する文章も減少している。戴と日本との関わりや、彼の「我が日本観」や『日本論』といった著作の内容は、簡単に紹介するにとどまるのみであった(3)。

日本や欧米においては、戴季陶の政治活動を中心に述べたものは、管見の限り存在しない。

（2）政治思想について

戴季陶の政治思想に関する研究は、大陸では一九八〇年代まで一篇の論文以外、皆無に近い状態であった。一九八〇年代からしだいに増加したが、彼の国民革命期の政治思想を取り上げ、もっぱらイデオロギー的視点から批判するものが多かった(4)。一九九〇年代から戴の五・四運動期におけるマルクス主義の紹介、さらには辛亥革命期における民権思想を取り上げ、進歩的なものだと評価するなどの変化が現われた。これは、蔣介石に対する評価が「人民の公敵」からしだいに客観的なものになり、「民族主義者」だったという評価とあわせて、対台湾統一工作を視野に入れた一種の呼びかけでもあり、やはり一定の政治的な意図が含まれている(5)。二〇〇〇年以後、戴の立憲君主思想、民主共和思想、社会主義思想、女子解放・教育思想、労働運動思想、民族主義思想、辺境統治思想など、政治思想に関する紹介や研究の範囲が多方面に拡大された。後期の思想も取り上げられているが、依然として早期や五・四運動期に集中している。また、戴季陶主義を中心とする政治思想に対する批判は、以前と同様である。[6]

一方、台湾では戴に対する評価が一貫して高かったが、五・四運動期に積極的に共産主義に接近した彼の思想を検討したものは、管見の限り見あたらない。[7] また、一九九〇年代以後、大陸における戴季陶研究の範囲が広がり、量的にも増えているのとは対照的に、台湾ではむしろ減少していった。これは政治状況の変化により、国民党研究自体が以前ほど盛んではなくなったこととも関係していると考えられる。

日本では、一九七〇年代の研究がイデオロギーを重視し、戴が反共、反帝、反軍閥であるととらえていたが、[8] 一九八〇年代からは彼を民族主義者、社会主義者として分析するものが現われてきた。[9] 一九九〇年代には、戴が超国家主義者であるとの見解が出されたが、[10] 二〇〇〇年以後に、彼の政治思想は「超国家主義」ではなく、「民主主義」であると指摘するものが現われた。[11]

欧米では、一九七〇年代の数篇の研究が戴の「文化的民族主義」に注目し、「伝統」と「革命」の両者を結合させようとしたものである、と考察している。それ以後の研究は、管見の限り見あたらない。[12]

しかし、右にあげた研究は、戴の経歴についての論述が不十分であり、なぜそのような思想が形成されたのか、経歴とどのように関わるのかについても踏み込んでいない。

（3）日本観について

戴季陶の日本観に関する論文は、中国大陸において一九八〇年代までは皆無であったが、一九九〇年代から少しずつ現われてきた。しかし台湾では、一貫して少なかった。それらと対照的に、日本では、戴の日本観に関する研究がもっとも多く行なわれている。その内容については、一九二七年に戴が著わした『日本論』を扱ったものが十数篇にものぼるのに対して、その他の各時期に関するものが一、二篇にとどまることから、戴の日本観に関する研究は『日本論』一冊に集中し、範囲が狭いといえる。さらに、どれもが戴の『日本論』の構成に従っており、その日本観の内容を紹介して客観的に分析するというよりも、各自の論点を前提に扱っており、「断章取義」の傾向がある。これらの論文には、戴が執筆した他の日本関連の文章と相互対照したうえで、その日本観の形成・発展・変化の過程を考察したものは少ない。さらに、日本留学・亡命・訪問および日本人との大量かつ直接的接触とあわせて、内在的に検討したものはまったくないので、彼の日本観の全体像をとらえることができていないといえよう。

中国大陸では、徐氷が戴の『日本論』は、体系性および科学性などからみて中国の日本研究の鼻祖だと高く評価している。また、桑兵・黄毅は、戴の日本観が一九一三年に孫文とともに訪日した後、敵視から提携に転じたが、それは孫の対日策略に従ったためであったという。趙英蘭は、戴の日本観は当時の中国の差し迫った急務を解決する良策であったが、日本政府と軍部に幻想を抱いた消極的な考え方は、後に蒋介石政府の対日外交の基本的思想にまで影響を及ぼしたと指摘している。賀淵は戴の日本観の全体像を提示し、その構造のポイントを摑んではいるが、彼の経歴や日本経験および思想との関連を考慮していない。したがって、戴の日本観の内容から考察した場合には、その時期区分の不十分さを露呈しており、彼の日本観に変化が生じた内在的要因を分析していない。さらに、李洪河は、この時期の戴が日本に対して厳しい批判的態度をとり、近代中国人が日本を認識するには啓発的な役割を果したと指摘している(13)。

台湾では、黄福慶が日本人の民族性に対する中国人の認識を検討したうえで、戴季陶の『日本論』を分析し、さらにこの本に対する日本人の評価を論じている。また、李朝津は戴の日本観について、護法運動期には民主的な視点で日本を批判し、五・四運動期にはマルクス主義的な視点に立ち、階級イデオロギーの影響下で日本に対して批判的であり、北伐戦争期には新民族主義的な視点から抽象的な理念を脱却し、日本を客観的に分析して長所と短所をともに指摘するようになった、と述べている。この論文は、戴季陶の日本観から世界観まで対象を拡大して論理的に分析しているが、政治実践者としての彼の経歴、日本との関わりなどに触れないまま、やや抽象的にその思想を検討しているように思われる(14)。

日本では、一九七〇年代に竹内好が、『日本論』はただ客観的な観察を述べるにとどまらず、それを鑑にして自国民の惰弱を責め、国民の模範であるべき革命党員の腐敗を糾弾する姿勢に貫かれており、また国家と民族とを峻別したうえで両者を関係づけていると、高く評価している。また、森永優子は、『日本論』が書かれた最大の目的は、田中義一の対中国政策の誤りを糾弾することにあったが、それにとどまらず軍国主義日本を生み出した原因を、明治維新や神権思想にまで遡って検討しており、同時に中国国民、直接的には国民党員の革命に対する自覚と奮闘を促す目的もあった、と指摘している。

一九九〇年代には、深町英夫がアリストテレス形而上学の概念を援用して、戴は質料としての日本人の「野蛮」を単なる「無」や、克服されるべき消極的要因としてではなく、むしろ外国の「文明」を実体化する積極的な前提条件、すなわち形相を現実態・完成態に具体化させるための可能態として把握した。また、『日本論』はすでに日本に失望した戴の絶縁宣言であるがゆえに、彼の日中関係についての青写真を読み取ることはできないが、ただ理想としては日本が中国の国民革命と、西洋列強の中国侵出への抵抗に協力することを望んでいた。近代日本の「成功」は中国の模倣の対象であると同時に、ほかならぬ中国の「失敗」の元凶ともなっていった。したがって、近代中国人にとって日本は、「成功」の要因を学ぶと同時に自らの「失敗」の原因を探るという二重の意味で、認識を必要とする対象となっており、戴の日本観は近代中国人の日本認識と民族意識との連関構造を、きわめて明確に表わしていると論じる。

また、望月敏弘は、戴の辛亥期の対日糾弾は独自性のあるものだが、亡命期の日中提携論は政治的環境・立場および孫の影響力による、「政治的日本論」であると指摘している。これは、孫の影響や政治的環境・立場など外在的要因にもっぱら注目し、戴の日中提携の真意を否定し、その日本批判を重視したものである。さらに、戴の『日本論』の分析を通して、彼の対日観にはほぼ一貫して日本への厳しい姿勢が貫かれており、楽観性や期待感が希薄であると指摘している(15)。

兪慰剛は、戴の日本観が複眼的な日本論と、日本論のなかの中国論であると結論づけている。日本観に関する分析範囲は「我が日本観」から『日本論』までなので、全体像が浮き彫りにされておらず、戴の日本観が生涯において変化していった軌跡も十分に描かれていない[16]。

二〇〇〇年代には董世奎が、戴の『日本論』が日本においてどのように受け取られたかについて検証した。董は、主に『日本論』の内部構造に着目し、その性格は、日本による侵略戦争の発動を抑制するために書かれたものであり、「論」に託した檄文だと指摘している。また、嵯峨隆は、戴の生涯の対日観を時代思想と対応させながら論じた唯一の著書であり、彼の日本観の変化の軌跡が描かれている。しかし、この著作は、戴の日本経験を考慮しておらず、政治活動や政治思想との関連を深く追求していないため、日本観の時期区分や、それに変化が生じた内在的要因の分析は、やや不十分である[17]。さらに、欧米圏では陸延が、戴季陶だけでなく、蔣百里、周作人、郭沫若という政治、軍事、文学界の著名人物を選び、彼らの個人的経験、とくに日本との関係とあわせて、それぞれの日本観を比較・検討した。陸は、彼らは中華思想の蔑視的な日本観を越えた、近代中国の日本観を形成したことにより、日本への再評価を行なったという[18]。

以上に述べてきた先行研究からわかるように、戴季陶の留日経験や日本とのつながり、さらに彼の政治活動や政治思想と関連づけて、その日本観を内在的に検討したものはほとんどない。戴季陶の日本観は、彼がまさに人格形成期ともいうべき青年時代に、日本社会を体験したことによって実感された鮮烈な印象と、日本社会のさまざまな部分との接触を通じて得られた豊富な情報とにもとづき、人生の重要な一部分として形成されたものである。留日経験がなければ、彼の日本観が形成されることもなかったろう。そして、その後の日本訪問など日本とのつながりや政治活動・政治思想が、彼の日本観の発展と変化に影響を与える一方で、留日および訪日経験と日本観は彼が帰国後に人生経路を決定するうえで一定の役割を果たし、さらには、それによって中国の政治や文化などに大きな影響を及ぼすことにもなったのである。

それゆえに、戴季陶の日本観や対日態度を明らかにする際には、それが彼の人生の途上で形成された過程に注目することが必要不可欠であろう。帰国後の政治的立場から解釈するという方法は、戴がどのような個人的経験によって、どのような思想を持ち、またなぜそういった思想を持つようになり、どのような行動をとったのかという、個人の内的必然性を無視することになってしまうからである。しかし、前述した数多くの先行研究は、ほとんどが彼の帰国後の政治的立場に沿って検討されたものであり、日本留学の視点からの追跡的な調査は行なわれていない。

三　史料と方法

(1) 史料の概要

本書では、戴季陶が生涯に書き残した、数多くの政治思想や日本観を示す新聞記事、論文、著書などを主な史料として用いている。また、中国第二歴史档案館(南京)、南京図書館特藏部、南京大学図書館、孫逸仙博士図書館(台北)、中国国民党党史館(台北)、外務省外交史料館(東京)、衆議院事務局憲政記念館(東京)、孫文記念館(神戸)、スタンフォード大学フーヴァー研究所(パロアルト)、光華日報社資料室(ペナン)などに散在する、戴の著作や彼と関連する公刊史料を利用した。さらに、孫文の革命運動を支援して戴ときわめて深い関係を持った、梅屋庄吉、山田純三郎の個人未公刊史料に含まれている関連史料も利用した。そのほか、北京図書館、中国社会科学院近代史研究所図書館(北京)、東京大学東洋文化研究所、明治文庫(東京)、東京大学総合図書館、東京大学駒場図書館、東洋文庫(東京)、国立国会図書館(東京)、中央大学図書館(東京)が所蔵する新聞・雑誌から、戴の政治活動・政治思想および世論の日本観に関する記事などを利用した。

中国革命の展開と深化を視野に入れたうえで、戴季陶の日本との関係を中心とした政治活動を解明するにあたって、彼の伝記や論文、および大量の回顧録を主な参考文献とし、さらに孫文や蒋介石など、彼と密接な関係を持った人物の日本との関係を論じた著作も利用した。そのほか、とくに日本との関係を含む政治活動・政治思想に関する新聞記事としては、中国のもの八一篇、日本のもの一四二篇、合わせて二二三篇の新聞記事を利用した。その多くはまだ利用されたことのない史料であり、戴と日本との関係を検討する場合には重要である。戴季陶の政治思想に関しては、本書巻末の参考文献「I 戴季陶のもの」にあげた、戴の著作一二冊、論文集二八冊を一次史料として利用した。戴の日本観の形成・発展・変化について総合的に検討するために、前述の文献と史料のうち、戴の日本問題についての専論(長編・短評)および部分的あるいは間接的に論及したもの、計三〇七篇を基本的な史料とした。その数は、二二三篇の新聞記事とあわせて全部で五三〇篇にのぼるが、これらは戴季陶と日本との関係および彼の日本観を明らかにする際には不可欠な史料である(19)。

さらに各時期における中国輿論の日本観について、戴季陶が最初の文筆活動を行なった上海を中心に、当時の中国の新聞を史料として利用した。孫文の日本観は、主に『孫中山全集』第三巻から第一一巻に所収されている日本に関する著作・手紙、および日本の新聞に掲載された文章などを史料とした。

このように、戴季陶が生涯をかけて書き残したものと、各時期における戴と日本との関係をめぐる史料、さらに輿論や孫文の日本観を表わす史料をあわせて、彼の日本観形成の全過程を追跡調査したうえで、政治活動と政治思想と関連づけてその全体像を分析・検討した研究は、これまでにまったくない。

(2) 研究の方法

右に述べた先行研究の分析からわかるように、これまで留学経験や日本との関係が戴季陶の日本観形成に与えた影響は、軽視あるいは無視される傾向があったが、本書は彼の留日経験を日本観研究の出発点とする。つまり、戴の日本との邂逅こそが、その後の日本観形成の基礎となったので、各時期の日本観を検討する前に、まずこの問題を明らかにしていく。しかし、戴自身が後年に著わした少年期に関する記述は少なく、また彼が留学した日本大学の史料は数回の火事や地震により焼失したため、一次資料の入手はきわめて困難であった[20]。そこで、清末留日学生に関する史料、日本大学の歴史に関する資料や著作などを利用して、清末留日学生の一般状況や日本大学の教育事情を検討し、さらに戴の同級生である謝健の回想録および宋教仁の日記や周作人の回想録などを利用して、他の留学生の勉学や生活と比較しながら、戴の日本留学の実像を浮き彫りにする。この方法、とくに日本大学史に関する資料の分析を通して戴の日本観形成の基礎を検討することは、これまでまったく行なわれてこなかった。

つぎに、先に述べた戴の日本観の時期区分に従って、彼の政治活動と政治思想を分析する。そのうえで、さらに当時の中国内外の政治的背景や輿論（主に上海）および戴に深い影響を与えた孫文の日本観などをも視野に入れて検討し、各時期における戴の日本観を浮き彫りにする。つまり、戴の経歴や思想・日本観の変遷を縦軸とし、各時期の中国の政治状況や輿論および孫文の日本観を横軸として、全体的かつ立体的に戴の日本観をとらえていくのである。

（3）本書の構成

本書は全部で七章から構成されている。

まず、第1章「日本との邂逅」では、少年期の特異な経歴により一九〇二年に日本と出会った戴季陶が、日本留学の道を歩んだ過程を考察し、清末中国人の日本留学熱の原因および留学教育の状況を明らかにする。そのうえで、戴の日本での勉学生活、留日体験、留日生活などを跡づけ、後に卓越した日本観が形成されえた基礎を探っていく。

第2章「敵としての日本」は、辛亥革命期に一介の留日学生から優れた政治評論家となり、辛亥革命という中国史上空前の政治変動の最中に、中国存亡の危機意識を持ったことから、中国の運命と深く関わる日本に注目した、戴の日本観の形成過程を明らかにしていく。その際、当時の上海輿論と比較しながら、彼の日本観の特徴を浮き彫りにする。なお、この時期に戴が孫文と接触した期間は短く、その日本観には孫からの影響が見られないので、孫の日本観には触れないことにする。

第3章「提携国としての日本」は、討袁運動期に政治評論家から政治実践者に転じた戴が、自身の経歴や政治状況の変化などにより日本観を一八〇度転換させた、その転換原因を、孫文の影響以外に彼自身の政治活動や政治思想と関連づけて内在的に検討する。さらに、当時の中国国内の輿論と比較しながら、彼の日本観の特徴を浮き彫りにする。また、この時期に孫文は戴と同じく日中提携論を主張しており、両者の差異はさほど大きくないので、孫の日本観は取り上げないことにする。

第4章「モデル・ライバルとしての日本」は、護法運動期に孫文派の重要な対日外交人材となった戴が、対日外交の実体験を通して新たに形成した日本観の特徴を、上海輿論および孫文の日本観と比較したうえで検討し、さらに以前の時期から持続しているものと変化したものを考察する。なお、この時期に戴は主に実践的な政治活動を行なっていたので、政治思想を表わす著作はそれほどない。したがって、彼の日本観を検討するうえで政治思想と関連づけて分析することができないので、ここでは触れないことにする。

第5章「特権階級との対決、平民階級との連合」は、五・四運動期に政治思想家と政治実践者の両面を一身に兼ね備えた戴が、全国的反日運動のなかで厳しい日本批判を行なう一方、日本とのつながりを依然として持ち続け、新思潮を反映しつつ日本観を形成したことを考察していく。また、上海輿論および孫文と戴の日本観とを比較しながら、以前の各時期と比べて彼の日本観が大きく変化した点と持続している点を明らかにし、その特徴を浮き彫りにする。

第6章「期待から幻滅へ」は、国民革命期に国民党理論家・対日外交の有力者となった戴が、国民党政権の樹立と強化のために日本観を集大成したことを検討する。戴の『日本論』の構成自体が、まさに日本の歴史の流れに沿ってその形成と発展の根拠、成功と失敗の原因を究明する過程であるため、本章ではそれに従い四点に分けて考察する。また、上海輿論や孫文と戴の日本観とを比較したうえで、彼の日本観が以前の各時期と比べて継承しながらより深めたものと、完全に変化したものを明らかにし、戴の日本観の全体像を浮き彫りにして、その意義を考察する。

第7章「『剿共』と『抗日』の狭間で」は、国民革命後に国民党元老・対日政策の策定者となった戴が、日本の中国侵略という現実問題に対処するために、新たな日本観を形成したことを検討する。中国史上空前の抗日民族主義はすでに周知のとおりであり、また孫文もすでに死去した後なので、輿論と孫文の日本観との比較は省略し、戴の政治活動と政治思想との関連を通してその日本観の特徴を浮き彫りにする。

終章では、戴の日本観変遷の軌跡を明らかにしたうえで、彼にとって結局日本という存在がどのような意味を持っていたのかを検討する。

また、戴季陶と日本との関係をもっとも直接的かつ顕著に表わしているのは、日本留学とその後の日本訪問であるため、「附録1」として来日歴を掲げておく。さらに、戴の日本観を考察するに際して不可欠な一次史料の一覧も、「附録2」として巻末に付しておきたい。これは、戴が一生涯をかけて日本問題について書き残した専論（長編・短評）および部分的に日本に論及したもの、また日本と関係する活動や言論を紹介した中国と日本の新聞（雑誌）記事の一覧である。いずれも完全なものとはいえないが、いままでこれらについては明らかにされてこなかったので、先に述べた史料・文献によって把握しえた分だけをまとめて掲げることにした[21]。

第1章　日本との邂逅

はじめに

戴季陶の少年時代の教養については、これまであまり注目されてこなかった。若き戴季陶が、その感受性のもっとも強い人格形成期に日本に渡り、生活と勉学などを通して、中国人の歴史のうえで初めて日本人および日本文化と大量かつ直接に接触したことや、史上初の「留学熱」という現象が彼の日本観形成に及ぼした影響は、十分に検討されていない。戴の日本観を検討する場合、彼がどのように日本と邂逅し、どのように日本と接したのかという問題は、決定的に重要である。なぜなら、彼が多くの日本留学経験者のなかでもとりわけ卓越した日本認識を獲得しえた基礎には、少年時代以来の特異な経歴と、留学経験があったと考えられるからである。戴自身は自分の留学経験についてあまり詳しい記述を残していないが、その理由は、彼の日本での留学生活からある程度の答えを見いだすことができると思われる。

本章では関連史料、とくに日本大学の史料をもとに、戴季陶の日本認識の形成過程を可能なかぎり明らかにしたうえで、日本は彼にとってどのような存在であり、日本への留学経験が、彼の人生および日本観の形成にどのような役割を果たしたかを浮き彫りにしたい。

一　最初の出会い(1)

(1) 少年期の教育

戴季陶は、一八九一年一月六日（清光緒一六年一一月二六日）に四川省の漢州（成都の北、現在の広漢）に生まれ、名は伝賢《デンケン》、字は選堂《センドウ》・季陶《キトウ》、晩号は孝園《コウエン》であり、散紅《サンコウ》、天仇《テンキユウ》、泣民《キユウミン》など多くのペンネームや法名を用いている。戴家の祖先は祖籍の安徽省から後に浙江省に移り、清の乾隆朝の末に四川省に居を定め、先祖代々磁器販売を家業とした。外科医の父戴小軒《タイショウケン》は、母の黄氏と共に治療に精通していた。戴季陶は七人兄弟の末弟で、二、三歳から祖父に教育を受け、『幼学瓊林』『唐詩和解』『詩品』や四書を学び、五歳のときに数百首の唐詩を覚えた。六歳で塾に入り、四書をはじめとする書籍を暗誦し、その意味をほぼ理解でき、当時、親戚や近隣の人々によく「神童」と讃えられたという。(2) 彼自身は「小さいときから、聡明さは異常で、多くの児童のなかで第一級の聡明さ」であり、「六歳で詩を学び、一〇歳で五経を読み終えた」と回想している。(3) 五歳のとき、父親がある債務案件のために、二年間の入獄生活を送り、家産の半分以上を費やした。親孝行のために半年以上も父親に仕えたことで学校に入れなかった戴は、父親から教育を受けた。一家の生計は、長兄の伝薪《デンシン》が塾で教えることによって維持された。

戴季陶は九歳まで主に塾の教師に教えを受け、五経を熟読し、袁了凡の『綱鑑』や『通鑑輯覧』を読んだ。九歳を過ぎてから、長兄が漢州純陽閣で塾を開いたので、そこで戴季陶は伝薪に厳しく教育された。九歳で『春秋左氏伝』を学んだときは、毎朝三篇約三〇〇〇字を暗誦し、午前中は史書を読み、午後は経伝の約一〇〇〇文字の書き取りをし、少しでも間違うと、体罰を受けるという厳しさであった。夜になると、『古文観止』『古文辞類纂』『文選』を教材に古文を勉強した。毎月経書を一冊読み終え、月末に全部を暗誦した。こうして、一九〇〇年二月から一一月までに『左伝』を読み終わり、年末に三日間をかけて長兄に暗誦して聞かせた。六歳から四、五年のあいだに『詩』『書』『易』『礼記』を勉強した。長兄の指導のもとで『文献通考』および『読史方輿紀要序』等の古典を拾い読みした。また、当時は新学を求める風潮がしだいに盛んになってきたため、経書や史書のほかに『列国変通興盛紀』『泰西新史』などの新書を暗誦した。自然科学の方面においても数学を勉強し、天文地理などの書物を読んだ。(4)「神童の佳号は空しく我に帰し、小子の高籌を君は未だ知らず」というほどの自負心を持つ少年であった。(5)一九〇一年、一〇歳の戴季陶は二人の兄と共に童試を受けた。長兄は順調に生員に合格したが、戴季陶は県試と府試で好成績を収めたものの、院試で『易経』からとった「為大赤」という題を理解できず失敗した。

以上のように、戴季陶は幼い時期から中国の伝統的教育を厳しく受けて、かなりの教養を身につけた。後に彼が孫文の三民主義を儒学と結びつけて新たな解釈を行なったことや、国民革命期以後完全な儒家的な風貌の持ち主になったことも、この時期に受けた教育と関わっている。さらに重要なのは、中国の古典を暗記するという伝統的な学び方が、後に日本語の学習にあたって重要な役割を果たしたことである。科挙による昇進に失敗したことは、彼の人生における最初の挫折だったが、結果としてこれが彼を新たな方向に向かわせたのである。

（2）「新学」の道

一九〇二年、一一歳の戴季陶は日本留学の為に設立された東文学堂に職を得た戴伝薪に東游予備学校に入れられ、新式教育を受けるようになった。後述するように、当時近代化を進めていた日本は多くの中国青年が留学を希望する国であり、留学の便利のために、中国では東文学堂のような日本留学予備校を開設した。そこで、数多くの「日本教習」（日本人教師）が中国に渡り、その教育に携わった。東文学堂は日本留学の予備校として日本教習を雇い、日本語の習得を要求したが、学生はすべて各県の生員から選抜された者たちであり、一般の学生が入ることはできなかった。「新学領袖」といわれた徐炯《ジョケイ》はこれに不満を持ち、東文学堂に入れない留日希望者のために東游予備学校を創設し、やはり日本語を必修とした。戴は徐炯から「着実持重、精密周到」という座右の銘を得て、大きな影響を受けたと、後年に回顧している(6)。

戴季陶はここで日本語を勉強するほか、長兄伝薪の親友だった東文学堂の日本教習服部操《フクブソウ》からも個人的に日本語を教わった。服部は漢学の素養を持ち、語学の才能に恵まれており、四川省に着いて一年を経ずに、中国語で授業をすることができた(7)。服部は特別に戴季陶のための教育法を編成し、文法・会話・精読を一緒に教えた。また、戴は服部を通じて他の日本人とも接触し、日本語で交流した。このように一一、一二歳というもっとも外国語の習得に有利な時期に、戴季陶は相当程度の日本語力を身につけたのである。

一九〇三年、戴季陶は成都客籍学堂高等科に入学した。当時、地域主義的風潮や財政負担のために、成都の各学校は他省籍の学生を受け入れなかったので、成都にいる他省人の子弟は通う学校がなかった。そこで、官商各界が協議し、各会館および官僚・商人から資金を集めて客籍学堂を創設し、他省の学生のみを収容した。この学校の学生の多くは挙人と秀才であったが、戴季陶は一二歳の若さで優れた文章力を校長に認められて特別に合格し、ここで二人の有名な教師、丁師汝と趙又余の指導を受け、学業が非常に進歩した。中国がますます衰退するのを見て、同級生である湖南の沈明漢、陝西の梅少和など四人と義兄弟の契を結び、清朝政府を倒すことを誓ったという。これは自発的なものであり、外からの運動の結果ではなく、世の中に革命党があることも知らなかった。また、『北美戦史』を読み、「軍に従ふの労にして且つ苦なるを聞かず、但だ熱血を黄土に濺がんと願う。只手にて奴隷の雲を撥ひ開き、双手にて革命の鼓を撃ち起こさん」という「北美少年歌」を作り、周囲の人を驚かせた(8)。

一九〇四年、道員出身の新校長が四川省政界の有力者に取り入るため、この学校に在学していたその人物の息子や甥の成績評定を特別に優遇した。試験の成績がいつも上位であった戴は、校長の不公正な評価によって、その順位は影響を受けた。それに反発した戴は朔望（陰暦一日と一五日）、孔子を祭る講堂の扁額に「某氏宗祠」と書き、新校長が学校を私物化していることを諷刺する意を示した。それに激怒した校長は、他の教師や生徒の反対にもかかわらず戴を退学させ、そのうえ、教師の尊厳を理由に四川全省の学校に戴を入学させてはいけないという訓令を出した。このことは一三歳の戴にとって大きな打撃となった。その後、彼は長兄の助けで、名を変えて華英学堂に入ったが、三か月で当局に知られ、また退学させられ、「本当に身の置き所のない学生」になってしまった。(9) この出来事が、彼の日本留学の一因となったのである。

二度も勉学の機会を失ったことから苦境に陥った戴季陶は、小西三七という日本教習に助けられた。小西は理学士であり、日本の中央気象台に勤めたことがあった。(10) 来華後、通省師範学校の教師になり、成都客籍学堂の物理・化学の教師でもあった。当時、日本教習の授業は通訳をつけて行なうことが多かった。小西の通訳を担当した者は、日本留学経験が三年足らずで、しかも卒業していなかったため、誤訳が多かった。戴はそれを直したり、この通訳が欠席あるいは遅刻した場合、代わりに担当した。戴季陶の聡明さ、とくに日本語で会話できることは、小西に深い印象を与え、二人のあいだの親交が始まったのである。戴季陶が退学させられたとき、小西は戴を書斎に泊まらせ、物理・化学を教えた。ちょうどこの時期、小西は川北中学校に理科の教師として招聘されていたので、彼は戴を自分の通訳とすることを川北中学校に強く要求し、その結果、弱冠一三歳の戴季陶は正式に通訳として招聘され、月給一四元という、当時としては挙人・進士でさえも得にくい高額の収入を獲得することになった。これによって自信を持った戴は、一九〇五年、日本留学への志が強くなり、断髪して、家族にその希望を訴えた。これを理解した長兄は家族、とくに年老いた祖母などを説得し、代々相続してきた三〇畝の土地を売って得た七〇〇元を学費に充て、一四歳の戴季陶を日本留学に送り出したのである。

ところが、戴の日本留学のことを知った小西は、「君はまだ幼いので、外国に行って学問を求めるのは適当でない。しかも日本の学術はまだ独立できておらず、高いレベルの学問を日本で求めることができない。成都で一生懸命に学習しながら、できるだけ賃金を多く得て、五年から七年貯めてから、私は君とともにドイツに赴く。そこで吸収するものは、今日の日本留学より多いはずだ」と強く忠告してやめさせようとした。しかし、戴季陶はこのことに関しては、恩師に従うことができなかった(11)。戴は自らの強い意志で、高遠な志を抱いて日本留学の道に踏み切ったのである。このことは、近代中国史上著名な知日家である周作人《シユウサクジン》が、日本自体に関心を持ったというよりも、すでに留日していた兄魯迅《ロジン》の影響で、「外の」「新しい」「進歩的な」世界の象徴としての日本に憧れを持って、留学を希望するようになったこと、また、やはり知日家の蒋方震《シヨウホウシン》が自分の意志でなく恩師の援助により、偶然の結果として日本留学にしたのときわめて対照的である(12)。

このように、戴季陶も最初は中国の伝統的な科挙の道に進もうとしたが、童試受験に失敗したことで、新式教育を受けるようになった。中国にいたときから、戴季陶は日本語を勉強し、日本人と接触していたので、日本文化をある程度知っており、進んだ近代文明を持つ日本に憧れていたと思われる。上手に通訳の仕事をこなせたことは、後に孫文の通訳になるために、その基礎および自信を育んだ。戴が東游予備学校に入って、新学を学びはじめたところまでは、大多数の留日学生の経歴と同じである。しかし、退学させられ苦境に陥った彼を救ってくれたのが日本人教師であり、この教師に従って新学の学習を続け、日本に対して好感を持ったと考えられる。当時の社会状況として、科挙が廃止され、また日露戦争に日本が勝利したことにより、中国人の日本留学ブームが起こったことがあげられる。さらに戴個人としては四川省内の学校で新学を学ぶ道が絶たれたため、自分の個人的成功を図るうえで、日本という存在が欠くことのできないものとなり、日本留学の道を選んだと思われる。

二　留日熱の高まり

（1）理想の留学先

日清戦争で、大清帝国が日本に負けてしまったことは、何よりの衝撃であった。戴季陶は、中国の有識者が明治維新以来、政治・経済・軍事など各方面での日本の発達は、先進的な西欧文明を吸収したことによると明確に認識した。当時の支配層のなかで、最初に海外留学を薦めた李端棻《リタンフン》刑部右侍郎は、一八九六年五月の上奏文で、「選派遊歴」を含む五か条の措置を提案したが、総理衙門の覆奏は経済難を強調し、これを推し広めるが限界があると述べている。(13) その後、最初に清政府に日本への留学生派遣を提案した楊深秀《ヨウシンシユウ》山東道監察御史は、一八九八年五月の上奏文で、「泰西の言語、文字は中国と異なり、留学で成果を上げるのは容易でない。遠くて、交通費、飲食費も高く、無駄な費用が多い。日本の変法・立学は確かに効果があった。中国は遊学を容易に成功させたければ、必ず日本から始めなければならない。政治・風俗・文字が同じで学びやすく、交通・飲食が安価で、費用が多くかからない」という意見を述べている。同年五～六月の総理衙門の覆奏がこれに賛成した。(14)

また、張之洞《チヨウシドウ》湖広総督は著名な『勧学篇』のなかで、日本への留学生派遣を力説していた。「一、路近くして費を省き、多く遣わすべし。一、華を去ること近くして考察し易し。一、日本語は中国語に近く通暁し易し。一、西学は甚だ繁雑で、およそ西学の切要ならざるものは、日本人がすでに刪節して之を酌改す。中国と日本の情勢と風俗は相近く、模倣し易し。事半ばにして功倍することは之に過ぐるものなし」と主張している。(15) さらに、当時の楊枢《ヨウスウ》駐日公使は上奏文で、「仏・米諸国は、共和・民主の政体なので、中国は断じて模倣してはいけない。日本は、国の基礎が中国の先聖の道を遵守することにあったが、列強の進出に脅威を感じ、変法以外に生存の道がないと考え、立憲に努め、君権を重んじ、民志を固めたのである。日本が変えたのは法であり、経ではないので、中国の聖訓と相符合している」と説く[16]。このように、国家体制の同質性が注目されたのである。

清朝政府が留日学生の派遣をひとつの政策として積極的に推進したのは、実際には義和団運動の後であった。一九〇一年一月二九日、西安に亡命していた西太后《セイタイゴウ》らが変法の詔勅を発した。それに応じて、劉坤一《リユウコンイツ》両江総督や張之洞湖広総督が連合して「変法三摺」を提出し、「そのもっとも重要なのは学校を設置し、科挙を廃止し、留学を奨励することである」と主張した[17]。同年九月一七日、清朝政府は正式に命令を発布し、各省が学生を選んで海外に派遣し、成果を上げた学生を好遇するように要求した。その後、清朝中央・地方当局は、大量の留学生を日本に派遣した。一九〇二年、総理衙門から改組された外務部は、出洋遊学弁法章程を制定し、政府から派遣された数多くの官費留学生以外に自費留学も提唱した。一九〇三年、張之洞は西太后の聖旨を奉じ、「取締鼓励遊学生章程」を立案した。「鼓励章程」は一〇か条から成り、「試験選抜制度」を規定し、状況を区別して、帰国した卒業生には抜貢・挙人・進士・翰林などの地位に採用し、官職を授与するというもので、これは留日学生の急速な増加に役立った。清王朝は留学生を大量に派遣すると同時に、中国の内地まで数多くの日本教習を招聘し、近代的知識を中国人に教授させたのである。

また、ますます深刻になる中国の危機が多くの中国人に強烈な刺激を与え、当時の有識者らはみな、西洋の自然科学と社会科学のなかに富国強兵の道を求めたので、海外留学は彼らに共通する願望となった。そして、もっとも主要な留学先が日本であった。したがって、義和団事件から辛亥革命まで十数年間、清朝政府の留日学生派遣の政策が継続されたのである。

(2)「親日派」の養成

日本政財界の有力者の中国における遊説活動も、日本留学ブームを促進した原因のひとつであった。日清戦争の勝利による利益を獲得した日本では、その後中国研究ブームが起こった。下関条約締結後に遼東半島返還を迫る三国干渉による中国分割に驚異を覚えた日本は、一八九八年一一月に発足した「支那保全」を唱える東亜同文会（近衛篤麿会長）が、「張之洞の如き」北京以外の有力者に照準を合わせて「遊説」を行なった。「敗戦の怨」を忘れさせ、「列強の陰謀」を説き、「亜細亜のモンロー主義」や「日清同盟」を働きかける対中国世論工作が展開された。[18]

一八九八年五月、矢野文雄駐清国公使は「我が政府は中国とますます友好を深めることを望んでいる。中国は人材を需むることが甚だ急であると聞いている。もし学生を選別・派遣し、海外留学させるならば、我が国においてその経費を支出し」、「人数は二〇〇人以内に限る」と、総理衙門に申し入れた。[19] 一方、一八九八年五月一四日、矢野は西徳二郎外務大臣への手紙で、留学生を教育することを通して、将来留日学生を清国に散布することは、日本の勢力を東アジアに拡張するための長期計画であり、軍事・商工業・法政・文学など多方面において、清国は日本を頼ることになるので、日本の勢力は東亜大陸に増進すべきだと、露骨にその考えを主張している。[20] この手紙への返書で西は、矢野の意見をただちに受け入れるわけにはいかないと述べているが、やがて日本政府が積極的に中国人留学生を受け入れはじめる背景に、このような考え方があったことは否定できない。[21]

このように日本と清国は、それぞれの目的を持っていたことがわかる。日本は教育という手段を利用して、中国へ勢力を伸ばすことを意図したが、清国の朝野は日本の意図についてあまり考慮していなかった。このように日本は留学先として有利な立場に置かれたので、日本留学熱が生じたのである。日清戦争後の一八九六年、清朝政府は歴史上初めて一三人の留学生を日本に派遣し、それは一九〇〇年に一〇〇人を超え、一九〇五年には八〇〇〇人にのぼっている。

（3）留学教育の状況

一九〇五年、まさにこの留学熱の最盛期に、戴季陶は東京に着き、留学生活が始まった。当時の一般状況を通じて、戴の勉学状況を推測することはできる。[22]

清末の大部分の中国人留学生が日本で受けた教育の特徴は、教育内容が専門学でなく普通学（旧制中学校程度の諸学科）だったこと、そして正式の教育ではなく速成教育だったことである。この普通学はいわゆる西洋の新知識であり、日本という「橋」を通してそれを学んだのである。彼らが学んだのは日本語のほか、数学、物理、化学、医学、農学、法学、軍事などの学科で、その程度は低く中学校あるいは小学校レベルであり、日本の歴史、地理、文化などには関心が払われなかった。

また、教育の主流は速成という方法であったが、中国は近代化がひどく遅れていることに気づき焦慮していたからこそ、最初から西洋に行こうとせず、要領を得た日本から速成教育で学ぶことを望んだのであろう。留学が開始された頃には中国に近代的知識を教授する学校はほとんどなく、またそれを創設したくとも教員がいなかった。このため中国側は教員などの短期養成を要望し、これを受けた日本の留学生教育機関である弘文学院、法政速成科、経緯学堂などは、普通学を通訳付きで教授する速成教育を実施していた。この速成教育では修業期間が長くとも一年半程度であり、上級学校への進学はかなり難しかった。『江蘇』第一期（一九〇三年）所載「弘文学院学生退校善後始末記」によると、当時、弘文学院には三年の本科・速成科のほかに、一年半、八カ月、六カ月の速成師範科などが置かれ、通訳付きで教えているところもあった。各学校は短期卒業できるように競争する傾向があり、留学生のなかにはひとつでも多く卒業証書を持って帰れば得だと考える者もいたので、「学店」「学商」といわれる金儲け主義の学校も存在していた(23)。戴季陶の日本大学の同級生である謝健《シャケン》は、六年間の日本留学のあいだ、大清国鉄道予備学堂、日本警監学校、清国留学生会館の日本語科、法政大学清国留学生法政速成科および日本大学法律科という五種類の学校に入り、それぞれ取得した卒業証書を部屋に飾って、その多さを示した(24)。科挙制度が完全に廃止された一九〇五年に、学務処は留学生の登用試験を行なったが、少数の欧米留学生の方が圧倒的に優秀であった。この原因として速成教育の弊害があげられるだろう。

三　戴季陶の日本留学

(1) 来日後の所属

来日後の戴季陶は最初の二年間、どこに所属したのだろうか。後に、長いあいだ戴の秘書を務めた陳天錫が著わした年譜によると、彼はある師範学校で勉強したという。戴自身は後年、清末の中国では法政学校と師範学校を創設することが盛んであったと述べている。また「当時、日本の私立学校のなかでもっとも中国人留学生の心理に適合していたのは、法政と師範という二種類の学校だけだ」と語っており[25]、戴はそのうちの師範を選んだことになる。しかし史料の制約により、具体的にどの師範学校なのかはわからない。

なお、戴は後年、「日本の陸軍士官学校に留学したとき、総統〔蒋介石《ショウカイセキ》〕と一緒であった」（以下、本書中で〔　〕内は引用者による補注を表わす）と述べている。陳天錫は、陸軍士官学校は振武学校の誤りであり、またこれに関してそれまでの伝記などに記載されていないため、訂正すべきであると述べている。一方、中国第二歴史档案館編『蒋介石年譜初稿』によれば、蒋は一九〇七年春から一九〇九年冬まで振武学校に留学とあることから、黎潔華、虞葦、久保純太郎は戴が振武学校にも入ったと説く[26]。しかし、振武学校は日本が清政府のために設立した陸軍人材を育てる軍事学校であり、清政府は自費生が陸軍を学ぶことを禁じたので、私費で日本へ留学に来た戴にとっては、入るのが不可能だったはずである。ちなみに、蒋介石は一九〇六年四月に私費で軍事を学ぶために日本へ留学に来たが、中国陸軍部の保証と推薦が必須なので軍事学校に入れず、同年冬に帰国するまで清華学校で日本語を勉強した。一九〇七年夏に中国の保定通国陸軍促成学堂（後の保定軍校）に入り、一九〇八年三月にやっと公費留学生として振武学校に入学し、一九一〇年一一月に卒業して、新潟県高田の野戦砲兵第一九連隊士官候補生になった[27]。したがって、一九〇

少年期の戴季陶
［出所：簡笙簧・侯坤宏編『戴伝賢与現代中国』国史館印行，1989 年，2 頁］

七年秋に日本大学に入るまでの一時期、戴が振武学校にも在学したとは考えられない。なぜ戴本人が陸軍士官学校に入ったといっているのか、史料がないため不明だが、おそらく自分は蒋介石といかに早くから交流し、親しい関係を持っているかをアピールしたかったのではないかと思われる。

以上のように、戴季陶は来日後ある師範学校に入り、おそらく当時の一般的な留学生と同じく、まず普通学を学んだのであろう。なぜなら、来日時にそれほど普通学の基礎を持っていなかった戴は、そのような勉学をしなければ、日本大学に入るための基礎能力を身につけられなかったはずだからである。ただし、進学する場合に何より重視されているのは、日本語能力である。また後に戴が政治家となる出発点は孫文の日本語通訳を務めたことなので、留学中に日本語をどのように勉強したか、また何を考えていたのか検討する必要があるだろう。来日前、すでに日本語を流暢に話せたが、果たしてそれは日本での勉学に十分であったのだろうか。

(2) 日本語の習得(28)

日本に来たときの戴季陶の日本語能力は、どの程度のものであったろうか。彼によると、「会話・聴講するにはそれほど困難はなかったが、その会話と聴講はまず意識的に中国語に訳して、それから日本語の意味を理解せねばならなかった。話すときの最初の考えと聴くときの最後の理解は中国語に頼り、日本語で直接できなかったため、授業のペースに間に合わないことがしばしばあった」。つまり、戴の思考回路はまだ中国語であった。また、「とくに助詞および動詞・形容詞の語尾変化が中国語にはないので、それらを記憶・運用するのは難しかった」ということである。すなわち、中国で通訳ができたほどの彼の日本語能力も、来日後に完全な日本語の環境に身を置くと、まだ自由自在に使えるレベルではなかった。

そこで、ある言語学の教師から外国語学習法を教わった。つまり、新聞の社説および小説各一編を毎朝完全に読み、理解できるかどうかを気にせず、知らない単語があったら、暇があるなら辞書を調べ、無ければしなくてもよい。ただ、「読むときは必ず声を出し、発音はきわめて日本人を真似なければならない」ということであった。

戴はこの方法を実行し続けた。その結果、第一段階では、目・口、さらに耳を慣れさせた。「少し苦労を感じ」ても、「読み通して意味が理解できなくても」、多読・熟読し続けて、徐々に「目や口、さらに耳も慣れてきた」ということである。留学期間中、戴は中国語の書籍を読んだことがなかったということから、意識的に完全に日本語のみの環境に身を置き、日本語を体感するように努力したといえるであろう。

第二段階では、読解力を高めた。彼は「読んでいると同時に、理解もできるようになった。半年後、他人が音読しているのを聞くたびに、すぐ理解できるようになり、考える必要がなくなった。それによって、読み・書き・聴き・話す能力がすべて十分な水準に達した」ということである。以上の特訓方法は現在でもよく使われる方法である。しかしつぎのやり方は、当時および現在の中国人留学生のなかでも珍しいことではないかと思われる。

第三段階では、「〔徳冨〕蘆花の『自然と人生』の一冊全部を熟読・暗誦し、兼好法師の『徒然草』、紫式部の『枕之草紙』〔清少納言の『枕草子』の誤り〕、また謡曲のなかから簡明、優雅な文章を数編読み、合わせて近古の詩文を一〇冊近く完全に暗誦できるように努めた。幼い時期に国語〔官話、傍点は引用者〕を学んだのと同じ方法である」と戴は回顧している。前述した少年期に身につけた古典中国語の能力は、古典日本語の学習に最大限に役立ったと考えられる。

言語のなかで音声の重要性について、戴はつぎのように強調している。「言語・文字の勉強は熟読・多読の両者が必要である。読むということは、語調・内容を声で工夫を凝らして表現しなければならない。その効果の素晴らしさは、実に言葉で表現できない」。また、「文字はひとつのきわめて自然な芸術であり、言語〔語音〕はきわめて自然な音楽である。韻文でも散文でも、雅語、俗語はみなそれぞれの音節、調子があり、しかも文法、文章のあやのなかに自然に存在している。少しでも聡明な人なら熟読するだけで、その文章の意味を自ら理解できる」。そして、戴は言葉の勉強が「口と耳は実に目より重要である」と結論づけている。

こうして、戴の日本語のレベルは十分に上達した。彼の同級生で、また親友でもあった謝健の回顧によると、「季公〔戴季陶〕・鋭新はともに日本語が上手であるが、季公の方がより上である。当時、留学生が日本語を話す場合、隣の部屋で聞いて中国人が話しているとわからないのは、同級生のなかで三人にすぎず、季公は一番だと称された」ということである。(29) また、胡漢民《コカンミン》は後年、宮崎寅蔵と萱野長知が「戴先生に長い演説をさせると、われわれよりも日本語が上手です」と語ったことを引用して、戴の日本語力を高く評価している。(30) さらに、一九一四年『国家及国家学』第二巻第五号に戴が投稿した、「国家精神より見たる支那」に関する記者の紹介文には、戴が「能文達識、盛名海の東西に洽し、而も氏は日本語を能くし、〔……〕言文一致を以てする日本文の、如何に老熟なるかを見よ」と書かれている。(31)

そして、留学中に「散紅生」という筆名で日本の新聞・雑誌に、小説・詩・随筆を発表し、彼の文章は日本人よりも優れているといわれた。しかし、それらの文章は散逸し、今日では残っていないという。(32) なお、当時の多くの留日学生は戴のように勤勉に日本語を学んだわけではなかった。たとえば、湖南蜂起の失敗により一九〇四年一二月に来日した宋教仁は、日本到着の二カ月後にやっと日本語学校に入り、わずか二五日後には登校しなくなったが、日本語ができないと不便であるためか、二カ月後にはふたたび登校するようになった。しかし、日本語あるいは日本文化をとくに力を入れて学んだことはなかった。また、一九〇六年に来日した周作人は当初日本語学校に入ったが、週三、四回しか学校に行かず、そこで習得した日本語は自分にとって役に立たなかったと、自ら語っている。(33)

このように、来日後の戴季陶が他の留学生よりはるかに徹底的に日本語を訓練し、優れた日本語能力を身につけたことは、注目に値する。日本語の新聞を毎日読む習慣は戴の日本語を上達させたのみならず、新聞を読むことに慣れさせ、社会情勢に対する関心を高め、また新聞記事の書き方をもしだいに身につけさせ、後に優れた新聞記者になる基礎となった。それによって、帰国後に政治にかぎらず経済・文学・社会・宗教など、幅広く優れた作品を著わすことができた。また、日本の政治・経済・社会・歴史・文化・風俗など、多方面にわたる知識を得たことにより、中国語で日本を理解するのではなく、日本語で日本について深く認識・理解することができた。

また、戴は自分を意識的に完全に日本語のみの環境に置き、工夫を凝らして多読・熟読し、物事を吸収しようとした。幼少期に「国語」を学んだ経験や身につけた国学の素養が彼の日本語の学習、さらに日本古典の学習のために重要な基礎的能力となった。戴が中国古典について徹底的に訓練した学習方法を生かして、日本の古典を学んだことも、日本文明について興味を示さなかった多くの留日学生と、きわめて対照的である。それによって、後年、『日本論』などの著作で日本の建国理念、日本人の精神構造まで追究する土台がつくられた。これらは帰国後のことであったが、当時もっともすぐに役に立ったのは、何よりもやはり日本語で新学を学び、大学に入学するレベルに達したことであろう。

四　日本大学での勉学

(1) 所属——専門部法律科

一九〇七年夏、戴季陶は師範学校を卒業し、秋に松岡康毅が学長を務めていた日本大学に入学し、「戴良弼《タイリヨウヒツ》」という名で登録した。字は季陶であった。一九〇七年一一月三〇日の『学部奏定日本官立高等学校収容学生名額摺』によると、「近年来、臣らは日本で留学している人数を詳しく調査した。一万人を超えたにも拘らず、速成教育を受けている者が六〇%、普通学を学んでいる者が三〇%、途中で退学し転々と何もできなかった者が五、六%を占めている。高等及び高等専門学校に入学した者は三、四%、大学に入学したのは僅か一%しかなかった」(34)。これに従うならば、大学に入学した一パーセントのなかに戴季陶は属したことになる。

日本大学の前身は、一八八九年に司法大臣の山田顕義伯爵により設立された日本法律学校である。設立目的は、

「我邦に日本法学なるものを振起し、以て国家盛運の万一を増進せんと欲するなり」であった。一九〇三年八月、「今般本校ノ事業ヲ拡張スルコトニ決シ、文部省ノ認可ヲ経テ大学組織ニ変更シ、校名ヲ日本大学ト改メ」たのである。一九〇四年四月、専門学校令に依拠して私立日本大学として文部省から正式に認可された。ただし、日本大学は一九二〇年に発布された大学令からすると旧制の大学組織である。本来は高等の専門学校であったが、大学予科および大学部を設けることによって大学と称することが認められたわけである。この大学では法律学、政治学、経済学、商業学、文学等の学術を教授し、大学部、大学予科、専門部、高等専攻科、高等師範部、大学部商科付属植民科、大学付属外国語専修部が設置されている(35)。

戴の日本大学での所属について、年譜や伝記およびその他の先行研究は、ただ日本大学法科に入学したと記述しているが、当時の日本大学には、大学部法律科、専門部法律科などがあったものの、「法科」という名称はなかった。関東大震災および東京大空襲により、当時の資料が焼けてしまったので、戴の所属に関する一次資料は存在しない。ただし、戴の親友である謝健は回顧録において、戴と「同学〔同級生〕」「同系〔同学部〕」「同郷〔同じ出身地〕」であり、楊子鴻《ヨウシコウ》とは「同学」「同系」だと記している(36)。そして、興亜院政務部『日本留学中華民国人名調』が収録する、専門部法律科の卒業生名簿には、謝健・楊子鴻の名が載っていることから、戴は専門部法律科の学生だったと考えられる(37)。

戴が在学していた専門部法律科は日本法律学校の本科を元に発展したもので、日本大学となってからもその中核として財政的に全学園を支えていた。とくに判事、検事、弁護士など多数の人材を育て、日本大学法律科として世間の注目を集めていた。専門部にはまた正科、特科があるが、入学資格から見ると、正科は大学予科の正科と同様であり、すなわち中学校または師範学校卒業生であった。特科の入学資格は、①中学校に準ずる学校を卒業したる者、②小学校本科教員の免状を有する者、③文官普通試験又は之と同等以上の試験に及第したる者、④裁判所書記試験に及第したる者、となっている(38)。戴が正科生だったか特科生だったかはわからないが、当時中国人留学生が日本の中学校に正式に入学することは考えられないし、特科の入学資格の②、③、④は戴にとってさらに無理なので、おそらく師範学校卒業者の資格で正科に入ったのではないかと思われる。

では、大学部と専門部にはどのような違いがあったのであろうか。大学部にはまた正科・特科・選科があったが、いずれにしても大学予科の正科・特科・選科のそれぞれの修了者であることが要求されている。また、大学予科生は専門部法律科生と同じ入学資格であり、互いに転じたり、兼ねたりすることもできる。したがって、大学部法律科は専門部法律科より一つ上のランクに位置し、現在の大学学部により近いのであろう。しかも、大学部法律科は卒業生に日本大学法学士の称号を認許したが、専門部法律科には同様の規定がない。ただし、当時大学部には学生数が少なく、あたかも専門部の付属的存在であり、日本大学のみならず、各大学ともに経営を支えていたのは専門部であったという。(39)

(2) 履修の基本

①学習の期間・時間

専門部法律科に入った戴季陶の学習期間・時間はどのくらいだったのか、試験や学費および学習内容はどのようなものだったのか、検討してみよう。一九〇六年一月に改正された私立日本大学学則によると、全部の講義は満三年で終了し、各部各科の講義は毎年四月に始まる。また、各自志望の科目につき随意に聴講することができる。大学部、専門部は一科目につき二つ以上の講座を設け、学生がその一つを選択して聴講する。一年間の聴講科目は六つ以上とする。聴講時に学生は係員に聴講券を提示すべきことが定められている。専門部の授業は、毎日午後四時(土曜日は午後一時)に始まる。休業日は日曜日、大祭日、三月一八日から四月七日、七月一一日から九月一〇日、一二月二〇日から翌年一月一二日である。(40) 戴の在学中に学則が新たに定められたり改訂されたりはしていないので、戴は基本的にこの学則に従って勉学したと考えられる。

この学則から、戴は、毎年四月に授業が始まり、一年間六科目以上の授業を選択し、毎日午後四時以後（土曜日は午後一時）に大学で受講し、春、夏、冬期に三つ長期休暇があり、三年間在学することが可能であったことがわかる。[41]つまり、日中はかなりの自由時間があり、他の中国人留学生との活動や日本人および他国人との交流・社交が可能であったと考えられる。

②試験・学費について

日本大学では、学生は三年間在学すると卒業試験を受けることができる。ただし、入学の際に入学試験を九科目以上受けて合格した者は在学二年間、一六科目以上を受けて合格した者は在学一年間で卒業試験を受けることができた。[42]三年間在学したことから、戴は普通入学であったことが推測できる。どのような科目を受験したかはわからないが、九科目以上の入学試験は彼ら留日学生にとって至難であったろう。参考として、専門部特科入学希望者は先述した資格がない場合、国語（作文）、漢文（白文訓点）、数学（四則・分数・比例）の入学試験に及第し、年齢が満一七歳以上であれば入学を許可するという規定があった。[43]国語、漢文がかなりの割合を占めていることから、正科も同じであったと考えられる。したがって、先述した戴の古典を含む日本語の特訓は、入学試験において効果を表わしたであろう。

さらに、卒業試験は毎年三月、六月、一二月の三回行なわれ、そのうち一科目または数科目を選び、数回に分けて受験することができた。また、試験の合格点は「毎科五十点以上」であり、学費については「束脩金弐円」であるが、「貧困にして篤学の者と認むるときは特に授業料を免ずることあるべし」と定められている。そのほか、後述する特待生や貸費生の制度もあった。[44]卒業試験は年三回もあり、また授業料免除の制度や特待生、貸費生制度が設けられたことは、貧困であるが勉学に励む学生に希望を与える措置であった。

③学習内容

戴は専門部法律科で何を学んだのか。おそらく、当時の学科目としてあげられている、[45]憲法、刑法、行政法、民法、商法、民事訴訟法、刑事訴訟法、国際公法、国際私法、経済学、財政学、法学通論、羅馬《ローマ》法などから選択して学習し

専門部法律科過程表

始講及 終講	自四月一日至 翌年三月三十一日	自四月一日至 翌年三月三十一日	自四月一日至 翌年三月三十一日
憲法	全部		
刑法	総則	各論	
行政法			全部
民　法	総則法 物権編自第一章至第六章	物権編自第七章至第十章 債権編	相続編
商　法		自第一編至第三編	第四編以下破産法
民事訴訟法		第一編	第二編以下
刑事訴訟法	自第一編至第三編	第四編以下	
国際公法		全部	
国際私法			全部
経済学	全部		
財政学			全部
法学通論	全部		
羅馬法	全部		

備考：一，羅馬法，法学通論は之を省き，又は随意科目と成すことあるべし。
二，本表の外擬律擬判，法学実習，警察監獄学，法理学，論理学，外国語（英，独，仏の内）等の一科目若くは数科目を加へ又は之を随意科目と為すことあるべし。

出所：『日本大学九十年史』上巻，日本大学，1982 年，318-319 頁。

たと思われる。なお、一九〇六年の学則によると、専門部法律科課程表は次ページの表のとおりである。

戴が入学した一九〇七年、日本大学専門部法律科では、筧克彦・美濃部達吉・寺尾亨・戸水寛人（全員東京帝国大学法科大学教授、法学博士）など、著名な学者が教鞭を取っていた。彼らの担当授業は、筧克彦（憲法・法学通論）、美濃部達吉（行政法汎論）、寺尾亨（国際公法）、戸水寛人（羅馬法）であった。[46] 法学を専攻した戴が具体的にどの授業を受けたのかは、一次資料が残っていないので考証できないが、これらの教員の授業科目から選択し、指導を受けたのであろう。後述するが、なかでも筧克彦は戴にとって印象深い存在であった。

（3）筧克彦の影響

筧克彦（一八七二～一九六一年）は長

野県出身で、東京帝国大学法科を卒業し、ドイツ留学を経て帰国後、一九〇三年に同大学教授となり、憲法学・法理学・行政法を専攻した。後に國學院の教授となり、法学博士、公法学者、神道思想家でもあった。一九〇四年に法政大学清国留学生法政速成科が成立すると、兼任教授となった。彼は中国の歴史的脈絡のなかで開明専制論を論じたことから、陳天華《チンテンカ》、汪兆銘《オウチヨウメイ》、胡漢民などの中国人留学生に多大な影響を与えた。一九〇五年には『民報』と『新民叢報』の論争において、革命派と立憲派の双方が彼の法学理論を使って論戦したという(47)。このようなことから、筧は同様に日本大学の中国人留学生にも相当な影響を与えたと考えられる。彼は古典神学の研究で名を上げ、「神ながらの道」を唱導し、神道的国家主義を主張したため、「かんながら（神道）憲法学派」とも呼ばれる。彼は古神道・仏教の研究を経て、天皇の神格を信じ、現人神である万世一系の天皇が治める大日本帝国が人類世界を統一し、支配するのが当然であることを説き、国家主義の立場に立つ憲法学者として、第二次世界大戦前には軍部、右翼の理論的支柱として活躍した。大戦中は「大政翼賛」「八紘一宇」を講じた。その死去に際し、政府は勲一等旭日大綬章を贈った(48)。

筧は大学で授業を行なうとき、その最初と最後に目を閉じて手を合わせ、自分の幻想のなかにいる「祖先神」に敬意を表したという。直接に筧の授業を受けた戴季陶は、神権思想に関する感性的認識（実体験にもとづく認識）を得たと考えられる。戴は一九二七年に書いた『日本論』のなかで、筧について、「この人は、学問の点ではきわめて広く、かつ深かった。しかも、私たちが憲法学の講義を受けた頃、彼の思想はきわめて進歩的だった。私自身は、思想的に彼から多くのものを学んだ。その頃の彼の法理論は、法文ばかり重視して理論を軽視する当時の日本の法学界において、明らかに革命的色彩を帯びているものであった」と描写している(49)。

討袁運動期に戴は、日本国民が共同信仰、すなわち神権思想を持っていることに注目しはじめ(50)、五・四運動期にはそれが軍国主義を生み出したと批判したが、国民革命期に入ると日本人の国体観念は神権の民族思想に由来し、神権思想は日本建国の基礎だと評価するようになった。これは、彼の三民主義で中国を統一するという中華民国の建国理念にまで影響を与えた。つまり、彼が日本人の信仰力を賞賛した目的は、中国人に三民主義をひとつの共同信仰として持たせるためであった。したがって、孫文の死後、戴季陶は三民主義を国家イデオロギーのレベルにまで引き上げようと努めたのである。共産主義というもうひとつのイデオロギーが中国で威力を発揮するようになると、戴らはそれを徹底的に消滅させないわけにはいかなかった。

これらのことについては後の章で詳述するが、やがて経済的原因でやむをえず帰国し、蘇州の江蘇地方自治公所の教習になった際には、日本大学で学んだ法学の知識が、戴にとって生計を維持する手段となった。一九〇九年一二月に、法学の知識をいかして書かれた「憲法綱要」は彼が最初に行なった講義の講義録である。[51]そのなかで、戴は国際的視野をもって国家と法律の要義について論じ、国法についてはとくに筧克彦の説を紹介し、自分の説明を付して述べている。一九一〇年八月に書いた「『憲法大綱』私議」では、日本の憲法の特徴をはじめ、英・仏・独等の憲法を比較しながら、手本にするべきものを検討し、中国の『憲法大綱』の是非を逐条的に論じている。[52]また一九二一年、孫文が広州で中華民国政府を樹立した際に戴季陶は、憲法草案と「商会法」「工会法」「工場法」「産業協作社法」「各種社団条例」の起草の仕事を与えられた。戴は各国の法律文献を集めて分析し、数万字の法律草案を完成させた。[53]さらに南京国民政府が成立すると、立法院院長胡漢民に請われ、戴は立法院顧問として民法総則・債権・物権という三編の立法原則の確立および各編の全部の条文の起草について多大な力を尽くした。[54]中華民国の重要な法律の制定には、戴季陶の思想と意志が含まれているといえる。彼は民国立法史上において重要な位置を占めているが、その理論の基礎はこの時期に築かれたのである。

このように一四歳から一八歳までという人生のなかで感受性のもっとも強い時期に、進んだ知識を吸収する目的で、戴季陶は四年間の日本留学生活を送った。前述したとおり、彼は優れた日本語能力を持つようになっただけでなく、法学という専門知識を身につけたことによって、近代中国における法律の制定に大きな力を発揮した。また神道憲法学者である筧克彦の授業を受けたことにより、後年日本の歴史の中から日本建国の理念、日本の民族性の根源などについての感性的な認識が得られた。ところが、これほど熱心に勉学に励んだ戴は意外にも、卒業する前に退学・帰国してしまったのである。その理由はいったいどのようなものであろうか。

五　日本留学の中断

(1) 不本意な退学

戴季陶は日本大学に入って、同じ四川省出身の謝健と金鋭新《キンエイシン》（工手学校学生）および湖南省出身の楊子鴻と親友となり、「松濱四友」と称した。彼と金鋭新が住んだ麹町の松濱館はもっぱら日本人客向けで、中国人留学生をあまり歓迎しなかった(55)。戴と金は二人とも流暢な日本語を話すことができ、また戴がつねに新聞・雑誌に詩や小説を発表していたので、旅館の主人はこの優秀な若い中国人学生に感服し、特別に住まわせた。当時の留日学生には、数人が共同で一軒屋を借りて女中を雇う者もいたが、もっぱら中国人同士で接触し、日本社会に積極的に入らなかった。それとは異なり、戴は日本人向けの旅館を下宿にし、主人と親しく交わり、そこに出入りする多くの日本人と接触する機会を得ていた。したがって、日本の庶民と直接に接触し、日本の国民性を草の根の次元から理解するという経験が、戴の後の日本観形成に大きな役割を果たしたのである。

日本の旅館は、一般的に食事と宿泊の費用を合わせて計算し、食事以外の煙草、マッチ、切手などの費用はみな旅館に一時的に立て替えられ、月末に勘定する。しかし、松濱館の主人は戴の才能を好み、宿泊費以外には他の費用をそれほど厳しく計算しなかった(56)。

日本へ渡る際に、三〇畝の祖田を売って得た七〇〇元を留学費用にした戴は、安全のためその金を二つに分け、五〇〇元を懐に、二〇〇元を手に持っていた籠の底に入れたが、四川から船で漢口に到着したばかりのときに強盗に遭遇し、籠を奪われてしまった。悲しみ慟哭した戴は、同姓の友人に慰められて日本に来る。しかし、数年後に戴は経済的に余裕がなくなり、実家からの送金もないため、つねに友人から金を借りたり援助を得たりしていた。松濱館の主人はそのなかのひとりであり、戴は主人に小遣いをつねに借りていた。しかも、その後、他人の債務を返済するためにも主人からの借金に頼った。二人の仲は良く、深く交流していたと思われる。しかし、時間がたつとともに、高額の借金を主人に返却することができなくなる。三年生になると、ますます経済的に難しくなり、学費でさえも金鋭新の家からの送金で立替払いをしてもらっていた。このとき、松濱館の主人も経済的に苦しくなり、期日を限定して戴に借金の返済を催促した。戴はほかに方法がなく、退学することを考えざるをえなくなった。そして、帰国の旅費さえも、親友の謝健が妻の指輪と大学の講義ノートを質入れして得た金に頼ったのである。このように、経済的に苦しんでいた戴は、住んでいた旅館の家賃も払えず、とうとう卒業する前に退学し、帰国せざるをえなくなった。一八歳の戴は慟哭して親友と別れ、一九〇九年夏にきわめて遺憾の意を残して、日本を後にした。

そうしたことから、日本大学の卒業名簿には彼の名が見られない。ただし、興亜院政務部が編集し、一九四〇年に出版した『日本留学中華民国人名調』のなかで、推薦校友として「戴天仇」の名が載っている（六二九頁）。これは、前述した私立日本大学学則総則第四条「卒業証書を有する者は終身本大学の校友とす」という規定に反しているようである。[57]しかし、日本大学校友会規則第五条によると、「令聞ある人は特に請ふて本会名誉会員と為す事あるべし」という規定があったので、[58]おそらく戴が帰国した後、中華民国の政治・文化とくに対日外交に大きな影響を持つ著名人になったことから、名簿に取り上げられたのであろう。不本意ながらも退学した原因は経済難であると一般的にいわれているが、本当に卒業したければ、まことに聡明な戴にとって、果たして救済の措置はまったくなかったのであろうか。

（2）救済措置

「学術優等品行方正なる学生」に対して、日本大学学則第四八条では臨時試験を通して「特待生」にし、「賞品を与へ若くは一年以内授業料を免除」し、また第四九条は、「学費支弁の途なき者は之を貸費生として年額二百円貸与することあるべし」と定めている。さらに、第四五、四六条には、「五ヶ月以上在籍し授業料完納の者にして疾病其他止むを得ざる事故に依り満六ヶ月以上修学すること能はざるときは本大学の許可を受け一年以内休学することを得」、「休学中は授業料を納むることを要せず」とある。[59] 特待生、貸費生、休学といった措置はいずれも、窮迫の学生に有益な救済方法であるが、戴がこれらを申請しなかったのか、あるいは申請しても許可されなかったのか、さらにこれらの制度は留学生向けではなかったのかは不明だが、経済的理由で不本意ながらも退学せざるをえなかったことから、戴はこれらの優待を受けなかったことがわかる。また前述したように、年三回卒業試験を行ない、学生は科目を選択し、数回に分けて受験することができた。同級生の謝健が三カ月早く一九〇九年に卒業できたにもかかわらず、[60] 戴は結果的に不本意なまま帰国してしまったことは事実である。

一方、当時、留日学生は日本を通して西洋文明を中国人に紹介する使命を背負い、大量の翻訳活動、雑誌出版活動を行なった。たとえば、宋教仁は神経衰弱症にかかったにもかかわらず、来日半年後には神田工芸学堂で中国語を教えたり、一年後には『日本憲法』『露国之革命』『英国制度要覧』『各国警察制度』など、大量の書籍を翻訳することで報酬を得た。[61] 宋より日本語がさらに上手な戴は翻訳活動に参加していなかったようである。また、各新聞に投稿し日本人作家と原稿料を競ったともいわれるが、[62] それはあくまでも一時的な収入かつ小額であり、生活費や学費に充てることはできなかったろう。

以上のように、特待生・貸費生・休学、また試験を受けて早期に卒業すること、さらに翻訳や執筆活動を通して報酬を得ることなどいくつかの救済の措置があったにもかかわらず、戴はいずれの手段もとらなかったのである。彼が帰国にまで追い込まれたのは単純な経済難ではなく、何か精神的な打撃によって、異国での勉学を支えていく力が失われたのではなかろうかと思われる。それはいったいどのようなことであろうか。

（3）精神的な打撃——初恋の困惑

師範学校のときに戴季陶は派遣されて来日していた山西省出身の王用賓《オウヨウヒン》と知り合い、後に日本大学の同級生となった。王は一九〇五年の中国同盟会設立の際、孫文に直接加盟を請い、高く評価された。彼の紹介によって同盟会に加盟した山西省出身者は一〇〇人を超えた[63]。戴は王を通じて多くの革命党員と知り合い、孫文および中国同盟会のことを知った。一九〇五年八月一三日に、一三〇〇人の中国人留日学生が主催した孫文歓迎大会に参加した戴は、初めて孫文の演説を聞き、孫は革命家であり偉大な人物であると認識した[64]。しかし、戴は留学の間、ほとんど政治活動に参加しなかった。その原因は政治活動に従事していた者のなかの少なからざる人々が見識は浅薄で、品性は軽薄であると感じたためであるという[65]。

戴は中国人留学生の政治活動と距離をおいたものの、一九〇八年に日本大学中国人留学生学友会の組織活動には積極的に参加した。当時、日本大学には一〇〇〇人以上の中国人留学生がいたが、まとまった組織がなかった。中国人同士で交流しやすくするために学友会を設立しようと、戴と楊子鴻、胡霖などが検討した。学生が団体を組織して革命を宣伝し、清朝を打倒することを防ぐため、これに反対した当時の駐日留学生監督の田景炤と交渉したり、経費を調達したり、戴は先頭に立って組織の成立を目指した。成立大会の際には、日本の文部省と清国公使館から代表が派遣され、日本大学の松岡学長と大部分の教授も出席し、大学内外の留学生は二〇〇〇人以上にも達したというほどの、空前の盛況であった。大会で一七歳の戴は主席に選ばれ、成都方言と流暢な日本語で開会式の挨拶をし、その能力を最大限に発揮した。最後に、戴は日本大学中国人留学生学友会会長、謝健は書記に選ばれた。ふだんから感情の起伏の激しい戴は、哀楽を問わず泣く習慣がある。この日も旅館の松濱館に帰った後、感動して慟哭したという[66]。

戴は留学生団体設立のために活躍し、そのリーダーとなったことより、他の団体と接触する機会も増え、注目されるようになったと考えられる。そのなかで特筆したいのは、朝鮮人留学生との交流活動である。一九〇八年一〇月二五日に、在東京朝鮮人留学生団体の中心人物であり、一九二〇年代末に三均主義を揚げて朝鮮独立を主張した趙素昂《チョソアン》

青年期の戴季陶
［簡笙簧・侯坤宏編『戴伝賢与現代中国』，２頁］

（当時明治大学法学部在学）と知り合った。趙は戴の文才を「大才」だと高く評価し、特別に戴を訪れたこともある。[67]また、政治犯として日本に亡命し、国のために苦心して活動していた僧侶の金永基と交流し、詩を贈られたことがある。[68]戴は日本にいる韓国人を、「義を為すために頗る勇気を持っている。国事のために奔走し、一身の利害をまったく計らない」と高く評価している。[69]韓国人に対してこのような認識を持った戴は韓国人留学生との交流を積極的に行ない、彼らにある程度の好感を持ったと考えられる。そこで、彼の留学生活のみならず、全人生にまで大きな影響を与えた事件が生じたのである。

謝健の回想によると、戴は朝鮮復国の志士と交友し、李という女子留学生と知り合った。彼女は李王の叔父の娘であった。朝鮮人留日学生のうち、数多くの愛国の革命志士が日本帝国主義と闘っていたが、日本政府は朝鮮を植民地にするために朝鮮人学生を厳しく監視し、行動の自由を制限した。韓国併合直前に東京に留学していた王族という身分の人物であれば、日本にとって政治的な利用価値は高く、その行動が無視されることはなかったろう。戴は李との交際を最初は秘密にしたが、その後深く愛し合う二人は婚約し、婚約披露の宴会を行なった。戴は宴会で日本の歌を歌い、謝健は故郷の川劇「叫花子排朝」を歌った。李皇叔は論語のある段落を朗読し、在席者はみな心から祝福した。最後に、非常に感動した戴は「人生の遇合は、此くの如きに過ぎず」と語り、また慟哭した。ところが、数日後に李は突然行方不明になった。彼女は「政治的な関係で脅迫されたようで、すぐに交際は絶たれてしまった」と、謝健は回顧している。幸福に包まれていた戴はこの突然の打撃を受け、完全に意気消沈し、異国での純粋な初恋は政治の犠牲になってしまったと思われる。以後、戴はこのことについてほとんど口にせず、知っている人もきわめて少なかったという。[70]ただ一九二六年、戴は、「私は世界の革命家とかなり交流し、世界各国の革命事情をつねに注視しているが、朝鮮の革命に対して特別に関心を持っている。これは私が初めて婚約した相手が韓国人だったからであろう」と語っている。[71]一七年の歳月を経ても、まだ彼はこのことを銘記していたのである。

異国での純粋な婚約がこのような形で失敗したことが、一八歳という青春期の戴に与えた打撃がどれほど大きかったかは、想像に難くないであろう。それにより、情熱的な性格の持ち主であった戴が意気消沈し、異国で努力し続けていく力を喪失してしまったのではないか。またこのことが、戴が日本に失望し、反発するようになる一因だったのではないかと考えられる。帰国後の辛亥革命期において、彼には留学した国への特別な親しみの感情がまったく見られず、むしろ終始、当時の多くの留日学生と同じく中国の立場から「敵」として日本を分析し、批判しているのである。彼の日本像はかつて憧れを抱き、人生のなかでもっとも重要な人格形成期を過ごした理想の国である「第二の故郷」から[72]、中国の直面する「第一の強敵」へと変化し、「日本敵視論」を抱くようになった[73]。これは帰国後のことであったが、当時の彼に与えた直接的な影響は留学の中断であった。

以上のように、日本で新知識を学んでいた戴は経済難のために卒業する前に退学し、帰国せざるをえなかった。特待生・貸費生・休学、早期卒業、さらに翻訳や執筆活動を通して報酬を得ることなどいくつかの救済の措置があったのに、彼はいずれもとらなかった。留学中、戴は日本大学中国人留学生学友会の組織に積極的に参加し、大学側および清国公使館と直接に接触し、組織能力を鍛えた。それによって韓国人との交流が増えて、日本以外の国の人々との交流ができ、第三国の視点を持ち日本と中国を観察することもできた。しかし、朝鮮王族の李との婚約の失敗は、青年期の戴に非常に大きな精神的な打撃を与え、異国での勉学を続けていく力が失われたのであろう。またこの屈辱は、生涯浩瀚な文章を残した戴が、自分の留学経験について、あまり詳述しなかった理由であろうとも思われる。

おわりに

本章では、清末中国人の日本留学の原因にはじまり、日本での留学生の状況などを踏まえつつ、そのなかのひとりである戴季陶について可能なかぎり明らかにしてきた。最後に、日本が戴にとってどのような存在であり、日本留学の経験が、彼の人生および日本観の形成にどのような役割を果たしたのかをまとめておきたい。

清末、日本への留学生派遣は政治改革のひとつの重要な措置であり、清王朝の衰亡を救う目的であった。当時の内外情勢のもとでは、西洋を見習って近代化に成功した日本は、清王朝および留学生の理想的な留学先であった。清王朝は留日学生を派遣すると同時に、国内にいる人々に先進的な知識を吸収させるために、中国の内地まで日本教習を大量に招聘した。このような背景のもとで、中国内陸の四川省にいた戴季陶は日本と出会うことができた。

戴は伝統的な中国知識人の昇進への道である科挙に失敗したため、日本留学の予備校に入った。また予備校を退学処分になった際には、日本人教師に助けられ、日本の進んだ近代文明に憧れるようになった。そこで、日本留学こそが唯一の教育・出世の機会であると認識したため、必然的に早くから日本に対して強い関心を持っていた。そして、彼はもっとも感受性の強い時期に日本に渡り、新聞記事を中心に日本語を熟読・多読し、幼少期に「国語」を学んだ経験や身につけた国学の素養を生かして、日本古典の学習を進めた。抜群の日本語力をいかして専攻の法学の勉学に励み、日本社会のさまざまな面に深く接触したことは、彼の日本理解の基礎となった。帰国後、戴は孫文の日本語通訳となったことから、日本専門家として国民党内の重鎮となり、政界での昇進を遂げた。また、法学の知識をもって後に中華民国の重要な法律の制定に力を発揮し、民国立法史上において重要な位置を占めている。さらに筧克彦から神権思想に関する感性的認識を得て、後年に国民的信仰の重要性を見いだし、三民主義がひとつの信仰として国家理念となるべきことを唱えたのである。総じていえば、日本は彼の生涯を通じて、個人的な成功を得るためにきわめて重要な意味を持つ存在であり、日本留学経験はそれを可能にした出発点であった。

しかし、戴は李との婚約の失敗により、一八歳の若さで国際政治の狭間に立ち、精神的に大きな打撃を受け、退学・帰国した。またそのことが、後の日本観にも影響を与えた、すなわち、日本帝国主義の残酷さ、植民地化されつつあった朝鮮の悲惨さ、そして「唇が滅びれば歯が寒い」という中国の存亡の危機を、自らの経験により切実に感じたと思われる。帰国後、彼は国際情勢に関心を持ち、日本に併合された朝鮮に同情し、朝鮮独立運動に積極的に協力した[74]。彼が最初に発表した文章は、まさに日韓併合の性質と中国存亡との関係を論じた、「日韓合邦與中国之関係」である[75]。留学中に身につけた国際的知見をいかし、国際的な視野で日中関係を分析するようになったのである。

人格形成期に戴は一介の学生として、日本人と庶民レベルの交流をもったことにより、日本に関する感性的認識を強めた。四年間の留学生活のなかで喜怒哀楽を経験した戴にとって、この「日本」は時には彼の救い主であり、時には彼を見捨てる存在であった。この時期の日本に対する感性的認識がなければ、後年の理性的認識にまではいたらなかったであろう。総じていえば、苦楽半々の留学経験をした戴は多くの留日学生と異なり、普通学の学習にとどまらず、日本語の研鑽に努め、日本文学にも深く親しんだ。その結果、彼は日本人の文化・民族性をその内側から認識し、日本人の価値観を把握し表現する基礎を、この時期に築いたのである。

第2章　敵としての日本

はじめに

戴季陶は日本留学を終え帰国した後、一貫して日本との関係を持ち続けた。彼は辛亥期に初めて日本を国際情勢のなかにおいてとらえた大量の文章を発表し、中国の言論界で日本問題をめぐる発言者として一定の地位を占めるようになった。この時期の日本観を表わした文章は若さと情熱に溢れ、後年の著述のように政治権力との関係や政治的立場を顧慮することなく、もっとも自由かつ率直に自己の思想を吐露し、生存と立身出世のために全力をかけて言論界で地位を占めようとして著わしたものであった。つまり、戴季陶の言論および政治活動の出発点にこの時期の日本観が位置していることからも、また、戴の日本観のみならず初期思想の形成過程をたどるうえでも、やはりこの時期の日本観は決して無視しえない意義を持っていると思われる。こうしたことから、この時期の戴は日本のいかなる面に関心を持ち、いかなる議論を展開していたのか、そして、このような日本観は、当時の上海輿論においてどのように位置づけられるか、その日本観の最大の特徴が何であるかを明らかにすることは、後の彼の日本観を理解するために必要不可欠である。

そこで、本章では、まず辛亥期の戴季陶の経歴とその思想との関連を整理する。そして、当時上海輿論の日本認識を明らかにしたうえで、戴の日本観を主に日本外交を中心として、日韓関係、日英関係、日中関係の三方面から分析する。また、日本の社会文化と民族性をめぐる議論にも触れる。最後に、かつての留学先であった日本が、この時期の戴季陶にとってどのような存在であったのかを考察したい。

一　「天仇」時代

(1) 孫文との邂逅

一九〇九年、資金難および精神的な打撃によって卒業間近にやむをえず日本留学を終え帰国した戴季陶は、上海を経て蘇州にある江蘇地方自治公所の主任教官の職に就いた。清朝が立憲運動を行なっていた時期であったため、戴は日本で学んだ法学の知識をいかして、憲法学と法学の授業を担当した。しかし、彼の革新的思想や生活態度が周囲から受け入れられなかったため、やむをえず辞職して上海に赴いた。

戴は一九一〇年七月二五日に『中外日報』の記者となり、さらに九月には『天鐸報』に記者として招聘された(1)。同時に、于右任《ウユウジン》が創刊した『民立報』にも寄稿した。まもなく彼は清政府を明確に批判しはじめ、清政府と「不倶戴天」の仇であることを暗示する「天仇」の名で、時勢を評論する文章を発表し、無名の貧窮留学生から一躍全国的に知られる記者となった。

この時期には革命運動がしだいに激化し、清朝当局の革命党員に対する弾圧も一段と厳しくなっていた。一九一〇年二月、広州新軍蜂起失敗後の孫文は、北米・日本を経て英領海峡植民地のペナンに亡命していたが、そこで翌年の広州黄花崗蜂起を準備するために、いわゆる「ペナン会議」を開いた。この行動はイギリス植民地当局の警戒を招き、

「妨害地方治安」の罪で孫に出国の命令が下され、一二月六日に孫文は家族を残して欧米に出発した。

他方、戴季陶は革命党員ではなかったものの、『天鐸報』や『民吁日報』に排満・反清の文章を数多く発表したため、早くから清朝当局に警戒されていた。そして、一九一一年春に清朝批判の言論のために指名手配を受けるという、「天鐸報筆禍事件」が起こった。戴は長崎に二週間亡命してから密かに上海へ戻ったが、政治情勢がますます危険になったので、浙江省呉興県の雲巣山道観に隠棲した。その後、友人である雷鉄崖《ライテツガイ》の紹介でペナンに赴き、同盟会南洋支部の機関誌『光華日報』の編集を務めた。彼の参加により、『光華日報』は「威勢がよくなり、保守派の『檳城新報』が勢力を失い、刊行部数は大いに上昇したという。(2)」ここで陳新政の紹介により、黄金慶の主盟（加入儀式の主催者）で中国同盟会に加入した。(3)戴は同盟会員の雷鉄崖の紹介により、ペナンに残された孫文の娘である一五歳の金琰と一四歳の金琬に毎日二時間ずつ国語を教え、孫家の常客になったが、孫文と直接接触する機会はなかった。戴季陶はかつて日本留学時代の一九〇五年に東京で中国同盟会が設立されたとき、孫文の同盟会員に対する演説を聞いたことがあるが、面識はなかったのである。(4)

そして、一〇月一〇日の武昌蜂起に始まる辛亥革命の勃発を知った戴季陶は、ただちに帰国して革命運動に参加し、武漢、上海、大連等の最前線へ、しかも戦闘のもっとも激しい時期に赴いたのである。(5)一九一一年一二月二九日、中国同盟会本部の主催した孫文歓迎大会に参加した戴は、会議前に記者の身分で孫文に謁見した。孫は彼が有名なジャーナリストの戴天仇であり、しかも娘の家庭教師でもあることを知り、深い印象を受けたという。二日後に戴は孫文に従って南京に赴き、一九一二年一月一日の臨時大総統就任式に参加した。二カ月後、彼は大総統の位を袁世凱《エンセイガイ》に譲った孫に新聞社の代表として派遣され、蔡元培《サイゲンバイ》・宋教仁らと共に「北上迎袁」に参加した。(6)しかし、その後『民権報』で袁を批判したため袁に疎まれ、五月二二日に暗殺扇動の罪で租界巡捕に一時的に拘留された。

一九一二年二月四日に臨時大総統を辞任した孫文は、九月一一日に全国鉄道督弁に任命され、一〇月一四日には上海に鉄道督弁弁事処を設立し、戴季陶を機密秘書に任じた。彼が孫文の側近になることができたのは、その政治に対する独自の見解、革命に対する真の理解、そして国際情勢に精通していたことによる。しかし、より重要な要因として、戴季陶が日本語に通じ日本問題に詳しかったことが、終始日本に期待を抱き日中提携を唱えていた孫文にとって、好都合だったのである。

（2）中国存亡の危機意識

従来の研究は、辛亥期の戴が立憲君主制に傾いていたと指摘しているが、その理由として、彼の『憲法綱要』（一九〇九年一二月二日～一九一〇年三月一日）において、「大人本位制（君主制）」と「民衆本位制（共和制）」の両方の利点を論じた後、「世の中には利害や状況にかまわず、ただ民衆本位を崇拝することを楽しむ者がいる。これはまた精神病の一種である」と述べたことがあげられる。しかし彼は、「大人本位制」は「才能と知恵の持ち主が君臨するので、政務を執るには便利である」のに対し、「民衆本位制」は「大衆の心意に合い国家のために活動するので、進化が速い」とその違いを論じているものの、「各自の特長がある」両者は、「社会心理・世界大勢に合い、発達という国家目的を達成できるなら良い」と指摘している[7]。つまり、国家の発展という目的に対して、「大人本位制」や「民衆本位制」はあくまでも一種の手段であると戴は考えたのである。この時期の中国は列強の圧迫を受けて亡国の危機に瀕しており、戴季陶も日本留学生活のなかで中国人の国際的地位の低さを実感し、個人の幸福は国家の強弱に関わっていると意識したに違いない。したがって、この時期の彼の関心は国家の存亡・富強ということであったと考えられる。

しかし、戴季陶は清王朝の体制がますます弱体化し、とくに外交上の失敗を繰り返すのを見て、政府の無能をあらためて認識し、さらに急進的な上海の言論界に身を置いて、清王朝を批判する文章を書くようになった。彼は、「頑迷で愚かな政府」が「自分の権利を放棄してしまい、しかも自分の膏血を全て人に吸い取らせて顧みず、さらにそれを保護し、『これが通商であり、交際であって、これは文明世界には当然あることなのだ』と唱えている」ことは、まさに「自殺」に等しいと説く。「我が国民は考えてみよ。我が国の今日の政府、今日の国力が、各国と対抗できる場合があるだろうか。国際社会において手だてを尽くして各国と争い、勝ちを収めることのできる敏捷な外交家がいるだろうか。皆無である。現下の方策としては、政府が頼るに足りない以上、実力をもって外国人と競争することを自ら図る以外に、他の方法はない」と清政府を明白に批判しはじめた。[8] このような発言から、戴は日韓併合・揚子江航行権などの外交問題に対する清政府の無能から不信感を生じ、しだいに反発するようになったと考えられる。また、「外国人が敢えて我国を侵害するのは、我が国政府の官吏にまず破壊・抑圧という道理にあわない蛮行があったからだ」と述べ、[9]「無能な政府、無能な人民、無能な国家が、この優勝劣敗、弱肉強食の世界に身を置くならば、どうして人に食い物にされずにいられようか」と徹底的に不信感を表わしている。[10]

そこで、海外での生活経験を持つ戴季陶は目を外に向け、欧米などの先進国および日本という新興国が、いかに発達してきたのかを検討した。一九〇九年一二月から一九一二年一二月において、彼の七二〇篇にのぼる大量の著作のうち、二五二篇は外国に関する評論であり、全体の三五パーセントを占めている。そのなかで日本をめぐる文章は一三〇篇で、全体の一八パーセント、外国に関する評論の五二パーセントを占めている。つまり、この時期に彼が国際情勢に強い関心を持ち、そのなかでもっとも中心的に論じていたのは日本問題であったことがわかる。

彼は、外国から借款して国家事業を振興することは、経済、財政、法律、政治などの諸方面からみても、今日「救亡図存の要術」であることは疑いを容れないと指摘し、また外国と連合して国内の実業を振興すべきことを主張している。[11] そのほか、戴は、世界でもっとも根基が固く、もっとも富強な英国は地方自治と海軍の拡張を行なっている例をあげ、[12]「共和政治はもっとも進化した政治であり、自治制度はもっとも進化した制度である」と主張するようになった。「共和国家の政治はその精神が他ではなく、自治そのものである」と述べ、中国が地方自治を実行すべきだと論じている。しかし、現実の「政治は専制悪劣のみでなく、人民の自治能力は少しもない」ことに嘆いている。[13]

以上のように、日本留学中に学んだ憲法学の知識は、戴が帰国後に生計を図るための最初の手段となった。そして、海外留学経験があること、国際情勢に通じていることが、記者となるために有利であった。それ以後、記者として社会の多方面と接触する機会をえて、情報を入手するにも便利であったため、社会問題を深く観察し、さらにその考えを文章化し、つねに発表することができ、時には大論争を引き起こすこともあった。(14) 彼がよく寄稿した『中外日報』『天鐸報』『民権報』『民吁日報』などは、すべてが革命派の機関紙だったわけではないが、いずれも社会の暗黒面の摘発と批判、新思想の紹介と提唱などにより多大な反響を起こしていた。江蘇地方自治公所で奉職していた時期には、戴は君主制か共和制かという問題に関して、いずれか一方を支持するということはなかったが、上海でジャーナリストとして活躍するようになってからその思想がしだいに急進化し、民主共和制を主張するようになった。これは、新聞社で革命運動に関する情報や急進的人物と接触したことと関係があると思われる。戴は中国存亡の危機意識を抱えたことから、中国の運命と深く関っていた列強に目を向け、そのうち、もっとも中国と関りの多い日本に注目して論じるようになった。

二　日本への警戒——上海輿論の日本観

(1)「兄弟の邦、互助の誼」

辛亥期の上海輿論では、日本の対中侵略政策が広く警戒の対象となっていたが、日本との提携を主張する者もいた。むろん、これらの提携論者は日本への服従を説いたのではなく、日本に対する忠告の形で議論を進めたのである。ある論者は、「世界の強国が皆日本の友とならないことを恐れている」日本にとって、中国だけが「兄弟国で、互助の誼を持っているが、危機に瀕している者を助け、傾いている者を安定させるのも、結局は親和力に頼るほかはない」と、日中の親近感を日本人に意識させようとしている。そして、「我が国民は誠に日本を疑っていない。我が輿論界も誤解によって両国の友好を損なうことはまったく願っていない」と自分の立場を表明している。しかし、日中間に生じた誤解はどのようにすれば解消できるのかという問題になると、「唯日本が翻然と、兄弟国はつねに互助の誼を失わないということを認識すれば、我国の利益であるばかりか、もとより日本の利益にもなる」と述べたうえで、「日本はとりあえずその野心をしまい込んで、私の言葉を聞かないわけにはいかないだろう」と訴えているのである。(15)

彼らはその希望を国民外交に強く寄せた。国民外交関係は、「立憲国家では、権力が国民にある。ゆえに立憲と言えば、民主であれ君主であれ、その国民がみな国権に参加することができ、外交上においてはその先導およびその後援となり、他国の国民と連合し、猜疑心を無くして援助の効果を収める」というものである。そして、「近ごろ外交の重要な任務は国民の利害にあるので、外交関係は国民をもって着眼点にするべきである」と述べられている。アジアにおいては、「独立を保ち、信使が往来し、軍隊をもって交渉するにいたらず、外交をもって欧米と競争できる者は唯日本だけである。その日本と唇歯相依する者は唯中国である」と、近代強国である日本と中国の関係を明らかにしている。しかし、「日本は急いで我が国を滅ぼそうと図るが、あにはからんや唇が亡べれば歯も寒いので、日本にとって大いに不利ではないか。今、欧州各国の視線は弓矢の的のように我が国に集中しているが、この的がなくなったら、その視線を日本に移し、日本を的にする」ため、「我が中国が危険な地位に置かれたら、日本も孤立無援で、おそらく自らを守ることもできない」と、西洋列強に対して日中の一体性を唱えている。「日本はただ日英・日露同盟が得策だと思ってはいけない。彼らは果たして何の疑いもなく、本心から日本と友好関係を結んでいるだろうか」と、列強と日本との真の意味での友好関係を疑っている。そして、「日本で中国を滅亡させようと図るものは少数の野心的政治家にすぎず、一般の国民が賛成するとは限らない」と、政治家と一般国民を分けて認識している。外交面で「早く国民的結合を行なうことは、日中両国の幸福であるだけでなく、アジア各国の幸福でもあり、また世界各国の幸福でもある」と、日中提携こそ日本と中国にとって唯一のよい方法であると唱え、「今日の国民外交は、ゆるがせにできない」と呼びかけている。(16)

（2）「同文同種」は「遠交近攻」に勝てず

ある日本警戒論者は、中国の「目前の外患で外モンゴルに匹敵し、チベットの二倍も重要でありながら、国民にあまり注意されていないのが、何よりもまず満洲にいる日本である」と指摘し、日本がとっている政策はまるで一種の「遠交近攻政策」であると、中国にとって日本の危険性を指摘している。彼は日本には中国に対して「分割論」と「保全論」の二派があるが、いかなる理由にせよ、「保全を主張する者も、また頼るに足りない」と論じている。日本人の性質は「動くのが好きで、利を好む」ので、その「性質はつねに変わって一定していない」。その例として、「以前は中国保全を主張した最有力者であった大隈〔重信〕が、今は論調を一変させて、中国の共和の基礎は結局確定しがたく、内憂外患が絶えず見られ、分割の災禍をついには免れないというようになった」ことをあげている。また、「犬養毅氏はかつて中国保全という政見をもって他の政党に宣戦したが、大多数の国民は皆つねに中国分割が日本にとってもっとも有利な行動であると思っている」と論じている。[17]批判の対象としてもっとも注目されていたのは、「侵略主義を主張し、大陸発展政策、いわゆる外交的積極策に傾い」ている桂太郎である。彼の対中手段でもっとも危険なのは、「武力のみでなく、とくに外交」であるので、桂太郎が「内閣に入るごとに、中国の権利が失われる」と指摘している。[18]

また別の論者は、「同洲同種・利害一致・福禍共同の関係を持っている」はずの日中関係が、「つねに齟齬し永遠に友好の希望を持てない原因」について論じている。それは、「①朝鮮を独立国と認めたのに併合する。②南満洲のロシア人を駆逐したが、自らそれに代わる。これは遠因である。③日露協約を締結し満洲占領を狙う。④ふたたび日露密約を締結しモンゴルを分割する。これは近因である」と分析している。「今日の日中両国は相互に提携・連絡しないと、生存を図り東アジアの全体的情勢を保つに足りないのであるが、今日連日を唱える説はまったく痴人のうわごと、病夫の寝言にすぎない」と述べている。「日本人が我が国を狙う悪辣さは、かの暴虐なロシア人と比べて勝るとも劣らない。我が国がこれと連盟・通好し、一致進行の方法を図り、共同維持の効果を収めようとするのは、いわゆる虎を導き入れて自らを守ることであり、甚だ賢くないし、無恥なことである」と、日中提携の不可能性を指摘している。[19]このほか、「中日政府と国民のあいだでは、すでに感情がなくなったといえよう。同文同種という決まり文句は彼らの遠交近攻という大政策に勝てない」という認識もあった。[20]

以上述べてきたように、当時上海輿論において革命的あるいは急進的な新聞社では、日本の露骨な大陸侵略政策に対して、主に「提携」と「批判」の二種類の対応があった。両方とも日本に対する危機感を抱いていたが、前者は日中の唇歯相依の関係を強調し、国民外交に希望を寄せ、後者は日中連盟の不可能性の主張にとどまっている。しかし、いずれにしても日本の中国侵略の根本原因や、日本の国家発展の進路およびその結果は何かについて深く追究していなかったのである。では、これらの疑問点をふまえて、戴季陶の日本認識はどのような特徴があったのだろうか。

三　日本敵視論——戴季陶の日本観

戴季陶は、世界の列強の勢力拡張に対して、国の存立・発展には国際的知識を養成しなければならないと主張し、一般の国民に「知識を広げ、疎く野蛮な境地を離れ、文明開化した世界に入らせる」ことを希望しているのである。[21]したがって、彼は中国の政治・経済・法律・社会・軍事等に関する論評、あるいは小説・随筆だけでなく、さらに日・韓・英・露・独・米・仏等の国際関係・世界情勢について、大量の評論・時論を『中外日報』『天鐸報』『民権報』などに発表している。

戴がそれらの新聞に発表した文章を見る限り、彼の対日関心の中心は日本の政治外交であり、さらに社会文化・民族性についても若干論じていることがわかる。したがって、ここでは政治外交を中心に、社会文化・民族性も含めて検討していきたい。なお、彼の対外認識は日韓関係から始まって、しだいに「今日の中国と利害関係がもっとも深いのは日・英・露である」と考えるようになっており、日本外交が関心の中心であったとはいえ、主に中国問題をめぐって日・英・露間の関係を論じている。[22] 二〇世紀初頭、中国にとって最大の外交問題のひとつはロシアの満洲・モンゴルに対する侵略で、戴もモンゴル問題に関して大量の文章を発表し、そのなかでロシアについても若干触れているが、しかし日本・中国との関係においてロシアを論じた例は非常に少ないので、ここでは取り上げないことにする。

辛亥期における戴季陶の日本観は、日本自体のみに注意を払うのではなく、むしろ中国をめぐる列強間の国際秩序のなかにおける日本外交に、多大な関心を寄せていた。日本と他国との関係についての分析を抜きにしては、この時期の戴の日本観の全体像を正確にとらえがたいのである。そこで、戴の日韓・日英・日中関係をめぐる議論および日本の社会民族性についての論述から彼の日本観を分析し、その特徴を浮き彫りにしたい。

（1）「唇亡びて歯寒し」の危機感

①属国としての韓国認識

第一章で述べたように、戴季陶は日本留学中に韓国人の李公主と婚約するにいたったが、おそらくは政治的原因から別離を余儀なくされ、このことが戴にきわめて大きな打撃を与え、以後韓国の命運に強い関心を寄せるようになった。彼が『中外日報』の記者として初めて発表した文章は、日韓併合の性質と中国の存亡との関係を論じる「日韓合邦與中国之関係」「短評」（一九一〇年八月五日）であった。彼の日本外交への関心が、まず日韓関係から始まったことがわかる。

戴季陶の韓国に対する認識は当時の中国人とそれほど差がなく、まだ中国の属国だという次元にとどまっていた。彼によると、「韓国は我が国三千余年の属国である。土地は我が国の領域に属し、人間は我が国と同族であり、文字は我が国の国風を持ち、政治風俗は我が国の遺風を持っている」。だからこそ、韓国の存亡の問題は、すなわち「我が国の国権消長の問題であり、また我が国の実力増減の問題でもある」と述べており、中国と韓国の運命が連帯していると考えていたことがわかる[23]。

②日本の北進政策の三段階論

戴は韓国問題への関心から日本の「北進政策」を三段階に分けて分析している。第一段階は、韓国保護から日韓併合にいたる過程である。彼は、当時「韓国保護」を唱えて清国とのあいだに日本が戦争を起こし、勝利した後はその「韓国保護」をもっぱら今日の「併合」にした、と指摘している。戴から見たその「日韓併合」は、いわゆる「併合ではなく、滅国であり、亡国である」[24]。

第二段階は、日韓併合から満洲滅亡にいたる過程である。彼は、日本が日清・日露戦争において「百数十万の熱血を流し、億万の国費を費やしたが、その目的は韓国を併合する」ことであり、今日の併合は「国を滅ぼし」、その「種族を滅ぼす第二段階の手段」で、さらに「その勢いで満洲を狙うにすぎない」と説く。また、東京からソウルへの遷都が議論されたのは、「おおむね近くで治める意味から生まれたのであり、しかも他日満洲併合の根拠地にする」ためであると認識している[25]。このようなことから、日韓併合は中国が属国である韓国を喪失するだけでなく、実は「満洲の生死存亡の一大問題」で、「もっとも直接・多大な損害を被るのは我が中国である」と考えていた[26]。

第三段階は、満洲滅亡から中国全土の滅亡にいたる過程である。戴は、日韓併合が「いったん成立したら、満洲はもはや中国のものでなくなる。しかも、日本人の我が国における勢力は一満洲だけでなく、長江一帯および福建・浙江両省の商業も、我が国の商工経済界にとって大敵である」と論じている[27]。「併合が成立する日はすなわち満洲滅亡の日であり、また我が国全土が大敵に直面する日でもある」という危険を指摘し、「韓国が無くなれば満洲が無くなり、満洲がなくなれば内地の日本勢力がますます盛んになり、神州〔中国〕はおそらく島国〔日本〕の植民地になってしまう」と認識している[28]。

③韓国滅亡に対する中国側原因の追究

戴季陶は韓国の滅亡の原因について、韓国人自身の問題点だけでなく、宗主国である中国側の原因をも探った。彼は、一九〇五年の日露協約の達成は、日本人の韓国併合を実現した原因であり、中国が日露協約・日韓併合が実現する前に米国と連合しなかったことが韓国を失った原因であり、中国外交の最大の失敗であると考えた。彼によると、もしその前に「清国が予防の方策として米国と連合したら、日露協約はきっと成立しえず、韓国が日本に属することはありえなかったかもしれない」。また、「早く米国に東三省の利益を与えていれば、米国は東三省に利害関係があるので、きっと日韓併合を認めない。したがって韓国〔に対する宗主国として〕の名義が少し延長でき、将来回復の計を図ることができる」と説いた。しかし、「今は名義がすでに変わったので、将来中国が革新して強くなっても、昔の属国の形を回復するのは難しい」と、属国としての韓国を永遠に取り戻すことができないことを遺憾に思い、清朝政府の無能を批判している。(29) ここで注意すべきなのは、この時期の戴が新思想・新知識の持ち主でありながら、中華思想的傾向をも帯びており、中国の属国としての韓国の命運に関心を抱いていたことである。彼にとって韓国問題はまさに中国問題の一部分であり、日韓関係も日中関係の一環であった。

そこで彼は、韓国の命運から自国のそれに議論を発展させ、「もし〔日本が〕その席捲の勢いで我が国を狙うならば、どのように抵抗するのか」という危機意識を表明した。(30) 中国全土が日本の植民地になる可能性があることに対して、「どうして全国の人は少しも注意しないのか、まるで他人のことで自分とまったく関係がないようである。どうして皆それほど無感覚なのだろうか」と問いかけているのである。(31)

以上、戴季陶の韓国に対する認識を整理したうえで、その日韓関係についての分析を紹介した。戴は日本が韓国保護から韓国併合、そして満洲滅亡、さらに全中国への侵略に進むとみている。まさにこのことから、戴の日本不信・批判・敵視が始まったのである。そして、彼はその原因を韓国だけでなく中国側からも探り、中国人と韓国人に奮起を呼びかけたのであった。

(2) 韓国滅亡・中国分割の先駆けとしての日英同盟

①日本にとっての日英同盟の意義

戴季陶は韓国の滅亡について、日本側からもその原因を追究している。それは、いわゆる日英同盟である。彼は、「日本人が世界の一等国の列に入ったのは、日英同盟がそのもっとも重要な要因である」と指摘している。[32] 日本は「満洲と韓国の問題をめぐって、ロシアと関係が悪くなって久しい」「ロシアと戦争をしたくとも、勇気がなかった」が、日英同盟に頼って「日露戦争のための実力を養成した」。すなわち、日英同盟こそ「日露戦争が実現した原因」である。その勝利により、「韓国を獲得し、南満洲を日本の勢力範囲に入れた」。そこで、彼は「第一次の日英同盟が成立してロシアが失敗し、第二次の日英同盟が成立して韓国が滅亡した」と嘆き、今また「新日英攻守同盟を結んだ」と驚いた。これは、日英同盟がただ日英両国間のことではなく、あまりにも中国の命運と関わっていると洞察していたからである。つまり、日本が「中国を分割する説を唱える勇気」を持っており、また「恐れずに中国を侵略する」のは、みな「イギリスと攻守同盟を結んだ」からである。そして、一九〇七年の日仏協約・日露協約は、皆中国を分割するために結んだ条約であると分析している。そこで、彼は「中国の命運が今日これ程危険になったのは、実は一九〇二年一月三〇日のロンドン条約による」と指摘し、さらに「桂太郎のロシア訪問、イギリスの〔チベットにおける〕自由行動の宣告、ロシアの満蒙・新疆侵略は、その原因が皆これによる」と、日英同盟の性質が単に日英両国間の同盟の問題ではなく、中国(満蒙を含む)や韓国の命運と関わっていることを論じている。[33] 戴のこういう考え方は当時の一般国民の輿論を代表している。たとえば、日本が中国・ロシアを破り、韓国を併合したのは、実は日英同盟を結んだことによると論じているものもある。[34]

しかし、日英関係は一枚岩的な関係ではなかった。日英間の関税問題について、「事実から論じると、日本人は条約に違反し、理に背いたのではなかった」し、また「日本の関税は日本の法律で定めるものであるが、イギリス人は日本の関税が重いと思うならば日本から買わなければよいのに、なぜイギリスはまず商人から、そして輿論、さらに一般の国民まで全力を挙げて反対したのか」ということについて、戴は不思議であると考えた。さらに彼が理解できないのは、日本人のそれに対する態度である。「政府から輿論まで、イギリスを批判する人が一人もいなかった」。それどころか、「桂太郎・林董などがイギリスの非をいわずに、イギリス人を弁護する」ことは、まことに「おかしい」と戴はいっている。しかし、まさにこのようなやり方こそ、「日本人のもっとも崇拝されるべきところであり、日本人は機敏である」と戴は感嘆している。[35] イギリスに大きく依存している日本は、日英同盟を維持するために、やむをえず関税問題を許可するところまで妥協したが、これは「日本人のもっとも苦しい境遇であり、またもっとも得意な政策」でもある日本の外交策略だ、と認識している。[36] 日本人は日英同盟を通して、イギリス人に対して果たして真の感情を持っているのか、イギリス人に蔑視されていることを知らないはずはなかろうが、表面的には「英国は我が同盟国であり、われわれとの感情がもっとも深い」と唱えている。このようにするのはやはり自分を固めるためであると、戴は洞察している。

②イギリスにとっての日英同盟の意義

他方で、イギリス人は日英同盟についてどのように認識しているのであろうか。戴は、「イギリス人はこの同盟に対して平等だと思っておらず、ただ日本人の同盟請求を許可したのみであるといっている」と、戴は日英同盟の価値を低く評価している。[37] また、彼はたびたび「日英攻守同盟はイギリスにとっておおむね十分な利益がなく、イギリスはただ日本に利用されているのみである」と述べる。[38] そもそも「イギリス人は日本人など眼中にない」ばかりか、近来イギリス人は日本人に「かなりの不満」を持っている。その原因は「種族関係、国力関係」である。ここで戴は、初めて黄白両人種の矛盾を提起した。さらに、「中国での商売をもっとも盛んに行なっているイギリス」にとっては、「ドイツを除けば、実は日本がイギリス人の東方における経営上の最大の敵である」と指摘し、経済的原因でたびたび衝突が起こることを取り上げ、日本とイギリスとの矛盾を見抜いている。[39] イギリス人が日本人を嫌いになった他の理由として考えられるのは、モンゴルを占領してイギリス人を妨害するのはロシア人であるが、日露新条約の締結により、それを認めたのは日本人だということである[40]。

この時期の社会輿論としては、中国人が日英同盟を批判する時事評論だけでなく、「日英同盟は道徳に悖る盟約である」というアメリカの政治学者の演説を紹介したり、あるイギリス人の「日英同盟は実に世界外交上未曾有の偽善的同盟だ」という発言を引用し、イギリス人は日本と同盟を結ぶのは失計だとすでに悟っていると考え、「今、日英同盟を全力で破壊すべきだ」と論じているのである[41]。なお、当時日本国内でも日英同盟に対する批判があったが、そのような議論は上海の輿論においては、管見の限り紹介されていない。

イギリスの不合理な要求および日本人に対する軽蔑があっても、日本はその屈辱に耐えて、重責を持ちこたえるのである。その目的は日英同盟の維持であり、東アジアの利益を獲得するためである。日英同盟に頼って懸命に列強への仲間入りを果たそうとした日本は、その一員となった以上、逆に列強の争奪対象になっている中国を守ることは絶対にありえないと戴は考えた。したがって、戴季陶は日英同盟の分析を通して、日本に対する不信をいっそう深めたのである。

（3）「最大の強敵」——日本

①日本の対中侵略の必然性

一九世紀末、チャールズ・ダーウィンの進化論が中国に紹介されてから、「優勝劣敗」「適者生存」の思想は、中国で大きな反響を呼んだ。戴季陶は、アメリカの民間軍事思想家ホーマー・リーが語った、「一国家が自国の秩序を整えて、自存するに十分な力を持つようになると、その人民はすべて国外への拡張を求める。これは国民の自然な植民性である」という説を前提として[42]、日本人の植民性を分析した。

まず彼は、「国が小さく、国民が貧しい」日本は、「植民・殖産の範囲を拡張しないと生存を図るに足りない[43]」。しかも、「小国をもって長いあいだに内政整理が行なわれた」結果、「陸海軍の力は国勢を維持するには十分」になっているが、「人口が増え、国土に制限があり、対外拡張しないわけにはいかない」。海外への侵略はその「政治家の野心」ではなく、「国民の自然な植民性」がそうさせているにすぎないと認識している。[44]このように日本の植民性は政治家だけでなく、一般の国民レベルまで及んでいるのである。

そして、日本の拡張範囲は「中国を除けば他に方策がない」と、日本の対外拡張の必然性を認識し、日本が海外に植民することに対して客観的に論じ、理解を示している。[45]これは、南洋で滞在して現地の華僑と大量に直接的に接触した戴が、この時期には「探険・植民という二つのことは、ほとんど世界の文明的な人間の天職である」と考えており、中国は南洋に植民すべきだと主張していたからである。[46]彼から見た南洋は中国の「外府地」であり、華僑は中国の商戦の「健将」である。華僑の発展はすなわち国力の発展であった。[47]彼は中国が自由貿易主義を植民の方策とするイギリスを模範にし、南洋を迅速に開発すべきであると強く主張している。

戴が考えている植民のやり方は、「まず宗教・教育に力を注ぎ、言語を普及させ」、「政治は自治を取り、法律は慣習を重視し、社会事業は慈善事業に努める」というものである。しかし、日本やオランダのような小国が、「極端な干渉主義」を取って、「ただ侵略という手段をもって植民主義を実行することは、浅薄である」と戴は考えている。つまり、植民するならばその国を開発して発展させ、同時に自国が利益をえることは立派な植民政策であり、さもなければ、「その国の国力がいったん強くなったら、利権回収をもって国民のために報復する」ので、そうすると「怨みが積もったあまり、必ず失敗し、永遠に失ってしまう」のである。[48]こういった考えから、戴は終始日本の大陸侵略に対して冷静に考え、しかも内実を看破していることがわかる。

桑兵・黄毅は「辛亥時期戴季陶的日本観」において、戴が終始日本の対中侵略の必然性を強調していることを指摘しているが、[49]単に日本の客観的条件に対する戴の分析を取り上げるのみで、日中関係を当時の国際情勢のなかに置いていないので、戴が当時の国際思潮を考慮したうえで、日本の海外拡張に対して理解を示した面もあったことを指摘していない。したがって、戴がなぜイギリスの植民政策を賞賛したのに、日本の拡張を許せなかったのかについては、考察していない。

このように、ただ「侵略」「極端な干渉主義」をもって拡張する日本人に対しては、戴季陶はきわめて不信感を表わしている。武昌蜂起のとき、中国で奔走していた日本人に対してさえ、「民軍を助けて清朝を攻める」者と、「清朝を助けて民軍を攻める」者と二種類がいると考え、その意図は「実は中国の戦争を延長させて全国が崩れ、そして漁夫の利を納めようとする」のであると批判している。日本人は中国において、「ただ内部の戦争が延びない、秩序が乱れないことを恐れている」と指摘しているのである。[50]

以上のような日本人の植民性や中国での活動を考察したうえで、日本とは連盟する余地がなく、聯日説の発生はまったく「奇妙」であり、「幻」であると、戴季陶は考える。[51] アジアにおいて、琉球を併合し、台湾を占領し、韓国を滅亡させた日本は、「着手できる国は中国以外に概ねない」ので、「その勢力の赴くところ、必ず中国を侵略」し、「中国と日本はいつでもきわめて対立し」、「利益衝突は絶対に絶える時がない」と予測したのである。[52] さらに、「東のドイツ」である日本こそは、まさに「われわれが直面している一番の大敵である」と、戴は断言している。[53] しかも、このような対日危機感は、「東洋のヴィルヘルム二世」である明治天皇の死去によっても、少しも変わることがなかったと、戴は認識している。[54]

②自彊の道を図り

日本がますます中国大陸へ進出することに対して、一般の中国人はそれを憎んでいたが、戴はそうではなかった。彼は、「日本人はもとより中国人ではないので、我が国を侵略することは日本の方策であり、なぜ恨むことがあろうか」と理性的に語っている。[55] さらに「日本人の略奪は、日本人が発達するための方策である」と見なし、「日本人は自国を愛することができるのに、どうしてただ我が国民は国を愛さないのか。日本人は我が国を侵略することができるのに、どうしてただわれわれは報復の能力を養成することができないのか」と国民に問いかけた。[56]

桑・黄論文のなかでも指摘されているように、戴は中国人が日本人に圧迫を受ける原因は、中国国民および政府の無能であると語っている。[57] しかし、彼はそこにとどまらず、「師夷制夷」の考えを持って、日本人から「勇猛精進、敏捷活動、強兵をもって外に抵抗し、己を修めて人を服従させる」ことを学ぶべきであるという。さもなければ、ただ「日本人を怖がり、恨み、嫌うのは何の役にも立たない」と、彼は指摘している。[58]「我が国民は怒らず、恐れず、悲しまずに」「愛国心を持てれば、努めて自彊の道を図り、発展の方策を求め、もって我らの実力を養成する」と唱えている。そうすると「天理が循環し、今日の彼はすなわち明日の我である」と自信を示している。[59]

戴季陶は一般の中国人に呼びかけたほかにも、とくに「党人」(中国同盟会員)に、「国家を前提にし、外患を大敵にする」ことを強く願っている。同じ中国人である他の党派との相互排斥をやめて、「中国人を愛することを心がけ、小さい怒りを我慢して大局に心を配るべきである」と望んでいる。さもなければ、「家屋が倒れ巣が傾き、木が折れ鳥が飛び去り、すなわち共に滅びてしまうのであり、まだ何の競争があるのか」と、中国人が団結して一致対外すべきことを唱えている。[60] その具体策として、「庫倫〔外蒙〕を征伐することをもってロシアに抵抗し、内蒙を保護することをもって日本を防ぐ」と提議している。[61] また、戴は日本に対する便宜的な政策として、列強間の矛盾を利用してアメリカと同盟を結び、日本の勢力を牽制することを主張している。[62]

③将来への展望

戴季陶は、ただ日中関係の問題点を取り上げるにとどまらず、さらに中国の運命と深く関わっている日本の将来を論じていく。戴は日本の進むべき道、取るべき方針を指摘している。すなわち、「島国としての日本が自存を図ろうとするには、海軍を拡張するほかにはない」。「太平洋においては日本はおおむね一天然の海国であり、日本と競争して勝てる他の人種は絶対にいない」と断言している。したがって、日本が「海へ拡張すべきことは至明のこと」であるが、しかし「南を図らず北を図り、海上の発展を求めず大陸への侵略を求める」ことは、日本の政治方針の誤りであると指摘している。[63] 先述した、彼が「日本は対外拡張するには、中国を除けば他の方策がない」と言ったこととは、相矛盾しているのではないかと思われる。そこで、日本の南進策は彼の理想図であり、大陸拡張は現実図であると読むことができる。

日本が誤った政治方針を取っていることからみて、将来は必ず日中国交が断絶する日が来て、日本との「利益衝突は決して終わるときがない」と、戴は預言している。しかし彼は、「一国の力で中国を滅ぼそうとしている」日本人が、「その目的を達成することができるとは限らない」と思っているだけでなく、「日本は小さい島国であるのだから、どれほどの陸軍を持つことができるか、果たして一挙に意外にも中国を占領できるか、自分で考えてみればよい」と問いかけ、それは「絶対に不可能なこと」であると結論を下した。(64) さらに、日本は「黄色人種でありながら世界の白色人種勢力圏のなかに立ち、その一国の力で果たして自存を勝ち取るに足りるだろうか、果たして世界に雄飛できるだろうか、欧州諸国が果たしてみな十分日本人に共感するだろうか」と、日本の自存に対しても疑問を持っている。そして、「日本人が今日野心満々で、一挙に韓国を併合したように満洲を併合しようとするのを見ると、〔それは〕実はひとつの妄想にすぎない。前途にはどれほど害があるのか予想できない」と断言した。(65) したがって、日本人が極力に努めている大陸侵略は、「日本人の幸福ではなく、中国人の憂いではない。日本帝国の衰弱の兆である」と指摘している。(66)

そこで、戴季陶は政治方針の根本的に誤った日本の将来像を描いている。「北では満洲が日本に占領されず、韓国の独立がそれに従って行なわれ、大陸の発展は結局日本人に一歩も譲らない」と、日本の北進政策は失敗に終わると分析している。一方、「南では福建を侵略するには足らず、台湾は必ず我が国に回復され」、さらに「アメリカは太平洋を横断して西へ向かい、日本の勢力は進退窮まる」と、日本の南進政策も実行できなくなると論じている。そのときになると、大陸の発展が失敗するうえに、また海上の進取も不可能になる。そのうえ、たとえ「今日計画を変えて南に進むとしても、しかしアメリカの力はとうとう日本人にフィリピン群島を一歩も越えさせない」ので、日本人は「もはやこれまでだ」という結論を下したのである。(67)

以上、戴季陶の日本外交に対する関心の中心である、日中関係についての分析をみてきた。二〇世紀初頭、国家の発展・富強を求めて対外的に拡張する「弱肉強食」の国際思潮のなかで、戴季陶は「意外」にも近代強国になった日本の対外拡張に対して「自然な植民性」として理解を示したが、「天然の海国」であるのに南進政策を取らず、北進政策を実行することは日本の政治方針の誤りであり、さらに「侵略」だけを手段にしているので、日本は将来必ず失敗すると確信している。

では、「強敵に直面しながら認識しない」中国人の無感覚な国民性をつねに批判している戴は、その強敵である日本の社会文化・民族性をどのように理解しているのであろうか。

（4）社会文化・民族性——「独立した価値を持たぬ小国民」

四年間の日本留学を経験した戴季陶は、自ら日本のことを「体得している」という[68]。桑・黄論文では、日本人の民族性に対する戴季陶の見解を、「日本の近代文明と美意識への賞賛」、「日本の専制と横暴への憎悪」の二点にまとめている。ここでは、それを踏まえたうえで、より詳細に戴の認識を明らかにしたい。

戴は、近代人種学の研究の結果にもとづいて、日本人は「マレー・韓国および我が国の人種の合成であることは間違いない」と判断している。こういう混合人種は、「日々潮の衝撃を受ける」ので、必ず「狡くて変わりやすい」。しかも「生まれつき混合人種の民族の歴史性を持っているので、人民の闘争性および調和性は皆極端である」と特徴づけている。「侵略して勝利したら凶暴淫乱の野性をほしいままにし、闘争して失敗したらまた媚びへつらう態度で迎合する」と批判している。日本が「強いのも、永遠に大国民の気宇がないのも」これによるのである、と語っている[69]。

ところが、その歴史上、本来「独立した価値を持たぬ」日本は、改革が中国より遅れていたのに、いま「商工業は欧米市場で活躍している。しかも、その学術は医学などヨーロッパ人も及ばない。発達しているドイツも日本の医科大学に留学生を派遣し、戦闘力は強いロシアに十分勝てる。国力はすでに韓国を併合し、満洲を侵略した。その四〇〇〇万の民族、三千里あまりの土地をもって、その進歩がこれほど速い」と、戴は日本人の民族性と不釣り合いな急速な進歩に驚いている[70]。

そこで、彼は日本の発展した原因について分析した。日本人は「まさかその民族が英鋭・聡明であるはずがあるまい」と断言し、「日本人が一等国になったのは、乗じた情勢と巡り遭った機会が甚だ優れていたからである。その民族は世界でのレベルを論じるとなると、マレー・朝鮮といった種族にすぎない」との結論を下している[71]。日本の国力は、「東アジア諸国において実にもっとも強い国である。しかし、その国民の程度はまだ世界レベルの国民の領域に入っていない。ただ東洋諸国のなかで優れた地位を占めているのみである」と日本人の優秀性を根本的に否定している[72]。ここで彼が言っている「世界レベル」というのは、おそらく「西洋」「先進国」という意味であろう。彼の日本観はつねに中国を前提にするだけでなく、さらに「西洋」をも視野に入れているのである。

近代強国になっても独自の価値を持たず、未来のない日本に対して、戴の唯一の希望は日本の社会主義者の革命運動であった。彼は社会主義が「人道主義」「世界主義」であり、しかも「およそ人間として、社会組織の一員として、少しでも良心があれば、社会主義に対して賛成しない者はいない」と高く評価している。また、「欧米各国の政府はこれを恐れていると聞くが、しかし日本政府のように社会党に対してあれ程残虐な手段を用いるのは聞いたことがない」と、日本政府の社会主義者に対する弾圧を批判した。彼は、「幸徳秋水らのために不平を鳴らす」ことは、社会および世界のために不平を鳴らすことであると述べ、さらに「幸徳秋水らが死んだとしても、日本国民のなかの後継者は決して幸徳ら二十数人にとどまらない」と、日本の社会主義者に対して希望を持っている[73]。日本の内部から革命が起こることで、誤った日本の政治方針を変えることができると、戴は期待していたのである。

おわりに

辛亥期における戴季陶は終始国際情勢を観察しながら、中国の運命と深く関わっている日本を論じたため、本章では、その日本観を日韓・日英・日中の三方面からみてきた。彼は新聞記者という立場ゆえに、その言論は時事評論の段階にとどまり、日本の内政・文化といった日本自体の分析は、それほど行なっていない。この時期、戴の日本観の最大の特徴は、中国の立場に立った「日本敵視論」の主張である。

戴の関心の焦点は、何よりもまず中国自身の存亡の問題であり、反清思想は清朝の列強に対する無能さから生じたものであった。彼は留学時期に身につけた国際情勢に関する知見にもとづき、中国の存亡と深く関わっている列強に目を向け、強い関心を寄せた。当時、中国の存亡にもっとも強い影響力を持っていたのは日本とロシアであったので、戴は亡国の危機感を抱き、隣国としての日本を列強の一員と見なし、多大な注意を払った。彼は、日韓関係の分析から日本に不信感を抱いて批判し敵視するようになり、また日英同盟の堅持ぶりから日本はもっぱら列強への仲間入りに努め、列強とともに中国における権益を獲得しようとしていると認識し、いっそうその不信感を強めたのである。そのうえ、さらに日本自身の状況や民族性を分析し、日本の対中侵略の必然性を確信した。彼の日本観は日本批判の立場から始まって、中国の直面する「最大の強敵」だという結論にいたったのである。

辛亥期の上海輿論には日本提携論と日本批判論とがあったが、戴季陶の日本観は後者と一致する部分が多く、その見解は急進的敵視論というべきものであった。しかし、彼が他の日本敵視論者ともっとも異なっていたのは、単なる日本不信・批判・敵視にとどまらず、客観的に日本の海外拡張の根本原因を検討し、南進策こそが日本の国家発展に相応しい道だと唱えていることである。さらに、実際にはその逆の北進策をとっている以上、日本が将来失敗するであろうと予測し、中国人が日本の長所を学び実力を養成したうえで、日本に抵抗することを提唱している。

苦楽半々の留学経験を持ち、一般の留日学生より日本と深く接触してきた戴季陶には、留学した国への特別な親しみの感情がまったく見られず、むしろ終始、当時の多くの留日学生と同じく中国の立場から「敵」としての日本を分析し、批判しているのである。彼の日本像は、かつて憧れを抱き、人生のなかでもっとも重要な人格形成期を過ごした理想の国——「第二の故郷」から、中国の直面する「第一の強敵」へと変化してしまった。辛亥期の「日本敵視論」は、戴の後年中国国民党の対日政策にも影響を与えたほどの、客観的・総合的な日本理解が形成されるひとつの基礎となったのである。ところが、一九一三年二月、日本語通訳兼秘書として孫文の日本訪問に同行した戴季陶は、その後日本観を大きく転換した。その原因や内容などについて、次章で引き続き検討してみたい。[74]

第3章　提携国としての日本

はじめに

戴季陶が辛亥革命前後の時期には日本人の長所をまったく認めず、むしろ急進的な日本敵視論に終始し、日本が中国の「最大の強敵」だと結論づけていたことについては前章で述べた。しかし、辛亥革命後に彼はまもなく、後述するとおり日中提携を唱えるようになった。では、いつの時点で戴は日本批判・敵視から、提携・友好を唱える立場に転じ、どのように議論を展開し、またそれはいつまで続いたのか。これらを明らかにすることは、彼の後の日本観を正確に把握するうえで必要不可欠である。

この時期に戴はもっぱら実際的な政治活動に従事しており、著作は他の時期と比べて少ないが、そのなかで一九一四年一一月二二日から一九一五年一月六日の二二回にわたって、萱野長知の創刊した日刊紙『民報』に掲載された「存歟亡歟」と題する文章、また「国家精神より見たる支那」(『国家及国家学』第二巻第五号、一九一四年)に、筆者は注目したい。これらの文章は、これまでに出版された各種の著作集には収録されていない。しかし、これらの文章は、まさに中国国内では山東問題や二十一か条問題をめぐって猛烈な反日輿論が現われた時期に書かれた、彼の日中提携論を表わしているもので、この時期の日本観を検討するうえできわめて貴重な資料である。

そこで本章では、当時の中国国内の日本観を略述したうえで、戴の日中提携論の内容および特徴を明らかにする。また、その日本観の転換原因について孫文の戦略以外に、戴の経歴や思想をあわせて総合的かつ内在的に検討する。さらに、この日中提携論の持つ意義および戴の日本観の展開過程における位置づけについて考えていきたい。

一　政治評論家から政治実践者へ

(1) 初めての訪日

一九一三年二月一一日、戴季陶は経済援助を希望する孫文の日本語通訳兼秘書として来日したが、同行者は戴のほかに、何天炯《カテンケイ》・袁華選《エンカセン》・馬君武《バグンブ》・宋嘉樹《ソウカジュ》・宮崎滔天・山田純三郎らであった。一行は、門司・下関・神戸・東京・横須賀・名古屋・京都・大阪・宮島・福岡などを、四〇日間にわたって訪問した。至る所で数千人の日本人および華僑や中国人留学生の熱烈な歓迎を受けた。東京の新橋駅に到着したとき、二〇〇〇人以上に歓迎され、「万歳」の歓声のなかで帝国ホテルに向かった。三年半前に生活難および精神的な打撃で大学卒業前に退学せざるをえず、慟哭しつつ東京を離れたのとはきわめて鮮明な対比であった。このような熱烈な歓迎に、二二歳の戴季陶は大きな感慨を覚えたに違いない。日本滞在中、戴は孫のすべての講演・宴会・訪問・交渉に参与したと、後年に『日本論』で述べている。前首相桂太郎、前外相加藤高明、新首相山本権兵衛、新外相牧野伸顕、参謀総長長谷川好道、元逓信大臣後藤新平、東京市長阪谷芳郎、元東京帝国大学教授寺尾亨といった重要人士のほか、頭山満《とおやまみつる》、梅屋庄吉ら数多くの日本人と直接に接触した。[1]

孫文は三度日本の首相になった桂太郎と一五時間以上の秘密会談を持ち、戴はその通訳兼記録係を担当した。彼によると、孫・桂秘密会談の内容は、（一）連独・制英・防露、（二）日本は大陸進出政策を棄て移民・貿易地を他に求める、（三）中・日・独・墺・土を中心とする大陸同盟を結ぶ、というもので、二月一八日に「中日同盟会」が正式に発足し、二週間後に成立大会を行なう予定であったが、大正政変により桂が突然下野したので実現されなかった。(2)孫文は日本の各種団体との連合を希望し、二十余の団体が桂太郎を臨時主席として連合大会を開き、「中国の領土および東亜の和平を確保すること、日本が民国の承認を主唱すること、両国の国民感情を連絡すること」を表決したという。(3)一九一二年一一月、日本の議員観光団が中国を訪問したとき、戴は日本の真意を疑いながら、同文同種の日中両国の提携は東亜大同盟の起点であると日本議員に期待を寄せたことがある。(4)今回、日本でこれらのことが提議されたことは戴に大きな共鳴を与えたと考えられる。孫文は三井物産株式会社と中国興業公司との合弁事業のために、渋沢栄一・山本條太郎・益田孝と交渉し、「中国興業公司計画草案」を起草し、戴もこれに参与し、後に一〇〇株を出資した。(5)その後、彼は孫文を代表して『福岡日々新聞』社や『九州日報』社を訪問し、孫文の対日交渉の責任者として活躍するようになった。(6)

東京を離れるときは、大隈重信、衆議院議長大岡育造、外務次官松井、渋沢栄一、副島義一、犬養毅等の著名人や、また数千人の留学生に新橋駅で「万歳」の歓声で見送られた。この日本訪問について戴は、「東京に到着して以来、日本の官民とも我が国と連合しようという誠意は、実に見事なものに思われた。また実業界の諸人物の勤勉誠実な態度は、とくに我々を感激させた」と感想を述べている。(7)こうして、戴が初めて日本の重要人士と直接に接触したことにより、日中提携に尽力する日本人が存在していることがわかったのである。したがって、彼の日本再認識に大きな影響を与えたのである。(8)

しかし、孫文がもっぱら経済救国を目指して民生主義の実現に尽力している間、袁世凱は国民党が国会の議席の多数を獲得して、責任内閣を組織するのを恐れて宋教仁を暗殺した。この「宋案」を知った孫文は、三月二三日に一行をともなって長崎から帰国した。

右上：芝公園　紅葉館にて（**1913** 年 **2** 月 **16** 日），前列右から三番目が戴季陶
右下：芝公園　紅葉館にて（**1913** 年 **3** 月），後列右から九番目が戴季陶
上　：孫文先生旧友招待会（**1913** 年 **3** 月 **25** 日，福井楼にて），後列右から五番目が戴季陶
［出所：梅屋庄吉資料室所蔵，小坂文乃氏提供］

この訪日を通じて戴季陶は若手記者から孫文の側近となり、日中関係の舞台において少年期から身につけた日本に関する知識を最大限に発揮することができ、孫文の対日交渉上の重要不可欠な一員となった。つまり、この訪日は戴の人生において最大の転換点となり、辛亥革命以前には単なる政治評論家だった彼が、政治実践者となる出発点だったといえる。

（２）日本での亡命生活

一九一三年に第二革命が失敗に帰し、南京が陥落した後も、何海鳴と共に最後まで戦っていた戴は指名手配され、日本人某少佐の衣服を借り受け、身をもって上海に逃れ、八月二七日に大連に居を定めて、日本人の助力により生活していた[9]。戴は反袁活動を試みたが、革命党員の意見の不一致により武装闘争ができなかった[10]。彼はすでに日本に亡命していた孫文から至急東京に来るようにとの電報を受け取り、日本に渡ることにした。九月二五日、戴は日本人新聞記者を装い、「島田政一」という偽名で山田純三郎と共に門司を経て、列車で孫文のもとへ向かった[11]。上陸直後に戴は、「米澤節織の着衣に同一の羽織を被り粋を凝らしたる日本雪駄を穿きしめ」、「今春来朝の際諸君と会して一方ならぬ厚遇を受けたる身が如何に時世時節とは云へ爾後僅々半歳を経るか経ざるに忽ち破残の人となりてふたたび諸君の特別保護に与らざるを得ざるに至りしこと衷心深く慚愧に堪へず」と日本記者に語った[12]。二八日に東京に到着した戴は赤坂区南町五丁目四五番地に住んでいた[13]。そして、一九一四年一月一九日から三月一七日の約二か月間、孫文の命令で陳其美《チンキビ》・山田純三郎と共に革命運動を行なうため大連に赴いた以外は、一九一六年四月二九日まで約二年半にわたって日本で亡命生活を送ることになった。

このように、戴は第二革命が失敗して逮捕されそうになったとき、日本語を話し和服を着て日本人を装い、難を逃れることができた。したがって、日本は彼にとって非常に重要かつ有用な存在であり、場合によっては我が身を守る恩人のような存在ともなったのである。

中華革命党結成時の合同写真（1914 年，東京にて），最後列右から 6 人目が戴季陶
［出所：但保羅総編輯・劉悦姒主編『国父革命史畫』台北：国立国父記念館，1995 年，165 頁］

中国同盟会への入会が比較的に遅かった戴は、一九一三年一〇月二日に孫文の紹介・主盟で中華革命党の六番目の加盟者となった[14]。これほど早く中華革命党に加盟したのは、彼が孫文と革命党によりいっそう強い忠誠心を抱いていたことを意味する。それが以下の誓約文からも読み取れる。

誓約人戴天仇は、中国の危亡・人民の困苦を救うために、自分の生命・自由・権利を犠牲にすることを願って、孫先生に服従し、革命を再挙して、必ず民権・民生という両目的を達し、さらに五権憲法を創制し、政治を公明にし、民生を向上させ、国基を強固にし、世界の和平を維持する。ここに謹んで誓う。一、宗旨を実行する。二、命令に服従する。三、忠義を尽くし職責を果たす。四、秘密を厳格に守る。五、生死を共にすることを誓う。以後この約を永遠に守り、死んでも変わらない。異心があったら、甘んじて極刑を受ける。中華民国浙江省呉興県人戴天仇、民国二年十月初二日立つ[15]。

一九一三年九〜一二月、孫文が主催した革命方略に関する一七回の会議において、戴は一一回にわたって書記を担当し、中華革命党の重要文献である「革命方略」の起草に尽力した。一九一四年七月八日には中華革命党の成立大会において、戴は浙江支部長代理に任命された。(16)

孫文は黄興《コウコウ》・李烈鈞《リレッキン》らと日本で、中国人亡命者およびその子弟を育成するために「浩然盧」という軍事研習所と政法学校を作り、日本の軍事・法律・政治・経済・日本語などを教授し、吉野作造や美濃部達吉、また戴の恩師であった筧克彦等が授業を行なった。(17) 戴季陶は孫文の一等秘書を担当したほか、吉野が政法学校で「政治史」を教えた際、同校の通訳にも任じられた。また、吉野作造は頭山満と寺尾亨の委託を受けて、一九一六年一一月から一九一七年七月まで『国家学会雑誌』に中国の革命運動を紹介する文章を連載し、さらにそれらの文章を整理して、『中国革命小史』と題して出版したが、執筆に際しては戴季陶・殷汝耕《インジョコウ》から材料の提供や協力を得ている。(18)

戴は一九一四年五月に創刊され、中華革命党成立後にその機関誌となった『民国』雑誌の主筆を務め、「世界大事記」というコラムの責任者として、これを欧・米・亜に分け、主な事件を記述し、その影響や意義を分析したが、これは孫文が国際情勢を把握するうえで役立った。後の「九一八事変」のときに関東軍司令官であった本庄繁と頻繁に交流し、中近東の軍事地理やヨーロッパ・中近東情勢についてしばしば議論した。(19) そのほか、彼は『国家及国家学』『支那と日本』『民報』『第三帝国』などにもよく寄稿した。(20) このことは、辛亥期以来、戴が終始国際情勢に注目しながら日中関係をとらえ、中国の命運を考察していたことと関連している。この仕事を通して、彼は中華革命党員として党首孫文の思想を理論化して表現することができたと考えられる。

一九一五年三月下旬、戴季陶は孫文に派遣され、帝国議会総選挙で衆議院議員に立候補した萱野長知のために高知へ選挙応援に赴き、「東洋の運命」と題して演説した。(21) また、立憲国民党の犬養毅の選挙を応援したことがあり、彼の応援演説は大きな成果を収めた。

反袁革命蜂起のために一九一六年三月一〇日、戴は孫文・松島重太郎と共に日露貿易会社で、久原房之助と七〇万円の借款契約を結んだ。中国側の署名者は孫文と戴季陶（「戴天仇」と署名した）で、日本側の保証人は松島重太郎と中山某であり、遠藤・武田という人物も署名した。孫は久原に対して、四川省の鉱山権をその担保にしたといわれる。(22) 戴が日本人からの借款に直接携わったことは、中国にとって日本の援助がいかに必要であるかを切実に認識する機会となったのである。

一九一六年二月、戴は孫文に命じられ、梅屋庄吉の援助で滋賀県近江八日市町に成立した航空学校の事業のために、飛行家の坂本寿一に協力した。(23) このことを通じて、戴は日本人のなかに梅屋のような中国革命に尽力する人物が存在することを知り、また航空技術などに関して実際的な助力も日本人から得なければならなかったため、いっそう日本について再認識する必要が生じてきたものと推測される。

戴季陶，**1916** 年撮影。「民国五年紀念節挨拶に出る處」と写真の左上に記されている。
［出所：梅屋庄吉資料室所蔵，小坂文乃氏提供］

在日期間中、戴は孫文の重要な助手として孫と共に日本の要人と会見し、そのほとんどの場合に通訳を担当した。(24) 日本政財界の重要人士との直接的な接触、とくに中国革命の行方と関わる秘密の交渉は、彼の日本観に新たな影響を与えたであろう。

個人的経験として、戴がある日本人女性と交際し、その間に後の蒋《シヨウ》緯《イ》国《コク》が生まれたことがあげられる。この女性の名前については津淵美智子・重松金子・愛子などの諸説があるが、小坂文乃氏の所蔵する梅屋庄吉資料のなかに、戴季陶が「戴天仇」の名で書いた梅屋庄吉宛ての二通の手紙では、その女性を「おきん」「戸村」と称している。一九一六年九月二九日の手紙には、以下のように記されている。

この前東〔京――引用者〕から出立する時御願致した「おきん」の事は、其の後御伺い致しましたか。四五日前におきんから手紙が来まして未だ御目に掛らんとの事ですが、如何でしたでせう。何卆宜敷しく世話して下さる様に御願い申し上げます。この前、東京を立つとき、おきんに百円ばかしやりましたが、子が出来たら嘸子供の世話するには足らんでせうから甚だ済みませんが、おきんの困ったとき少々ご融通を願います。其の金は私からお帰し致しますから是非御願ひ致します。

また、一一月二一日付けの手紙には、以下のように記してある。

就きまして申し上げますのは戸村の出生子の事に就いて最初、貴君に御願ひ致しましたが、其の後男子を生んだと云ふ手紙が東京から来ました（此は二週間前）。而して丁度此の事を蒋介石君に話したら蒋さんが自分が子がないので是非下さいと云ふて夫婦共希望して居りましたから、養子の約束をして命名も「蒋家治《いえはる》」と付けて下さいました。折角貴下の御厚情を無にするのでは済みませんけれども、最初、貴下から『子は要らんが世話はする』と云ふ御話を聴きましたので、蒋さんの事に同意しました。甚だ済みませんでしたが、決して御怒りにならない様御願ひ申します。又貴下から依頼した先方の方にも是非私からの御詫を御伝言して下さい。戸村の手紙からも奥様より金子を戴いたのを大いに感謝して居ります。御厚情は深く銘して居りますから是非是非私の疎略を恕して下さい。奥様にもよろしく。

ここで述べられているように、蒋には子がなく夫婦共希望するというのは、当時同居していた蒋と姚冶誠を指し、そのあいだには子供がいなかったものと推測できる。(25) 戴がこの子供を実子として認めなかった理由としては、秋瑾の弟子で、結婚以来彼の政治活動を支えてきた妻の鈕有恒《チユウユウコウ》に知られることを恐れていたものと考えられる。この出来事は、三つのことを示唆している。まず、早期の蒋介石と特別に親しい関係を結び、以後戴が生涯にわたって蒋介石を全力で支持する出発点となったことである。西安事変で蒋が危機に直面したとき、戴は宋子文に「私と介石との関係は決してあなた達親族に劣らないのだ」と語ったことがある。(26) つぎに、梅屋との国籍を越えた友情により日本人に対する親近感が芽生えたことである。さらに、日本人との恋愛が後に日本文化の深層を分析するのに役立ったことである。

このように、政治評論家から政治実践者へと転じた戴にとっては、初期の政治活動を日本で行なったことが、彼の日本再認識に多大な影響を与え、後の政治生涯において日本との関わりを持ち続けていくことになったのである。

二　中国の革命を世界の革命へ

日本亡命中、戴は討袁革命のために、実際的な政治活動を行ないながら、中国の歴代の農民革命について歴史を遡ってその原因を追究している。彼によると、中国の歴代の王朝交替は「帝位→暴君→革命」という図式で行なわれてきた。君主専制の流毒は「内憂を招致する〔革命による漢民族の王朝交代〕」だけでなく、「外患をも惹起する〔元・清等の異民族支配〕」のであり、(27)「暴君に反抗して政治の維新を図るのがすなわち革命思想である」と、彼は指摘している。(28)

辛亥革命は清王朝を打倒したのみでなく、「帝位を合わせて消滅させ、数千年の帝国を一変して共和国に、数千年の独裁政治を一変して立憲政治に変えた」のであると、戴は論じている。そして、辛亥革命が発生した思想的根拠は、

「革命思想〔漢民族同士の王朝交代〕・攘夷思想〔漢民族の少数民族支配への反抗〕・近世西洋思想の輸入〔民権自由思想・フランス革命・アメリカ独立〕」であり、事実上の動機は、「外力の侵入〔近代西洋勢力の東アジアへの侵入〕」だと、戴は指摘している。(29) 革命思想・攘夷思想は歴史上の王朝交代を実現した伝統思想であり、この点で今回の革命は従来のものとさほど差がなかった。近世西洋思想と外力の侵入は外来の要因であり、国民の自覚力が薄弱なため、これらについて理解できなかった。したがって、革命の名があって実がないといわれるように、結果として革命は失敗に終わったのである。辛亥革命が「革命党員の放任」により、独裁政治の原因を作り、第二革命の後、独裁政治が完全に実行され、いまの袁世凱はまるで皇帝のような存在となったと、戴は説く。(30)

そこで、戴季陶は攘夷思想を種族観念で表現し、「種族観念は辛亥革命によって消滅したのではなく、消滅したのはただ満州民族に対する歴史的怨恨であり、種族競争の思想および事実はやはり存在している」。それはすなわち「白色人種が黄色人種を排斥する言論と行為」であると、指摘している。(31) このように、戴は近代以前の漢民族と周辺民族とのあいだの矛盾を、近代の漢民族と満族・西洋人との矛盾に敷衍した。この満漢民族間の矛盾が辛亥革命によって消滅し、しかも中華民国では漢・満・蒙・藏・回の五族共和を唱えている。残されたのは、漢民族を中心としている中国人と西洋人との矛盾である。そして、彼はこの矛盾を日本にも関連づけた。

この時期、中華革命党にとって最大の目標は倒袁であったが、戴はこの中国人同士の矛盾を中国人と西洋人の矛盾と結びつけて取り上げた。彼は「袁が国民を欺き、密約を勝手に結び、モンゴルをロシアに贈り、しかもロシアと協力して日本に抵抗することを許可し、ただわが進歩的な国民を殺し尽くしたいだけでなく、黄色人種の先進国である日本をも阻害しようとし、万悪無道なロシアに我がアジアの土地を大いに侵略できるようにさせたのである。これこそアジアを売ることである。袁世凱はまさに国民の公敵であり、黄色人種の公敵である」と批判している。(32) つまり、袁世凱を打倒することは、まさに白色人種の手先を取り除くことである。このように、戴は反袁革命を「黄色人種の罪人」を打倒する世界的意義を持つ革命にまで高め、日本をこの革命の仲間として位置づけた。

以上戴の思想をまとめると、辛亥革命以前の近代中国における矛盾は、漢民族と満族・西洋人との矛盾であり、辛亥革命後それは漢・満・蒙・蔵・回の五族と西洋人との矛盾となり、さらに第二革命後は五族・日本と袁世凱・西洋人との矛盾に変化したのである。

三　反日民族意識の覚醒——中国国内の日本観

討袁運動期において、中国国内の輿論は最初それほど日本に関心を抱いていなかったが、一九一四年末から日本の山東出兵や青島関税問題をめぐってしだいに関心が増し、一九一五年一月に日本が中国に提出した二十一か条問題を中心に各地、各界において、激しい議論が展開された。第二革命の失敗により革命派の機関紙はほぼ全滅し、輿論はしだいに袁世凱に抑圧されていったが、そのなかである程度言論の自由があった上海では、比較的に中立的な『申報』が発行され続けた。ここでは、『申報』に掲載された当時の中国各界、各地の日本に関する代表的な輿論を検討してみたい。

日本が中国に二十一か条を提出した当初から、政界・軍界・商界・学界の人士は、これが中国の主権を侵害する要求であり、中国を滅ぼすものだと認識し、政府に内容の公開、条約の拒否を強く要求し、国産品の使用により経済を振興し、奮起して応戦することを国民の課題としている。日本が五月七日に外交部に最後通牒を発したことにより、中国人の反日感情が各界、各地においていっそう高まった。

政界では各要人が、中国の弱さをもって日本に戦いを挑むことはないが、日本人が我が国と開戦しようとするならば、戦って永遠に講和しないと述べ、「長年持久すれば、区々たる三島の日本は必ずしも最後に勝利できるとは限らない」ので、「日本人とは百年の戦争をし、一朝の戦争をしない」と主張している(33)。湖南省の進歩党員は「いま、国民は憤激し、一致して死ぬまで戦い、玉となって砕けても瓦となって全うしない」と大総統への電報で主張している。[34]

軍界においては、各省の将軍および各級軍官の多くが、日本が中国に戦争を挑むなら、「我らは救亡のために怠りなく準備し、彼らと決死の戦いをすべきである」と、政府への電報で宣戦を主張している。[35]湖南陸軍小学卒業生曾漢康らは同級生を召集して決死隊を組織し、訓練のために兵器を配ることを省長に要求し、「交渉が決裂すれば、すぐ敵に向かって出発する」と声明している。[36]

商界においては、北京商界が各界を連合して、国恥を記念し、民心を奮い起こすことを主旨とする「五七会」を発起し、毎年五月七日に記念会を開き、毎月七日に常会を開くことにした。[37]江西省奉新の商人黄寿彭は鏡に「中華民国四年五月七日国恥記念日」と彫り、座右の銘として家に飾った。ある人は、「無忘国恥」「民国奇辱」「五月七日」「大夢速醒」「提唱国貨」と書いて家庭の書画とした。新建の章祺慶は三本の指を破って、「我が最愛の同胞・もっとも神聖勇敢な軍人・我が青年に哀告し、五月七日に我が国が受けた日本による恥辱を永遠に忘れずに、共に国恥を雪ぐ」という血書を書き、新聞社へ持参した。[38]

学界では湖南省各学校の学生が、「我ら学生は戦場に命を捧げ、条約を廃止し宣戦することを懇願する」と主張している。[39]中国公学大学部学生は「学界国恥自励実践会」を発起し、毎日授業の後、日本の最後通牒を黙読し、すべての用品は国産品を使い、毎学期一元を貯金して学費と一緒に払い、毎週水、土曜日に一時間の兵式体操を増やす、と定めている。[40]

このように、日本が中国に最後通牒を提出した後、各界においてもっぱら日本への宣戦を求める声が高まった。中国の各地に起こった徹底的な反対運動は、反日民族意識の覚醒であった。これは、後の五四運動、九一八事変、日中戦争といった時期に、反日感情が高揚する基礎となった。しかし、この日本認識はもっぱら日本を批判し対決するという感情的なレベルにとどまり、対象としての日本を深く論じることはなかった。では、知日家としての戴季陶は、この時期に日本をどのように認識していたのだろうか。

四　日中提携論——戴季陶の日本観

日本亡命中、革命活動のために大連に赴いたが、成功せずにまた日本に戻ってきた戴季陶は、この行き来により両国の現実を冷静に認識し、中国の衰退と日本の発達の内因について検討した。そこで日本の民族性・精神性に注目し、辛亥期にそれを完全に否定した態度を一変させ、初めて評価するようになった。したがって、世界の情勢、東洋の地位、さらに日中両国の状況を考慮したうえで、日本の世界における立場や位置に鑑み、「日中提携」を強く主張するようになった。

（1）国民的精神——神格化と人格化

戴季陶は、「国家精神より見たる支那」において、日本の発達の原因について、表面的な事実にもとづいて論じていた辛亥期の主張を一変させて、日本国民が共同信仰という固有精神を持っていることに注目するようになった。彼によると、この国民的信仰はいわゆる「天皇先祖神天」に対する「絶対的な尊重・信仰・畏服」である。「歴代天皇および先祖を神格化した」ことにより、時代が変わっても、この信仰は変わることなく、「中国の儒教・インドの仏教・欧州の科学文明が日本に輸入した後、全部日本化され、日本文明を形成した」と戴は論じ、日本文化の独自性を高く評価するようになった。

一方、中国は「天命を畏敬し、祖先を崇拝するのが国民の共同信仰であるということが日本と同じ」であるが、しかし「日本はそれを天皇に帰着するが、中国は皇帝でなく他の人格に帰着する」のであり、すなわち三皇から堯舜、さらに孔子《コウシ》に変わっていくと戴は説く。欧州の科学文明の輸入により、孔子に対する国民的信仰は減退し、これが中国が衰退した根本的な原因であると彼は指摘して、「国民の自覚」を呼びかけている[41]。

この論文は日本語で書かれ、日本の雑誌に発表された文章であったので、日本人に対する一種の政治宣伝だろうと疑われるかもしれない。しかし、同時期に中国語で書かれ、中国人向けの雑誌『民国』に掲載された「一知半解」という文章で戴は、中華民国が成立して三年たっても「中華民国人」とはつまり「革命党」だと理解した農民、「共和」とはつまり「共同和好」と理解した元北伐軍官の例を出し、国民の思想・意識の低さを嘆き、同じく「国民の自覚」を呼びかけている[42]。また、同じ時期に同雑誌に掲載された「中華民国与聯邦組織」において、「今日では、東アジアの文明的な民族のなかで、指折り数えるべき者は日本民族である」「最近日本民族の自覚心が益々強くなり、気宇が益々盛んになってきたのである」と、日本人の自覚心の高揚を高く評価している[43]。

これらの文章で戴は、同様の心情を持って書いていることが読み取れる。したがって、戴が日本の民族性・精神性についてあらためて認識し、本格的に評価するようになったことは、彼の真意にもとづくものであり、日中提携論を生み出す一因にもなったと考えられる。これはまた、後年彼が『日本論』を著わしたとき、日本の神権思想・信仰力を評価する思想的基礎でもある。

(2) 黄白人種の衝突

戴季陶は、西洋諸国に移住した日本人や中国人は西洋人より勤勉で苦労に耐え、かつ低賃金なので、企業家は彼らを雇用することを好むが、西洋人労働者が受けた打撃が大きいと説き、また豪州の有色人種排斥法案、米州の日本人・中国人排斥事件などの例をあげ、中国人・日本人は実に「欧州人種の大敵」となり、いまもっとも注意すべき問題は種族問題だと主張している[44]。西洋人は「英露同盟」からヨーロッパ大同盟、さらに欧米同盟へと団結して、「黄禍」に対抗するようになる。白色人種はその力が拡張し、銅・黒・褐色人種は相次いで絶滅した。アジアで今日残存しているのは、ただ日本と中国しかないと、戴は説く。「もし日本が黄色人種の存立を共に図るために我が国と連合しなければ、全世界は皆白色人種の領土となり、日本も存亡の危機が迫ることになる」と、警告している[45]。そして、黄色人種の国のなかで、「もっとも広く、しかも物産がもっとも豊かな国は中国であるため、白色人種の各国の視線は中国一国に集中している。なお近代日本が突然東アジアで雄を唱えたので、その策略はさらに日本にも着目しているのである」。「もし中国が亡びたら、日本も自存するには足りないのである。中国が亡びるどころか中国が強くならないと、日本も二〇世紀において国の基礎を固めることが絶対にできない」と断定し、日本にとっての中国の重要性を強調し、黄白人種の競争の緊迫性を指摘している。つまり、対立・衝突する黄白人種とは、一方が西洋人全体、他方が「国家の実力を持っている」日本と「地理的・人種的・文化的にアジアを十分代表できる」中国を指しており、日中両国が共同の敵を有していることを、戴は強調している[46]。

一方、戴は第一次世界大戦の性質は「泥棒同士」の戦争であり[47]、目的は「英露の両国が、自分たちの世界に雄飛する妨げになる独逸を叩き潰す為に過ぎないので、特に亜細亜に於て各自の将来に活動すべき地位を安全にする」ことであると、指摘している[48]。つまり、西洋人同士が戦争していても、それはあくまでもより多くの利益を獲得するためであり、その戦争により黄白人種の衝突が避けられることは少しもないということである。

このような世界情勢のもとで、利害関係が共通している中国と日本が「生存競争と相互輔助という進化の法則」に従って提携すべきであると、戴は主張している[49]。そこで、共同の敵を持つ日中両国の「利害関係は、総て共同である」と、日中両国の一体性を強調している[50]。結論として、「大きく言えば、中日両国の連合は黄白人種連合の起点であり、小さく言えば、それはまた東アジアの大局を保全できるのである」と、戴は日中提携の意義を高く評価している[51]。

以上のように、戴季陶は種族論をもって日中の親近性を強調し、中国人と日本人が共に西洋人の圧迫を受けていると説く[52]。したがって、この共同の敵である西洋列強に対して一体性を持つ日中の提携は、日中両国の存立、そして東洋の安定、さらには世界の平和に関わっていると唱えるのである。

（3）日本の敵はロシア・イギリス・アメリカである

戴季陶は日本の国際的境遇をつぎのように分析している。黄色人種の日本が強大になったことは、アジアでの利益を狙っている西洋列強にとって当然不都合である。日本にとって将来陸上の敵はロシアであり、海上の敵はイギリスとアメリカである。[53]ロシアとイギリスはアジアにおける利益を争っているので、ロシアはヨーロッパでドイツを圧倒し、アジアでイギリスに勝つためにとりあえず対日親善策をとっている。[54]ロシアがいったんイギリスに対する政策を遂行すれば、そのとき初めてアジアの覇権を掌握しうるので、つぎに日本に対する策を講ずる。[55]利害衝突のない米露の連合により、ロシアはアメリカの力を以て日本を牽制し、自ら全力でイギリスに当たる。[56]ロシアの目下の対日親善により、日本は南満州・東蒙古・山東半島の利益を獲得したが、しかしイギリスは今後衰弱していくので、英露衝突で最終的にロシアは勝つ。[57]日本はロシアの跋扈を制止することが困難なので、「東亜の天地が暗澹となる」とともに、日本の東アジアにおける地位も安泰ではなくなる。これは「実に憂へざるを得ざる状態ではあるまいか」と、彼は嘆いている。[58]

そこで戴季陶は、日本が泥棒同志の第一次世界大戦に参加したことは、日本の利害関係から、また今日の日本の立場から観察しても「第一了解し難い事」であると説く。「若し東洋の平和を保つが為に戦争に加入したとすれば、其平和の敵は独逸一国だけではない」ので、「独逸が勝ったならば余計にひとつの強い敵が出来、英露佛が勝ったならば益々彼らの東邦政策を実行して日本の地位は益々不安に陥るのである。すなわち孰れにしても今後の東洋の形勢は支那は勿論日本も益々不安になる」と論じている。[59]このような状況のもとで、戴は日本が大なる決心を持って根本的方針を定め、武士国民たる大和民族の精神を発揮して、この戦争の審判者としてその最後の勝利を制しうる力を持つことができるのに、自ら軽々しくこれを棄てて、あたかも「利を避け禍を買う」に類することがあれば、日本は虻蜂取らずに終わるのであると、日本に忠告している。[60]

以上のように、戴は日本の発展を高く評価したうえで、日本の置かれている国際情勢を分析し、日本の敵はロシア、イギリスとアメリカであり、したがって第一次世界大戦に参加しドイツと戦うことは賢明ではないと断定している。これには、先に述べた孫・桂会談の「連独・制英・防露」という考え方の影響があると考えられるが、さらにその背景には外モンゴル独立問題に起因する中国人の対露警戒感が存在しており、戴は満蒙の権益をめぐってこの警戒感を日本と共有しうると考えたのであろう。ただし、戴はその後の状況をも考慮に入れて、アメリカと日本との衝突が避けられず、しかも米露連合の可能性もあるので、日本の境遇はいっそう危険だと強調しているのである。

（4）日本の発達と中国の保全

戴季陶は、「中国は付属国を喪失した以外、本部および藩属は今なお残され、大部分が失われていない。狭義の民族主義から論じると、中国本土の漢民族が国を失って三百年も経っているが、世界レベルで論じると、今日中国の主権は依然として中国人の手に握られているのである」。そのひとつの原因は「日本が発達してきたことである」と指摘している。さらに、日露戦争で日本が敗れてロシアが勝利した場合を想定して、戴は「満州・蒙古・新疆は、とうに中国に属さなくなってしまっていたであろう」と、日本の勝利により中国の領土が結果として保たれたと述べている。もちろん、戴は日本が強国化を図ったことの目的には、「我国を保存し我国を援助する意図が少しも含まれておらず、中国のためにロシアに抵抗する意図も持っていなかったのである」と認識しているが、しかし「状況の効果によって、中国に一時的に余命を保たせるには十分であった」と説く[61]。

では、西洋列強の東洋進出に対して、なぜ日本はかつて中国と提携することを望まなかったのか。戴は「以前清政府は独裁で、頑固かつ保守的であったので、共に事を成すには足らなかった。ゆえに、日本は自衛を図るために、中国に対して強固な態度を取らざるを得なかった」と、全面的に清政府時代の中国を否定し、日本を評価している[62]。そこで、まだ欧米に抵抗する独立した力を持っていない日本が、「敵勢は日に日に増長し、且つ人口は膨張したため、海外への拡張を求めざるをえない。中国の国力は存立を図るに足りない。したがって、ただ欧州と連合する方針を取ってその中国における経済上の地位を保つことになった」と、日本の立場で解釈している。[63] 先に述べたとおり、中国では二十一か条をめぐって強烈な排日風潮が起こったが、その排日思想の原因について戴季陶は、中国人が日本人を「戸内の兄弟と同一視して居るので親善なるべき筈だと思って居るにも係はらず、思ふ様に親善にならぬので悪感情を起すのである」と、簡単に説明している。[64] 彼には、二十一か条を批判する文章はひとつもない。一九一五年三月一日、戴は孫文の命令を受けて発言し、革命党が留日学生の日中交渉への反対運動を煽ったことを否定した。[65]

そこで、なぜ日本はいま中国との提携を求めるようになったのか。戴は「今民国がすでに成立し、全国の人心は一変し、〔……〕翻然と政治上・思想上の大革命を行ない、以前の古いものを尽く破壊し、新共和国を建設しようとしている。日本人がどれほど敬愛していることか。これは日本人がきわめて我が国と連合を望む理由である」と説明している。このように政治改革を行なった中国の前途には、まだ希望があるがゆえに、日本は両国の連合を図り、東アジアの平和を維持することをもって、世界平和を維持するのであると、戴は指摘している。

一方、戴は、中国には日本と提携する必要性があると論じている。彼によると、「もし相互に連合できれば、内では我が国の建設を助けられるし、外では野心国の侵略を防止できる」と希望を持っている。また戴は、ロシアが外モンゴルを独立させ、東モンゴルを日本に経営させるという提案に、「日本はロシアに動揺させられず、極力我が国との提携を図っており、これで日本の今日朝野の意見は共同一致して、両国の安全、又世界の平和を図っていることがわかる」と述べ、いっそう日本と提携する可能性があると主張している。[66]

以上、戴の論述から、日本が意識的に中国を守らなくても、ただ日本自身が強国になったことにより、中国が国際社会に生き残れるようになったという趣旨が読み取れる。したがって現在、発展を図っている中華民国との提携を日本が希望する以上、それが中国にとってどれほど重大な意味を持つかはいうまでもないだろう。つまり、依然として黄白人種の衝突のなかで危機に瀕している中国の生存、発展にとって、戴は日本を世界中のどの国よりも重要不可欠な中国の仲間であると位置づけているのである。

（5）日中経済提携と日中海外移民提携

戴季陶は、経済面から見て日中両国の境遇は同じであり、双方の利害関係は実に非常に接近しているのみならず、「若し両国のなかの一国が其の発展を遂げなかったならば、換言すれば即ち其の経済上の包囲軍を突破して前進し得なかったならば、他の一国も必ず包囲せられて非常の究地に陥るのである」と説く。彼は日本と中国をひとつの軍の右翼と左翼にたとえ、両翼の動作は必ず同一歩調を取り、「独進独退」してはいけないと主張している。[67] 戴は、日本の経済には六大欠点があると指摘している。[68] すなわち、「輸入超過、国債膨張、人口増加、食料缺乏、原料品の缺乏、製造工業の未だ欧米に敵せざる」ことである。日本の経済発展策について注意すべきことは、ひとつは日本の製品をどこに輸出し、原料をどこから輸入するか、もうひとつはますます増加していく日本人のためにどこに新天地を開くかという問題であると、彼は指摘している。[69]

戴は、中国が主に原料を供給し、日本が主に製品を供給するという関係を前提に議論する。「原料品を持って居る支那からみれば日本は最上の顧客であり、製造品を持って居る日本から見れば支那は最上の顧客である」。「されば支那の不足を日本が補ひ日本に缺乏する物品を支那が供給するといふ風にして、両国は共に力を合わせて経済的発展を図り、猶其上文明知識の交換を為し、以て東洋の文明系を形成して益々東洋平和の根本を定めるのは今日の急務否永久の要務である」と、日中経済提携同盟の重要性を説く。[70]

日本人の新天地の開拓に関しては、戴は日中海外移民提携を取り上げている。日本は、「太平洋上の覇権と印度洋上の覇権とを握らなければ、海国としての国基を鞏固にする」ことも、商工業の発展を遂げることもできないので、南洋経営は実に「日本の急務である」と戴は説く。しかし、南洋経営は武力で行なうのでなく、根拠を経済に据えるべきであり、「土地を直ぐ取ることは今日に於ては不必要の事」であると論じている。[71] 戴は、日本人の移住すべきところは、「比較的人口少なく産物多く又未開の宝蔵の多い」南洋であると説く。[72] 南洋において「欧州人こそ日本の経済上の敵となるべき」ものであって、欧州人に圧迫されている「支那人は日本を歓迎すべきものである」ことを強調している。そこで、近代的企業経営方法を持っている日本人移民は、教育を欠いている南洋華僑と提携して、南洋植民地を支配している西洋人に向かうべきである、と主張する。それゆえに、「単に満州を如何にするかを以て日本の国是とするのは餘りに過小なる国是では無いか」と指摘しているのである[73]。

以上のように、一体性を持っている日中両国が共同の敵たる西洋人に対抗するには、経済提携・海外移民提携を結ぶべきだと、戴は主張している。辛亥期において理想図として日本に勧めた南進策がこのときふたたび提起され、この点では一貫しているのである[74]。この南洋における日中移民提携は、まさに日本の満州獲得の野心をそらさせ、日中提携を達成するための一石二鳥の考えだといえる。

おわりに

本章で検討してきたように、討袁期における戴季陶は孫文の機密秘書兼日本語通訳として、終始、中国革命や孫の対日交流の第一線で活躍した。彼のこの時期における日本観の最大の特徴は、日中提携一辺倒である。この日中提携論は、中国国内で二十一か条問題をめぐって起こった激しい反日感情と鮮明な対照をなしており、対日認識の特異性が顕著である。これは戴が孫文の日中提携論に従った以外に、彼自身の特別な経歴および思想と深く関わっている。戴は中国革命のために生命の危機に瀕した際、日本人を装ったことによって救われた。討袁運動のために対日借款交渉に直接参加したことにより、中国にとって日本がいかに重要不可欠かを切実に理解したと推測できる。また、二年半滞日して中国本土と一定の距離を保つことで、戴は客観的に中国を観察する機会を得ると同時に、身近になった日本を再認識することができた。すなわち、中国革命が失敗した根本的原因を冷静に分析すると同時に、日本が近代化に成功した要因を検討したのである。そして、少年期に日本を憧れの理想国として自らの強い意志で留学先に選び、人生のなかでもっとも重要な人格形成期を過ごし、日本に対して特殊な感情を覚えていたことが、想起されたと考えられる。

この時期の孫文たちにとっていちばん重要なことは、何よりもまず反袁革命闘争の勝利を達成し、あらためて政権を掌握することであったので、そのためには日本の援助が必要である。戴は革命に必要な軍資金について、日本政府の援助を得られないことが最大の心痛だと述べたことがある[75]。そこで、戴はこの中国国内の反袁革命、しかも漢民族同士の闘争を、支配されている黄色人種の解放という世界的意義を持つ革命にまで高め、日本をこの革命の仲間であると位置づけている。戴は辛亥期の日本敵視論を一変させ、まず両国民の思想面に注目し、共同的信仰の鞏固さが日本の発達した原因であり、逆に中国はそれを喪失したので存亡の危機に直面していると論じ、日本の民族性を評価し、日本が独自性のある国だと認識するようになった。そこで、両国を西洋列強の侵略を受けた東アジア諸国のなかで生き残った国とみなし、「欧米大同盟」の「黄禍抵抗」という黄白人種の衝突の視点から、日中両国が経済提携・海外移民提携を結ぶべきだと提唱するようになったのである。

この日中提携論は戴の真意にもとづく主張であり、孫文の日本観と一致していると考えられる。その理由は、(一)孫文の人格に対する完全な敬服および中華革命党に加入した際、徹底的に服従すると誓約したこと、(二)日中間の政治的接触の現場に立ち、両国の国力の差を認識し、日本の力を借りて、敵たる袁世凱を打倒することが最重要課題であったこと、(三)二十代前半という若さで、柔軟性があり、主張を変える可能性を持っていたことである。したがって、戴は中国革命を達成する手段としての日中提携の主張を真剣に考えて、さらに理論化したといえよう。

しかし、戴の日中提携論は単なる対日妥協論ではない。戴は辛亥革命期に日本の大陸侵略政策を見破ったが、討袁期になって日本の大陸政策が変わったわけでもなければ、戴がそれを認識しえなくなったわけでもない。彼は、国際社会では実力主義が求められるので、紙のうえでの批判よりも実力を蓄えて自らを強めることこそ、中国が生存していく有効な方法だと認識するようになったのである。提携論は国家の独立・統一という至上目標を実現するために必要であり、評価すべきであろう。もし戴が辛亥期のように依然として日本批判を続けていれば、日本を当面の敵である袁世凱の方に追いやってしまうことになる。したがって、最終目標を実現できないどころか、自身と党の生存さえも保障できなくなってしまう。それゆえに、日本亡命という境遇は戴に日本の民族性をあらためて考えさせ、日中提携論を提唱する機会を与えたのである。辛亥期の日本敵視と討袁期の日中提携は、みな国家の独立・発展という至上目標の実現のためであった。この変化は、彼の軽率・単純によるものではなく、逆に政治外交の舞台で成熟する一歩を踏み出したことを示すものである。この提携論は敵視論とあわせて、後に対日認識が集大成される原型となった。これがなければ、戴は依然として辛亥期の単なる日本敵視・批判のレベルにとどまり、後に中国国民党の対日政策に影響するほどの客観的で深い日本認識は形成されなかったであろう。

この日中提携論が戴の日本認識の展開過程において持つもっとも重要な意味は、この時期の特別な政治活動や政治思想により、彼がもっぱら日本の視点に立って対象としての日本を論じるという姿勢を獲得したことである。これは、辛亥革命期に日本を世界情勢のなかにおいて論じたにもかかわらず、もっぱら中国の視点から日本を批判していた姿勢とはまったく異なる。この日本の視点に立って日本を研究する姿勢は、その後の時期にただの日本批判ではなく、日本の長所と短所をともに客観的にとらえることができるようになった基礎である。当然、それほどの高度な日本認識に達するには、いくつかの変化や発展の過程を経なければならない。そこで、護国運動の進展により帰国し、依然として日本との関係を持ち続けた戴季陶の日本観が、辛亥期の「日本敵視論」、討袁期の「日本提携論」を経て、どのように変化していったのかということは、非常に興味深い問題であり、次章で引き続き検討していきたい。

第4章　モデル・ライバルとしての日本

はじめに

戴季陶は日本留学を終えて帰国した後も、前後一三回にわたって日本の土を踏んだ。そのなかでもっとも頻繁に日本に渡り、孫文の政治的使命を果たしたのが護法運動期であり、全体の半分以上を占める七回にものぼる。このうち、彼が単独で任務を果たしたのが五回、張継と共に行動したのが一回、孫文に従って訪日したのが一回である。これは、この時期に入って戴が孫文の対日外交においてより欠かせぬ存在となり、独自に重要な役割を果たすようになったことを意味している。また、この時期には主に政治活動に従事していたため、戴が著わした文章は一三篇しかないが、そのなかで日本を論じた文章は全体の三分の二以上を占める九篇であり、文字数からいうと全体の九〇パーセント以上を占めている。このことから、この時期の戴にとって日本は、やはり非常に重要な存在であったことがわかる。

本章では戴季陶の訪日活動を整理し、同時期の上海輿論および孫文の日本観を明らかにしたうえで、彼が実際の政治活動を通して日本をどのように認識したのか、それは前の時期と比較してどのように変化し、また生涯の日本観の展開過程においてどのように位置づけられるのかを検討してみたい。

一　日本訪問

（1）単独の訪問

一九一六年四月二九日、孫文は討袁運動を指導するために東京から上海に帰った。戴季陶もこれに同行し、日本での約二年半の亡命生活を終え、以後は中華革命党の活動の善後処理に携った(1)。第一次世界大戦への参戦問題等をめぐる「府院之争」の激化は(2)、やがて張勲《チヨウクン》の復辟を招き、約法の廃棄、国会の解散という結果になってしまった。張勲は帝制復活のために大量の腹心を日本へ派遣し、日本の支持を得ようとした。それに対する日本の態度を探るために、一九一七年六月二一日、戴は孫の日本政府要人宛ての書簡を託されて日本に渡り、海軍の秋山真之中将、陸軍の田中義一中将を訪問した(3)。六月二九日、戴は孫文の手紙を持参して、犬養毅の紹介で政友会総裁原敬を訪問した。犬養の紹介状には「茲ニ御紹介致候戴伝賢君ハ有名なる戴天仇として邦人ニ知られ居る南方派の人ニ御座候。此度遜〔孫〕逸仙君より閣下ニ宛てたる書状を持参致候間、御面会の上委細ハ同君より御聞取可被下候。小生ハ同君と多年の友人にて孫君の尤も親密ナル友人ニ御座候」と書かれている。孫文の原敬宛ての手紙は、「閣下の宏聲が日々増してゆくのを遥かに聞くと、佩服し、仰慕しております。茲に戴伝賢君が東渡の便に乗じて、とくに彼を委嘱して、閣下に謁見を乞うものであります。南方にて東邦の支持を得ることを望んでおります」というものであった(4)。いずれからも戴と孫との親密さ、戴が孫に信頼されていることが読み取れる。

戴は中国の現状を述べ、日本は南方革命派を支持するようにとの孫文の意見を伝えた。原敬は、「単純なる理論のみにては到底急速に成功を見るべきものにあらず、現下の急務は統一ある政府の一日も速に成立するに在り、夫れには徒らに軍人を排斥する論斗りにては成功六かしからん、又将来の事は交通機関の発達は即ち支那の統一を導くべき唯一の手段なり」という意見を表した[5]。また、戴は六月一八日付けの孫文の手紙を持参して加藤高明男爵を訪問し、「私はこの手紙を届けに行く戴天仇を日本に派遣し、彼は今回の任務を伝えることになります。中国で展開する事業は、その成敗が主にご協力援助に関わっています。ご協力援助を得れば、きっと成功できると信じています」という孫文の意思を伝えて、日本の助力を求めた[6]。

右の書簡から、戴季陶がいかに孫文に信頼されていたかがわかる。このように、二六歳の戴は単独で対日外交を担当し、日本を熟知しているという利点をいかして、日本に着くとすぐに陸軍参謀次長である田中義一が、張勲の帝制復活を支持する態度を取っていることを察知したのである[7]。

(2)「厚遇」された訪問

①日本政界要人との会見

張勲の復辟を鎮圧した段祺瑞が、臨時約法の回復と国会再開を拒否したことに反対するため、孫文派は一部南下した国会議員や、唐継尭《トウケイギヨ》・陸栄廷《リクエイテイ》といった西南軍閥と護法運動を開始した。一九一七年九月一〇日に広東軍政府が成立し、孫文は海陸軍大元帥に就任した[8]。戴は孫より九月二二日に軍政府委員、一九一八年二月八日に大元帥府代理秘書長、四月二日に軍政府代理外交次長に任命された[9]。

軍政府の成立にあたって列強の支持および承認を切望した孫は、日本の段政府援助を阻止し、広東軍政府への支持を求めるという重要な任務を戴と張継《チヨウケイ》（前参議院議長）に託し、戴は同年三度目の日本訪問を行なった。二人は八月一〇日、天洋丸で香港から上海に向かい、一九日朝六時に郵船春日丸にて神戸に上陸し、日本政府が派遣した寺尾亨博士に迎えられ、海岸後藤旅館に入り、たいへん礼遇された。午後六時三八分、三宮発の汽車で東上し、二〇日朝八時四〇分に東京駅に到着すると、麹町内幸町旭館に投宿した[10]。彼らの来日について、二〇日の『東京朝日新聞』は「渡来の使命」、『大阪朝日新聞』は「南方の力」、『大阪毎日新聞』は「南方民党を代表して」、『神戸新聞』は「南方

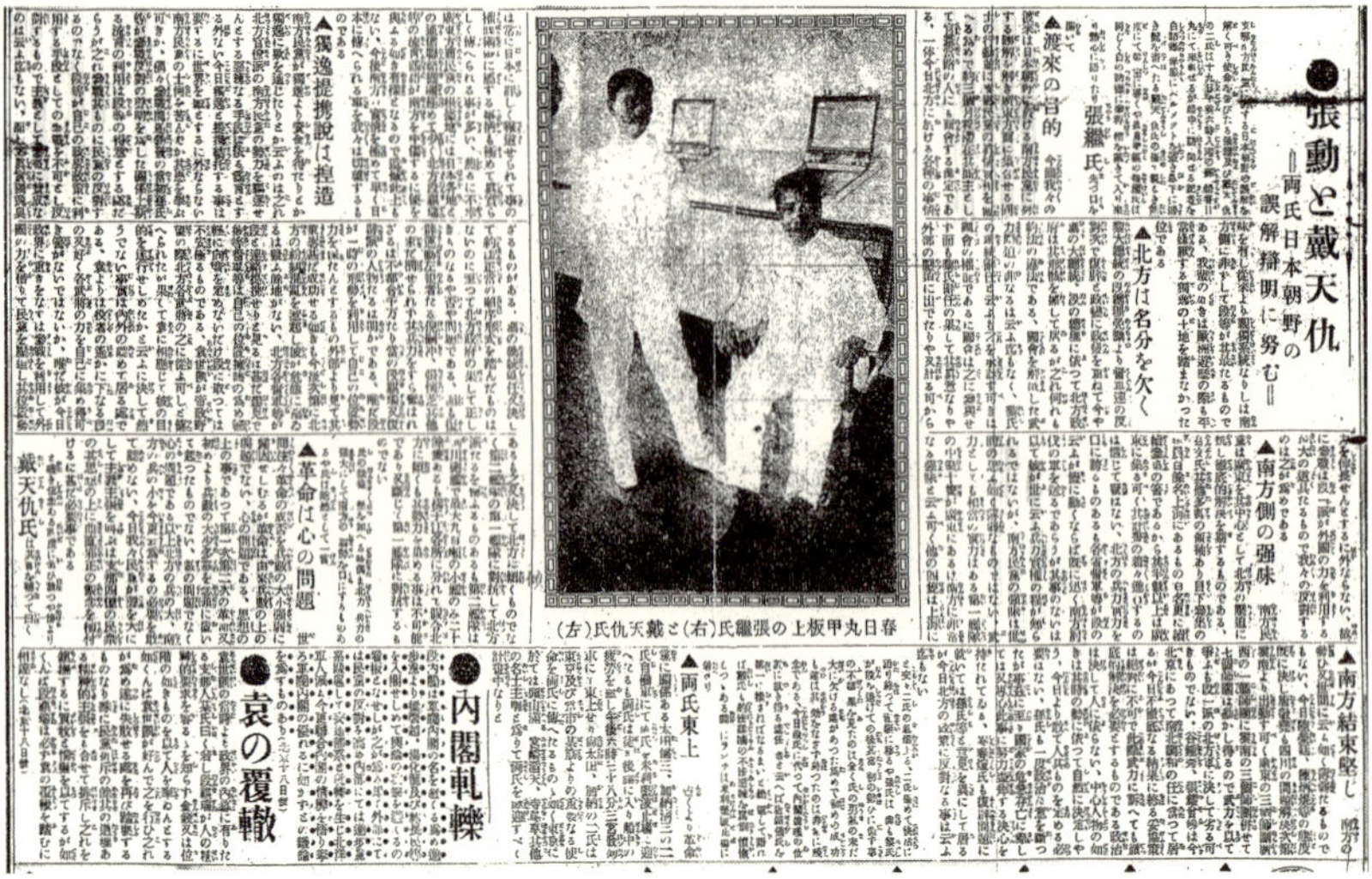

「張勲〔継〕と戴天仇」『神戸又新日報』1917年8月20日，1面

の決心牢乎たり」、『神戸又新日報』は「張勲〔継〕と戴天仇」などと、大きな写真入りで報道した。二人は前回の来朝のときとは大いに趣きを異にし、船客名簿にも明らかに張継・戴天仇と名乗り、船を訪れた記者を自ら出迎え、「今日は逃げないのですか」という記者の皮肉を満面の笑に受け流し、「今度は此方から歓迎する方です」とサロンに招じたという[11]。

来日の目的について戴らは、日本朝野に「支那政界の実情を訴へ殊に民党の真相を明らかにする為先づ官憲筋にできるだけ会見の機会を求めて誠心を披瀝せんとす」「日本朝野における南方民党に対する誤解を解き」「将来の指導を受け意志の疎通を計らい」、国会議員の南方集合により、「愈々広東政府樹立となるのであるからこの旨日本朝野の名士に開陳して国情を仰ぐ心算である」と語った[12]。一方、八月一四日に孫文は駐広東アメリカ総領事P・S・ハインツルマンに、アメリカとともに対独宣戦する意向を伝え、また日本が北京政府に借款を与えないように説得するために張継が日本へ派遣され、南方艦隊の武器購入のために日本からの借款を成功させようと努力していること、さらに南方政府は財政・軍事援助や外国政府の承認をもっとも必要としていることを述べた[13]。戴・張の訪日の目的は、このような援助・承認と無関係ではないと考えられる。彼らは寺内正毅首相、本野一郎外相や犬養毅、渋沢栄一、頭山満ら政府および民間志士宛ての、孫文、程璧光《テイヘキコウ》、林保懌、李烈鈞、呉景濂、王正廷らの連名書簡を託されていた⑭。

戴と張は九月一日に東京で田中義一と会見し、九月六日に伊香保に牧野伸顕を、七日に西園寺公望を訪問した。九日に鎌倉の腰越別荘に原敬を訪れ、段祺瑞内閣は国民の意思を代表しているものではないので、日本が段を助けて南方を圧迫することがないように希望する旨を述べた。これについて原敬は、段内閣への借款は現在において「止むる事を得ざるべし」といった⑮。

②大盛況の講演

訪日中の九月二日、東京の民国留学生会の主催により、張と戴のために大手町衛生会館で盛大な歓迎会が開かれた。会場の入口には、「大中華民国留学生全体慶祝非常国会並歓迎張戴先生大会」という大立看板が立てられた。戴は「五つ紋に仙台平と云う瀟洒たる風姿で万雷の如き拍手に迎られて登壇し、一国の興隆は政治家の技倆権変に依るに非ずして、民人〔人民〕の精神的信仰と精神的努力の結合に依らねばならぬと、懸河の弁を以て滔々近代的国家樹立の急を説いた。両氏の演説が終るや、昂奮した聴衆は我も我もと演壇に進み、各熱烈なる弁舌を揮って、同四時半散会した⑯」。かつて一介の貧窮留学生であった戴は、後輩の留学生達にこれほど熱烈な歓迎を受けて、さぞかし感無量であったろう。戴と張は孫文派の要人として、留日学生会が護法運動を支持し、日本の援段政策に反対するよう指導したという⑰。

この時期、イギリス、フランス、ロシア、日本の四国銀行団は段政府とのあいだに一億元の借款契約を締結したが、その前渡金一〇〇〇万元は日本政府が独自に交付し、その条件として塩税剰余金を担保とすることが決定された⑱。九月一三日、戴と張は神戸で「在留支那有志者」と会見し、南方派の計画について援助を求めた⑲。同日、大阪に着き、大阪朝日新聞社に招かれた戴、張、殷汝耕《インジョコウ》（前衆議院書記官長、当時中国銀行特派員）は、同社大講堂で催された朝日講演会に出席した。九月一一、一二日の二日間連続して、『大阪朝日新聞』は一面でこの講演会の模様を大きく取り上げている。一四日の同新聞は三人の写真や、講演中の戴季陶の写真を載せている。この講演会の状況は、「祖国の危急を救はんとする錚々たる革命の志士であることとて、此珍らしい諸名士の口から眼のあたり、支那の現状を聴かんとして発表と共に聴講希望の申込み引きも切らず、遺憾乍ら満員のため拒絶の止むなきに至った位、申込者も夥しかった事なれば、此日降りしきる猛雨を冒して殺倒せられた聴衆のため、定刻前早くも設けの椅子席はもとより、余席に立ち尽す人々のため、立錐の余地ない位の大盛況であった」と紹介されている。「支那政界の近状」と題して講演した戴について（内容は後述する）は、「文筆を以て鳴る戴天仇氏は流石支那新聞界の泰斗として、侃々諤々の評論に支那官僚者流に天誅を加へる人だけあって如才のない所に氏の才気を忍ばしめ、殊にもっとも抑揚自由なる演説は氏の語学的天才を思わしめ」と描写している。三人の講演の内容は、「忍びざる祖国の惨状を挙げて、親しき日本人士の前に披露し、夢寐の間も忘るる事なき祖国の革新を成就し、日支の協力を待って東洋の文明を謳歌せんとする大希望に一致し、縷々数千言悉く涙と力の結晶で支那の民意を代表した三氏の講演は日支両国民の理解に資するは勿論、進んで日支国民的外交の端として意義あるものといはねばならぬ」と高く評価されている(20)。

一四日正午より、三名が滞在した大阪ホテルで、同地の実業家および諸名士からなる大阪倶楽部員の招待により、盛大な午餐と講演会が催され、来会者は百余人にのぼったという(21)。三名は二時半に汽車で大阪を発ち、三時半に神戸に到着すると、午後三時五〇分から在神中国人百数十名を集めて中華会館で開かれた招待会に出席し、実業家・教育家・学生等各界を網羅した参加者を前に熱弁を揮い、南方民党の気勢を挙げた。戴は、「中華民国の成立したるは本国在住の同胞の努力よりも、寧ろ在外同胞奮闘の効果に依るもの多し、〔……〕支那の過去は偽りもなく日英米諸国の引援に據るもの多し、幸ひに諸君は日本に在るがゆえに、日本の指導に依って以て支那の将来に尽されんことを希望す」と語った(22)。同日夜、共和維持会が発起した晩餐会に臨み、戴・張らは日本の外交調査委員会に送付する陳情書を決議した。この陳情書は、「南北政争熄まざる間は大借款前渡金を交附せしめず尚其他種々の経済との援助を北方に與へざらしめんことを若し此の如くなれば、幣国南北の調和容易に行はるべく、政争速に妥協するに至るべし」と

（第三種郵便物認可）　大正六年九月十四日（金曜日）　大阪朝日

雨中《うちう》に響《ひゞ》く革命《かくめい》の聲《こゑ》

―朝日講演會に於ける支那三名士の獅子吼―

◇豪來猛雨を衝いて來集し―巧妙なる日本語に酔ふ◇

本社主催朝日講演會第一日は豫記の如く十三日午後六時半から本社四階樓上大廣間で開會せられた、講演者の張繼氏は支那民黨の大立物、戴天仇、殷汝耕の兩氏亦新進氣鋭の花形、いづれも

■祖國の危急

を救はんとする錚々たる革命の志士であるこことて此珍らしい諸名士の口から眼のあたり支那の現狀を聽かんとして發表と共に聽講希望の申込み引きも切らず遂に午ら前日のため拒絶の止むなきに至つた位申込者も夥しかつた事なれば此日降りしきる猛雨を冒して殺到せられた聽衆のため定刻前早くも設けの椅子席はもとより餘席に立ち盡す人々のため立錐の餘地ない位の大盛況であつた、午後六時半司會者より

■日支親善の

花婿と紹介せられてまだ弱冠の殷汝耕氏が劈頭に登壇百雷の如き拍手が廣間も崩るゝばかりである、先づ革命の意義を科學的に分解して祖國の革命に及ぶ所氏の細密な頭腦を思はしめ、殊に日本語が頗る流暢なことは聽衆を驚嘆せしめ、只ばかり聞いてゐると全く日本人といひたいが語はもとより黑羽二重の紋服、仙臺平の袴から腕時計や扇子の足袋に至るまで

■一分の隙も

ないと同時に髪を短く刈つたところまでも眞摯な書生風の風姿はどこから見ても日本人である、先覺者が幾多の辛酸を嘗め初めてより二十年、三次の動亂に腥風吹き荒ぶ事六年、腐敗せる官僚政府を倒壊して光輝ある新支那を建設せんとする我等の革命は決して危險思想やハイカラ風の沙汰ではないとて密かに故國に馳せ參じた一高や千葉醫專學生など日本への留學生を主とする七十餘名の決心の

■革命青年か

血祭となつた黄花崗の慘話など困難なる革命の成行を述べ最後に我等青年は腐敗せる祖國を救ふため青年の最後の一人がなくなるまで戰ふを辭せず、青年なくば支那なしと一高式の意氣を以て喝破した時は聽衆は唯もう拍手で雨の音も電車の響も耳になかつた

■文筆を以て

鳴る戴天仇氏は流石支那新聞界の泰斗として天偶々評々の評論に支那官僚者流に天誅を加へる人だけあつて如才のない所に氏の才氣を忍ばしめ、殊に最も抑揚自由なる演説は氏の語學的天才を思はしめ最後に南方派の權威張繼氏はやをら肥大せる體軀を起して悠然壇上に立ち重々しい、一句々々渾身の力を込めた口調を以て支那の現狀より

■東亞の將來

を論破し、支那革命最初の聲は東京在留の同志五十餘名が千古の柱石たる同盟會を起したに創まるとて、謂はゞ革命は日本で產れたのだから貴國が之を援助すべきであるといつたのも聽衆大喝采、段政府の失態を難じて「彼等は獨に宣戰すると共に

■國民に宣戰

したので而も振りあげた正宗の刀は泥棒に進けられた」など警句百出、政府をして完膚なからしめ奸譎なる列強を揶揄して聽衆を魅し去り、午後十時閉會、三氏講演の内容はいづれも別面所載の如くであるがいふに忍びざる祖國の慘狀を傘げて親しき日本人士の前に披瀝し夢寐の間も忘るゝ事なき祖國の革進を成就し

■日支の協力

を待つて東洋の文明を謳歌せんとする大希望に一致し纔々數千言悉く涙と力の結晶で支那の民意を代表した三氏の講演は日支兩國民の理解に資するは勿論、進んで日支國民的外交の端として意義あるものといはねばならぬ

―寫眞は戴天仇氏の講演振り―

「雨中に響く革命の声」『大阪朝日新聞』1917年9月14日，7面

主張している。[23]

戴は今回の訪日について、「寺内首相には先月末旬に面会したが、勿論北方から要求するとは微塵もなく、大抵支那今日の真相を話すといふのが本来の目的であったから、詳しくお話をした所が万事能く了解されて居たやうである。これで我々の目的は達せられたのであるから、一先帰途に就くことになった」と語った。張継・殷汝耕を残し[24]、戴は一四日夜九時二三分発の列車で一五日九時三八分に下関に着き、同日一〇時五分門司に向かい、午後二時発の郵船熊野丸で上海へ帰った。[25]

③訪日以後

帰国後、戴はこの数回の訪日経験にもとづいて、「最近之日本政局及其対華政策」と題する四万字の文章を、『民国日報』紙上に一九一七年一二月一三日から一九一八年一月二四日まで、四〇日にわたって連載した。[26]今回の訪日の成果について戴は高く評価している。彼は九月一九日の『民国日報』で、日本人の「時局に対する意見は異なるが、その誠意は吾人を満足させた。もっとも注意すべきなのは、日本朝野の重要人士が両国の親善を希望する意見は、以前と比べてとくに徹底していることである」と語っている。[27]

九月二二日、戴は大元帥孫文に派遣され、広東軍政府委員として非常国会で軍政府外交の経過を報告した。[28]それによると、日本外務省は戴に対して、「貴国の民党が段内閣に反対することはたしかに正当な行為であり、無意味な行動ではなく、弊国には賛成せぬものがいない。しかも段内閣が違法・専横であることは、我国もかねてから聞き及んでいる。ただ、実際には多くの国際交渉があるので、ただちに段内閣に反対して民党を擁護するのは都合が悪い」と述べ、一〇〇〇万元の前渡金についても、「締結はしたが、我が国はあまり賛成ではなく、必ず貴国の内乱が平定した後にその用途が正当か否かを調べてから、交付を許可する。貴国の民党が段内閣に対応するには、必ず正当な手段をもってすべきで、宣戦問題はきわめて重要な関わりを持っており、私的な怨恨・対立のために公意を妨げてはならない」と語った。さらに、「宣戦案が議決されたら、民党側の第一の借款問題は我が国がまず賛助」し、また交戦団体としての承認についても、「軍政府が完全に成立したら、公文書が日本に届きしだい、ただちに承認する」と述べたという。つまりこれは、軍政府にとってもっとも重要な財源および承認問題は、対独宣戦によって解決できるということを意味しているのである。そして戴は、「日本人が我が西南討逆の挙動に対し全力で賛助することから見て、前途は深く祝うべきであり」、軍政府が完全に成立したら、「隣邦の人士は資金を供給し、全力で賛助しない者はいない」と、対日関係について楽観的な意見を提出した[29]。

すでに、一八日に非常国会は対独宣戦案を可決しており、戴が非常国会で報告した四日後の二六日に対独宣戦布告が出された。また、孫は九月二四日の唐継尭宛て書簡で、「外交において日米両国は皆親善の意を表しており、もし軍政府が努力して発展すれば、両国は必ず援助してくれる」と述べている。このような決定や認識は、戴と張の訪日の成果を重視していたものと思われる[30]。

さらに九月一九日付け『民国日報』の「日政府援助段内閣案之失敗」という記事は、一四日の『大阪朝日新聞』によると一一日に開かれた日本の臨時外交調査会の会議で、内閣委員が提出した援段政策に反対した原敬が、「従来の狭小な対人本位を放棄し、支那民衆に対して大局から中華民国改善の方法を研究し、徹底した一般的な対支政策を樹立することがもっとも切要である」と提議し、牧野や犬養もこの意見に賛成したので、援段案が遂にまったく成立しえなくなったと伝えている。この三人の発言が戴と張の影響によるものかどうか、一次資料が見いだせないためわからないが、結果として寺内内閣の援段政策への反対は戴らの希望したとおりであった。この記事を著わした記者は、日本の政友会、憲政会、国民党の三大政党は皆援段政策に反対しており、寺内内閣は断固として独自の対中政策を行なうにはいたらないだろうと述べている。また、同日同紙の「時評一」というコラムは、「日本とアメリカは従来すこぶる我国の内情に注意し、対中政策を慎重に出してきた。今益々公正な態度を示しており、これにわれわれはきわめて喜び安心している。なお、他の友邦も日米のようにわれわれに対することを望む」と書いている[31]。したがって、孫文、戴季陶および『民国日報』の輿論など、いずれも日本に対して楽観的であったことがわかる。

④日本の対中方針の真相

しかし、実際にはこの訪日の結果として、戴と張は日本から何らの援助も得られなかったどころか、その後寺内内閣は援段政策を変えず、さらに勃発したロシア革命勢力の南下を防ぐなどの理由より、一億四五〇〇万円のいわゆる「西原借款」を続々と提供するようになった。戴と張の訪日前、七月二〇日に林権助《はやしごんすけ》駐華公使は本野外務大臣宛ての電報で段内閣に兵器を援助し、南方派の日本に対する財政・軍事援助要求を拒絶することを主張したが、同日の閣議において寺内内閣も「帝国政府ハ亦段内閣ニ相当ノ友好的援助ヲ与へ、時局ノ平定ヲ期スル」という対中方針を決めていた。しかし、「南方派ノ唱道スル民権自由ノ思想ハ世界ノ大勢ニ伴ヒ、今ヤ漸ク支那ノ人心ニ浸潤スルニ至リ、仮令北洋派ノ実力ヲ以テ一時之ヲ挫折スルコトヲ得へシトスルモ、根帯ヨリ之ヲ剿絶スルハ到底行ハルヘカラサルモノト認メラルルカ故ニ帝国政府カ露骨ニ段内閣ノ南方派抑圧ニ加勢シテ、南方派ノ深怨ヲ結フカ如キハ、亦永遠ノ利益ニ非ス」「帝国官憲ハ南方派ト相当ノ接触ヲ保ツ」ことも決定された。したがって、戴らが日本で礼遇されたのは日本政府のこの方針にもとづいたものと考えられる。また、「南方派ノ要望スル借款及軍需品ノ供給ニ関シテハ、帝国政府ハ之カ斡旋ヲ拒絶スヘク、又何等之ニ奨励又ハ後援ヲ与フヘカラス」という方針も定められたことより(32)、戴らは日本から実質的に何らの援助も獲得できなかった。さらに、斎藤（名前不詳）駐華日本公使館附陸軍武官は、七月二四日と二六日に田中義一参謀次長宛てに、二五日には上原勇作参謀総長宛てに電報を送り、重ねて段祺瑞《ダンキズイ》への至急の軍事援助を主張している。これに対して八月二日、本野外務大臣より林権助駐華公使宛ての電報で、「参謀本部乃至外交調査委員会側ニ於テ、南方派包容案ヲ主張スル〔……〕支那現下ノ形勢ニ際シ、全然南方派ヲ度外視スルノ意向ヲ表明スルカ如キハ、帝国将来ノ対支関係上不得策ナリ」と指示していた(33)。

以上のことから、当時の日本政府首脳のあいだで中国南北両派への態度をめぐって意見の相違が生じていたことがわかる。結果的に日本は段政府に実質的な援助を提供し、南方派には精神面での同情を示すことを提議するにとどまった。当時、このことは国家機密として少数の政府首脳にしか知られていなかったので、戴らが来訪した際、日本側は具体的な援助を与えないかわりにきわめて礼遇し、日本に対する希望と好感を抱かせ、中国情勢の変化を観望しようとした。そして、日本に「礼遇」された戴は、このような裏面を見抜けなかったに違いない。若き戴季陶は日本の表面的な外交儀礼に幻惑され、支持を得られるものと判断したのであろう。

(3)「冷遇」された訪問

広東軍政府は、孫文派と西南軍閥および旧国民党穏健派の微妙な力関係の上に成立した政権であった。当初から不安定要因を孕んでいたため、孫と桂系の陸栄廷をはじめとする西南軍閥との矛盾がしだいに激化していった。一九一八年二月、程璧光、唐紹儀《トウショウギ》、伍廷芳《コテイホウ》らは孫文の大元帥制に不満を感じ、軍政府の改組を計画し、桂系がこれを利用してその実現を促進した(34)。五月、それに憤慨した孫文は大元帥を辞任し、戴も軍政府のすべての職務を辞任した。孫は広東駐在の依田(名前不詳)大尉に訪日の希望を伝えたが、依田は上海駐在の松井石根中佐と参謀本部田中義一次長に報告し、田中はもし孫文が日本で政治活動に従事しないならば、来日は差し支えないと返電した(35)。一方、寺内内閣は北京政府と五月一六日に「日中陸軍共同防敵軍事協定」、一九日に「日中海軍共同防敵軍事協定」を締結し(36)、日本の援段政策がいっそう推進された。二一日、戴は孫文に従って胡漢民と共に広東から上海に向かったが、陸路は安全が保障されなかったので海路を選び、日本にも立ち寄った(37)。これは、第一次護法運動の失敗により孫が日本に期待を寄せ、局面を打開するために日本を訪問したのであった(38)。

六月一〇日、一行は郵船信濃丸で日本に到着した(39)。来日の目的は孫によれば、「時局の小康を得たるを機として痼疾の胃痛を療養せんが為なり」「日本の朝野の名士に会見するが如き希望を齎してにはあらず」と語っている(40)。孫と密接な関係を持っていた中華革命党阪神支部長楊寿彭によると、孫一行の滞日予定は三カ月くらいで、訪日には政治的な意味があった。すなわち、この来日は犬養毅と頭山満が促した結果であり、目的は日本朝野の名流と交流し、自身と南方政界に有利な結果をもたらすためで、療養休息云々は社会に対する一種の煙幕にすぎないと述べている(41)。孫一行は一一日から箱根で療養したが、一九日夜、にわかに荷物をまとめて西下し、二〇日午前五時二七分に京都に着き、麩屋町俵屋に投宿した。その理由については、急性結膜炎にかかった孫が市川（名前不詳）医学博士に治療を受けるためであったという。その間、戴は毎日、新聞の主要な外国電報を訳して孫に聞かせた(42)。

しかし、この滞日は孫自身と南方政界に有利な結果をもたらさなかったどころか、日本当局の有力者との交流もできず、東京にさえも行けなかった。日本で冷遇された孫と戴一行は六月二三日、胡漢民を残して近江丸で神戸から上海に帰った(43)。この訪日を通して、孫文は寺内内閣の援段政策について認識を深め、「段祺瑞の南方討伐は北洋派の討伐にあらず日本の南方征伐なり」と批判した(44)。七月一三日、孫は陳炯明《チンケイメイ》への手紙で、「この間、文は日本に着いた後、外交においてすぐには活動しにくく、すべての計画は実行できなかった。〔……〕今日本当局はやはり段を援助することを決心しており、その方針をすぐ変えるのはおそらく非常に困難である」と述べている(45)。七月一六日、戴季陶は上海『民国日報』に、「今回の国内戦争は、表面から見ると護法軍と段系との戦争であったが、実は護法軍と日本との戦争であった。もし日本が武器・金銭で段系を援助することがなかったら、早く平和的に解決したのである」と発表した(46)。

寺内内閣に対する幻想が破れ、新たな内閣の成立を期待するようになった孫は、その後、もっぱら革命勢力の再構築のために革命哲学を理論化・体系化する著述に専念するようになった。その代表的なものは『実業計画』と『孫文学説』である。護法運動の失敗に大きな打撃を受けた戴季陶は、一家をあげて浙江省呉興に引越し、のんびりした隠遁生活を送るようになった。張静江《チヨウセイコウ》、胡漢民、朱執信《シユシツシン》、廖仲愷《リヨウチユウガイ》らもときどき呉興に来て、読書や観光を楽しんだ。宗教に興味を抱くようになった戴は、一時期政界から逃避した暮らしを送った。

第一次世界大戦の終了にともなって、英米列強はふたたび中国での利益争奪に戻り、南北議和が中国の趨勢となった。孫文は大戦後、欧米列強と日本とのあいだに中国での利益争奪をめぐる矛盾や対立が激化していくだろうと認識し、米騒動で倒れた寺内内閣の替わりに中国に対して中立的な立場を取ることを主張する原内閣が成立したことから、

和平の機運熟す

戴天仇氏時事談＝孫文氏の政界隱退＝南方派の强硬

來朝せる
戴天仇氏

支那南方派領袖孫文氏秘書戴天仇氏は十九日未明入港の郵船熊野丸にて上海より着神海岸後藤に少憩後同日午前十時五十一分三宮驛發列車にて京都に向へり、氏は京都に一泊したる後、廿日東上の豫定なる由、その時事談に曰く

▽今回の來朝

は何等の使命を有するに非ず、只歐洲の大亂も事實に於て終熄し支那の形勢も日を追ふて和平の機運に向ひつゝあるを以てコノ際、日本朝野の名士に會見し東亞の平和に對する意見を聽取し併せて自分の意見の存する所をも述べんとするに外ならず今日直に京都に向ふは今春孫文氏の來朝に際し、多少御世話になりたる人々に對して謝禮を表せんと思ふが故のみ支那も歐洲の大亂終熄と同時に愈平和が出現するとこなれり大總統令を以て發布されたる停戰命令以前に

▽南北の兩派

は干戈を斂めて部分的に休戰を實行し居たりコノ部分的の休戰が偶然平和の斡旋に依つて平和の大機運を作りたるのみ、而して、主として北方の主張する妥協に南方が應諾するや否や、之れ大問題なり南方は理想として舊國會の恢復を主張して今日に到れり、今や徒に機運熟したるの故を以て在來の主張を抛つべきに非ず故に妥協が成立するとしても必ず舊國會の恢復はその第一條件ならざる可らず而して

▽兩派の妥協

は近き將來に於て必ず成立すべし、南方派は主として岑春煊氏がその意見を代表しつゝあれどもその實は全くの合議制なり、故に妥協會議が開かるゝとしても南方派よりは必ず有力なる折衝使二三名はその會議に出席するとこなるべし、この間に於ける孫文氏の態度は全く平靜なり孫文氏は日本より歸國して以來全く政治界より隱退して午前は專ら著述に耽り、午後は訪客に會見しつゝあれ從つて未だ曾て政治的意見を述べたるもなし、故に妥協問題に關しては

▽全く無關心

なるは事實なり、然しながら大體に於て南北妥協には贊成なり南方は日本の原内閣成立以來、その態度の公平にして決して北方援助南方抑壓の傾向なきを喜びつゝあり、殊に原内閣は南方派が豫て期待したる以上に支那に對して好意を有し居らるゝは我等の感佩に堪へざる所なり、兩國がコノ傾向を以て將來提携の實を擧ぐるこゝなれば必ず兩國の親善は期して俟つべきものあるべし、近來

▽南方の軋轢

を云々するものあり、されど孫文氏對岑春煊氏の間に蟠まり居たる在來の感情も今は全く一掃されて結束甚だ固く各自の主義主張も近來大に接近し居れり、北方派主戰論者の旗頭たる徐樹錚が目下來朝中の由彼は幼少より段祺瑞の幕下として成長し以て今日に到れるが故に段の理想は彼に依つて體現され居れるの觀あり、支那の將來は斯の如き武斷的主義論者を驅逐せざれば平和を望むこと能はずと云々

「和平の機運熟す」『神戸新聞』1918年11月20日，2面

日本を利用して護法、共和体制の回復を実現しようとし、ふたたび日本の支持を求めるようになった[47]。このような背景のもとで、一九一八年一一月一九日未明、戴は孫に派遣され、郵船熊野丸にて上海より神戸に到着し、海岸後藤旅館に休憩した後、同日午前一〇時五一分三宮駅発列車にて京都に向かい、京都で一泊した後の二〇日に上京した。来日の目的や期間について戴は「日本に於ける多数の名士と会見し講和に関する意見を聴取せんが為にて出来得べくんば研究材料をも蒐集せん希望を有せり」。「約三週間予定にて其一通り要領を得たく考へ居れり」と語った[48]。また南方派は、原内閣の対中態度が「公平にして決して北方援助南方抑圧の傾向なきを喜びつつあり、殊に原内閣は南方派が予て期待したる以上に支那に対して好意を有し居らるるは我等の感佩に堪へざる所なり」と戴が評価して[49]、一二月二日に帰国した[50]。

以上のように、戴季陶は日本亡命を終えて帰国した後、終始孫文の側近として栄辱を共にしてきた。その卓越した日本語力と対日理解によって軍政府の成立段階で最初の対日工作を行ない、軍政府の要職にも任じられた。しかし、日本の対中方針の二面性を、知日家としての戴も見抜けなかった。孫文派の代表として臨んだ最初の対日外交は、実質的に失敗した。戴はこれを反省するとともに、日本を信用できないと新たに認識するようになったと思われる。彼の一生涯のなかでもっとも頻繁に行なったこの時期の日本訪問はみな、日本の援助と支持を獲得するためであったが、しかし、すべて無効に帰した。このことは彼の日本観に相当な影響を与えたと考えられる。

二　反日感情の高揚——上海輿論の日本観

護法運動期には、日中関係に関する中国国内の輿論はほとんどない。一九一七年末になって、日本が山東省に民政署を設置したことに反対する輿論が少し目立つようになった。山東省の人々はこれを国権に対する侮辱と見なし、法津にもとづいて日本と交渉するように中国政府に要請したが、政府の態度が鮮明ではないことに怒りを覚えている。ただし、その反対運動はあくまでも山東省内にとどまり、全国レベルには達しなかった。それとは対照的に大いに盛り上がったのが、翌年五月の「日中陸海軍共同防敵軍事協定」に関する輿論であった。ここでは、この問題を中心に中国人の対日輿論を追究してみたい。

日中両国が一九一八年五月一六日に「日中陸軍共同防敵軍事協定」、一九日に「日中海軍共同防敵軍事協定」を締結したことは先に述べた。協定が結ばれる前の四月二九日、広州非常国会が通電を発し、日本が提議した陸海軍の共同行動は「実に将来日本が中国を併合する目的であり」、「中日交渉においては政府が実に外力を借りて西南を圧迫する計画が含まれている。今回日本の条件のなかの種々の要求は実に一九一五年の二十一か条の第五款覚書よりはなはだしく、もし要請を許したら自ら滅亡を招くことになり、本会議は絶対に承認しない」と反対している[51]。五月一一日にサンフランシスコの華商総会は、馮国璋《フウコクショウ》大総統、国務院、各報館、参議院宛ての電報を商会連合会に送り、「日本の不正な五つの要求は吾等の生命・財産・主権を危うくするものなので絶対に承認せず、早く内訌をやめ外国からの侮辱を防ぐ」よう述べており、祖国を想う気持ちが溢れている[52]。

これらの反対に対して五月一九日、北京政府は非公式な説明書を発表し、「この条約は防敵の目的なので、敵が侵入するときが実行期間となり、第一次世界大戦の終了を期限とする。その性質は共同防敵の準備であり、他の国際条約とまったく異なる。しかも、協定したものは国内の警察権・交通・実業・工業と絶対に関係がないし、国家のある権利が侵害されたこともない」と簡単に説明したのみで[53]、内容を公表しなかったので、反対の声を止められなかった。五月二四日、天津商会連合会は総統に調印拒否を懇願し、各公使にこれを認めない旨を声明し、また各省・各団体に挽回するように努力してほしいと主張する電報を送った[54]。そのほか、留日学術研究会は中日密約を「国民は絶対に認めず、極力拒絶するように懇願する」と大総統への電報で述べている[55]。このように、この条約が結ばれた後、各方面から反対の声が高まった[56]。

国内の反対運動にともなって、帰国を発起した東京帝国大学・第一高等学校や、各同郷会・各学校同窓会の中国人留日学生が一斉帰国を決議し、その潮流は止められなくなった[57]。五月末にすでに帰国した者は、三〇〇〇人以上に達したという[58]。これは当時、中国人留日学生の総数約三五〇〇人のほぼ全員が帰国したことを意味している。中国人日本留学史上において、辛亥革命の勃発、二十一か条の反対運動などの原因で一斉帰国したことに続く、大規模な帰国運動であった。帰国した留学生代表九人は六月六日に段祺瑞総理に謁見し、「民衆の疑問を解くために日中協定を正式に公布すべきであり、抵抗の方法を検討する」ことを要求した[59]。

留日学生の一斉帰国と呼応して、国内の学生もさまざまな請願運動を行なった。五月二〇日夜七時、北京大学校内では北京大学校救亡会が開かれ、二〇〇〇人以上の学生が参加し、留日学生と一致行動を取ることを決めた。学生全員は二一日午前九時に総統府に集まり、数人の代表が総統を訪ね、調印拒否と条約の全文をただちに公布することを懇願し、また全国商会連合会と連絡・提携することを計画していた[60]。この条約が結ばれた後、もっとも強く反対した者は、北京の全学界および一般の政治家、天津の「全国商会連合会」、上海の各団体と旧国会議員および各重要人物、武漢の紳商各界、直隷省議会、広東非常国会などであった[61]。

以上のように「日中陸海軍共同防敵軍事協定」が締結されると、全国の反日感情が一気に高まった。留日学生の一斉帰国は国内の反日感情に拍車をかけ、大規模な請願運動を行ない、五・四運動の先駆けのようであった。しかし、これらの対日輿論はもっぱら直情的な様相を呈した対日批判にとどまり、日本の対中政策を分析したものはなかった。

三　道徳的な援助――孫文の日本観[62]

護法運動期から戴季陶は孫文の公式な対日交渉担当者として、対日外交において活躍し、孫文と密接な関係を保っていた。それゆえに二人の日本認識は、互いに影響しあっていたと考えられる。したがって、戴の日本観を浮き彫りにするためには、まず孫文の日本観を明らかにする必要がある[63]。

孫文は一九一七年一月一日の『大阪朝日新聞』に掲載された「日支親善之根本義」において、日中両国親善の基礎の有無と、両国間に問題が発生した原因を分析している。孫文は両国の親善を図るには、両国人民の「根本的思想」と国家に対しての「根本的希望」とを十分に会得したうえで、「根本的政策方針」を立てるべきであるということから、日中関係を論じている。孫は日中両国が「東洋的道徳の根本」の上に立っている国家であり、両国民は共に「同系統の道徳的薫陶を受けて生まれた人間」なので、思想においても道徳においても感情の疎隔や衝突をきたす恐れや理由がない、と認識している。これはすなわち、「先天的親善」の基礎である。しかし、いままでの誤解や紛糾はすべて「人為的原因」から生まれたものであり、一番の原因は両国の今日世界における、「国勢の強弱の異同に帰着する」と指摘している。日本は新進の強国であり、しかも中国と隣接し、「利害関係から云へば、支那が若し欧米列強に侵略されるとき、支那の市場が欧米列強に壟断されると、ただちに日本の安危に関係して来るから、日本は欧米列強に対し利益均霑機会均等を主張し、或は又支那に対して利益の優先権を主張するは不得已ことであり、又日本の利害から考へて、とくに東洋の安危に重大なる使命を有する日本の挙動としては、不審でもなからうとは思われる」と、孫は説く。日本にとっては「唇が亡びれば歯も寒い」ので、やむをえず中国へ進出したという指摘である。しかし、これは「支那の国民の希望から言えばすなわち非常な齟齬である」ので、中国人は日本に対して、不満や危惧や疑惑を抱いたのであると、孫は説く。

そこで、孫は日本の採るべき対中方針は、「支那の国勢改善に助力を与へ」、「利益均霑機会均等と云ふ蚕食的主張に囚はれず」、「支那を誘導し、支那の為に外来の障碍を排除して呉れる」ことであると望んでいる。そうすると、中国人の多くは「日本の道徳的援助に対して必ず大いに感激するのみならず」、中国の富源の開発により、「日本は今より十倍の経済利益を獲得できる」と説く。この「道徳的結合、精神的結合に由って、始めて真に日支親善が徹底し得るのである」と指摘している。[64]

このような認識は、孫文の寺内首相への手紙にも表わされている。一九一七年六月の手紙では、約法と国会を破壊し大総統を軟禁した北洋軍閥は、「武力で一時的に勝利したが、すでに人民の怒りを招いている。もし貴国がさらに武力を援助したら、人民の怨みが貴国の方に移ることになる」と警告している。また、「貴国のために図ると、ただ正義にもとづいて援助すべき者を定め、すなわち無力のときに援助して成功させ、その真の援助にきっと感謝する」と語っている。[65] また八月二五日の手紙では、「中国国民の愛国愛洲の精神と『討逆護法』に対して、道徳的な援助を与える」ことを要望した。[66]

しかし、孫文が本心では日本からの軍事援助を希望していたことは、九月一五日に犬養毅の紹介で来訪した、在米日本人国際問題評論家・社会活動家である河上清との談話からうかがうことができる。孫は、「あなたの国の政府がなすべきことは、われわれに武器と弾薬を与えることであり、われわれが長江流域に進撃し、われわれの政府を華中の戦略的重要地点に移し、さらに北京まで押し進めることを可能にするように、多額の借款をわれわれに供与することである。南方の共和主義者に金銭と武器を援助すべきである」と語った。[67]

日本からの軍事援助どころか、道徳的な援助でさえも与えられなかったので、孫文は日本の段祺瑞援助政策の撤廃を切望した。一一月二〇日、寺内首相らへの電報では、「ヨーロッパへの出兵は彼〔段祺瑞〕のできることではない。あるいはその名目で貴国から軍備と大量な借款を騙し取って、護法の国民を圧迫するためである。もし貴国が不法な旧派政治家を助け、護法の革新政治家を虐げるなら、人道主義からいうと食い違うことになる」と主張し、段の対日借款・武器購入に対して「厳しく拒絶する」ことを日本に要望した。[68]

総じていえば、護法運動期において、孫の最大の目標は、段祺瑞の武力独裁支配を倒すことであった。西南軍閥とのあいだに矛盾を抱えたままで軍政府を組織したため、最大の問題は財源・軍需品や広東軍政府承認の問題であった。これらはいずれも日本の支持と援助が必要なので、孫は最大限に日本に妥協した。援段・親段の立場から孫自身に対する支持へと日本をひきつけることは、敵の力を弱め、また自分を強めることになるので、孫は最大限に柔軟な外交方針を発揮せざるをえなかった。それゆえに、孫の日本観はアジア主義的理念を強調して日中提携や根本的な友好を唱え、日本に対する厳しい批判を避けていた。これは目標を実現するための孫の策略であった。

四　批判的提携論——戴季陶の日本観

戴季陶は「最近日本之政局及其対華政策」の冒頭において、「近年来、親日・排日という二種類の思潮が起伏しているが、日本と中国の関係を重視することは同じである。日本をはたして排斥すべきか、しかしたしかに親善しなければならない理由がある。日本とはたして親善すべきか、しかし排斥すべき事実もある。ゆえに親日の思潮は両国の共同の利害から発し、排日の行為は両国の単独の利害にもとづいたものである」と述べたうえで[69]、辛亥期の「日本敵視論」や討袁期の「日中提携論」のうえに立って、新たな日本観を展開している。

(1)日本の伝統政策論

戴季陶は日本の国力発展の方針が、北進主義と南進主義であると指摘している。彼によると、「北進主義は大陸発展主義とも言い、すなわち満蒙侵略主義」であり、「南進主義は海洋発展主義とも言い、すなわち南洋経営主義」である。彼は、豊臣秀吉から明治維新の征韓論までをあげて、北進主義が「神功皇后の百済征伐」以来、ついに日本の伝統政策となったことを論証している。この二論の主張者は、軍隊では「陸軍の者が主に前者を主張し、海軍の者は主に後者を主張する」。政客では「長州閥の多くは北進論を主張し、藩閥的色彩を持たない者が主に南進論を主張する」。また政党のあいだでは、「政党の離合は政界での利害に原因があり、主義主張の黒白と関係がない」ので、「まったく明白な区別がない」と戴は指摘している。その発展段階について、「日清戦争前後は北進論と大陸発展論が一時盛んになったが、日露戦争後には南進論が大いに唱えられるようになった」。しかし、近年来この二論の主張がしだいに混合して、第一次世界大戦が勃発して以来、「日本国民が大戦の刺激を受け、国民的・民族的自負心が益々強くなり、従来の南進論や北進論がみなその要求を満足させられなくなった」ので、「大亜細亜主義が全国で唱えられるようになった」と戴は説く(70)。

そして、戴は日本の大陸進出の理由を分析する。彼は、維新以来数十年の間に二度の戦争に勝ち、一躍強国となった日本は、「武力は強いけれど、経済力がきわめて薄弱」なため、「貧国で重兵を養うには租税が苛繁で、国民はその苦しみに堪えられない」と、日本の軍事力と経済力のアンバランスの問題を指摘する。そこで、真の意味での強国になるには「経済的実力」の向上が必要になるが、しかし「日本は広大な植民地がないし、本土もわずか区々たる三島しかない」ので、「発展を図るには、中国に経済勢力を扶植する以外には方法がなく」、これが、日本が中国で権力を獲得したい理由だと指摘している(71)。

戴は中国の文明発達を妨害した最大の原因は、列強が争って中国で勢力範囲を設定し、特殊地位を主張したことであると認識している。彼によると、その始まりは日清戦争で中国が日本に敗れたことで、「各国は皆中国をきわめて無能な国だと見なし、態度を一変させて領土侵略に従事するようになった。一八九八年にドイツ、フランス、イギリス、ロシアはみな同時にきわめて広い居留地を要求し、同年にイギリス、フランス、日本の三国が中国に揚子江・海南島・福建等を割譲しないという条約を結ばせた。それゆえに各国の中国での勢力範囲が形成された(72)」。すなわち、日本は中国での外国勢力範囲形成のきっかけをつくった者である。大陸進出にあたって日本の前途に対する大きな障害は弱い中国ではなく、中国に扶植した列強の勢力であるため、日本は「現状打破主義」をもって日清戦争と日露戦争を推進し、国際上においては「門戸開放」「機会均等」「領土保全」を主張し、中国に対しては「租借地の設定、利益範囲の拡張および政治・経済上の新地位の占有」を要求するようになったと、戴は分析している。そこで日本は、

「対中優越権の拡張」およびそれに対する「列強の承認」を求め、日本も列強の対中優越権を尊重することを根本方針として、「国家および国民生活の発展を謀る」という最終目的を目指す。一九一七年一月九日、日本の閣議において「成ルヘク列国ト協調ヲ保ツト共ニ漸次列国ヲシテ帝国ノ優越ナル地位ヲ承認セシムルニ努ムルコト」が決定されたのは、まさに戴の分析したとおりである。それゆえに、一般の日本人の目的および政府への要求は、「政府が中国から利権を獲得したことを外交の成功とし、獲得できなかったことを外交の失敗とする」ことだと、戴は分析している。(73)(74)

以上のことから日本は、「親善を大いに口でいうが、事あるごとに侵略を行ない、根本的な親善をしたくないのではないが、目下の困窮を救えないことに苦しんでいる。大挙侵略をしたくないのではないが、列強の実力に対抗できないことを恐れている」。したがって、「保全と侵略という矛盾した行動をつねにとっている。それゆえに侵略の行為が絶えないが、親善の言論も絶えないことは時勢の成り行きだ」と戴は説明している。「日本はいつもアジアの一島国に甘んじることがない」ので、日本国民が大アジア主義を熱唱しているのは、アジアの各国各民族を日本帝国主義のもとに収斂させるためであると、戴は説く。(75)

このように、戴季陶は日本の帝国主義的な侵略性の発生・発展・変化を指摘しながら日本の国情を分析し、その必然性を理解したうえで論証した。

（2）「弱国には外交なし」

戴季陶は「国民は外遊が長ければ長いほど、望郷の心が強くなり、外国の政情の研究が深ければ深いほど、愛国心が富む」と説いたうえで、「自分は日本の政治状況に長いあいだ留意しているうちに、我が国民に自立自助を望む気持ちがますます強くなり、依存と不満は同じく無用な感情であり、絶対に救国に足らない」という心情で日中関係の将来を語る。(76)

戴は、日本が中国で「利権を獲得したことは僥倖ではなく、国民が奮闘した結果であり」、「日本が北進して大陸で勢力拡張を図らなくても、ロシアが必ず南下してアジア温帯での発展を図る」と指摘している。また、日本の強盛は「片方から見ると、近隣の一大圧迫になる」が、しかし「国際関係を観察すると、東に侵入するヨーロッパの勢力を防ぐことは、極東の大局の幸い」であると理解している。さらに、「もし日本にいったん破綻が起こると、東アジアの危機に中国は独力で対処することになる。列国のアジアにおける勢力均衡が崩れると、絶対中国の幸福ではない」と説く(77)。このように、辛亥革命期において戴は日本を最大の強敵と見なしていたが、この時期になると日本を敵として見なさなくなったことは、きわめて対照的である。また、国際情勢から日本が極東地域で果たした役割を評価したことは、討袁運動期に唱えたのと同じである。

そして、戴は優勝劣敗の進化の法則をもって、中国の不振の原因は自国にあり、日本にはないと指摘している。「もし中国人が純粋に自分の能力で政治改革や国力の回復を図ることができないと、日本に中国の改革・富強を援助する気持ちがあっても、中国はすでに滅亡の危機を免れないが、ましてや必ずしもそうではない。我国民が本当に自力で国の基礎を強固にすることを図ることができれば、我が国の強盛の日はすなわち日本がわれわれに親しむ日である」と、中国が自彊してこそ日本が友邦になるだろうと、戴は相変わらず中国人の自覚を呼びかけている(78)。辛亥革命期に戴は中国人に自彊を呼びかけたが、それは敵としての日本を防ぐためであった。この時期になると彼は日本の大陸侵略の野心を見抜いたうえで、中国人が自彊できることこそ日本が中国に対して友好的になり、日本からの危機もなくなる条件だと認識するようになった。

そこで、中国が自彊するために、戴は明治維新のとき、「木戸ら所謂内治派の穏健主義が実にきわめて遠大な識見を持っていた」と評価し、「我が国民は西郷隆盛らの勇気を持たなければならないが、もっと木戸孝允の忍耐を学ばなければならない」と、日本をモデルにすることを唱えている。戴は「弱国には外交なし」と断言し、「政策がないことは最上の外交政策であり(79)、手段を使わないことは最上の外交手段」であり、救国の唯一の方法は、国内政治を治めることだと繰り返し強調している。外交方針は「列強に対して一視同仁し、近隣の日本に対しては、利害関係が深く安全・危機の影響が大きいので、さらに親善・平和の関係を保つべきである」と主張し、また無謀な反日運動を警戒すべきだと提議した。[80] これは辛亥期および討袁期と異なっているところである。最後に「各専門学校ではその学科の性質に近い日本研究の講座を設けるべきであり、新聞雑誌はとくにこれらの資料の収集・発表に注意し、国民の注目を喚起すべきである」と、日本研究の重要性を初めて提起した。[81] 当時、累計留日学生数は数万人に達していたが、日本留学の目的は日本を通して西洋文明を吸収することで、日本を研究対象にする者は稀であった。戴はこれに注目し、対日認識の重要さをこれ以後一貫して唱えるようになった。これは一九一七年八月、張継と共に訪日したとき、寺内首相ら各政党首領と会った戴が、日本の在朝在野の名士は「悉く我々の想像して居た以上に支那を了解して居られた」のにもっとも驚いたことから、表われた発想であろう。[82]

以上のように、戴は、日本を辛亥期には敵、討袁期には友と見なしていたのだが、この時期になると、このような二分法ではなく、日本を中国のモデルでもあればライバルでもあると認識するようになったのである。これこそが、後年に著わした『日本論』の原型となった。

(3) 日本の対中援助への初めての評価

戴季陶は二〇年来、「中国の民党の日本亡命者で、日本の志士の援助・招待を受けなかった者はいない。ただ、この事実は日本の侵略の事実と同時に存在し、すなわち日本の志士と呼ばれる者も中国に対して中国の改革を希望しながら、自国の国権の膨脹を希望している」という、矛盾した現実を指摘している。しかし、「日本国内には、主義からいうと我が国の改革の思潮に同情する人が居て、友情からいうと十分我が国の人士を感激させる情義があったことを、われわれは知らなければならない。われわれは日本の侵略的行為および情勢に曖昧な主張・観察に対して、厳粛に指弾しなければならないが、我らに有益であったことは記憶・賛美しなければならない。これこそ大国民の公正な態度である」と説く。また、彼は、日本の袁世凱帝制への警告は当時中国の時局に「有益」であり、「日本政府および民間の直接的・間接的な援助によって、中国の共和回復運動が大いに力を得た」と評価している。そこで、「是是非非の正義をもっていうと、我らは日本のこの行動の意図が何であるかを問わず、その行為の結果は中国の法治主義・民権主義に大いに役に立ったのである。中国国民の共和を愛する者はそれに感激しなければならない」と、戴は結論づけている。(83) このように、辛亥期に日本の欠点のみを見たり、また討袁運動期にもっぱら日中提携を唱えたのとは異なって、日本の援助を評価しながらも、侵略的行為を批判する態度を示すようになった。これは後年『日本論』を著わしたとき、日本人の長所と短所をともに視野に入れ、日本人に対する客観的かつ総合的な理解と把握を示す基礎となった。

そして、戴は日中親善について、「今後の問題は親善ではなく、両国が協力して行動できるか否かの問題である」と説く。そのためには、まず国家的能力が欠如している中国自身が有力な国家にならないと、すでに強国になった日本と「協力できず親善も虚語になる」と説く。彼は「日本の王政復古は黄色人種自覚の花にして之が実を結ぶは中国の自覚にあり支那の自覚を見ざるに於ては折角黄色人種自覚の花も遂に実を結ばずして凋落の運命を見るべし」と唱え、これは日中両国民がもっとも留意しなければならないことだと主張する。彼は中国人の自覚を呼びかけると同時に、中国の政治改革が成功できなければ、「啻に支那の不幸のみにとどまらず実に日本の威信の幾千かを減ずるに至るの結果を見ずとも限らず」ので、「支那の為東洋の為吾々に一臂の力を與へられんこと」を日本朝野の人士に切望している。最後に、戴は今後日中両国の提携を図るには、「経済同盟が重要である」と唱えている。(84) 戴のこの黄白人種論や経済同盟論は、討袁運動期にも主張されていた。

このように、戴は日本の対中侵略性を指摘すると同時に、日本人が中国の革命運動を援助したことをも評価している。これは、討袁運動期に日本からの援助の獲得に直接に参与した自身の経験から生まれた考えであり、もちろん引き続き日本の援助を得たいという宣伝の意味も含まれている。また、その時期に唱えた黄白人種論や経済提携論に護法運動期も触れているが、しかし主張の度合いがかなり弱くなっていることがわかる。

おわりに

本章で検討してきたように、護法運動期における戴季陶は軍政府成立直前の重要な対日工作を行ない、初めて軍政府の要職に任じられた。この時期における戴の日本観の特徴は、つぎの三点にまとめることができる。第一に、日本の大陸侵略政策の確信、第二に、日本と親睦する前提は中国の自彊であること、第三に、日本の対中援助の評価、である。

当時、山東省民政署設置の問題をめぐって反日輿論が起こり、「日中軍事協定」の締結により、留日学生の一斉帰国を含む全国レベルの反日感情が高まった。一方、これと対照的に、孫文は護法のために日本の援段政策の停止、軍政府への支持を要望し、日中提携を策略として提唱し、最大限に日本に妥協していた。これらと比べると、戴は孫よりさらに一歩深めて、日本の対中侵略の本質を見きわめながら、反日輿論に対しては無謀な反日運動を警戒し、日本研究の必要性を喚起している。

この時期の戴の日本観を以前の時期と比較すると、連続している点が二つある。ひとつは、辛亥期に日本の中国侵略の必然性を認識したことである。その原因は、軍政府成立直前、日本の援段政策の停止や軍政府への支持と援助を求めるために訪日した戴が、日本の二面的な対中政策に翻弄されたことにより、日本の対中侵略性を新たに認識し、討袁運動期にもっぱら主張していた日中提携論を改めたと思われる。いまひとつは、討袁期に主張した黄白人種論・経済同盟論である。ただ、主張の度合いがかなり弱くなっている。その原因は、この時期に彼がもはや一介の記者ではなくなり、軍政府の対日交渉担当者となり、またこの時期に孫文がやはり日本の援助を必要とし期待していたので、戴は日本の中国侵略の必然性を認識したにもかかわらず、辛亥革命期のようにもっぱら日本の侵略性を批判することを控えて、日中両国を結びつけるものをある程度主張したと思われる。

一方、戴の日本観には変化した点が三つある。一つ目は、日本の対中援助について初めて評価したことである。これは彼自身が討袁期に日本人から援助を得たり、孫文革命に尽力した日本人と直接に接触したりした体験からの発想であり、また、日本を刺激せずに可能な限り日本の援助を続けて獲得する目的もあったと考えられる。二つ目は、日本がモデルでありがら、ライバルでもあるという認識である。これは彼が日本を深く研究することを通じて、日本の文明発展の先進性と対外侵略の危険性という矛盾した現実問題を見定めたことによる。これはまた後年の『日本論』の原型となったのである。三つ目は、中国人の自彊の主張が、辛亥期のような敵国日本への報復のためから、この時期のような日中親睦のためへと変化したことである。ただし、このなかには中国が強くなってこそ日本に圧迫されずに済むという意味も含まれている。それは戴が、日本との長年の政治的接触により、排日的行為は両国の単独の利害から、親日的思潮は両国の共同の利害から発したと認識するようになったからである。

総じていえば、この時期の戴の日本観はある程度の客観性と冷静さを表わしており、日本の大陸政策を理解する態度を示しながら、中国の強大化を唱えている。この日本認識の特徴は、日本の視点に立って対象としての日本を論じるという、討袁運動期に身についた姿勢と態度にもとづいたものだと考えられる。したがって、辛亥革命期にもっぱら日本を批判し、討袁運動期にはもっぱら日中提携を強調したのとは一変して、日本の侵略性を批判しながら、日本との提携を模索しているのである。すなわちこれは、「批判的提携論」だといえる。日本の短所と長所のみにとらわれないという姿勢は、まさにこの護法運動期に身についたものである。

さらに、戴季陶は日本の大アジア主義の本質は、日本を中心として対外侵略の方式で行なわれることだと見抜いたが、しかし辛亥期のような日本批判を避けて、むしろ日本が近代化に成功したことは、中国およびアジアの諸国が西洋列強の圧迫に抵抗するうえでいかに都合が良かったかを説き、しかも中国革命のための日本の援助を高く評価した。

戴が主張したアジア主義は、日中両国が対等な国家関係を保ったうえでアジアを振興することである。そのために近代化の後れている中国は国内政治を治めることに力を入れ、日本を追いかけるべきだと、中国の主体性を強調しているのである。

しかし、この時期の戴は日本の文化や民族性についてはまったく論じておらず、後年の日本人に対する総合的な理解と把握は、まだ示されていない。そこで、護法運動は実際には日本に負けたのであるが、その失敗後、すべての公職を辞した戴季陶が五・四運動期になって、その日本観をどのように変化させたのか、次章で引き続き検討していきたい。

第5章　特権階級との対決、平民階級との連合

はじめに

一九一四年一一月に始まった山東主権回収運動は、第一次世界大戦の終了とともに一九一八年一一月頃からふたたび高まりをみせ、一九一九年一月二八日に開かれたパリ講和会議で、中国代表は「二十一か条」の廃止、山東の返還、在華外国人特権の取り消しなどの要求を提出した。それに反対した日本が二月に「日使恫喝事件」を起こしたため、全国で激怒の声が高まり、民意を表わす「国民外交協会」が成立し、また議会はこの問題に関して政府に詰問し、全国の工・商・政・学など各界も強力に反対する決心を示し、講和会議に格別の関心を持つようになった[1]。その後、日本は山東の権益をドイツから引き継ぐことを主張し、さらにその要求が満たされねば講和会議を脱退するとまで威嚇した。日本が強硬な態度を取ったことにより、講和会議では青島問題を日中両国が自ら解決すべきことが決定された。日本は最終的に目的を達成し、中国外交は失敗に終わった。

これをきっかけにして、五月四日に北京で大規模な学生請願運動が行なわれ、それはただちに全国へ広がり、各地、各界で空前の反日気運が盛り上がった。少し前に始まっていた新文化運動は、知識人が科学的な態度と方法で中国の

伝統文化を懐疑・批判し、新たな価値観を定めようとしたもので、さまざまな新思潮が出現した。それがこの五・四事件をきっかけにさらに盛り上がり、思想界の空前の大変動となった。

このような背景のもとで、辛亥期に「日本敵視論」を持ち、その後「日中提携論」と「批判的提携論」に転じた戴季陶は、日本とどのような関係を持ち、日本に対する全国民的な罵声のなかで、どのような日本観を持ったのであろうか。本章では、彼の経歴と思想を整理し、当時の輿論および孫文の日本観を明らかにしたうえで、戴の日本認識を検討する。さらに以前の時期と比較して、その変化した部分と持続している部分とを明らかにし、生涯の日本観の展開過程における位置づけを考えてみたい。

一　日本という存在

(1) 新思潮への対応――上海にて(2)

護法運動失敗後、上海に戻り『孫文学説』『実業計画』などの著作活動に専念した孫文は、この学生運動に支持と援助の意を表し(3)、青年たちに革命陣営への加入を呼びかけた。また、彼は、新文化運動を通じてふたたび輿論の重要さを認識して、革命の成功は「思想的変化」に頼らねばならないと主張し、革命党員が輿論活動を行なうことを提唱した(4)。一九一九年八月七日に孫文は軍政府総裁を正式に辞任し、一〇月一〇日に中華革命党を中国国民党に改組し、「共和を強固にし、三民主義を実行すること」を最高の宗旨とするようになった（戴季陶は「中国国民党規約」の起草に参与した）。中華革命党を中国国民党に変えたのは、学生および青年を革命的陣営に吸収するためであったと指摘されている(5)。

孫文に従って上海に戻り、著作活動に従事した戴季陶は、辛亥期に編集を務めたペナンの『光華日報』の代表として、四月一七日の全国報界連合会で「世界および国内平和の進展を謀るために、全国の輿論を集めて、そのおもむくところを定める」ことを提案し[6]、山東問題に関する輿論の成り行きを見守っていた。五・四事件が勃発した直後の五月七日、戴季陶、張継、何天炯は上海一品香飯店に上海駐在の日本各新聞社・通信社の特派員および主筆を招待し、彼らに対日外交政策をめぐる意見を伝え、「告日本国民書」を各記者に渡し、日本の各新聞に転載するよう依頼した。戴は「厳粛な態度で、真摯な言葉で、中国人の言い分をすべて吐露し」、中国人の反日の原因を詳述し、日本の過去の対中国政策を厳しく批判しており[7]、これは当時の中国人の民意を代弁したものだといえる。これまでの各章で述べてきたように、国民の自覚を絶えず呼びかけてきた戴は、五・四運動を目撃して中国の社会に芽生えつつある新しいエネルギーに注目するようになった。

この時期、戴らのもっとも重要な輿論活動は、『星期評論』『建設』の創刊であった。五・四事件が発生した一〇日後、戴は孫文に命じられて沈定一《シンテイイツ》、孫棣三《ソンテイサン》らと発起し、六月五日に始まった三罷（罷課、罷工、罷市）運動直後の八日に『星期評論』を創刊した。これは革命党の「『宣伝事業』の第一歩」であり、ただちに権威ある急進的な雑誌となった[8]。この雑誌は主に社会主義や労働問題などを提唱したので、経済改革を唱える刊行物だと見なされ、広く読者の歓迎を受けて[9]、販売部数は三万部以上に達したという[10]。たとえば、杭州第一師範学校では全校四〇〇人余りが『新青年』を一〇〇部以上、『星期評論』を四〇〇部以上購読していた。しかし、『星期評論』は社会問題への強烈な批判や新思潮の熱烈な紹介という理由で北京政府の干渉を受け、一九二〇年六月六日に第五三期を出版した後、やむをえず刊行を停止した。

一九一九年八月には月刊誌『建設』が創刊され、その発行は一九二〇年一二月まで前後一三期に及んだ。発行部数は、最初の三〇〇〇部から後に一万三〇〇〇部を突破した[11]。同誌に発表された各種の文章は一一〇篇以上にのぼり、社会主義および唯物論史観の紹介や宣伝の文章（訳文も含める）は二〇篇以上あり、全体の二〇パーセント近くを占めている。比率と量から見ると、これは同時期の『新青年』よりも多かった[12]。戴が著わした「我が日本観」は『建設』

第一巻第一号に掲載されたもので、この時期の彼の日本観をもっともよく表わしている。これらの雑誌は五・四時期の中華革命党系の代表的な刊行物であり、中国人の愛国意識の高揚に大きく貢献した。『星期評論』はただちに彼らの時局に関する主張を反映した週刊誌となり、『建設』は長期的な国家建設計画を提起する理論的月刊誌になった。[13]

戴季陶は、マルクス主義およびその応用の問題、各国の労働問題、ロシア革命などにとくに注目した。戴はもっとも早く労働問題を宣伝した人物であり、それに関する当時の論述の七、八割は戴によって著わされたものである。そのほかに、革命理論、法律制度、合作社制度、女性問題、学生運動などに関する論評も大量に発表され、全部で五〇万字以上にのぼり、[14]まさに思想の成熟期を迎えた。

戴は、つねに日本語の資料を用いて著述し、よく引用した新聞は『大阪朝日新聞』『大阪毎日新聞』『上海日日新聞』などである。[15]日本の社会主義者である高畠素之が翻訳したカール・カウツキーの『マルクス資本論解説』は一九一九年五月に出版されるや、初版の二万部はすぐ売れ切り、たちまち十数回の増刷を数えたという。[16]戴はこの書を重訳し、「馬克斯資本論解説」と「商品生産的性質」というタイトルで、一一月から『建設』第一巻第四期および上海『民国日報』副刊「覚悟」に、それぞれ未完ながら連載し、マルクス経済学をもっとも早く中国に紹介した。[17]このことから、つねに日本の学術界に注目していた戴の、情報収集の速さがうかがわれる。また、戴は、ヴィルヘルム・リープクネヒトが著わした『マルクス伝』を、『日本社会主義研究』一九〇六年第一号所載の志津野又郎の日本語訳を主とし、一九一九年に発行された『批評』所載の室伏高信の訳本を参考にして重訳したものを、『資本論解説』の附註（一）として『星期評論』に掲載した。[18]さらに、附註（四）として「資本論用語釈義」「社会主義綱要」「労働問題的研究」を編集している。これらのことから、彼のマルクス主義に対する関心は、日本の社会主義思想を経由したものであったことがわかる。これは、つぎのことにも表われている。

当時、中国人に大きな刺激を与えていたのは、ソ連が一九一九年七月二五日に、中国国民および南北両政府宛てに発表した「カラハン宣言」であった。これは、ロシア帝国時代の対華不平等条約の廃棄を主張したものであり、北京政府に伝わったのは翌年の三月二六日であった[19]。四月一一日には『星期評論』が、最初にこの宣言の全文を訳して掲載した[20]。しかし興味深いのは、早くも一九一九年九月一四日の『星期評論』に、九月二日付け『大阪毎日新聞』サンフランシスコ発のロンドン電により、この情報をすでに訳して発表していることである[21]。かつて辛亥革命期にロシアに対して関心を持っていた戴は、それ以後もロシアの政治動向や中露問題に留意し、多くの論述を発表した。このことは、日本の情報・資料の重視およびその把握能力が彼の著述活動、さらに思想の形成にきわめて大きな役割を果たしたことを意味している。

一九二〇年一月、戴は当時の日本社会主義運動の中心人物であった堺利彦に書簡を送り、日本が東洋における政治革命と社会革命の誘導者、先駆者となることを期待し、社会主義文献や雑誌の紹介を依頼した[22]。同年暮れ、堺に送った感謝の手紙より、高畠素之訳の『資本論』（大鐙閣、一九二〇年）を寄贈されたことがわかる[23]。また、戴は「新人会」（社会主義志向を持つ東京帝大の学生を中心とする団体）会員、宮崎龍介・平貞蔵らと関係を持っていたように、日本の新思潮にもっとも近い位置にあった。日本の社会主義者による日本政府批判は、戴にも一定の影響を与えたと考えられる。さらに、戴季陶は、中国初のマルクス゠エンゲルス著作の完訳たる陳望道訳『共産党宣言』のテキストとなった同書の日本語版を提供したという[24]。

マルクス主義の「紹介者」を自認していた戴は[25]、当時の人々に大きな影響を与えた。周恩来《シユウオンライ》は『星期評論』が『新青年』および『毎週評論』と同じく、「みな進歩的な刊行物であり、私の思想に多くの影響を与えた」と評価している[26]。当時の知識青年たちは、戴を「新思想を提唱する健将であり、旧慣習を取り除く先駆である」と称賛している[27]。施存《シゾン》統《トウ》は、「戴季陶の感化をもっとも多く受け、近来の思想はほとんど、どこもかしこも彼の影響を受けていた」ことにより、アナーキズムからマルクス主義を信じるようになったと述べている[28]。戴が工読互助団の失敗の必然性を当時の社会経済から指摘した認識は、彼のマルクス主義学説理解の水準が李大釗《リタイシヨウ》や陳独秀《チンドクシユウ》など、同時代の他の先進知識人をはるかに凌駕していたとの指摘もある[29]。

マルクス主義の豊富な知識を一九二〇年初頭に上海に移った陳独秀に伝えた戴は、中国共産党創立の準備に加わり、党の綱領の起草にも参加し、後に国民党および孫文との深い関係を理由に自発的に脱退したものの、上海証券物品交易所の利益で共産党の党費に協力することを考えたと、陳公博《チンコウハク》と周佛海《シユウブツカイ》が回想している[30]。ただし、脱退の原因としては、コミンテルンが指導的地位を主張しはじめたことに対して、「強い民族主義者であった戴は、中国の党の内部問題に外国が干渉するのを許しておくことができなかった」との指摘もある[31]。これは、戴が後述する「ひとつの主義」を貫くことに執着したのと無関係ではないと思われる。

しかし一方、当時の戴や陳独秀と密接な関係を持った袁同疇は当事者として、戴はおそらく一九二〇年八月に陳が組織した「社会主義青年団」と関係を持ったが、その後、陳は「社会主義青年団」を「共産主義青年団」に改組し、さらに「共産党」と変えた。後二者は前者から発展してきたものだが、まったく別個の組織で主張や参加者も異なり、同一団体だと認めるべきではないので、戴が共産党と関係を結んだという見方は「これ以上はない誤解」だと、主張している[32]。これに対して鄧文光は、共産党の前身である「共産党小組」が「社会主義青年団」を設立し、後に「共産主義青年団」に改組して現在まで続いているので、袁が主張した三者の成立順序は歴史事実に反し、また「参与発起」の「参与」を意図的に省略したなどと指摘し、袁の証言にはまったく信憑性がないと否定し、戴は「入党しなかった中共発起人」であると断言している[33]。いずれにしてもここで注目したいのは、戴が当時社会主義を深く研究したことは間違いなく、共産党に参加していなくとも共産主義理論には触れていることである。したがって、それがいかに中国に適合しないかをよく理解していたので、後に共産党に対して核心を突いた批判を行なうことができたのである。

このように、戴季陶は日本語資料の利用や、日本の社会主義者との交流などを通して、日本社会主義運動の高揚を認識した。日本の社会主義者による日本政府批判は、戴にも一定の影響を与えたと思われる。彼は日本経由で社会主義思想を吸収することにより、彼自身の日本観の形成にも影響を受け、初めて日本人の治者階級と平民階級を区別して認識するようになったと考えられる。

(2) 上海証券物品交易所の経営——上海にて

前章にも述べたが、戴は政治活動に従事しながら、孫の代理人として日本人と共同の経済活動をも行なった。一九一九年九月、日中友好を促進するための機関として東京に「株式会社善隣倶楽部」が設立され、日比谷で中華料理の「陶陶亭」(孫文命名)を開業した。萱野長知が代表取締役となり、戴季陶は会社の発起人および株式引受人となったが、彼のほかに三上豊夷、梅屋庄吉、山田純三郎、廖仲愷、殷汝耕、居正なども名を連ねている。宮崎滔天が日記で「善隣倶楽部と称すと雖も、純革命倶楽部の観あるは奇抜なり」と記しているように、「善隣」の看板のもとで「革命」援助の意を寓していたという(34)。

この活動の準備は、一九二〇年九月以前に始まっていたはずである。つまり、五・四運動が勃発した直後、戴季陶は「告日本国民書」(五月七日)や「我的日本観」(八月一日)など、日本帝国主義を強く批判する文章を発表する一方で、日本製品を排斥し日本人との交流を断絶するよう呼びかける輿論を尻目に、日本と絶縁するどころか日本人と共同の経済活動に携わっていたのである。五・四運動はそもそも日本帝国主義に反対する運動であり、国民の反日感情が最高潮に達した時期に、日中友好を促進する「善隣倶楽部」の設立に戴が参与していたことは、きわめて興味深い。これは、日本製品の排斥運動は「政治上の暫時的手段であり、経済上の根本政策ではない。日本を処罰する行動であり、中国を救済する方法ではない」という、彼の認識にもとづくものであり(35)、また革命の低潮期に実業を興すことによって、社会改革を行なう方法のひとつだともいえよう。

一九二〇年、直皖戦争勃発後、孫文は陳炯明《チンケイメイ》に粤軍を率いて広東省へ進撃して桂系を駆逐することを命令し、その資金は上海の国民党本部が負担するといった(36)。陳炯明の軍事行動を援助するため、また「経済的に逼迫していたことにより、戴季陶、張静江、蒋介石らは共に金儲けの道を謀り」、日本のある政党が紹介したある企業代表と交易所を開設する具体的な方法を協議し、上海に「協進社」と呼ばれる秘密社団を組織して、その事業を計画して、さらに推進した。また、虞洽卿《グコウケイ》らと連合して上海証券物品交易所を設立した。虞は理事長に就任し、理事は一七人であった。

交易所の資金源について、戴は協進社の代表として、ある日本企業の代表と相談し、資本金を五〇〇万元と定め、それを一〇万株に分け、日本企業が三五〇万元分の七万株を保有し、中国企業が一五〇万元分の三万株を保有することを決定した[37]。戴、蒋介石、張静江、陳果夫《チンカフ》は「恒泰号」という牌号の株主であり、戴（「小恒記」）は二株を出している[38]。一九二〇年末、彼らは二七〇万元の利益を得た。日本企業への担保と四万株を残すための金額を引くと、残りは三二万五〇〇〇元に達した。また四万株の株券が一二〇元に高騰し、合計四八〇万元の株券となった。それらの全部が、戴季陶、張静江、蒋介石の収入となった[39]。彼らは巨額の利益を獲得し、その一部は粤軍と革命事業に提供された[40]。この時期に、第三章で述べた戴と蒋介石との深い交友関係が、いっそう強く結ばれたのである。

ところが一九二二年二月、交易所が経営難に陥り、大量の株券はただの紙屑となり、交易所の監査人である周駿彦（蒋介石の師）はこれを苦しみ、二度ほど黄浦江に飛び込んだが、幸運にも救われた[41]。「この苦しい時期に救世主が現われた。日本〔上述の某日本企業〕が前からの約束で交易所に一〇〇万元を援助し、多くの人々はこの費用について相談した。この情報を聞いた蒋介石はそこから二〇万元を手に入れた。〔……〕蒋介石はこの銭を持って広東に去った[42]」。戴がどれほどの金額を手にしたのかは不明だが、やはり日本企業が重要な存在だったことは注目に値する。

以上のように、五・四運動期に空前の反日風潮のなかで、戴季陶は、日本の社会主義者と接触や交流を保っただけでなく、日本の財界人とも共同で経済活動を行なった。これは、彼が「告日本国民書」などで公表した厳しい日本批判にもかかわらず、実際には日本の思想界や財界の人々と絶縁しておらず、彼らに対してある程度の希望を持っていたことを意味している。またこれは、後述するとおり彼が革命の経済的要因に着目することを促したとも考えられる。

（3）法律の制定――広州にて[43]

一九二〇年一一月二五日、粤軍の勝利によって戴季陶と胡漢民らをともない広州に赴いた孫文は、軍政府を回復した。戴は陳炯明省長に省長公署秘書長に任じられ[44]、社会改革の構想を広東で実現しようとした。孫は「護法が断じて問題を解決できない」「正式政府を設立する必要がある」と認識するようになり、一九二一年五月五日、中華民国正式政府が設立された。非常大総統に就任した孫文は、「五権憲法」を「国を治める根本的な法律にする」ことを国会に提議し、この正式政府の憲法草案と各法律文献の起草の仕事を戴らに与えた。彼が日本留学時代に身につけた法律の知識が中華民国政府の法制建設に発揮され、きわめて重要な役割を果たした。

孫文や陳炯明は、広東における一連の改革を行ない、その施政の方針は、戴が「実事求是の新建設」と呼び、広州市長と市参事会議員の選任に市民による直接選挙を盛り込んだ条例が制定され、県長の民選方針も決定した。全省歳費の一〇分の一を最小限度保障する教育経費を組み、最高責任者として招いた陳独秀に教育事業を任せ、禁煙・禁賭・禁盗政策を実施することになった。さまざまの改革の根本となる法律の制定は戴が引き受け、「商会法」「工会法」「工場法」「産業協作社法」「各種社団条例」の制定に専念し、[45]各国の法律文献を集めて分析し、数万字の法律草案を完成させた。[46]彼が著わした「広東省産業協作社法草案」は、中国で合作運動の初期、もっとも完備した「合作社法案」である。戴が書いた理由書によると、この六一条の法案は、一九〇〇年にドイツを参考に制定した日本の「産業組合法」と、一九一七年三月のロシアの「産業協作社法」にもとづき、専門家および学者の主張を加え、中国の環境に合わせて完成させたものである。戴は、これが「もっとも温健でもっとも漸進的な制度」だと称し、中国社会を改造するために努力する方向として取り上げている。[47]

戴によると、協作社とは弱者、農民のために幸福を謀る組織で、財産の平等な結合と使用を目的として積極的に利益を生み出す手段であるが、行為においては戦闘的な態度を取らない。したがって、ただ進歩的組織であって革命的組織ではない協作社は、社会革命における混乱と危険を減少させ、将来の建設を容易に進行でき、階級闘争を比較的に緩和して、秩序を保つことができる。これは資本家生産制の欠陥のなかから自然に生まれた救済方法のひとつであり、社会を改造する唯一の方法、勢力というわけではないが、社会組織が非常に幼稚な中国ではもっとも有益である。[48]このような考え方は、まさに後述する彼の政治思想に現われた、平和的で流血をともなわない革命や階級調和といった、温和な社会思想と一致しているのではないかと思われる。いいかえれば、具体的な法律の制定という政治活動を通じて、彼のそのような社会思想を表わしているのである。

このように、一連の改革を行なって、三年間で広東をもっともよい模範省にすると断言した戴は、希望に満ちて広東省での社会改革にエネルギーを注いだが、しかし一九二二年六月、陳炯明の叛乱により孫文の広東政府は崩壊し、戴の社会改革の願望も水泡に帰することを余儀なくされた。

(4) 自殺未遂——四川にて

一九二二年八月、かつて信頼していた部下に致命的な打撃を受けた孫文は、広東から上海に戻ったが、湖州に病居していた戴は招かれて、孫の自宅に住まわせられた。国内的および対外的に孤立無援に陥った孫文は、段祺瑞《ダンキズイ》・張作霖《チョウサクリン》との三角連盟やソ連共産党との接近を考えながら、陳の討伐を準備した。一〇月、四川省長劉成勳の代表である向育仁は、四川省憲法を制定するために戴を上海へ迎えにきた。「和平統一」と「兵工救国」を主張していた孫は、四川の各将領が内戦を止め、協力し合って四川の実業を発展させ、それを原動力として全国の実業を発展させることにより、内戦終結と全国統一の方法とすることを構想し、戴を故郷の四川に派遣して調停の仕事を与えた。

戴らの船が漢口に着いたとき、彼は一四歳で日本留学に赴く際に船着場で強盗に遭い、留日の経費を奪われて慟哭した情景を、鮮明に想起したであろう。ところが途中、四川の内戦がふたたび始まるとの情報が入り、国事を憂慮した戴は精神的な不安定や前途への自信喪失、さらに五、六年来の「きわめて間違った恋愛」の苦悩などが絡み合って、宜昌付近で揚子江に飛び込んで自殺を図ったが、奇跡的に一命をとりとめた。この際、川のなかを漂っていたときに仏光を見たことから、その後彼は敬虔な仏教徒となった(49)。

戴の自殺未遂事件は全国を驚かせ、上海『申報』、長沙『大公報』など国内の有名な新聞がみなこのことを報道したという(50)。さらに日本の『大阪毎日新聞』は戴の顔写真を載せて、「戴天仇氏自殺か——宜昌着と同時に行方不明」

戴天仇氏自殺か

宜昌着と同時に行方不明

【上海特電十一日發】戴天仇《たいてんきう》氏《し》は孫文《そんぶん》氏《し》の使者《ししや》として四川《せん》に赴《おもむ》く途《と》中七日夜半その乘船《じやうせん》が宜昌《ぎしやう》に着《つ》くと共に行方不明《ゆくへふめい》となつた、揚子江《やうすかう》に投《とう》じて自殺《じさつ》したものらしく死體《したい》は未發見されない

日本人に親しみを有つた人

孫文派の民黨中、最も日本人に親しみがあり、最も日本語を能くし又最も綺麗な貌の主でもあつた、原籍は浙江の湖州だが熱風のペナムに生れて日本に人となり上海において少壯新聞記者として孫氏に知られた、孫氏のためには張繼、汪兆銘、胡漢民氏等よりは心おきなく使ひ易い而して忠實なる秘書であつた、日本に來たのは原内閣の成立前、張繼氏とゝもに當時の南方政府の使節として來たのが最後であつた、今度四川に入らんとしたのは何の企あつてかは明かでないが其の孫氏の爲に計らんとしてゞあるのは之れを察するに難くない、四川は物語めいた情話を有する彼の愛妻の郷里で彼とは多少の縁故もあつた、字は傳賢、名の割に歳は若く多分三十四であつたらう

「戴天仇氏自殺か」『大阪毎日新聞』1922年11月12日，夕刊1面

という見出しで報道した。この記事では，「孫文派の民党中，最も日本人に親しみがあり，最も日本語を能くし又最も綺麗な貌の主でもあった。〔……〕上海に少壮新聞記者として孫氏に知られた。孫氏のためには張継・汪兆銘・胡漢民氏等よりは心おきなく使ひ易い而して忠実なる秘書であった」と戴を紹介し，「日本人に親しみを有った人」だと評価している。また『東京朝日新聞』も「戴天仇氏自殺か——宜昌で行方不明」という見出しで報道した[51]。これらのことから，戴が中国で重視された人物であるだけでなく，日本でも注目された人物であったことがわかる。

一九二一年，四川省議会は独立を宣言して省自治運動を開始したが，省憲法はすぐには制定されなかった。一九二二年八月九日，劉成勳，鄧錫侯，但懋辛，向礎，石青陽，曾宝森，蕭徳明ら七人が籌備員となり，四川省憲法籌備処を設立した。四川省議会は戴季陶，楊伯謙，呉玉章ら一三人を省憲起草委員会委

員に推挙し、戴をその主任委員とした[52]。一一月、ようやく成都に到着した戴らは各方の将領に停戦を呼びかけたが、効果はなかった。元来、連省自治に賛成していた戴は四川省自治に希望を託すようになり、省憲法で各軍閥の行動を制約し、戦乱をなくすことを図ったのであろう。一九二三年一月一〇日、省憲起草委員会が正式に成立し、数回の討論と審査を経て、三月一〇日に一二章一五八条の「四川省憲法草案」を完成させた[53]。しかし、この草案の公布を待たずに内戦が再発して制憲自治事業は頓挫し、戴の希望もまた水泡に帰した。ただし、この憲法は後に中国の制憲事業に少なからず影響を与えたという[54]。

こうして、戴は一四歳で大志を抱いて故郷を離れ、さまざまな経験を積んだうえで一七年ぶりに帰省したが、年老いた母親や親族と再会し団欒を楽しんだ以外に、政治的には何らの収穫をも収めることができず、一九二三年秋に四川を後にしてふたたび上海へ向かった。今回の帰省の途中での自殺未遂や、成都周辺の内戦の激しさなどは、彼にきわめて大きな打撃を与えた。一九一二年に『民権報』で急進的な文章を発表して以来、「自分があまりにも殺伐とした言論を鼓吹したことは、この混乱した現象に重大な責任を負わなければなら」ず、また「当時、われわれは愚かで、中国人の長所をあまりにも軽視し、むやみと西洋の学説を輸入し、救国救民できると思ったのは、ただあまりにも見識がないばかりでなく、しかも本当に罪深い」と感じたという。さらに、「西洋の共産主義のスローガンにむやみと従い、これを借りて個人の性欲・食欲の放縦を隠す共産党人が、プロレタリアのために幸福を謀り、世界人類のために文明を造るなどと説くのは、まるで一群の野獣である。このままにしておくと、本当に中国民族が平民階級に保存している、わずかな優美な徳性でさえも完全に破壊され、洪水・猛獣の世界を造ってしまうことになる」と、戦乱の責任を共産主義に帰したのである[55]。

辛亥革命以来、一連の失敗により知識人は現実政治に失望して政党から離れ、政党は歓迎されない存在となり、孫文派も政治に消極的な態度を取るようになった。思想界の真空状態において、ロシア革命の勝利の報や、マルクス社会主義思想をはじめさまざまな新思潮が中国に伝えられた。戴はこの潮流に乗って、研究と著作に専念し、また輿論・教育あるいは実業を興すことに力を入れた。五・四運動の勃発後、孫文らは学生運動を声援・支持し、学生リーダーと革命党員との交流から、新興知識人と革命運動とがしだいに合流した[56]。

五・四運動期という中国近代史上において文化思潮がもっとも活発な時期に、上海に居住していた戴は新思潮の最先端に立ちさまざまな思想に広く接触し、さらにそれを国民に文章で伝え、近代中国人の思想の啓蒙に大きな役割を果たした。それを可能にしたのは、日本の資料を多く利用し、日本を経由して社会主義思想を受容したことである。それによって、日本の帝国主義政策をさらに深く認識し批判する一方、日本の社会主義運動の勝利を強く期待していた。この時期の彼にとって、日本および日本語は情報収集と思想論述にあたってきわめて重要な存在であり、手段であった。新文化運動に積極的に参加し、政治思想も日本観も豊富な収穫期を迎えることができた戴は、その社会改革の思想を後に広東や四川で実現しようとした。したがってこの時期に、戴は政治思想家と政治実践者とを一身に兼ねたのである。では、この時期に彼はどのような思想を持っていたのか、以下では主に三つの方面から検討してみたい。

二　新旧思想の取捨選択

(1) 新たな伝統の創造

新文化運動はさまざまな新思潮を積極的に吸収するとともに、数千年来の伝統文化と倫理秩序を激しく攻撃し、徹底的に否定した。戴季陶は新文化運動を称賛し、自ら積極的に参加していた。しかし、同時に彼は、陳独秀、魯迅のように伝統文化を一律に否定するのでもなければ、また劉師培・章士釗などの保守主義者とも異なり[57]、伝統文化の核心である儒家の三綱五常を再検討し、近代思想と伝統文化とを有機的に結合させるという独特な認識を持って、新たな伝統を創造しようとした。

戴は、新文化運動を科学の発達を基礎とする「世界の国家および社会の改造運動だ」ととらえ、「平和的な新文化運動こそ本物の革命であり、大創造の先駆的運動である」[58]。「大破壊がなければ、大建設がない。しかし、破壊しながら同時に建設しなければならない」と、高く評価している。一九一四年にすでに平民主義の立場から、文字の専制を排除する文学革命を主張していた戴は[59]、主編を務めた『星期評論』を完全に白話文で刊行し、『建設』も主に白話に傾いたように、実際の行動で文学革命に参加し、中国人の思想の啓蒙に役割を果たしていた。なお、彼は文学革命を単なる文化運動ではなく、社会改良としてとらえている。すなわち、文化運動の目的は「文化的利益を享受できない無産階級のために行なう」ことであり、当時の文化運動には必ず「労働運動の色彩を入れてこそ、はじめて文化運動の意義を完成できる」と主張したのである[60]。

同時に、戴は社会進化論的な観点から、中国の伝統倫理にも注目している。彼は、古い五倫関係は自給的農業経済社会を維持するうえでは効果があったが、交換的商業経済社会になると社会組織の基礎が動揺したので、倫理の基礎も根本から動揺し、やがて倫理そのものが崩壊してしまったと分析している。しかし、倫理は依然として必要なので、新倫理を建設しなければならない。彼が考えた新倫理は、公徳と私徳、公衆愛と自我愛を一致させ、「全社会の老を老とし」「全社会の幼を幼とする」（全社会の力を合わせて全社会の老人や子どもを養うこと）というもので、個人を「大我」の社会に置くものである[61]。孟子の「吾が老を老として以て人の老に及ぼし、吾が幼を幼として以て人の幼に及ぼす」（『孟子』梁恵王上）という思想に現代的な意義を与えて、新たな伝統の創造を試みたのである。これは当時、戴季陶は上海の自宅を訪れた宮崎龍介に対して、「支那青年の間に勃興しつつある思想は外来思潮の影響と云ふより寧ろ古学の復興にある。支那は今文芸復興（Renaissance）の時代である」と語っていることにも裏づけられている[62]。

さらに、戴は中国人が古くから持っていた、「平和」「互助」「利他」「孝」「慈」「仁」など伝統文化の精華に注目する。ただし、それらを単純に復活させるのではなく、近代科学文明の肥料を入れて適切に建設することができてこそ、ひとつの民族の幸福であるだけでなく、まさに世界全人類の幸福であると主張している。戴は「仁」の生命が、「仁ではない人に三千年以上にわたってだめにされてきた」というように、「仁」自体が悪いのではなく、悪人に悪用されたと認識している。これは、「孝」「慈」など他の伝統文化の精華にも応用できると考えられる。そして、彼は「仁」の早期復活により多くの憐れな人民を救済することを願ったのである[63]。

このように、戴の新文化運動への称賛や文学革命の提唱は、近代思想の受容に積極的な姿勢を示すものである。戴は、発展してきた社会に適合しない古い倫理を廃棄すると同時に、新倫理の建設に力を入れることを主張している。これは、「破壊力」と「創造力」の両方の重要性を強調する彼の革命観につながっている。彼は革命家の資質について中国の伝統思想を援用し、革命家は「破壊力および創造力によって構成された革命精神」「犠牲の精神――『義』の道徳観念」「自由・平等・博愛の精神――『仁』の道徳観念」という三つの精神を具えなければならないと唱える[64]。すなわち彼は、「破壊力」「創造力」と伝統思想の「義」「仁」とを結びつける形で、革命者の資質を把握したのである。新倫理を建設する場合に、彼は伝統文化のなかで現代社会に有効なものを否定せず、むしろそれらが近代文明と融合して新たな力を発揮すべきだと唱えている。これは、後述する彼の社会主義思想に表われた、「民族の歴史的精神」の重視に通じるものである。戴のこのような考えは、一九二〇年一〇月から中国で講義したバートランド・ラッセルの、中国は「西洋文明に盲従してはいけないし、中国の残留した古いものを保存してもいけない」との主張に近い[65]。

当時の思想界では、西洋文化優位を説く急進派と伝統文化優位を唱える保守派とが両極を成していたが、そのあいだに存在したのは各種の温和な改良主義者であった[66]。戴は孫文と同様に改良主義者に近く、民族主義の立場から中国の伝統文化の有効な部分を肯定し、五・四運動による愛国心の昂揚のもとで民族的自信を回復する意図を持って、民族精神により中華民族の統一を維持する紐帯としているのである。すなわち、伝統に近代的な要素を入れて、新たな伝統を創造しようとしたことである。これは、当時多くの知識人が伝統文化を中国が立ち遅れた元凶と見なし、伝統に対する全面的批判にもとづいて民族・国家の進歩・富強を求めた民族主義とは異なる[67]。近代思想と伝統文化との有機的な結合という枠組みは、後に孫文の三民主義を戴が解釈するうえで最大限に活用されることになる。

（2）階級の調和・互譲

清末、すでに社会主義思想に触れたことがあった戴は、五四時期になると、もっとも積極的にこれを研究し紹介するひとりとなった[68]。その原因は、一世を風靡した社会主義思潮から孫文の民生主義の科学的根拠を見つけ、また中国の社会問題や労働問題を解決する方策を探索し、社会問題の発生、階級闘争の激化を予防するためであった[69]。それを可能にしたのは、彼が日本の新聞や雑誌を活用しえたことや、また日本の社会主義者たちとの接触を通じて、高い水準の社会主義思想を吸収したことである。その意味で日本は、彼にとって相変わらず重要な存在だったのである。

戴は、マルクスが社会主義の「集大成者」および「科学的根拠の創造者」であるが、やがてドイツ、フランス、ロシア、イギリスなどの国で「マルクス主義の分化」が生じたと述べる。分化の原因は、「各民族の歴史的精神と現代の境遇の違い」であり、社会主義は「厳格な主義ではなく、ただ世界的時代精神」であって、さらに「全時代精神の進化が社会進化の真の意義である。一民族が全時代精神の進化に適応することは、社会の進化した部分の過程である」と主張し[70]、民族の全体的向上を期待している。また、世界の時代精神に向かって進歩した生活を求めるために、中国人自身で自分の歩める道を開拓することによって、「普遍的生活の改善」という革命の目的の実現を達成することができる、と説いている。つまり、彼は中国人に主体性を持つことを要求しているのである。

戴は社会主義の中国への伝播について、中国人には、マルクス経済学を中心とする科学的社会主義、イギリスの労働組合、フランスの労働総同盟、アメリカのＩＷＷおよびロシアのボルシェヴィキを研究してほしいと唱えている[71]。注意すべきなのは、彼がこれらの思想について「研究」することを説いているのであって、「取り入れる」ことを唱えているわけではない点である。

戴は社会主義の理論を援用して中国の社会と階級を分析した。戴によると、中国の社会と階級は士農工商に分かれるが、彼らはいずれも精神労働あるいは肉体労働を通して社会に貢献しているのだから、人間としてはみな平等で、その区別は階級の区別ではなく、分業上の違いにすぎないはずだ。しかし分業の結果、政治的には治者階級と被治者階級、社会的には有産階級と無産階級が完全に分離し、「富貴者」と「生活落伍者」の階級が生じたのである。歴史上幾度も発生した革命は、あくまでも「階級の生活のための闘い〔原文：階級的生活争闘〕」である[72]。この「階級」は「身分・階層」の意味であり、マルクス主義のように生産関係に着眼したのではない。

また、戴は伝統中国の募兵制に注目し、「兵」と「匪」を同一視して、ただ国家の保護と平常収入があるかどうかの違いしかないと指摘している。彼は、階級的圧迫により多数の「生活落伍者」が生み出されて「匪」となり、多数の「匪」は「兵の組織を通して政治において治者階級の地位を獲得し、『匪』の頭目は治者階級の地位を利用して、新たな階級的圧迫を造りだす」と分析している[73]。これは一種の悪循環であり、これこそ当時の軍閥独裁という結果をもたらしたと考えているのである。

そこで、戴が懸念しているのは、ボルシェヴィキの思想がこの弁別力のない「匪」の階級に侵入したら、ボルシェヴィキの仮面をつけ、野蛮な略奪を行なうことになり、その危険はロシアより数倍もひどいということである。そのとき、国家機能も破壊され、外国の勢力も侵入してくると、中華民国の国運がおそらく終わりを告げるだろうと指摘している。そこで、ボルシェヴィキに対処するには、中華民国を本当の「デモクラシー」の国家と社会にするほかにはない、と主張している[74]。

中国の階級闘争の主要な原因は「無業者の生活要求」であり[75]、階級闘争を免れるには階級的圧迫・階級を廃除するしかないと述べている[76]。そして、その解決方法は「無業者の就業」と「労働者の生活改善」だと指摘する[77]。彼は労働者の生活を考慮し、労働者のストライキは、「きわめて大きな危険であるだけではなく、労働者にとっても不利」なので、賛成しない。ますます激化してきたストライキを見て、彼は、「温健な社会思想を以て社会の多数の人を指導するのは非常に緊急なことだ」と認識している[78]。

戴のこのような社会主義に対する態度は、翻訳しながら精読したカウツキーの『資本論解説』に影響されたものだと考えられる。カウツキーは一八九一年に「エルフルト綱領」を起草し、ドイツ社会民主党の理論的指導者の地位を確立した。彼は実際の社会主義政治運動に参加するよりも、社会主義思想に関する理論的研究に尽力した。一九一八年に彼は『プロレタリアートの独裁』を書き、ソヴィエト社会主義政権を一党独裁であると非難し、民主主義的形態のみが真の社会主義を生み出すことができるのだ、と主張した。カウツキーは社会主義が達成される前の理想的政体は民主共和制だと確信し、そのもとで高い意識を持った労働者大衆の政党が平和裡に、あるいは公然たる暴力をほとんど使用せず、社会主義を達成できるであろうと信じていた。[79] これこそ、戴が彼の著作を選んで訳した重要な理由のひとつだと考えられる。

一九二〇年に入ってから、戴は「有産階級と無産階級」の対立が「近代産業革命以後発生した資産階級生産制の結果」だと語っている。[80] この考え方はきわめてマルクス主義的であり、それは矛盾の根源を生産制度に帰したからだと指摘されている。[81] しかし、このときでも彼は、やはりストライキに慎重な態度を取っている。彼は「もし本当に労働運動のために尽力するならば、暫く『政治的ストライキ』をもって労働者に働きかけないようにすべき」であり、すべての精力を「労働者の団結と生活条件の改良」という問題に集中させるように、と提案している。[82] 戴のこのようなストライキに対する慎重な態度はカウツキーと似ている。労働問題を深く研究していたカウツキーはゼネ・ストの固有の危険性とそれに含まれる人間生活への脅威とを認識し、この武器を軽率に行使することに強く反対した。[83]

このように、戴季陶は「階級」および「階級闘争」が中国に存在する事実を認めるが、「階級闘争」を行なうべきだとは主張していない。彼が提唱しているのは「階級」の調和・互譲である。すなわち、イギリス資本家の「階級の譲歩」の精神を学び、ロシア資本家の「階級の圧迫」の後塵を拝さないようにしなければならず、資本家の教育家は「社会福祉」「公共の幸福」事業に努めなければならないとの主張である。[84] これは、労働者のために資本家階級に対して提出した要求であり、この点からいうと、彼は労働者の立場に立って彼らの具体的な生活実態を考えているといえる。つまり、悪循環を解消するための方法を提出したのである。[85]

（3）「大破壊・大創造」と「改良・変革」

近代中国において、革命思潮は近代化に適応する一連の行動のなかで人々に深い影響を与えた。しかし、辛亥革命以後の政治状勢は人々を失望させ、五・四時期の一部の知識人は革命運動の本質を懐疑し、辛亥革命が成功しなかった原因は流血がなかったからだ、と認識していた。[86] 中国の革命事業のために奮闘してきた戴は、革命の本質を深く論じている。ここでは、彼の中国社会問題に対する観察を通して、その独特の革命観を浮き彫りにしたい。それは、国民革命の到来を予期したものでもあると思われる。

戴は一九一九年八月から翌年一月まで、『建設』、『閩星』および『時事新報』誌上において、康白情《コウハクショウ》、陳炯明、楊《ヨウ》亦曾《エキソウ》らと公開書簡の形で革命について討論した。ここでは主に戴の革命観を検討してみよう。[87] まず、革命とはいったいどのようなものであろうか。それは、「大破壊」「大創造」であるが、「破壊力」と「創造力」の両方が重要性を持つことを強調し、[88] またそれは「急激な進化」であり、「自然放任の進化過程と比べると、時間的には非常に速く、空間的範囲において非常に広い」ものであると定義している。[89]

つぎに、戴は中国で革命が発生する原因について、「西洋の衝撃《ウエスタン・インパクト》」、すなわち「機械製造品の輸入」が中国の自給自足の農業社会を根底から破壊し、また前近代の「階級的圧迫と生活の圧迫」に加えて、「生活落伍者」、すなわち「浮浪者、乞食、土匪、強盗」を生み出したことから革命が発生した、と分析している。[90] したがって、彼のいう当時の中国革命は、単純な前近代の易姓革命ではなく、さらに西洋列強を駆逐するという要素も含んでいるのである。これは、一九一四年に戴が書いた「中国革命論」における、「外力の侵入」は革命の事実上の動機であるという指摘と一貫している。[91] これは、欧米の社会問題の根源が、「自国の資本家が組織した機械生産」にあるのとは異なる点である。[92]

戴が提示した対策は、外国製品の排斥という「愛国熱狂」の方法ではなく、「国民自決」「国民自給」を実行し、「工業戦利品」の独立権を回復すること、すなわち大工場と大実業を興すことであり、[93] これは孫文の「実業計画」と軌を一にするものである。具体的には、日本の紡績業を例にして紡績工場を興すことを提議している。[94] これは、彼が日本人の関わっている「株式会社善隣倶楽部」「協進社」「上海証券物品交易所」に参与したことから着想をえた、思想的根拠だと考えられる。

そこで戴は、革命の究極の目的は「全人類の普遍的で平等な幸福」であるが、目下の目的は「中国国家と社会の改造」であり、その理想的な形は「中国人民の全体的経済生活の改善と経済の機会均等」であり、革命を行なう方法は「普遍的な新文化運動」であり、革命運動の新しい形式は「平和的・組織的な方法と手段」である。「兵をもって兵に代え、官をもって官に代えるという暴をもって暴に代えるような偽革命を排除する」と、明言している。[95] つまり激烈な社会革命の危険を避け、平和的で流血のない革命を求めているのが、彼独特の中国革命観である。[96]

もっとも重要なのは、戴が初めて革命的軍隊の理想像を描き出したことである。みなが主義のある「革命者」「宣伝者」となり、上から下までの各層に「主義のための監督の役割」を担い、軍隊全体が「ひとつの主義に支配された」「分業協作の互助の団体」になるべきだと、戴は指摘している。「もしその主義に反対する勢力とぶつかったら、すべてを犠牲にして奮闘することができる。全軍が潰滅しても、ひとつの『主義』が残され、将来の革命の原動力になる」と説く。この組織的革命軍のなかで、革命は「ある個人の事業」ではなく、「その団体全体の事業」である。この『宣伝団の軍隊』を組織できたら、その主義が失敗しないかぎり、決して失敗することはないと断言できる。これこそが二〇世紀の『科学的組織的革命軍』である」と、革命軍のあり方を明確に描写している。[97] つまり、ひとつの主義を徹底させた「党軍」である。討袁運動期に、孫文が著わした『革命方略』には、革命軍をいかに組織・確立するかが言及されていなかった。護法運動期に孫は「軍政府」を組織したが、「軍」がなかった。戴のこのような思想は、一九二三年以後に三民主義を奮闘の目標とする革命軍を創造しようとした孫文に、大きな影響を与えた。戴の革命軍の考え方は、おそらくV・I・レーニンの「革命理論家」という理論に影響されたものだといわれる。[98]

当時、護法運動の失敗により、孫文派の革命活動はふたたび低潮期に陥っていた。内外とも孤立無援の状況のもと、孫は陳炯明の軍隊に頼って広東を取り戻すことを希望した（護法運動期において、孫はすでに戴季陶や蒋介石などを陳のところに派遣し、彼の軍隊を革命的軍隊に変えようとした）。このような状況のもとで、戴の革命論は孫が陳の支持を得ることも意識して著わされたのであろう。したがって、それは現実的な意義を持ってもいた。そのため彼は、革命者が必ず具える要素、奮闘の目標などを提起しただけでなく、しかも革命軍のあり方をも指摘した。さらに、彼が五・四運動の平和的・組織的な民衆運動の力強さを認識し、原点に戻って革命構想を模索したことは、国民の人心を獲得することを目的としたものでもあると考えられる。しかし、陳炯明は戴の革命理論に反対意見を表わし、とくに戴の「平和的・組織的な方法と手段」という革命運動の新しい形式に賛成せず、もっぱら「破壊力」と「暴力」という要素を強調している(99)。後のいわゆる「粤軍回師」には、孫の中央政府の奪回という中央レベルの目的と、陳の省権力の掌握という地方レベルの目的とがあり、その違いがやがて両者の決裂を招いた(100)。ただし、この時点から、両者の革命理論に関する見解はすでに不一致が生じていたのである。

このように、戴季陶の「革命」概念には「大破壊」「大創造」の考え方が含まれているが、しかし彼が中国で行なうべきだと考えた革命は、伝統中国的な意味での「以暴易暴」の革命ではなく、むしろ「改良」「変革」を意味する。これはやや矛盾しているように思われるが、当時の革命党員が革命のあり方を模索するなかで生じた困惑の表われではないかと考えられる。だが、このような革命観は、後述する通り日中両国の社会革命に対して異なる志向を持つことの理論的な根拠となる。

また、革命軍における「ひとつの主義」という考えは、前述した討袁期に戴が称賛した、日本人の一貫した「国民的信仰」を持つことに影響されたのではないかと思われる。戴が日本人の「国民的信仰」に注目したことの最大の意義は、伝統的な要素が近代国家の建設に果たす役割を見いだした点であって、中国人が日本人の神権思想を持つべきだと説いたわけではない。これは後で詳述する彼の近代・伝統観にも影響を与えた。すなわち、彼は中国の伝統文化に注目し、そこから近代中国の発展に有効なものを見いだし、新たな伝統をつくろうとしたのである。

日本人の「国民的信仰」は国民レベルのものであるが、当時中国の国民は共通の信仰を持たなくなっていたので、せめて「先知先覚」の「党軍」は「ひとつの主義」を信仰すべきだと戴は提唱しているのである。まさにこの「ひとつの主義」を徹底するため、彼は共産主義と三民主義のあいだで、結局は長年来信奉してきた三民主義を選んだ。この「ひとつの主義」という考え方は、後の国民革命期に国共合作に強く反対する思想的基礎となった。彼は三民主義の哲学的基礎を中国の伝統文化のなかから探り出し、孫文を堯舜、孔子に継ぐ人格者として中国人の信仰対象にすべきだと主張したが、その思想的源流はここにあったのではないかと考えられる。

三　史上空前の反日運動――上海輿論の日本観

一九一九年四月三〇日、山東問題をめぐる中国外交の失敗の情報が、梁啓超《リヨウケイチヨウ》によってパリから国民外交協会への電報で国内に伝わった。ただちに輿論が沸騰し、北京大学を中心とする学生らが五月四日、北京で請願運動を行ない、興奮した学生が曹汝霖《ソウジヨリン》（交通総長）の家を焼き、章宗祥《シヨウソウシヨウ》（駐日公使）を殴ったことから、三二名の学生が逮捕された。この運動を支援するために、上海、山東、江蘇、浙江、山西、河北、湖南、江西、広東など各地の学界・商界などの各団体が、国民大会や講演会を開き請願運動を行なうなど、史上最大の反日運動が始まった。これ以後六月末まで、『申報』はこの問題について毎日各ページにわたって報道している。なお、五・四運動期の上海輿論の日本観は、この山東問題に起因する五・四事件をめぐるものが大半を占めているので、本節では狭義の五・四運動期の対日輿論を対象に、その重要なものを取り上げて紹介する。(101)

五月三日、国民外交協会は会議を開き、つぎのことを決定した。

一、五月七日を最大の苦痛記念日とし、国民大会開催後デモを行なう。

二、各省・各界・各団体に同日に全国で同じ主張で国民大会を開くよう通電する。

三、六日に王寵恵・林長民・安迪生・梁秋水らが代表として英・仏・伊駐北京公使と会見し、中国国民が承認しないことを伝える。

四、宣言を発表し、二十一か条は脅迫的に締結されたので今日では廃棄すべきであり、済順・高徐の借款問題は個人的密約で、国民は知らないので承認しない。[102]

五月七日、各地で国民大会が開かれ、上海では六〇あまりの団体、五〇〇〇〜六〇〇〇人（一説に二万余）が参加した。「売国奴である段祺瑞、徐樹錚、曹汝霖、章宗祥、陸宗輿《リクソウヨ》（幣制局総裁、元駐日公使）を処罰する。大借款を取り消す。青島を取り戻す。逮捕された学生を釈放する」と提議した。[103]また、北京の学生は全国各界への電報で、「我らは純粋に主権を求め、公理を伸張することを目的とし、日本人を敵視する心理はまったくない。各督軍・省長に、日本人に野蛮な行為を行なわないよう人民に諭告すること」を要請した。[104]これらのことは、この運動の自発性と全体性を示している。

労働界では白話のビラを配り、「目的が達成されなければ、我が国民は日本人と一切の関係を暫時的に断絶し、彼らの紙幣を使わず、彼らの商品を買わず、彼に雇われない」と呼びかけている。[105]学界では学生講演団が京漢線・京奉線に沿って、列車の中あるいは沿線の都市で講演し、人民に冊子を配るという国民啓蒙活動も行なった。[106]

六月三日と四日に、北京政府は一〇〇〇人近い学生を逮捕し、全国民の憤怒はさらに盛り上がった。六月五日、上海では「罷課」した学生と一致した行動をとるために、商人は一律に「罷市」が始めた。[107]また、上海、南京、天津、杭州、武漢、九江、山東、安徽などの各地で労働者の「罷工」が行なわれ、「三罷」運動が始まった。このように、運動は学生・知識人から労働者・市民の参加する民族的運動に拡大した。

国内の全国民の強烈な反対運動のもと、六月一〇日、北京政府は親日派要人の曹汝霖、章宗祥、陸宗輿を罷免し、二八日、さらにパリ在住の中国人らが中国代表の講和会議出席を実力で阻止したことによって、代表が講和会議に出席できず、署名しなかったことで、運動は一応の勝利を収めることになった。

以上のように、日本の中国侵略政策は中国人のナショナリズムを呼び覚ますきっかけとなった。中国全土で行なわれた史上最大規模の反日運動は、全国民の愛国精神の自覚と大衆の力強さを十分に表わした。しかも、全国レベルで日本を敵として認識したのである。しかし、この敵である日本に関しては、感情的に批判する以外に、それほど深いレベルの理性的分析はなかった。では、知日家としての戴季陶は、どのような日本認識を持っていたのであろうか。それを明らかにする前に、まず孫文の日本観をみてみよう。

四　日本帝国主義批判——孫文の日本観

明治維新以来の藩閥政府を打破して「平民内閣」として生まれた原内閣は、寺内内閣の極端な援段政策が国際的に日本を不利な立場に陥れたので、列強と協調して中国の南北妥協・平和統一を実現させることを強調するようになった。[108] しかし、原敬は元来日本の国家的利害から計算して、中国の国内分裂はむしろ日本にとって有利であり、中国の近代化が日本に不利であるという考えの持ち主であった。[109] 原が唱える南北妥協の「南方」に孫文派は含まれず、陸栄廷・唐継堯および彼らと関係を結んでいる唐紹儀を指していた。[110] 原内閣の対中国政策は、一九一九年二月五日および三月一日の陸海軍の軍事協定期限延長、参戦借款交付、参戦軍編成、列国と共同の関税剰余金交付再開など、一連の行動に現われている。[111] 孫文はそれまで日本との提携を強く主張し続けてきたが、結局失敗に帰したことから、日本政府の対中政策を激しく非難しはじめるようになった。この時期の彼の日本観には、つぎの特徴がある。

まず、日本帝国主義を強く批判したことである。中日親善のもっとも強い主張者だと自称した孫は、「近年日本政府は毎に吾国の官僚を助けて民党を挫くを以て之を痛むに禁へざるなり」と述べ、さらに「日本武人は帝国主義の野心を逞うし、其維新志士の懐抱を忘れ、中国を以てもっとも抵抗力少きの方向となし、而して之に向って其侵略政策を発展せんとは、此れ中国と日本の立国方針と根本上に於て相容るる能はざる者なり」と指摘している[112]。また、近年来、「中国人民が日本に対して嫌悪感を日増しに深めている根本原因は、実に日本の政策と民国の国是とが根本的に相容れないことであり、ゆえに国民は皆日本を民国の敵だと考えている」と指摘する[113]。

つぎに、日本の山東占領は強盗行為だとの認識である。孫は、日本による膠州・青島の占領は「強盗行為」であり、中国は強盗と交渉してはならず、強盗が中国の土地を強奪する権利があると承認してはいけないと強調している。彼は当時の輿論がもっとも注目した山東問題にとどまらず、さらに視野を広げて、満洲と朝鮮の両方面に力を入れるべきだと主張した。解決方法の第一歩は、「下関条約」の廃止を要求し、韓国人の独立を扶助し、衝突を緩和する。第二歩は、「二十一か条」の廃止を要求し、山東を強奪する根拠を排除する。また、「日本は租借期間満了後、満洲各地から退去すべきである」と主張している[114]。

三つ目は、「二十一か条」について初めて公に批判するようになったことである。彼は中国の大混乱は「二十一か条」によって醸成されたのであり」、「二十一か条と軍事協定は日本がつくったもっとも強力な鉄鎖であり、中国の手足を束縛するためのものだと指摘し、「二十一か条」を廃止するまで「われわれ革命党員は最後の一人まで戦う」と強く主張している[115]。

四つ目は、英米と連合した排日論の主張である。彼は、宮崎寅蔵への手紙では「近来、英米のわれわれに対する方針が大いに好意を表し、白人の外患は憂慮しなくてもよい。これから、我が党の憂患はやはり日本の軍閥政策にある。もし日本がやはり旧を助け新を抑える手段を取るなら、中国の内乱は終わるときがない。すると、我らは道理を無視して強行し、英米と親しくし日本を排斥しなければならず、その責任は日本に帰すべきである」と語った[116]。しかし、孫は「支那人の日本観」において、日中両国は中心勢力となってアングロ＝サクソン民族に対抗すべきであり、日本は海軍力を、中国は陸軍力を強固する必要があるとも唱えている[117]。ただし、対日提携の主張はこの文章にしか表われず、この時期に発表したものの全体に占める割合は低いと思われる。

最後は、日本の中国侵略政策について、日本の軍閥と一般国民を区別していることである。孫は日本が中国を植民地化する政策は、「幸いにも日本国民がみな賛成ではなく、軍閥のなかの野心家の主張にすぎない」と指摘している。そこで、両国の国交を改善し善隣の誼を保つために、日本は中国に対して「従来の政略的で恩を売るような、あるいは利用的権謀術策を廃止し、もっぱら対中経済提携を図るべきであり、対中投資は非侵略的・対等的でなければならない」と提議している。[118]

このように、孫文は従来アジア連帯論を強調して日中提携・根本的友好を唱えていたが、日本が相変わらず北京政府を支持し彼の主張が功を奏さなかったこと、また五・四運動に対応して日本を厳しく批判するようになった。このことは日本と関係を結んで以来、絶えず日中提携を唱えてきた孫文にとって、初めての明確な日本批判であった。しかし、孫はもっぱら当時の日中外交問題のみを論じ、より深い日本の歴史・文化などに対する分析は行なっていないのである。では、戴季陶はどのような日本認識を持っていたのであろうか。

五　対決・連合論——戴季陶の日本観

(1) 日本の伝統文化への批判——過去

中国に新たな伝統を創造することを主張した戴季陶は、日本の伝統文化をどのように認識したのであろうか。彼は従来、孫文のように日中間の外交関係のみに注目してきたが、しかし五・四運動期になって、日本の中国侵略の思想的根源を探り、日本の歴史と文化をも検討するようになった。

戴がもっとも注目したのは日本の神権思想である。彼がそれに関する感性的認識を最初に得たのは、日本大学で公法学者・神道思想家である筧克彦の授業を受けたときであった。戴は筧克彦が『国家之研究』で記した内容を、つぎのように紹介している。「日本の国体は、万国無比の模範的な国体であって、いつになっても、国体を破壊するものが現われることは絶対にない。日本の国体の精華、これすなわち古来の神道である。日本国家の権力、これすなわち神道唯一信仰の現われである。天皇、これすなわち最高の神の現われである。神を愛し、神を敬い、神に帰依し、神によって現わされる神の力、これすなわち天皇の大権なのである」。筧克彦のほかに、戴は『古事記』や、吉田松陰（一八三〇～一八五九年）の『坐獄日録』、頼山陽（一七八〇～一八三二年）の『日本政記』『日本外史』、山鹿素行（一六二二～一六八五年）の『中朝事実』、藤田東湖（一八〇六～一八五五年）の「弘道館記述義」などの書物をあげ、それらに表われた神権思想の内容を紹介し分析している。そこで、戴は日本の「神選民族」「神造国家」「君主神権」といった神権思想を、「日本人の国家観念の根源」であると見なしている。[119]

つぎに、戴は日本文明にもっとも大きな影響を与えた中国とインド文明の要素をも含めて、その源流を分析する。彼によると、中国文明の特徴は、孔子の時代に君主神権の迷信を打破して生まれた「平民思想」であり、インド文明の特徴は「仏教の愛人・愛物・無抵抗の精神」なので、神権思想は純粋に日本固有のものであると論じている。中古時代になると、「中国の儒家思想とインドの思想が優勢を占めたので、神権思想はしだいに衰えた。後に日本人は中国文明を理解・消化する能力が増し、中国とインドの文明を日本自身の文明に融合させ、この種の迷信が再び勃興してきた。明治維新はまさに神権思想の時代化であり、ゆえに彼らは王政復古と自称した」と説く。そして、「近代文明から見て日本は確かに中国より大きく進歩しているが、ヨーロッパから伝わった科学文明以外に、日本固有の思想は実に幼稚だといわざるをえない」と、日本文明の内実を指摘する。そこで、「もし日本の史籍から中国・インドと欧米の文化を全部取り去れば、赤裸々に残されたものは日本固有の本質であり、南洋の土着の蛮人に近い」と、日本固有の文明を完全に否定している。[120]

戴は明治維新を神権思想と結びつけ、新たな認識を展開した。彼は、「明治時代の教育主義は武士道を標榜し、さらに浅薄な食禄報恩主義を踏襲したものである。ゆえに、明治維新史は人道主義から観察すると、日本文明史上において大きな進歩だといえるが、世界文明史の陳列所において比較すると、その内容はきわめて貧弱である」と、明治維新の世界的意義を低くとらえているのは、彼の日本観のなかで初めてのことである[121]。

戴は、このような明治維新を成し遂げたのが、神権思想に感化された武士だと認識し、同様に武士道についても否定的にとらえている。彼は封建時代の「武士」の生活条件は「撃剣・読書・交友」であり、武士の責任は「第一は主人の家、第二は自分の家、第三は自分の生存」を擁護することである。「武士道の精華は敵討と切腹である。敵討は殺人であり、切腹は自殺である」。したがって、武士道は一種の「奴道」である。つまり武士は、まさに侍者として、藩主のために家事を管理し、外部からの攻撃に備える下僕であり、武士道の観念は「きわめて幼稚な食禄報恩主義」だと、戴はとらえている。そして、日本の封建制度は、武士のほかに人格上はまったく地位がなく、高尚な道徳を持たない下劣な商人をもつくりだしたという。商人は、信義を軽んじ金銭を重んじるという「町人根性」の持ち主である[122]。

戴は封建時代から統一時代へと変わった日本の歴史を通観し、日本の改革は大多数の農民や商工業界の人の意思ではなく、完全に武士というひとつの階級の独占事業であり、「開国進取」の思想、すなわち「民権」主義も武士という階級が鼓吹したものであり、「平等の同胞観念」は短い期間内に外部の思想によって育てられたもので、歴史思想から発展してきたものではないという。日本人による中国思想研究は江戸時代に全盛期を迎えたが、そこから得た最大の収穫は「同胞観念」であると戴は指摘している。彼は陽明学派の中江藤樹（一六〇八〜一六四八年）、朱子学派の藤原惺窩（一五六一〜一六一九年）、中村惕齋（一六二九〜一七〇二年）をあげて、彼らはみな「仁愛」思想の鼓吹に努めたという。このように、戴は日本の思想と歴史的経緯を分析し、「日本の武力主義は中国思想・インド思想によるものではなく、純粋に日本の神権の迷信から来たものである」と結論づけている。『同胞観念』の欠乏、階級の服従性の強固さ、対外的競争心の熾烈さなど、種々の性格は皆この歴史的・民族的心理から遺伝してきたのである」と指摘している[123]。

戴は日本の歴史の進展について、明治維新前は武士の時代であったが、それ以後は武士と町人の混合の時代であり、武士と町人の結託はすなわち政府と商人の結託であり、軍国主義・資本主義・官僚主義が一体化し、政党はただ軍閥、官僚、財閥の大ブローカーにすぎず、「成功した武士」と「成功した町人」の幇間となる、と指摘している[124]。すなわち、政治発展の過程において役割を果たしたのは、政党よりはるかに対外侵略を助長した軍閥、財閥、奴隷根性の武士と、町人根性の商人である。

以上のように、戴は日本の歴史と文化の深層を探り、その対外侵略的な性格は、日本人固有の心理から生まれたものであると指摘し、「神権思想」の原始性および後進性を批判した。これは先に述べた戴の「ひとつの主義」の主張が、日本人の「国民的信仰」に影響されたとの指摘と相矛盾しているようであるが、それは戴が神権思想の二面性を見いだしたことによって生じたことだと思われる。つまり、神権思想は日本の封建制国家から中央集権制国家への変質に貢献した一方、近代強国から帝国主義国家への変質をも助長したのである。彼の「ひとつの主義」という主張は、神権思想の一番目の特徴に影響されたのである。ここで強調しているのは二番目の特徴だと考えられる。戴は、明治維新が神権思想に感化された武士というひとつの階級によって成就されたと認識し、初めて明治維新を否定的にとらえるようになった。つまり、彼は日本の伝統文化には精華と呼ぶべきものが存在せず、近代社会に役立つものはないと完全に否定している。これは、中国の伝統文化には精華があるという彼の認識と明確な対照をなすものである。

（2）日本の特権階級との対決——現在

戴は、「日本は古くから中国侵略の思想を抱いていた」が、「征韓はすなわち中国侵略の第一歩」であり、日清戦争以後、相次いで中国に迫ってきた外患の端緒を開いたのは日本の台湾占拠で、中国が半植民地に陥ったのは日本がその最大の責任者だと認識している[125]。したがって、彼は「今回、中国の内戦〔護法戦争〕の最大の責任者は日本である。段祺瑞らは中国の憲法を乱し中国文明を損なう主犯であるが、日本政府は〔それを唆した〕主謀者である」と厳しく批判している[126]。これは、前章で述べたように、日本の二重の対中方針に翻弄されていた、戴自身の訪日経験にもとづいた認識だと考えられる。

彼は日本の対中侵略政策の責任を追及し、その問題点は日本の建国の主義、治者階級の思想、政治社会の組織にあると説いたが、「農民・労働者の責任ではなく、政治上・産業上の特権階級の責任である」と、批判の対象を限定した(127)。そして、戴は、日本の軍国主義的対中政策により、中国国民が日本に対して抱く疑念が絶頂に達し、今回の排日風潮の原因になったという(128)。そこで、彼は中国人の排斥すべき対象を、日本の「軍国主義・帝国主義および、それらの骨子となる資本主義である」と明確化した(129)。このような認識は、日本製品の排斥など当時の多くの中国人の情緒的な反日運動を凌駕し、より深い日本批判となっている。

さらに、戴は東アジアの立場に立って日本を観察する。東アジアの平和な過去を乱した罪人は、日本の統治階級だけでなく、西洋および中国の特権階級をも含むが、しかし現在、東方民族の自由な発展に対する圧迫は、日本の権力階級が確かにその「最大の元凶」であると、マルクス主義の階級分析の理論により構造的に分析している。そして、日本の統治階級を排除することが「東亜平和」のためにもっとも必要だと主張し、日本帝国主義の担い手である特権階級と対決する姿勢を示している。

戴は、「東亜平和」の恒久策をつぎのように提起した。すなわち、（一）日本帝国の廃絶と日本共和国の樹立、（二）日本共和国の領土は一八七九年琉球処分以前のものとすること、（三）朝鮮共和国の建設、台湾・沖縄の帰属はそれぞれの住民により投票で決定、（四）日本帝国が中国から得た特権・秘密条約の廃棄、（五）東亜平和協会の設立、の五点である。戴はこの提案が合理的であり、東亜全民族の希望に相応しいと断言し(130)、東アジアの国際関係の理想像を描いている。もちろん、彼は現実を忘れてはいない。彼は第一次世界大戦終了後の国際情勢を分析したうえで、太平洋と東アジア大陸のあいだに大戦が起こると認識し、次回の世界戦争の「主人公は日本であり、きっかけは中国問題である」と予言している(131)。彼が提案した東亜平和の永久策は、まさにこの大戦を防止し日本人民の衰亡を救う良薬だ、と冷静に説くのである(132)。

以上のように、戴季陶は日本の武士や商人を批判し、特権階級との対決を唱えた。だが当時の彼は、資産階級に属する日本人と共に経済活動を行なっている。彼の思想と行動は矛盾しているように見えるが、その理由はつぎのように考えられるであろう。「株式会社善隣倶楽部」日本側創設者の三上豊夷と梅屋庄吉は、長年にわたり孫文の革命運動を支援してきた人々で、彼らと対決することは考えにくい。また、「上海証券物品交易所」に参加した日本人は、資産階級に属するとはいえ在野の財界人で、帝国主義・軍国主義を担う特権階級ではないと、戴は認識しただろう。さらに、孫文派は日本企業との経済活動を五・四運動期以前から計画していた。一九一六年一二月五日、戴は上海交易所株式会社創立人総代理として、三上豊夷の代理人中島行一と上海の自宅で上海交易所設立密約を結んだ。[133] 一九一七年二月二七日に、戴は上海交易所設立のため東京へ赴き、著名な株式仲買人と交渉したというが[134]、この一連の活動の延長線上で、彼はその設立に携わったのではないかと思われる。

（3）日中平民連合——未来

戴は、日本の武力主義は神権思想に由来することや、対中侵略の本質は軍国主義・帝国主義・資本主義であると指摘するにとどまらず、国際的視野から日中関係の解決策を探索し、日中関係の未来図を描く。

五・四運動の直後、戴は日中関係を改善するには、日本が「根本的に政治組織を改造し、伝統政策を廃除する」べきだとして日本国内の変化を求めた[135]。その後、ロシア革命に関する情報が明らかになるに従って、彼は前章で述べた日本の伝統政策の内容を拡大して、朝鮮と中国以外に、ロシアに対する占領目的であるシベリア出兵という陰謀的な政策をも合わせて、「日本の伝統政策」と呼ぶようになった。しかし、日本は自らこの「伝統政策」を放棄することができないと彼は断言し、改めさせる唯一の方法は、ただ日本国内の「社会改造が成功する」こと、現在日本の「政治的・経済的な治者階級が失敗する」ことのみであると説く[136]。それを可能にするのは日本国内の社会主義運動である[137]。両国人民の親善と結合は、「ただ両国が平等・自由・互助をもって標識とする社会革命がみな成功した後に、やっと実現できるのである」と認識するようになった。[138]

また、アジアの問題を解決するには、アジアの列島および大陸で政権を取っている「ブルジョアジー」の支配の排除、アジアの「プロレタリア」の大結合を図るのみであると、明らかにマルクス主義の思想を用いて日本問題を分析している。[139]近い将来の日本は労働者・農民・民主主義・社会主義・人の時代となり、武士・町人・軍国主義・資本主義・神の時代ではなくなると、彼は宣言する。[140]中国の国民は「日本の貴族、軍閥、党閥と親善を図れ」ず、「日本の平民の政治的社会的勝利を希望してやまない」と、主張している。[141]

最後に「世界的大改造事業」、すなわち世界の平民とともに協力することでのみ完成できる社会革命のためには、東洋の東西、人種の別を問わず同志の結合、同志の連絡が必要だと、日本人に呼びかけている。[142]これは、討袁運動期に主張した「黄白人種論」にもとづいた日中提携論と明らかに異なり、マルクス主義の視点から日中平民連合を唱えている。日中両国の社会改革を両国のみのことではなく、東洋、さらに「世界的大改造事業」の一環として位置づけている。

総じて戴は、中国では士農工商の階級区分があまり顕著でないので、階級互譲・調和論が望ましいが、日本では階級区分が顕著なため階級闘争が必要だと主張している。これは彼の思想的矛盾だと指摘されているが、[143]むしろ前述した彼のマルクス主義観に存在した「各民族の歴史的精神と現代の境遇の違い」という考え方を、柔軟に解釈したものではないかと思われる。つまり、彼がそれによって、ドイツ、フランス、ロシア、イギリスなどの国では「マルクス主義の分化」が生じたと認識しているように、日本と中国のそれぞれの歴史精神と現代の境遇が異なるので、異なった対処の仕方をとるのは当然のことであろう。

以上のように、戴季陶の日本観は日本の対中関係、政治、さらに歴史と文化までをも厳しく批判し、それらを全面的に否定し、日本の特権階級との対決姿勢を示している。しかし、戴はそれだけにとどまらず、日中両国の未来を模索し、日中両国の現政権の打倒を目指す社会革命を、「世界的大改造事業」の一環として位置づけ、「日中平民連合」

論を提出した。これは、この時期に彼がマルクス主義思想と接触したことや、五・四運動により大衆の力の強さを認識したことと深く関わっている。中国と日本との「革命」によって労働者が連合するという考えは、後に主張する「民族国際」の基礎となったのである。

おわりに

本章で検討してきたように、五・四運動期における戴季陶と日本との関係は、辛亥期以外の各時期と比べてみると、一番の特徴は日本訪問を一回も行なわなかったことである。しかし、全国レベルの反日感情がもっとも昂揚していた五・四運動の最中に、彼は「告日本国民書」や「我が日本観」を発表し、日本を痛烈に批判した一方で、その直後に日本人が背景に存在した経済活動に積極的に参与したことは、きわめて興味深い。つまり、彼は痛烈に日本を批判すると同時に、やはり日本とのつながりを断ち切れなかった。「善隣」「協進」という名前にも表われているように、彼は日中関係に対してある程度の希望をまだ持っていたのである。

彼は新思潮の潮流に乗って、日本観を含む思想の成熟期を迎え、中国人の近代思想に対する啓蒙の役割を果たした。それを可能にしたのは、日本資料・情報の利用、日本経由の社会主義の受容であった。また、彼は政治思想の一部分を広東で、一連の法律の制定を通して実現しようとした際、日本留学のときに身につけた法学の知識が、政治実践において欠かせないものとなった。したがって、この時期に政治思想家と政治実践者を一身に兼ねた戴にとって、日本および日本語は情報収集と思想論述にあたって、依然としてきわめて重要な存在であり手段であった。

当時、青島問題をめぐって中国全土で史上空前の反日運動が生じ、日本製品の徹底的排斥、日本人との絶縁さえも唱えられていたが、反日輿論には情緒的なものが多く、理性的な日本観はほとんどなかった。孫文は依然として日本政府から支持が得られず、また五・四運動を契機に大衆の力を認識したこともあって、日本帝国主義を強く批判するようになった。

これらと比べると、戴季陶が日本の歴史・思想・文化から、日本人の階級性と民族性の本質を探り出して深く分析したのは、当時の人々よりはるかに優れていたといえる。彼は、日本が伝統政策を放棄する条件は日本国内の社会革命の成功、すなわち治者階級の失敗であると指摘し、さらに、それが実現してこそ日中親睦ができると主張している。ただし、この場合の社会革命のやり方については、両国の歴史と境遇が異なるので、日本では「プロレタリア」の勝利を期待しているが、一方中国では階級互譲を提唱している。これは彼の思想的矛盾というよりは、むしろマルクス主義を固定した図式ととらえてそれに固執するのではなく、きわめて柔軟かつ実用的にとらえたのだといえる。また、「大破壊」「大創造」という彼の革命論は日本に適合するが、平和的革命が中国に相応しいという革命観も表わされている。さらに、日本の伝統文化を全面的に否定し、日本は徹底的な革命を起こすべきだと唱えたが、中国の伝統文化の精華は高く評価し、中国に社会的改造の余地があるとも考えている。

この時期の戴の日本観が、以前と比べて大きく変化した点は四つある。第一点は、討袁期には日本人を団結させた重要な要素として、日本の神権思想を称賛していたが、この時期に入るとそれが「奴道」である武士道を生み出し、さらに武力主義に変化し、大陸侵略の伝統政策を支えたと批判している。第二点は、護法期に日本の中国侵略政策を確信したことから、さらに進んで、その責任を日本の治者階級に求めるようになった。第三点は、それによって日本の政治・歴史文化、ひいては民族性を「全面否定」するようになった。第四点は、討袁期以来唱えていた、日本の政府と孫文派との「日中提携論」が護法期にしだいに後退し、この時期になると完全に消えてしまった。しかし、その代わりに、日本人が社会革命を行なうことを期待し、世界主義的な社会革命という視点から日中平民連合を唱えるようになった。これは前述したように、彼が日中関係に対してある程度の希望をまだ持っていた根拠だと思われる。

それゆえに、戴は辛亥期の「日本敵視論」を改め、日本の国民と貴族・軍閥・藩閥を区別し、前者との親善を図り、後者との対決を示した。また、討袁期の「日中提携論」も消え、両国の現政権の打倒を目指す社会革命が成功してこそ両国関係を改善でき、その場合には両国の平民連合が必要だと認識した。つまり、護法運動期の「批判的提携論」における批判と提携のそれぞれの対象を、各々より明確化したのである。そこで、この時期の戴の日本観は、日本の特権階級との対決と日中平民連合の総合、すなわち「対決・連合論」であるといえる。

知日家として中国で名を知られ、孫文派の対日工作担当者として注目されてきたことから、戴季陶のこのような日本観は、国民にとって信憑性の高いものであったろう。したがって、そこには当時の反日風潮のなかで、国民の中国国民党（元中華革命党）に対する支持を得る意図も含まれていたと思われる。では、日中両国の社会革命を期待した戴が、国民革命運動の開始後、日本とどのような関係を持ち、その日本観がどのように変化したのかを、次章で引き続き検討していきたい。

第6章　期待から幻滅へ

はじめに

　長期にわたって中国革命の方向を模索してきた戴季陶らは、その頂点をなす国民革命を迎えた。この時期に、戴季陶の一生のなかで、もっとも重要な意義を持つ日本訪問が行なわれた。一度は一九二五年の孫文の秘書兼日本語通訳として、もう一度は、一九二七年の蒋介石新政権が成立する直前の国民党の代表としての訪日であった。これらは彼が留学から帰国した後の、一四回に及ぶ日本訪問の最後の二回であり、いずれも日本で最大級の歓迎を受けた。では、山東出兵にみられるように日本の対中侵略がますます露骨になり、全国の反日輿論がふたたび盛り上がるなかで、それまでにさまざまな日本観を抱いてきた戴は、日本をどのように認識したのであろうか。

　本章では、戴の経歴と思想を整理し、当時の輿論と孫文の日本観を紹介したうえで、彼の日本観の集大成となった著作を検討する。さらに、以前の各時期と比較して、継承されたものと変化したものとを明らかにし、この時期の日本観が戴の人生にとってどのような意義を持ったのかを考えてみたい。

一　「大革命時代」での軌跡

(1)　革命潮流のなかで

①中国国民党改組への対応

一九二〇年以後、国際社会で孤立状態に陥ったソ連は、中国に親ソ的な政権が成立することを期待し、孫文に積極的に接近した。一方、孫文は絶えず欧米や日本との提携を切望してきたが、そのつど失敗に終わった。また、陳炯明軍の叛乱により、それまで進めてきた革命運動に対して根底から再検討を迫られた。そこで、孫文がソ連の外モンゴルに対する軍事占領と中東鉄道権益を承認する代わりに、ソ連は孫に二〇〇万ルーブルの援助を与え、一九二二年末に孫文がアドルフ・ヨッフェに提案した「西北計画」、すなわち中国西部地域に軍事基地を建設して国民党軍の基礎の建設を援助することと、国民革命の大衆的準備工作を援助することで合意した。ただし、実際にはソ連は西北計画を否定し、もっぱら国民党の改組や大衆的準備工作の推進に尽力した(1)。

一九二三年一月二六日、孫文は「孫文・ヨッフェ宣言」を発表し、国家統一・民族独立の保障と、帝政ロシアが中国と締結した不平等条約の廃棄を確認した。孫文は二月二一日に広州に赴き、三月二日に陸海軍大元帥大本営を設立し、一〇月には中国国民党の改組に着手して、一九日に廖仲愷、汪精衛、張継、戴季陶、李大釗の五人を国民党改組委員に任命した(2)。一一月一二日には、「中国国民党改組宣言」が発表され、中国共産党員を個人身分で中国国民党に加入させ、ソ連・コミンテルンの支援を受けるための「聯俄・容共」に踏み切った。

一二月上旬に一年ぶりに四川から上海に戻った戴は、九日の第一〇次中国国民党中央幹部会議に参加し、臨時中央執行委員に選ばれた(3)。戴は討袁運動終了後に早くも改組を主張していたが、それは「教育・宣伝を基礎にすべきで、土匪や政客ばかりを利用して軍事・政治活動をなすべきではない」というもので、起草した政綱を二十数回修正し、孫文も四、五回草稿を修正したが、多数派に阻害され実行できなかったという。このとき初めて中国国民党改組を知った戴は、改組の動機を検討し、それは「独立した計画を行なうものではなく、外力を動機にしたものであり、すべての紛糾は必ずここから発生する」と認識し、それが適当ではないと考えた。戴は「ひとつの政党にはその政党の中心があり、またその政党の歴史的地位があるが、もし独立の地位と組織の中心を失うと、将来無窮の混乱を招く。これは集団の原則であり、絶対に違反してはいけないものである」と認識していた。これこそ、彼が後に反共に踏み切った最大の理由である。

戴は臨時中央執行委員の職に就かない旨の電報を広東に送った。会議の後、廖は戴に広州へ赴いて改組委員に就任し、中国国民党第一次全国代表大会（以下、一全大会と略す）の開催準備に参与するよう要請したが、戴は廖にこの根本政策は自らの思想と相容れないものなので、不可能な努力をするわけにはいかないと表明した。さらに、（一）ロシアから借金して党費にしてはいけない。たとえ借金しても絶対に自由であるべきで、牽制されてはいけない。（二）共産党員が加入する場合、単一の党籍をつくらねばならず、二つの党籍を保留してはいけない。（三）自分は中央執行委員にはならず、代表大会にも出席せず、出版社あるいは新聞社の責任者になりたいと言明し、広州に赴くことを断った。これは、前章で述べた「ひとつの主義」を貫くことに執着し、党の内部問題に外国の干渉を許さないという、彼の思想に由来すると考えられる。その目的は、孫文・中国国民党の国民革命に対する絶対的指導権の確保と、三民主義の独立性の絶対的な堅持とを保障するためであった。

上海に二週間滞在して戴と議論した廖は、彼を説得することができず、一九二四年一月四日に失望して広州に戻った(4)。その後、孫文は二度電報で戴を広州へ招き、戴は国民党の要職への就任や大会への出席を望まなかったが、孫と一年以上離れていたため、少なくとも四川から上海に戻ったことを報告する必要があると考えて、広州に赴いた(5)。

一方、孫文は改組の意志が硬く、また「聯俄・容共」政策を断固として進めていた。戴は孫に反対の意思を表明できず、しかも孫から浙江省代表に任命されたので、[6]「情勢に迫られ」、一全大会に出席しないわけにはいかなかった。一九二四年一月二〇日に大会が開かれ、戴は孫に大会宣言審査委員に指名され、また二二日に党章審査委員、二三日に宣伝審査委員に選ばれ、同日午後に戴は第二次宣言審査報告について説明し、それが通過すると、三〇日には中央執行委員に選ばれた。[7]三一日、第一回中央執監委員会第一次全体会議で、戴は常務委員・宣伝部長に選ばれた。[8]戴は孫に中央執行委員には就任せず、出版社あるいは教育機関の責任者になりたいと陳情した。戴は孫の「聯俄・容共」政策に対して、他の右派のように直接的には反対の意思を表明しなかったが、大会が終了した日にただちに広東を去った。[9]その直接的原因は不明だが、ミハイル・ボロディンとの葛藤であったとの指摘もある。[10]

戴は国民党改組に消極的な態度をとっていたが、一全大会の開催が国民革命に新たな局面を切り開くことになると認識し、一月二七日に四川の同志に手紙を書き、「今回の大会はある方面からいうと、我が党の空前の創挙であった。以前、我が党は国内において一貫して無組織で、いわゆる『群而不党』であったので、この一全大会がそれを完全に解決できなかったのは当然のことであるが、責めてはいけない。他の方面からいうと、この大会は本党の基礎を創り、それ以後の規模を創造した大会であり、会議は十分に整ってはいなかったが、しかし会期の終了後、もし各省の同志が精神を奮い起こし、一致奮闘したら、今後毎年常会が開催され、きっと年々よくなるだろう。思うに、以前は一致協力する組織と活動がなかったが、今後は規模がすでに備わったので、しだいに発展していくはずである」と、一全大会の精神を肯定的に評価している。[11]

他の国民党員の懇請により、戴は三月中旬にふたたび広州へ赴き、中央執行委員に就任した。[12]宣伝部長として中央通訊社を創設し、[13]中央執行委員会に四月一〇日の第二〇次会議から出席し、常務委員として革命軍歌を作詞した。[14]四月一一日に大本営法制委員長に任命された戴は、「考試院組織条例」と「考試条例及考試実施細則」を起草し、これらは八月二六日に公布された。[15]さらに、四月二八日に大本営参議となり、[16]五月一三日に陸軍軍官学校政治教官、六月一三日には政治部主任に任命された。[17]

国民革命期の戴季陶
[出所：万仁元主編『孫中山与国民革命』香港：商務印書館，1994 年，65 頁]

国民党改組について、最初から国民党内部では元老派、太子派、政治術策派、軍事集団、共産党系などのあいだで賛否両論があり、[18]党内の共産派と非共産派との疑心暗鬼による政治上の紛争と党務上の紛糾が絶えず生じ、謡言蜚語が尽きることがなかった。戴が「自殺の道は必ずここに原因の種を播くと深く知り、胡漢民・哲生〔孫科《ソンカ》〕らと尽力・協力し、部下の猜疑排斥の原因を除くよう強く勧めた」という記述から、彼は改組に積極的に賛成はしなかったが、孫文に対する尊敬や一致協力して国民革命を進行する目的のために尽力したと考えられる。しかし、彼の努力は「少しの効果もな」く、逆に国民党内の混乱がますます深まる一方であったので、これは「二つの中心が相容れないための問題」であり、この根本問題を解決できないと紛糾が絶えないと、戴は認識するようになった。三月二九日、戴は譚平山《タンペイザン》に共産党員がその党籍を放棄し、純粋な国民党を作るように説得したが、譚は共産党員に党籍を放棄させることは絶対にできず、将来両党は結局離れることになると拒絶した。戴は、「一方では昔の同志が絶対に覚醒せず団結・努力しないが、一方では共産党の拡張・発展が日に日に進んでいる。しかし、党の基本政策が混沌とした局面をもたらし、組織には二重の紀律の危険があり、宣伝には二重の理論の困難がある」と憂慮している。[19]戴の調停工作は失敗に終わり、六月一九日に中央執行委員会秘書および宣伝部長職を辞任する書を提出して、ふたたび広州を去って香港経由で上海に戻った。[20]中執委は六月三〇日の第三九次会議で、戴をしばらく上海に留まらせ、汪精衛が受け持った上海執行部秘書および宣伝部長の職務を担当させることを決議した。[21]

戴が党の職を棄てて上海へ去った原因は、改組(とその後の全般的状況)それ自体に対する批判ではなく、その根底に存在した党指導層内部の紛糾に対する憂慮のためであったが、直接的原因は張継との衝突であったと、白永瑞は指摘している。「容共」政策に反対する「政治術策派」の主要人物である張継・謝持《シャジ》らは、六月一八日に「共産党弾劾大会」を開き、張が戴を殴打して人身攻撃を加えるという事件が起きた。包恵僧《ホウケイソウ》の回想によると、戴は国民党のなかで保守派(右傾)と進歩派(左傾)とのあいだで、中間派の中堅であり宣伝部長の職にある。したがって、時には進歩派の立場に立って、「連合戦線」への忠誠を表わさなければ、孫文の認可を得られないため、共産党について公平に語ったことから、張に攻撃されたという。このことに衝撃を受けた戴は、その翌日に広州を去った[22]。ただし、戴は上海に戻った直後に記者に対して、「改組以後の党務の進行はきわめて順調である。従来の党の運営には良い方法がなかったが、こんどの改組で組織上ひとつの良い方法を得て、進行上活気を呼び起こしている。ただし、この活気は理論ではなく、方法のみである」と語り、労働運動、農民運動、軍官学校の活躍をも肯定的に紹介している[23]。

上海に戻った戴は党指導層内部の紛糾状況の打開策として、国際的な新局面の創造、すなわちコミンテルンと国際連盟の両者から独立した組織の設立が国民党の立脚点になると考えて、孫文が以前に主張した大陸同盟を基礎にした、後述する「民族国際」の新運動を考え出した。そこで、戴は孫にソ連、ドイツ、オーストリア、トルコ、ポーランド視察の許可を要請し、その全権代表に任命されたが、資金難により実行できなかった。戴はまた、拡大委員会を開くことを孫に要請し、孫の許可を得て広州に赴いた[24]。その間、党中央が七月九日には戴を政治委員に任命したこと、一〇日にはこの間の紛糾について双方がしだいに諒解したので早く広州に戻るべきことが、戴に電報で伝えられた[25]。また、八月一一日の中執委第五〇次会議では、戴の復帰を要請するという決議案も通過した[26]。八月一〇日頃に戴は三度目に広州に着いたが[27]、しかし反共派の張継らの理解を得られず、八月一九日から二一日にかけて開かれた中央全会に出席できなかったので[28]、またしても絶望して上海に戻った。このように彼は、国民党改組から一年足らずのあいだに、国民革命の中心地である広州を三度訪れ、三度立ち去っている。

② 「戴季陶主義」の形成

孫文を中心とする集団には多様な派閥が存在し、孫文のカリスマ的リーダーシップによって統合されてきた。孫文の私的な政治集団としての性格を改組により組織化したことで、危機的状況をある程度は克服できたが、孫文の死によってカリスマ的な統合者が欠けてしまうと、国民党内部の葛藤はより激化していった[29]。これを憂慮していた戴は、国民党を救うにはただひとつの根本方針を決定し、全党同志の力を合わせてこそ党政の強化をはかることができると考えた。この方針は、「総理の思想と主張の全部を本党の変わらぬ信仰にする」ということである。そこで、孫文死後の一九二五年四月に北京で開かれた国民党中央一期三中全会が、五月一六日に広州で引き続き開催され、戴は上海から広州に赴いてこの会議に参加し、「接受総理遺嘱宣言」を起草して通過させた。

しかし、国民党右派は、この政策を確立することは共産党を助けることになると強く反対したので、会議は決裂した。共産党側では、「遠大な見識を持つ者」がひとつの思想を中心にすると、国民党はひとつの独立した思想を基礎とすることになり、共産主義の思想に同化させることができなくなると認識し、この主張を消滅させようとした(30)。会議終了後に戴は上海に戻り、孫文の統合力にかわりうる根拠を確保することで、内部葛藤を調停できると期待した。その根拠は、まさに孫文が残した「主義」だと彼は判断し、その理念の体系化に専念した(31)。五・三〇運動における共産党の目覚しい発展を見て脅威を感じた戴は、「季陶弁事処」を設立し、六月に『孫文主義之哲学的基礎』を、七月に『国民革命与中国国民党』を著わし、孫文主義学会に理論的基礎を与え、戴季陶主義を形成するにいたった。後者が出版された後、国内では数度再版されて発行部数は合計一〇万冊以上におよび、さらに数カ国語に翻訳された(32)。戴は、「これにより共産党の大胆に真相をゆがめて人をだます計画を完全に打破した」と述べている。この二冊のパンフレットが出されると、「三カ月間共産党側は沈黙し、あえて一言でさえも応答することができなかった。その間、彼らは全党を動員して反攻を準備した。そのスローガンは、戴季陶を打倒しないと国民党の政権を奪うことができないというものであった」と、共産党にいかに重大な打撃を与えたかを戴は述懐している(33)。

この二冊の本が公刊されると、すぐに賛否両論の反響を呼んだ。国民党側では、胡漢民や汪精衛などの元老派は「きわめて忠実な研究業績」だと称賛し、許崇智《キヨスウチ》は『国民革命与中国国民党』を数万部印刷して部下の将校や兵士に配布した。邵元沖《シヨウゲンチユー》は、戴が孫文主義の地位を確立したことの価値は、「カウツキーのマルクス主義に対するそれに比定できる」と高く評価している(34)。一方、共産党側では、惲代英《ウンタイエイ》が一九二五年八月に「読『孫文主義之哲学的基礎』」、一二月に「孫文主義与戴季陶主義」を、陳独秀が八月三〇日に「給戴季陶的一封信」と「国民党新右派之反動傾向」を、瞿秋白《クシユウハク》が九月に『中国国民党与戴季陶主義』、一二月に『国民革命与階級闘争』を、肖楚女《シヨウソジヨ》が『中山主義与国家主義』を著わし、戴季陶主義を全面的に批判した(35)。一〇月の共産党の第二次中央拡大執行委員会会議、一二月の六七号通告、中共北方区委一一月文件は、「国民党新旧右派」に対して反撃することを決定した。また、ボロディンには「戴季陶鬼」といわれ、共産党にとって最大の敵のひとつと見なされた(36)。

③西山会議との関連

七月一日には国民政府が広州で成立し、戴は国民政府委員に選ばれた(37)。七月五日、戴は国民党浙江省党部臨時代表大会に出席し、反階級闘争の議案を通過させた。一一月二三日、鄒魯《スウロ》、謝持、張継、林森《リンシン》、居正《キョセイ》など十数人は、北京の西山碧雲寺の孫文霊前で「国民党一届四中全会」を開いたが、これがいわゆる「西山会議」である。上海執行委員である戴は林森らに招かれると、一年来の紛糾の正当な解決方法を求めなければならないと考え、また孫文北上一周年でもあったため、葉楚傖《ヨウソソウ》、邵元沖、沈定一らと北京に赴き、この会議に参加することになった。ところが、一九日に反共派の馮自由、鄧孟碩《トウモウセキ》に派遣された江偉藩《コウイハン》は、二十数人を率いて三台の車で戴の宿泊している香雲旅社に突入し、戴と沈を殴ったうえ、車に載せて北京市内の菜市口胡同三七号の国民党同志倶楽部に連れ去り、彼を会議に参加させなかった。二〇日、戴は「一定の主張のもとで西山会議の決議に同意できる」という声明文を出し、北京を去った(38)。衝撃を受けた戴は、上海に着いた後の一二月一三日に「解除政治職責電」を発し、即日自ら「責任を解除し、以後政務・党務の責任を負わず、ただ学術研究に従事する」と声明した。同じ日に蒋介石に長文の書簡を送り、自分の考えを主張し、その後は湖州に隠居するようになった(39)。

一二月下旬、江蘇省青浦県代表大会、中国国民党汕頭市党部第三区党部第一区分部党員大会、汕頭二分党部第三区党部第一区分部は、広州全国代表大会や広州中央執行委員会全国各級党部宛てに、戴季陶を林森、鄒魯らと同一視し、国民革命の破壊を理由に彼らの党籍を解除すべき旨の電報を送った(40)。しかし、実際には広州国民党中央執行委員会や孫文主義学会は湖州に電報を送り、戴に広州の国民党第二次全国代表大会に出席するよう要請し、さらに大会ではその要請の報告が通過した。戴は書簡を送り、辞意を表明した(41)。一九二六年一月四日、中国国民党第二次全国代表大会が広州で開かれ、鄒魯・謝持の党籍を永遠に剥奪し、林森、居正、沈定一、葉楚傖など一二人に警告を発し、戴に「大会より懇切な訓令を与え、猛省を促し、ふたたび誤ってはいけない」との処分を下したが、同時に戴を国民党中央執行委員に選んだ。これを知った戴はふたたび国民党中央に書簡を送り、西山会議の関係者に対する処分の不公正さを指摘し、自分だけに特別待遇を与え、さらに執行委員に選出したことに恐縮し、この職を辞することを伝え、党の団結のためその執行を停止するように要請した(42)。

④教育の「党化」

一九二六年夏、国民政府は戴を広東大学学長に任命したが、彼は健康上の理由で拒絶した。その後、広東大学は中山大学と改名し、ふたたび戴は中山大学初代校長に任命された。戴はやはり健康上の理由で断ったが、国民政府の再三の要請で九月にようやく広州に赴いた。彼がこの職を受けた理由は、前述したように教育機関の責任者になるという希望があったからだと考えられる(43)。さらに、三月二〇日の「中山艦事件」以後、失脚した汪精衛に替わって蒋介石が台頭し、党主席になった張静江の後援を受けて、基本的には「聯俄・容共」を堅持したが、過度な左傾を抑制しつつしだいに指導力を強化しはじめたため、前章で述べたように蒋・張と親密な関係を持つ戴にとっては、彼らの指導路線が自身の志と符合するので、中山大学の校長職に就くことになったのである(44)。

彼は党中央に、「学術的価値を体とし、政治的価値を用とする」、すなわち「大学内の党は党の科学化をもたらすべき」であり、「大学における一切の科学的研究は科学の党化をもたらすべき」ことを要請した。具体的には党中央が信頼すべき人物を政治訓育委員として大学に派遣し、大学の政治訓育の全責任を負わせ、大学の政治訓育は完全に党中央の指導を受け、党の進化により進化する一方、行政委員の組織はしだいに恒久化させ、党中央の改選によって人員を変える必要はなく、校長制を委員制に変えて、戴自身は行政委員または一教授になるということである(45)。これは、党指導路線の変化に直接影響を受けず、さまざまな均衡のうえで中山大学を運営しようという慎重な姿勢だと指摘されている(46)。

一〇月一六日、国民政府は中山大学を委員制にし、一七日に戴を委員長に任命した(47)。戴は校務を整頓し、また自分の国民党理論を毎日学生に講演して、中山大学の発展に大きな貢献を遂げた。彼は東方民族院と移民科の設置を唱え、かつて留学した日本大学の植民科の例をあげ、「彼らの方法およびその後の業績もきわめて優れていた。もちろん、彼らのような帝国主義の思想をもって開拓する野心にわれわれは反対するが、しかし彼らの技能養成の方法は多く採用されるべきである」と主張している(48)。このことから、日本留学が後の彼の政治行動に直接に影響を与えたことがわかる。一二月、過労で体調を崩した戴は、朱家驊《シュカカ》にともなわれて香港へ療養に赴いたが、船上で意気消沈し、数年前の揚子江での自殺を想起してふたたび自殺しようとしたが、朱に止められた。広州に戻った後、戴は蒋介石から廬山会議への参加要請の電報を受け、上海を経て廬山に向かった(49)。

一九二七年二月二一日、蒋介石は清党運動を開始し、戴の理論を援用した。戴は「告国民党的同志並告全国国民」を発表し、「今回国民党の独立は中国独立の基礎である。これで国民党の心はやっと戻ってきた。〔……〕国民党は改組から今日まで自らを殺してきた」と説いた。四月一八日、南京国民政府が成立し、戴は一七日に中央宣伝委員、二七日に胡漢民と共に法制委員に選ばれ、五月には中国国民党中央党務学校教務主任に任命された。戴は一年来の中山大学での学生向けの講演記録を整理し、一二月に『青年之路』と名づけて上海で出版し、青年たちに大きな影響を与えた(50)。

一九二八年二月、国民党第二期四中全会が南京で開かれ、戴が執筆した四中全会宣言が通過し、組織上・理論上において共産党と共産主義を粛清し、三民主義の基礎を建設することを主張したが、これは「戴季陶主義」の継続であった。この会議で蒋介石は党・政・軍の権力を掌握し、彼の軍事独裁支配体制が確立された。戴は国民党中央において蒋に次ぐ高級指導者のひとりになり、三月、国民政府軍事委員会政治訓練部主任に任命された。八月、国民党第二期五中全会が南京で開かれ、戴らの主張により、会議は立法・行政・司法・考試・監察の五院制度など一連の議案を通過させた。蒋介石は戴季陶、胡漢民、王寵恵《オウチヨウケイ》に国民政府組織法の起草を依頼した。一〇月八日にこれが公布され、一〇月一〇日に国民政府が正式に成立し、戴は国民政府委員・考試院長の職に就任した。一九一六年に蒋介石と交わりを結んで兄弟となってから、蒋と特別に親しかった戴は、国民党の最大の理論家、蒋の最高の国策顧問となり、生涯国民党の発展に心血を注いだのである。

以上のように、戴季陶は中国国民党の改組が独力ではなく、ソ連・コミンテルンに依存したことから、それに対して積極的に賛成しなかったが、孫文に対する忠誠や尊敬から、また国民革命の成功のために改組以後の事業に尽力した。しかし、容共政策により国民党内では左傾・右傾の両傾向が生じ、混乱した局面が続いた。さらに、孫文の死去によりこの局面を制御できる指導者がもはや存在せず、厳密な組織と思想を持つ中国共産党がますます発展してきて、国民党にとってきわめて大きな脅威となった。つまり、中国国民党が生きのびるか滅びるかというもっとも緊迫した問題に直面したのである。この危機を深く認識した戴は、局面を打開するために三民主義を信仰することを唱えた。これは、五・四時期に革命の原動力はひとつの主義であるという革命観にもとづいたものである。また、討袁期に日本人の一貫した「国民的共同信仰」への称賛とも関連している。つまり、国民・党・国家の主体性と一体性を一貫して強く求めるという戴の思想が最大限に表わされたものである。

（2）訪日外交活動

①日本への新たな期待――「大陸同盟」

一九二〇年の直皖戦争での段祺瑞の敗北と、一九二二年の第一次奉直戦争での張作霖《チョウサクリン》の敗退により、親英米派の呉《コ》佩孚《ハイフ》、曹錕《ソウコン》が北京政府の権力を握り、日本の勢力は完全に北京政府から排除された。こうして、ワシントン会議以来、軍備問題で英米両国に牽制されていた日本が中国での権益を拡大するために、以前の寺内・原内閣時期の孫文を圧迫し排斥する政策を放棄し、孫文をふたたび利用する可能性が生じた。これは孫・段・張の「反直三角同盟」とも呼応している。(51) 一九二四年一〇月、第二次奉直戦争の最中に直隷派の馮玉祥《フウギョクショウ》は北京政変を起こし、孫文を北京に迎えて

長崎到着時，留日学生と談話した後の「上海丸」での記念撮影（**1924**年**11**月**23**日）。立っている前列左から四番目，淡色の洋装が戴季陶
［出所：但保羅総編輯・劉悦姒主編『国父革命史畫』台北：国立国父記念館，1995年，238頁］

民国の統一と再建を図ることを提唱した。孫は馮・段と協議するために、一一月一〇日に反軍閥・反帝国主義をふたたび強調する「北上宣言」を発表した[52]。北上の目的は国民会議を開催して平和統一を図り、対内的には民生の問題を解決し、対外的には列強の侵略を防ぐことであった[53]。

一一月一三日、孫一行は広州を発し香港を経て、一七日に上海に到着した。半月近く上海から天津への船便も列車もなかったため、日本経由で天津に行く方が早く、また日本の友人と会見して最近の日本国民の対中国感情を観察することもできるため、彼らは日本を経由して天津に向かうことになった[54]。日本を経由する際、孫は日本語通訳兼秘書として戴季陶を同行させた。三度目に広州から上海に戻った戴は、孫の日本経由がまさに大陸同盟を実行するためだと認識し、その目的を深く理解し、また強く願っていたので、孫に従って日本に赴いた[55]。孫は訪日前に、日本の朝野の人士と連絡し、白色人種の侵略に抵抗するため、アジア大同盟を発起する目的で、大元帥大本営参謀長李烈

座席左から，寺尾亨，孫文，頭山満；後列左から山田純三郎，戴季陶，李烈鈞（**1924** 年）**11** 月 **22** 日，神戸にて）。
［出所：但保羅総編輯・劉悦姒主編『国父革命史書』240 頁］

鈞を特使として日本に派遣した(56)。これは、戴の認識を裏づけるものである。孫の訪日決定は、一七日に上海へ到着した翌日に、李の報告を受けた後でなされた。この時期の孫は、一九二四年春にアメリカの日本移民排斥運動により日米関係が悪化したのを利用して、日本との提携を実現し、東方同盟を結成しようと図った(57)。

一一月二〇と二一日、孫に日本へ派遣された殷汝耕が外務省アジア局長出淵勝次と会見した際、孫の上京に出淵は賛成せず、戴が孫の代表として上京するという殷の提議に同意したが、これは実行されなかった(58)。一一月二二日朝八時に、孫一行は上海丸で上海を発して日本に向かった。同行者は宋慶齢《ソウケイレイ》、戴季陶、李烈鈞、兪《ユ》応麓《オウロク》ら一一人であった。船上で『大阪毎日新聞』村田孜郎特派員が戴と会談し、戴は日中関係に関する自分の感想と孫の意見を述べた(59)。二三日に長崎に着き、二四日に神戸に到着した孫文は、古島一雄、萱野長知、宮崎龍介、山田純三郎、菊池良一、そして在住華僑や新聞記者など一〇〇人余りの歓迎を受けた。しかし、日本政府の要人が一

「大アジア主義」講演を行なう孫文（左）と，その通訳をする戴季陶（**1924** 年 **11** 月 **28** 日，神戸高等女学校にて）
［出所：但保羅総編輯・劉悦姒主編『国父革命史畫』240 頁］

人も現われなかったことから、日本政府が孫の訪日に対して冷淡な態度をとっていたことがわかる。孫は神戸で中外人士と数多く会見した。(60)

二八日、孫らは神戸商業会議所など五団体の歓迎会に出席し、神戸高等女学校で有名な「大アジア主義」講演を行ない、空前の盛況となった。その夜、孫文はグランドホテルで日中の友人二〇〇人を招待し、「治国隣邦の道」を講演した。(61)神戸での滞在期間中、孫文は四回講演し、六回記者会見を行ない、中国人の対列強不平等条約撤廃への協力を日本人に呼びかけた。(62)孫文が長崎・神戸などに滞在した八日間、記者会見や日本政財界人士などに対する講演は、すべて戴が通訳を務めた。その主な内容は、戴によって翌年三月の『改造』誌上に「日本の東洋政策に就いて」という形で発表されたが、彼は日本に、（一）中国との不平等条約の廃棄、（二）植民地統治政策の撤廃、（三）ソ連・ドイツとの同盟の結成という三つの条件を提出し、日本国民に「大陸同盟」の一員となることを求めた。(63)

一一月三〇日、中華民国国歌が奏でられるなか、孫一行は大勢の「孫文万歳」の歓声に見送られ、孫は歓送者に感謝の意を表し、来春にヨーロッパに行き、帰りにふたたび日本を訪問する、と告げた。孫一行は北嶺丸にて神戸を出発し、一二月四日に天津に到着した。その後、孫が北京に一、二カ月間滞在する予定であることを知った戴は、その期間中は「国内政治に十分従事できない」ので、先に上海に戻り、孫がふたたび出国するときに従うことにした[64]。

一二月三一日、孫は「入京宣言」を発表し、北京各界の民衆一〇万人に歓迎された[65]。戴が天津を去った後に孫は発病し、一九二五年一月二六日、北京の協和医院で肝臓癌と診断された。戴は孫の危篤を知り、ただちに上京すると、その後は孫の逝去まで離れずに看病した。その間、孫は戴と中国の政治、とくに日本との関係を語り合った。戴は後に、孫が日本に対して最小限主張すべきこととして、「ひとつは、日本が中国と締結したすべての不平等条約を排除すること。もうひとつは、台湾と朝鮮に最低限でも自治を獲得させること。三つ目は、日本はロシアが台湾や朝鮮と接触することを阻止してはいけないこと」をあげた、と述懐している[66]。また、戴は長年、三民主義を研鑽した成果を文章化することについて、孫の許可を得た[67]。三月一一日、孫が署名した遺嘱は戴らの署名を得て証明された。一二日、孫文はこの世を去った。

②期待から幻滅へ

一九二七年、国民党の実権を掌握した蒋介石は、日本の国民革命への支持を得るため、戴季陶を日本へ派遣した。『東京朝日新聞』は戴の訪日を大きく報道し、来日の背景や日本側への希望を述べている。それによると、陸軍の一部、上海に利害関係のある実業家、政友会系の政客、貴族院の一部などが、幣原外交を覆し、積極方針に転じることを希望し、上海に対する実業家の懸念から出兵論も干渉論も、また日英協調論も起こりつつある。そして、国民政府が対日外交方針を確立し、戴を派遣して新たに諒解を求めようとすることは、「決して偶然ではない」と分析している。

そこで、日本側の期待は、満州における勢力範囲の承認、上海租界の暴力的奪取の回避、中国の国民革命がソ連の影響を受けないことであった。もしこれらにすべて問題がなければ、「日本国民の同情を拡大し、国民政府の立場をいっそう有利に導く」と語っている。[68] 戴は国民政府の使節ではなく、「政府の上にありて指導的立場にある国民党の代表者であること」は、「戴氏の使命の重大」さを伺わせるので、「戴氏に接するほどの人々が、戴氏と如何なる意見を交換し、戴氏をして日本の真意を如何に諒解せしむるかは、南方と日本との関係、換言すれば、支那の民衆間に信望ある唯一の勢力と日本との関係を設定する上に重大なる関係を有」する、と主張している。朝野の人々が友人として、東京留学当時、または故孫文に随行してきた当時のように迎えることを切望する、と唱えた。[69]

　このような背景のもとで、二月一四日に戴は鈕有恒夫人と共に近海郵船山城丸にて上海を出発し、一七日午前に門司へ到着すると、中国人留日学生や北九州在留中国人が青天白日満地紅の旗を挙げ、歓迎歌を歌って戴らを迎えた。彼は記者に来日の使命について、第一は「支那の国民運動の方向とその目標とを闡明し、日本国民の理解と援助とを求めること」であり、第二は「国民的要望の実現に努めつつある国民政府の努力に対して日本の同情を求め、不平等条約の撤廃のために助力を仰ぐためである」と語った。北九州在留中国人に対して講演した後、午後に列車で別府に向かった。[70] 戴は日本国民に、「両国民が将来の親善は密接なる経済的連結と合作にあり、不平等の条約撤廃は支那を経済的束縛から解放し、生産力を増加してこれが購買力増加を意味することで、両国の通商貿易はこれによってはじめて無限的発展を来すのである」という声明書を発表した。[71] 温泉の亀ノ井ホテルで二週間休養し、一九二四年に孫文と共に来日した際より「氏の双眼は輝きを増した」という。[72] 二一日に紅丸にて神戸に赴き、二三日朝に到着すると、在神一五団体、一〇〇〇名以上に迎えられてオリエンタルホテルに投宿した。[73] 二四日午後六時に、日華実業協会が杏香楼において開催した総会で、戴は「日支両国の精神的連結」という題で講演し、「愛嬌を交へて滔滔熱弁を揮ひ会同者に多大の感動を与へていた」と報道されている。その後、同日夜、三宮発の列車で東上した。[74] 途中、京都駅を通過した際、戴を見送るために中国人留日学生の一団体が京都駅に押しかけ、同地の官憲が戴の目前で留学生の二、三名に暴行を加え、京都大学経済学部二年生の于清淪と鄧靄を拘束した。戴は、「日本官憲が今日もなほかやうに支那国民を侮辱しつつある事実を見て自分は少からず不快の念を抱くと共に日本に対する期待を裏切られたかの感があ

戴季陶一行訪日紀念（**1927** 年春）。前列右から三番目が戴季陶，四番目が梅屋庄吉，五番目は鈕有恒夫人
［出所：梅屋庄吉資料室所蔵，小坂文乃氏提供］

る」と憤慨した[75]。

二五日朝、戴らは列車で東京に到着すると二〇〇〇人の中国人留学生の歓迎を受け、帝国ホテルに泊まった。午後、外務省の出淵次官と、そして木村鋭市アジア局長と会談した[76]。また、先に述べた日本側の三つの懸念について、戴は日本各紙につぎのように語っている。「日本の満蒙における特殊地位についてはこれを現在の事実として見てはいるが、国民党として具体的に考慮した事はない。将来本問題を如何にすれば合理的であるかは日本国民が自ら研究せんことを希望するものである」。上海の租界回収について、「国民政府としてはあくまで平和的合理的な手段によってこれを実行することは勿論である[77]」。中国の国民革命がソ連の影響を受けていることについて、それは単なる精神上の助力であり、国民党の赤化ではない、と説く[78]。

二月二七日、読売講堂で開かれた東京記者連盟創立総会席上で、戴は「中国革命の真相」を講演し、三月一日午後六時半より、二〇〇名以上の衆議院各派の代表者は、丸の内中央亭で戴の招待会を開き、戴は講演を行なった[79]。また三月一七日午後六時より中央亭で、頭山満、副島義一、尾崎行昌らの民間有志が戴氏の歓迎会を主催し、参加者は一二〇名に達した。戴は国民革命運動の真相について、「一時間にわたり熱弁を揮ひ参加者に多大の感動を与へ」、「近来稀に見る盛会であった」と報道されている[80]。

ところが、三月一九日、戴が久原房之助から革命政府への援助金として二五〇万円を得たと『読売新聞』が報道し[81]、戴はこれが意図的な中傷であると厳重に抗議し、帝国主義の侵略に抵抗することを唯一の目的としている国民党および国民政府は、いかなる外国からも絶対に借款しないことを声明した[82]。さらに、彼は国民党の要人に宛てて、この声明が上海、武漢、広州の各新聞に訳して載せられているか、と注意を促した[83]。戴の抗議により、『読売新聞』は二〇日に報道を取り消し、戴に謝罪する記事を載せた[84]。

東京を離れる一〇日前、陸軍省と参謀本部は戴を陸軍省官邸で招待し、在席者の表情はみな険しかったが、戴は終始落ち着いた態度をとっていたという。また、その二、三日後、黒龍会の宴会で「主催者と陪席の客の声と顔色は皆常態を失い、新進の青年の席ではただ殺伐の雰囲気が漂い、まったく尋常の宴会のあり方ではなかった」という。東京を離れる前日、この二回の宴会の状況を知った外務省の関係者は、中国との友好を求める意思を表わすために戴を招待し、侵略主義を抱いているのは日本国民全体ではなく、また日本政府全体ではないことを戴に示した。彼らが日本の前途を憂慮していたことから、戴は戦禍を免れることはできず、全国一致して自立自救に努力しなければならないと判断した[85]。

三月二二日、戴は首相官邸で若槻礼次郎首相および財部彪海軍大臣と会見した[86]。同日、戴は「謹告親愛之日本国民」を発表し、来日の使命は日中両国の親善を「民族的平等と人道主義」という基礎の上に築くことで、全中国国民の熱烈な革命運動の真意を日本に伝え、両国民の将来の融和を実現するには、実に終始「絶対的平等の立場に立つことおよび相互的自覚がもっとも必要である」と発表した[87]。二三日夜に彼は東京を離れ、二四日に神戸に到着した。

二六日、戴は大阪クラブの歓迎午餐会に臨み、同地の名士二百余名に対して、約一時間にわたって国民党の立場から中国の時局を説明し、南方派に対する日本官民の理解を求めた(88)。彼は中国が求めているのは、「完全な独立と自由」および「民衆的勢力によって国民を統一して改革をはかること」であり、「中国が統一できれば生活は安定し産業の発達をもたらし貿易が増進する。支那の貿易が十倍になれば日本の割前は少なくとも五、六倍になるだろう」と語って、日本国民の理解と援助を求めている(89)。その後、大阪中華総商会で「中国革命史与世界之関係」という題で講演した(90)。二九日、戴一行は上海丸にて帰国し、三一日に上海に到着した。

今回の訪日は一カ月半あまりに及び、この間に門司、別府、神戸、東京、大阪、長崎などを訪れ、日本の朝野に対して八十数回も演説した(91)。そのうち、日本が国民革命を妨害し武力で中国を侵略する方針を放棄して、世界平和の協力者になるべきことを主張した講演は、四五回もあった(92)。政治、経済、学術、輿論界の人々はみな自分の主張に賛成した、と戴は述懐している(93)。戴は今回の訪日について、「革命は自覚・自救・自強的国民事業であり、ただ自分の党・政府と民衆の一致努力を求めるしかない。外交は才知と度量および事実の問題であり、口先の空論ではない。世界のわれわれを平等に扱う民族と連合し、それ以外はただ一般的な宣伝で、その民族を覚醒させるに過ぎない。私は十数年来、度々総理の命を受けて日本に行くと、いつもこのような感想を抱いた。今回全局を見極めて、この感想がもっとも深い。日本の民衆は覚醒と組織の初期に位置しており、この時期には中国の革命的民衆と提携する意思があっても実力がない」と感想を述べている(94)。彼の談話から、討袁期以来日本との提携の望みを一貫して持ち続けた彼が、それに対してほとんど絶望的になっていることが読み取れる。

戴の日本民衆に対する失望感には、現実的裏づけがあった。すなわち、田中内閣の対中積極外交の開始と前後して、日本国民のあいだに無産階級による対支非干渉運動が起こされ、それが戴の訪日と重なった。その運動の中心である労働農民党は、戴が「新右派理論家として蔣介石のもとへ走った者」であり、「国民革命の裏切り物」だと認識しており、戴も国民党左派を支持する彼らの運動に加わる意図は持ちえなかった。戴が日本国民の代表として協力を望んだのは、五・四時期に深い関係を持った宮崎龍介らの社会民衆党であったが、彼らは対支非干渉同盟に加わらず、この運動に対して積極的な役割を果たさなかった。こうして、「一方は日中無産階級の団結、他方は中日両民族の結合を主張する両者は、主張の内容からは相反するものではなかったとはいえ、各々の階級的立場から対立し、結局戴季陶は、彼が主観的に意図する日本国民との提携の基盤をどこにも持ち得なかった」と、森永優子は指摘している(95)。

以上のように、戴は一九二五年に孫文と共に日本を訪問したとき、日本が「大陸同盟」の一員となることを期待したが、一九二七年の訪日の段階になると、日本の軍部が強い中国侵略の意思を持っていることを自ら理解した。同時に、日本政界の一部分の人物や、大部分の国民はこのような思想を持っているわけではなく、日中友好を望む人物が多く存在していることも認識した。しかし、重要な問題はこれらの人物が政界で弱い立場にあり、民衆の力も初歩的な段階にとどまっていたことである。したがって、日本当局と民衆のいずれも、提携の基盤を持ちえないことが明らかになった。こうして、彼の日本に対する期待はしだいに幻滅へと変わった。日中戦争が結局は不可避のものだと認識したため、中国民衆が自覚・団結して奮闘するよう喚起することが、日本政治の内実を深く了解した戴の責任と義務となった。その必要性から、彼は『日本論』を著わしたのである。今回の日本訪問は戴季陶が対日外交に携って以来、最初で最後の単独で行なった最高レベルの公式訪日であった。

二　三民主義と民族国際

(1) ひとつの主義の堅持——三民主義

戴はまず孫文の言葉を引用して、「主義とは一種の思想、一種の信仰と一種の力である」と説明し、ひとつの主義は、必ず「独占性と排他性」を持ち、同時に「統一性と支配性」をも持っていると主張する。主義は「党の神経系統であり、同時に党の血管でもある。神経系統と血管がないと、ひとつの動物になれない。主義がなくなると、ひとつの党にはなれない」と、主義が政党を結合する基礎であると語っている。これは、主義に対して少しでも曖昧にしたり、譲歩したりすべきではないという見解である。しかし、一全大会の終了後、中国国民党内に左傾・右傾の混乱が生じたことに対し、「いつも個人的結合が見えて、ひとつの主義の団体が見えない」と憂慮した戴は、『共信』が立たないと、『互信』が生じない、『互信』が生じないと、団結が固まらない」と述べる。現在の「中国が必要としているのは三民主義の国民革命」であるため、彼はひとつの主義、すなわち三民主義を揚げ、国民革命における中国国民党の正統的な地位の確立、および国民党の一致団結と奮闘を図ろうとした(96)。

戴は三民主義そのものを分析するよりは、三民主義の理論的基礎を研究することに重点を置き、孫文の思想を「能作」と「所作」という二つの部分に分けて論じる。「能作」は孫文の「道徳に関する主張」であり、「古代中国の正統の倫理思想を継承したもの」であるが、「所作」は「政治に関する主張」であり、「現代世界の経済組織・国家組織・国際関係など種々の制度に着眼して創造した新しい理論である」と分析している。戴は「能作の力はすべての所作の基礎である」と認識しているので、「能作の部分」を中心に詳しく述べている(97)。それは「完全に中国の正統の思想であり、すなわち堯舜から孔孟まで断絶していた仁義道徳の思想であり、先生が二千年来断絶していた中国の道徳文化を復活させた」ものであると、戴は強調している(98)。

また、孫文の国民革命は「中国の国民文化の復興に立脚したのであり、中国国民の創造力の復活であり、中国文化の世界的価値を高揚させて世界の大同の基礎にする」ものであると主張する。この国民革命の第一の基礎は、「民族の自信の上に立つことであり、民族の自信はさらに民族の栄光の歴史から発生してきたものである」と唱える(99)。つまり中国の伝統的な歴史と文化から民族的自信を発掘しようとしている。これは、前章で述べたように五・四時期に戴が、近代思想と伝統文化との有機的結合を重視し、新たな伝統を創造しようとしたことと一脈通じる。

そのうえで、戴は「三民主義は三つの部分ではなく、本体から見ると民生主義のみあって、方法上から見るとはじめて民族・民権・民生という三つの主義がある」と説明した。「民生はすなわち人民の生活、社会の生存、国民の生計、群衆の生命である」という孫文の定義から、「民生主義は実は先生の全目的の所在」であり、「食・衣・住・行・育・楽という六つの生活需要が均等・普遍的に満足されること」が民生主義の真義である、と説く。国民革命の最初の動因、最後の目的はすべて民生にあると主張するのである[100]。これは、まさに緒形康が指摘している戴季陶主義に含まれているひとつの側面、すなわち三民主義の純粋化——仁愛之心・孔孟之道という「社会的なもの」が、共信という「政治的なもの」を決定することである[101]。

しかし、この三民主義に危機をもたらしたのが、もうひとつの主義、すなわち共産主義であると感じていた戴は、両者をどのように区別しているのであろうか。彼はまず両者の一致点について、孫文の言葉で説明している。民生主義はすなわち「社会主義であり、また共産主義と名づけ、すなわち大同主義」であり、「共産主義は民生主義の理想であり、民生主義は共産主義の実行である」という。民生主義と共産主義は、「両者とも国境を突破して全世界を主義の実行対象としている」ので、目的上および性質上において両者は完全に一致していると、戴は説明する[102]。

一方、両者は哲学的基礎において完全に異なっていると、戴は説く。「共産主義は単純にマルクスの唯物史観を理論の基礎とし、民生主義は中国の固有の倫理哲学と政治哲学の思想を基礎としている」。共産主義が解決しようとしているのは「経済生活の問題」に限られるが、民生主義は「育と楽という両部分にあり、すでに経済生活を超えている」。また、両者は実行方法においても完全に異なり、共産主義は「プロレタリアの直接的革命行動をもって実行方法とし、階級独裁で階級を打ち破ること」を主張しているが、民生主義は「国民革命の形式で政治建設の事業において国家の権力をもって実行の目的を達成するので、革命独裁を主張するのである。各階級の革命勢力をもって階級勢力の拡大を阻止し、国家の権力をもって社会の共同経済組織を建設し、しだいに階級を消滅させる」というものである。彼は、「階級の対立は社会の病態であり、社会の常態ではない」と認識し、階級闘争を否定している。中国の革命勢力と反革命勢力の対立は、「覚醒者と非覚醒者との対立」であって「階級の対立」ではないので、われわれは

「国民全体の覚醒」を促さなければならず、「ひとつの階級の覚醒」を促すのではないと、戴は唱えている。さらに、社会問題について「共産主義の態度は批判と攻撃に重点を置き、建設の主張を二次的地位に置き、甚だしくはまったく考慮しない」が、「民生主義の態度は建設の主張と方法に重点を置く。したがって、片方は現社会が如何によくないかのみを語るが、片方は如何に建設するかに尽力している」と、戴は分析する。[103]

　では、共産主義を信奉する中国共産党員について、戴はどのように認識しているのか。戴は、「本来C．P．とC．Y．〔中国国民党に入った中国共産党員と中国共産主義青年団員〕は中国国民党を利用し、その目的はとても純潔で、心情は高尚」であり、彼らが「本当に民衆の幸福のために奮闘する勇士であること」を承認している。「中国の経済的条件と文化的条件が備われば、彼らの計画が実現する可能性はあり、われわれは反対するどころか、自ら主張するだろう」と述べている。しかし、「彼らが意図したのは中国社会の急激な変化」であり、現在の中国には相応しくないと、戴は判断した。また、中国共産党員の中国国民党に対する批判は、「C．P．全体の意思ではなく、しかも大多数の人の意思ではない。大半は皆酷薄ないわゆる『中国のレーニン』の策略であった」と指摘している。[104]このように、戴は最初から盲目的な反共産主義者ではなかったのである。

　しかし、改組以来、中国共産党は「コミンテルンの東方赤化政策と内外連結してきわめて大きな威力を形成し」、「国民党の腹内の癌腫」となり、国内においては青年に単純な国民革命への信仰を失わせ、国民党内においては「成功を焦る人々に独立自主の精神を失わせ、ソ連と共産党を利用することから一変してソ連と共産党に屈服」してしまい、政治の理論・政綱の実施について沈黙したり、共産主義化するといった現象が生じた。さらに、単純な反共産主義化という傾向も現われ、彼らは国民党が積極的に努力すべき仕事を放棄し、帝国主義や軍閥・官僚に反対せず、民衆とも親しもうとせず、ただ消極的に共産党に反対するだけであった。しかし、彼らの反共は、「堅実な三民主義の観点に立てず、語ったことや行なったことはみな帝国主義者や官僚・軍閥の反共運動と異ならない」と指摘している。[105]つまり、コミンテルンに支配されている共産党の活動が、中国国民党の発展に危機的な要素となったと戴は指摘し、また国民党内に生じた左傾・右傾の双方をも批判している。

かつての中国同盟会には、さまざまな主義者が含まれていたが、それほど困難だと感じなかったのは、「同盟会以外に、もっと優秀な団体がなかった」ことや、「彼らは確かに団体に対して二心がなかった」ことを、原因としてあげている。しかし、いまの共産党は優秀な団体であり、しかも厳密な思想を持っているので中国国民党の最大の脅威になったと、戴は感じている[106]。彼は「C. P. の寄生政策は、国民革命を真の目的とせず、三民主義を正当な道理として認めず、ただ中国国民党の形を借りて自身の組織を発展」させ、「国民党を赤化させる」ことを確固たる目的としていると指摘する。一種の理想を信仰とし、そこから力を獲得した真正の共産主義者は、三民主義の発展を阻害することができると、戴は確信している[107]。そこで、この異質な主義を粛清しないわけにはいかなくなったのである。

したがって、戴は「C. P. の人がすでに中国国民党に加入して同志となった以上は、少なくとも中国国民党のなかにおいて、C. P. あるいはC. Y. のために党員を吸収する仕事をやめなければならない。秘密裏に中国国民党員に三民主義を懐疑する暗示を与えてはいけない」と説く。また、戴は彼らに、「三民主義を唯一の理論として認め、国民党を唯一の救国の政党として認めなければならないこと」をひたすら期待し、さもなければ自ら「労働党を組織する」か、あるいは彼ら「自身の党を興す」べきである、と主張している[108]。

このように、戴は共産党員の奮闘精神を認識したにもかかわらず、彼らが信奉する主義は厳密な思想であり、彼が従来持っていた「ひとつの主義」という発想と衝突し、中国国民党の団結と発展に危機をもたらすものだと考えた。そこで、戴は長年信奉してきた三民主義と、五・四運動時期に深く研究した共産主義の異同を理論的に分析し、目的と性質のうえでの一致があっても、哲学的基礎において完全に異なるので、主義の排他性および独占性により共産主義思想を中国国民党から徹底的に粛清しないわけにはいかない、と認識したのである。同時に、彼は国民党内における左傾・右傾の現象も批判し、国民党の一致団結を統御するものとして、三民主義を最高の理念として取り上げた。これは、国民党の組織的純化と排他的指導性の維持を支柱とするものである[109]。

（2）「天下三分策」——民族国際

戴季陶は第一次世界大戦前には、世界列強の矛盾は「一般的な植民地争奪」にあったが、大戦後は「そのすべての矛盾が悉く支那問題に現れて居る」ので、中国革命が成功しえなければ世界列強の矛盾を取り除くことができないと認識し(110)、討袁運動期と同じく中国の革命を世界革命の一環として位置づけている。では、中国の国民革命と関わっている列強について、彼はどのように認識しているのであろうか。まず、彼は国際連盟について、「現在、世界で最大の罪悪を犯しているのは帝国主義の国際連盟であり、これはその帝国主義国家が世界を共同で侵略する総司令部である」と、きわめて否定的に認識している(111)。なかでも、とくにイギリスに対しては、「東方で英国は唯一の強権であり、全東方民族の九〇パーセントは英帝国の圧制下にある。それゆえ、われわれの反帝行動は第一目標が英国であることを認識せねばならない」と、対決する姿勢が示されている(112)。

五・三〇運動が起きた後、戴は「今回の問題は、上海で学生を殺害したという単独の小さい問題ではなく、ましてや単に日本の紡績工場と労働者団体との経済闘争ではない。これは、外国人が中国の独立運動を圧迫し、中国人が国際的平等・国家独立を要求する大問題である」と強い批判の眼を向けているが、それは主にイギリスに対するものであった。ただし、この大問題は、「決して短期的な罷市・罷工で解決できるものではない」と、大衆運動の昂揚に慎重な姿勢を示している(113)。これは白永瑞の指摘によると、党に統制されない民衆運動が対外問題に対して激昂しやすいので、外交問題を複雑化させ、国民革命の条件をよりいっそう難しくするという心配があったからである(114)。そこで、彼が考えた成功のための方法は、まず中国人自身の奮闘であり、そのうえで「我らを平等に扱う民族と我らと同じ被圧迫的地位にある民族と連合して共同で奮闘する」ことであった(115)。一九二五年の時点では、戴は「単独対英論」を示し、列強の一員である日本の東方への回帰を期待していた。つまり、彼は国民革命の成功のために、なるべく敵を減らし、味方を増やすという考えを持っていたといえる。これは、つぎのことにも表われている。

国内において、共産党を粛清することを徹底的に主張していた戴は、国際的には実質的にコミンテルンを支配するソ連と連合することを唱える。それは、中国が列強に束縛されて自由な国際関係を持たない状況のもとで、ソ連が率先して不平等条約を撤廃したことにより、中国人がソ連に対して「好感を持ち、同時に親交を結びたい」という認識にもとづいている。[116]そこで、彼は、「中国が国家独立と民族自由を図る場合、切実にソ連と連合する必要がある。しかも世界の革命運動に参与する場合、とくにソ連と共同して努力する必要がある」と主張している。[117]つまり、強大な隣国であるソ連と思想上の差異があっても、現実的な政治レベルでは対決して敵国にする必要がないと考えられたのである。

また、陳公博の回顧によると、一九二七年二月、蒋介石は廬山で会議を開き、武漢政府がボロディンに支配されていることを討議し、彼との合作を中止することを提案したが、戴は極力反対した。その理由は不明だが、ソ連との関係が考慮された要素のひとつであるという。[118]ただし、何より重要なのは、中国人は「自分の需要を見きわめねばならず、とくに自分の独立性を尊重しなければならない。自民族の独立性を放棄してソ連に依存してはいけない、さらに、自分の必要を忘れてソ連に盲従してはいけない」と強調していることである。すなわち、中国がソ連と連合する第一の前提条件は、「中国の独立と中国民族の自由」であり、[119]一貫して中国人の自主性を求めているのである。

このように、戴は「帝国主義の国際連盟にわれわれにひとつの生きる道を与えるように哀願する」ことや、「建設思想が相容れないコミンテルンと根本的に妥協する」ことは、完全に不可能であると認識したうえで、民族国際の構想を打ち出した。[120]それは、一九一三年に孫文に従って訪日した際、孫文と桂太郎の密談で合意された「大陸同盟」を基礎にしたものである。この民族国際のなかには、中国、ソ連、ドイツ、オーストリア、トルコという五大国を中心とし、エジプト、ポーランド、インドなどの国が含まれ、人口および経済力と地位からいうと、みな中国がその中心になるべきである。[121]民族国際は国際組織として常設機構を置き、圧迫者に抵抗すること以外にも、経済、文化、国際法、移民などの交流をはかることを唱えている。[122]

ただし、この民族国際は必ず各国家および各民族が純然たる民族自由連合主義のもとで組織し、それによって世界のあらゆる弱小民族の国民政党を包括し、「偉大なる国際勢力を作り上げ、一方では帝国主義の縦断的国際連盟に対抗し、一方では各国社会主義の横断的国際と提携する」。この「自由連合を基礎とする新たな縦断的国際が成立すると、全世界の国際組織は三足鼎立となり、ひとつは帝国主義の縦断的国際、ひとつは社会主義の横断的国際、ひとつは三民主義の新縦断的国際」であり、いわゆる「天下三分策」であるという[123]。この「縦断」は支配と抑圧を、「横断」は水平的・地理的拡大、そして干渉の意味合いを含み、「新たな縦断」は縦断の抑圧に対する抵抗という意味だとの指摘がある[124]。そこで、この重要な方案は「本当の世界の平和と進歩を促進し、人種的・民族的偏見を打破して大同に向かう起点である」と、戴は楽観的に唱えている[125]。しかし、一九二八年の国民政府の対ソ絶交などにより、民族国際の花はまだ咲かないうちに、早くも散ってしまった。

このように、戴は共産党員の奮闘ぶりを評価するが、その背後にあるコミンテルンの中国干渉を許せないこと、隣国であるソ連と提携する必要があるが、思想的に差異があること、孫文が絶えずアメリカなどの列強と提携する意思があっても相手にされなかったことなど、この一連の矛盾を解決するために、彼は「民族国際」を打ち出したのである。民族国際が国際連盟とコミンテルンという二つの最大の国際組織と鼎立しながら、前者と対抗し後者と提携するという構想は、国内的にはあくまでもコミンテルンの支部である中国共産党を凌駕でき、国際的には力関係からいうとまだ国際連盟に勝てない状況のもとで、コミンテルンを代表するソ連との提携関係をも維持できる、まさに一挙両得の発想であった。

以上のように、戴季陶がもっとも熱心に提唱し確立しようとしたのは、国家建設・民族発展に必要な統一的思想・信仰・力の保持である。それを実現するために、ひとつの主義、すなわち中国の伝統文化の精華（仁愛思想）に結びつけた三民主義を取り出し、中国人に民族的自信を持たせようと努力した。彼は最初から国民党改組に反対したが、それは単なる反共ではなく、むしろ共産党の背後に存在するコミンテルンの干渉があったので、共産党に独立性がないことを批判しているのである。しだいに思想的に強い信仰となる共産主義が、国民党政権の成立と強化に脅威をもたらすものだと感じたとき、戴は徹底的に共産党の粛清を主張しないわけにはいかなかった。彼のソ連に対する態度は、国内問題に関しては中国問題への干渉を許せなかったが、一方でこの時期、孫文が掲げた最大の政治目標のひとつが不平等条約の撤廃であったので、それを率先して破棄したソ連とは完全に対立する必要がなかった。むしろ国際問題においては、東方民族の振興のため強大な隣国であるソ連と連合する必要があると戴は考え、「民族国際」構想の重要な一員として位置づけていた。このような主張の根拠として、彼は日本に注目する。

三　反日輿論の理性化——上海輿論の日本観

国民革命期の上海では、日本が義和団戦争の賠償金で上海に博物館を建設したことや、中国人留日学生への学費補助などについていくらか報道がなされたが、大きな輿論を形成するにはいたらなかった。五・三〇運動は日本人工場で発生した労働争議に始まり、イギリス人警官の発砲事件により拡大し、さらに租界の回収、不平等条約の撤廃という政治性の高い反帝国主義運動に発展した。すなわち反日運動から反英運動へ、さらに反帝国主義運動にまで盛り上がったのである。この問題について『申報』は大量の報道を行なったが、そのほとんどは運動の成り行きを叙述したもので、日本に関する分析や評論はそれほど多くない。それらと比べると、もっとも報道が多く、かつ日本に対して分析や評論も行なわれたのは済南事件であり、『申報』はこの問題を毎日各ページにわたって報道している。ここでは、済南事件の背景をふまえたうえで、関連する対日輿論の要点を取り上げて紹介する。

一九二七年四月二〇日、政友会の田中義一内閣が登場し、幣原外交として知られる対中国内政不干渉政策を転換し、大陸進出積極策をとるようになった。五月、田中内閣は居留民を保護する目的で第一次山東出兵を行ない、六月に「東方会議」を開き、断固として満蒙における日本の権益を確保し、さらに華北での特権を拡大する方針を決定した。

一九二八年四月には第二次山東出兵を行ない、五月三日に日本軍はついに済南に入城してきた北伐軍を挑発して「済南惨案」を起こした。[126] 蒋介石らは北伐重視のために衝突回避方針をとったが、逆に日本の参謀本部は、この済南事件が「累年醸成セラレタル支那人対日軽侮心ノ具現なり」「武力ヲ以テ解決セントスル所以ナリ」と、南方軍を「膺懲」する方針を決定した。九日、さらに軍部の独走により第三次山東出兵が行なわれた。[127] この「回避」対「膺懲」は中日両国政府がとった政策のすれ違いであり、一九三一年の満州事変の際にもこれが同じく現われている。第一次山東出兵以来、『申報』はすでにそれに反対する輿論を多く報じているが、済南事件が発生すると、日本に抗議・反対する輿論がほぼ紙面の大半を費やして連続して掲載され、空前の反日運動が展開された。それらの特徴は、つぎの三点にまとめることができる。

第一に、政府の抑制した対処方法。五月五日、南京政府は「日本軍の挑発的な惨殺行為に対して、怨み憤っているなかで、抑制した態度をとる。抑制は屈服あるいは弱腰ではなく、彼らのずるい陰謀に陥らず、東亜の平和が自ら破壊されず、公理が最終的に強権に勝つような解決を求める」と主張している。[128] 同日、国民政府委員は臨時緊急会議を開き、北伐の継続と完成、軍民の団結と奮闘の喚起、日本軍の暴行への厳重な抗議と各友邦への通電を決定した。[129] 同時に、警備司令部と市政府は、「管轄区域内にいる日本居留民を保護すべきであり、我が文明国家が国際道徳と法律を尊重することを示す」という宣言を発表した。[130] このように、国民政府がこの事件を通して国民の輿論を導こうとしたことがわかる。

第二に、田中内閣と日本の「民党」・民衆を区別した認識。武漢各界民衆外交後援会は執行委員会議を開き、ある者は、山東出兵の首謀者は田中内閣であり、それは「一時的に権力を強化するため」であった。「我らは日本の民党および民衆に対しては、中央の訓令に従って両国の親善の態度を保持し」、「日本の民衆がすぐに反応してその政府の悔悟を促すことを望む」[131]が、もし万が一、彼らが「田中と一致した行動をとったら、必ずこの国と経済絶交をしなければならない」と説く。党・軍・工・商・学各界代表は各団体代表大会を開き、出兵の原因について、（一）日本民衆に反対され、危機的な状態に置かれている田中内閣は、出兵により「国内の民衆の怒りを緩和し、内閣の寿命を延ばそう」としている、(二)日本帝国主義者は「奉魯派の残余の軍閥が崩壊しそうなので、中国侵略の目的を貫徹するため」と分析している。[132]上海総商会は日本商業会議所、民政党、在野各政党宛てに通電し、憲政国である日本の国民が奮起して、政府を指導する責任を果たすよう期待している。[133]このように、輿論には強硬な態度をとるものが多いが、主に田中を批判対象とし、日本の「民党」・民衆に対して好感を示し、期待を寄せている。[134]

第三は、政府の後盾となった各界の態度。軍界では、三二軍政訓処が「国民政府が厳重に抗議することを電報で要請するほかに、全国の民衆と一致して支持し、中央の指導のもとで平和的に奮闘し、政府の後盾となり、早く北伐の大事業を完成することを切実に願っている」と通電した。商界では、全国商会連合会総事務所が「我が当局に厳重に交渉し、全国の同胞が共に立ち上がって抗争することを懇願し、本会は全国の商人を率いて政府の後盾となりたい」と主張している。上海総商会は各友邦に宣言し、日本軍の暴行は「未開な土番部落の野蛮な」行為であり、東亜外史上、さらに人類文明史上の汚点であり、それを「全世界の公論に訴え、各友邦の人民が人類文明を保護するために勧告して改めさせてほしい」と記している。工業界では、工統会が「中国民族の存亡と革命の成就のために、全上海八〇万の労働者を率いて臥薪嘗胆する」と通電した。上海郵務工会は緊急会議を開き、「暴動を起こしてはいけない。国府を擁護し、命をかけて奮闘する。反日宣伝隊を組織して民衆を喚起する。日本製品を排斥する」と決議した。上海郵務工会と郵務職工会は中華郵界反日運動委員会を設立し、宣伝を拡大するために郵便物に反日スローガンを刻んで銘記することや、日本製品を徹底的に排斥することを決めた。学界では、復旦大学の学生が全体会議を開き、つぎのことを決議した。すなわち、外交後援会、日本製品排斥会、国際宣伝隊を組織すること、軍事訓練を開始すること、世界の各弱小民族と共同で奮闘すること、倒閣の促進を日本民衆に通電すること、全国に通電して民衆の力で政府と日本との交渉を厳重に監督することである。[135]

さらに、党・軍・工・商・学の各界代表が各団体代表大会を開き、北伐の続行、日本が中国を侵略する道具である奉魯軍閥の消滅、対日経済絶交の断行を主張している。[136] 武漢外交後援会は「告全国民衆書」を発表して、「(一) 中央の警告に従って抑制した態度で消極的に抵抗し、彼らの陰謀に陥ることを避ける。(二) 共産党はまだ完全に粛清されていないので、これに乗じて反乱を起こし、後方を乱すかもしれない。方法を講じて〔共産党を〕防ぎ、完全に消滅させるべきである。(三) 忍耐強い決心を持ち、五分間の情熱だと嘲笑されることを避ける」。日本製品の排斥や経済絶交などいかなる方法を用いるにせよ、「綿密な思慮、高遠な見識、穏健な手段、忍耐強い精神をもって組織的かつ段階的な計画を定め、横暴な日本政府に対抗すれば、強権が終に公理に屈服する日が来る」と唱えている。[137]

以上のように、今回の反日輿論の特徴は、日本に対する憤慨が日増しに深まるなかで忍耐強い態度をとり、感情的な批判ではなく、ある程度理性的な対策を出していることである。それは北伐の完成を最優先にし、日本の中国侵略の拡大を防ぐためであり、また共産党の反乱を防ぐためでもあった。田中内閣と日本の「民党」・民衆とを区別して、日本国民の奮起を期待するという認識は、前章で述べた戴の「対決・連合論」とある程度似ており、五・四運動を経て輿論も大衆の力強さを認識するようになったことを意味しているのである。これは、五・四運動期に全国レベルで日本を敵として認識し、もっぱら感情的に批判したのとは異なり、いくらか理性的に分析するようになったことを示しており、数回の反日運動を経て日本認識がしだいに成熟してきたことを意味しているのであろう。

四　日本国民への期待——孫文の日本観

前述したとおり、ワシントン会議以後、中国での権益を維持・拡大するために、日本が孫文派をふたたび利用する可能性が生じた。それは、一九二四年五月に清浦内閣が制定した「対支政策綱領」に表われている。この綱領の第三条は、「支那政局ノ現状ニ顧ミ、差当リ中央政府ニノミ偏重スルコトナク、広ク地方実権者トノ間ニモ出来得ル限リ良好ナル関係ヲ結ヒ、以テ各方面ニ対スル我勢力ノ伸長ヲ図ルコト。従テ常ニ公平ナル態度ヲ以テ地方実権者ニ莅ミ、其ノ正当ナル目的ニ対シ好意的援助ヲ与フル事。但援助ノ程度及方法ニ帝国ノ利害関係ニ応シ、適宜調節ヲ加ワルコト」と規定した[138]。この地方実権者とは主に張作霖を指すが、一地方政権として成立した孫文の広州陸海軍大元帥大本営に対する日本の対応を考慮する場合にも、これが参考になったと指摘されている[139]。この時期に北伐を行なっていた孫は、最大の目標として軍閥およびそれらを支持する列強を打倒し、列強の中国における勢力均衡を利用して政権を取るために、日本との連合が必要だと戦略的に考えた。したがって、孫文は五・四運動期の日本徹底批判を改めて、日本の支持と援助をふたたび期待するようになった。そこで、彼の日本観を以下の二点にまとめてみたい。

第一は、日本の帝国主義的性質と「植民地」経験の双方を認識していた点である。一九二四年一月に、孫は日本がイギリス、アメリカ、フランス、イタリアと同じく帝国主義国家であり、これらは帝国主義連合戦線を結び、中国やアジアだけでなく、世界の弱小民族の自由運動と国民運動を抑圧するために奮闘していると指摘し、世界の弱小民族が早く連合して反帝国主義連合戦線を形成することを呼びかけている[140]。また、一九二四年二月二四日には「三民主義」第五講において、「日本は東の近隣であり、彼らの陸海軍は随時に長駆して一気に攻め込むことができる。まだ時期が来ていないので、日本はとりあえず手を出さない。もし手を出せばいつでも中国を滅ぼすことができる。日本が動員する日から中国に入って攻撃するまで、多くても一〇日間にすぎない。もし中国が日本と絶交したら、日本は一〇日足らずで中国を滅ぼすことができる」と、現実の厳しさと日本帝国主義の本質を認識している[141]。

一方、孫は「三〇年前、日本もヨーロッパの植民地であった」という認識を示し、日本の国民は「先見の明を持って民族と国家の強盛と衰弱の鍵を知ったので、努力してヨーロッパ人と闘い、すべての不平等条約を撤廃し、日本を独立した国家に変えた」と日本の独立運動を高く評価し、日本の不平等条約の撤廃がアジア民族の復興の契機だと指摘している。その後、日露戦争の勝利により、「アジアのすべての民族がヨーロッパを打ち破ろうという気持ちを抱くようになったので、独立運動が起こった」と評価している[142]。そこで、「日本の明治維新は中国革命の第一歩であり、中国革命は日本維新の第二歩である。中国革命と日本維新と実に共通の意義をもつ」と、両者の関係を述べている。[143]このような認識は、以前の主張を継承したものだといえる。

これにもとづき、孫は租界返還・不平等条約撤廃について日本の同情と援助を、とくに日本国民に期待している。その理由は、日本が「かつて中国と同じ境遇にあり、苦い経験を持っている」ので、理解を得られるだろうと判断したことである。[144]日本が中国の不平等条約撤廃を助ければ、当然中国人の好意を得られるので、経済同盟や攻守同盟など新たな互助的条約を締結することを通して、日本は中国で計り知れない大きな権力を獲得することができる、と主張している。「もし本当に先見の明を持っている人であれば、将来の数百倍・数千倍の大きな利益のために、現在と過去の小さな権利を犠牲にすることができる」と強調している。[145]

第二は、「大アジア主義」に着眼して、前述の認識の文化的根拠を掘り下げている点である。[146]「大アジア主義」は、「東洋文化と西洋文化の比較と衝突の問題」であり、「東洋文化は王道であり、西洋文化は覇道である。王道は仁義道徳を主張し、覇道は功利強権を主張し」、アジア衰退の原因は西洋の覇道文化によるものであると、孫は語る。東洋の一国であり王道文化を吸収した日本が「植民地」に陥る危険があったことも、同様の理由による。しかし、明治維新後に強国となった日本は、変質して「欧米の覇道の文化を獲得した」が、もともと「アジアの王道文化の本質を持っている」ので、これから世界文化の前途において、「つねに西洋覇道の手先となるか、それとも東洋王道の干城となるか」、「日本国民が慎重に選べばよい」と述べた。[147]彼の本心は、「日本が早くアジア主義に戻り、とくにソ連を承認することをその第一歩とすること」を希望し、[148]日本の「大アジア主義」への回帰を呼びかけている。

そこで、孫文が東洋の固有の仁義道徳を基礎とする「大アジア主義」を主張する動機は、「アジアの苦しめられている民族が、いかにしてヨーロッパの強盛民族に抵抗することができるか」という問題であり、すなわち、被圧迫民族のために不公平を打破する問題であると唱えている。「圧迫された民族はアジアだけにあるのではなく、ヨーロッパにもある。覇道を行なう国家は、他洲・外国の民族を圧迫するのみでなく、自洲・本国においても圧迫する」ことがあり、ロシアはまさに「王道を主張し、覇道を主張しない」ので、「最近のロシアの新文化は、きわめて我が東洋の古い文化に合っている。したがって、ロシアは東洋と連携しようとし、西洋と別れようとした」と、孫は指摘する(149)。

この時期、孫文の大アジア主義は従来の黄白人種闘争論を超えて、世界の被圧迫民族と圧迫民族、公理と強権の闘争のなかで、被圧迫民族が連合するという段階にまで高められた。それはまさに、帝国主義と植民地とのあいだの矛盾と闘争を解決するためのものである(150)。被圧迫民族の同盟を築くうえで、帝国主義的性格を持ちながら「植民地」に陥る危険があった日本の行方は孫にとって不可知であったが、今回の訪日に対する日本政府の冷淡さと民間人の歓迎ぶりを通して、孫は日本政府よりむしろ日本国民に期待し、全世界の被圧迫民族の国際的平等を求めるために日本国民との連合を唱えている(151)。孫は明治維新後の日本が変質したことを指摘するにとどまり、その根本原因については検討していない。

五　幻滅的日本論——戴季陶の日本観(152)

先に述べたとおり、一九二七年五月、国民革命軍の北伐が破竹の勢いで中国の統一を実現しようとしていたとき、田中義一がそれを阻止するために第一回の山東出兵を断行した。まさにこの日中関係のもっとも緊迫した時点で、日本訪問を通して日本に幻滅した戴季陶は、帰国後に『日本論』を著わし、日本という対象を総合的かつ科学的に分析・検討し、長年来の日本研究の集大成を遂げた。戴は中国全体にとっての日本の重要性を認識したうえで、冷静かつ客観的に論じている。単に日本民族の長所と短所を述べることを超越し、日本人の性格、思想、風俗習慣はどのようなものか、「国家と社会の基礎」および「生活根拠」はどこにあるのかを追究することが、彼の基本的な姿勢である。そして、日本の過去を知ることを通して現在の由来と真相を明らかにし、将来の行方を推測しようとするものである（四頁）。まさに胡漢民が指摘したとおり、戴の立場は「日本に対する弁護人であると同時に裁判官でもあり、しかもこの弁護人兼裁判官は、公平無私、賄賂も受けつけず、力による圧迫にも左右されない」のである（一一頁）。

序章で述べたように、これまで戴の『日本論』に関する研究は数多くあるが、そのほとんどが部分的に論じたものである。いうなれば、『日本論』自体の構成を無視する、つまり「断章取義」の傾向があるため、戴の日本観の全体像を示すことに成功しているとはいいがたい。しかし、二四節からなる『日本論』の内容を検討してみると、第一節から第八節までは前近代（日本建国から明治維新まで）、第九節から第一六節までは近代（明治維新前後）、第一七節から第二一節までは現代（二〇世紀初頭から一九二八年まで）の日本国家社会論であり、第二二節から第二四節までは日本人の民族性を分析したものである。まさにこの構成自体が、日本の歴史の流れに沿ってその形成と発展の根拠、成功と失敗の原因を究明する過程なのである。本章では、それに従って四つの部分に分けて、その日本観の全体像を浮き彫りにしたい。

（1）前近代社会・国家論

①日本建国の基礎——神権思想

戴はまず日本の建国の歴史に遡って論じる。その場合、彼が最初に想起したのは日本大学に留学したときに教えを受けた法学者筧克彦であり、神道を信じる彼の授業ぶりを生き生きと描いている。筧の講義から引用して、戴は日本の神権思想をつぎのように紹介している。「日本の国体は、万邦無比の模範国体であり、いつになっても、国体を破壊するものが現われることは絶対にない。日本の国体の精華は古来の神道である。日本国家の権力は神道唯一信仰の表われである。天皇すなわち最高の神のあらわれである。神を愛し、神を敬し、神に帰依し、神によって表わされる力、これすなわち天皇の大権である」。日本留学を終えて二〇年を経ても筧の講義をはっきりと覚えていることから、当時の勉学が戴にとっていかに印象深かったかを想像できる。そこで、戴は日本の統治階級の宗教は神教であり、日本民族思想の中心は神権であり、日本人の国体観念は神権の民族思想に由来する、と指摘している。日本人の迷信、すなわち「神選民族」「神造国家」「君主神権」という神権思想は、「むろん神教の信仰から生まれたものではあるが、実は単に宗法社会に内在する祖先崇拝の原理だと見ることもできる」と、戴は論じる(六~七、一三~一四頁)。

日本の神権思想は時代の推移に従って、三度大きな変化を遂げている。一度目は上古で、隆盛であった神秘思想が国家観念の基礎になったという。二度目は中世であり、「中国の儒家思想とインドの仏教思想とが勢力を占めたため、偏狭な宗教国家の観念はしだいに影が薄く」なった。三度目は近世であり、「日本人の中国文明を消化する力が増すにつれて、中国とインドの文明を合わせて独自の日本文明を創り上げるようになった」と説く。しかも、その範囲ははるかに拡大され、以前には日本列島のなかだけで主張されていた神権が、山鹿素行の時代になると、一歩進んで、世界に向かって主張するものに変わったのである(一一~一二頁)。

そこで、戴は日本古学派の創立者である山鹿素行に注目し、この学派は「学問の内容がすべて中国の学問であり、しかも、その学問が直接孔子を受け継ぐものであることを標榜している」が、しかし「中国の学問を借りて日本民族中心の思想を創り上げ」、神権思想を鼓吹したと分析している。そして、「日本の民間にあった神への信仰が、一面では中国思想の影響を、他面では仏教思想の感化を受けながら、統一に向かう国力の発展にともなってしだいに地方的色彩を脱し、国家色を帯びるにいたった」、つまり神権思想が建国の要素になったと戴はとらえている(八頁)。同時に戴は、中国思想やインド思想ではなくて、まさにこの「純粋に日本宗法社会の神権思想」は日本の「尚武思想・軍国主義思想」を生み出したことも指摘している(三二頁)。

一方、戴は中国を経て日本に伝わった仏教思想にも注意を払う。平和的な仏教が日本に入ると、封建時代の人心に応じて「強性の宗教」に変質し、宗派争いのために護法を名目にして戦争を行なった。僧侶そのものが「サムライ」臭を帯びていたのである。「愛人、愛物、無抵抗の仏教精神」が、封建時代の日本では、「犠牲的闘争精神」に一変した。内賊を殺すための「羅漢道」が、外敵を殺すうえで武士道と衝突しなかった。そこで、日本人の仏教思想は、

「あらゆる面で中国とは異質」であり、「貴族のあいだでは積極的な犠牲精神を多く含んでおり、民間では世俗化された面が多いが、堅苦・枯寂が特色である中国仏教とはまったく相反する」と指摘されている（一七〜一九頁）。

他方、中国は孔子の時代に、すでに「君主神権思想が捨てられ、それに代わって平民思想と平天下思想とが盛んになった。日本は現在なお、君主神権の迷信から完全には離脱していない」と戴は論じる。「欧州伝来の科学文明と中国・インドから輸入した哲学宗教思想を除けば、日本固有の思想は幼稚というほかない」と、日本人の「日本迷」的な神道信仰の原始性と後進性を指摘したことは五・四時期と同じであるが、しかし「まさに幼稚な点こそが、彼らが蓬々勃々として進取の精神と発展の余地に富んでいる点であり、退廃の気風など決して持ってはいないのである」と、むしろその積極的な意義を認めたことはこの時期の特徴である（一〇頁）。

②封建制度の産物——武士と町人

戴は日本の士農工商という社会階級について、とくに士と商に注目し、封建制度の代表的な産物として武士と町人を取り上げている。武士道が「奴道」にすぎず、封建制度下の「食禄報恩主義」であるという認識は五・四時期と変わらないが、しかしこの時期に彼が注目しているのは、「制度から起こった武士道」が、後に「道徳としての武士道、さらに信仰としての武士道」になったことであり、そして明治時代になると、「古い道徳・信仰からする武士道に維新革命の精神が加わって、ヨーロッパ思想を内部に取り込み、維新時代の政治道徳の基礎を創り上げたこと」である。つまり、武士道精神に昇華したことが明治維新成功の要因であると、戴は認識している。さらに、それが成し遂げられた理由について、戴は武士道の社会性に注目する。封建制度のもとで、「武士階級は社会組織の中堅であった。上は公卿や大名、下は百姓や町人、この全体系のなかで社会の生存と発展を維持する職責を担ったものが武士であった」ので、「名教や宗法の特色を保存し」ながら、「世故と人情とを備えている」ため、高尚な武士の生活は「血と涙の生活」となる。「血は主家に対する犠牲、涙は百姓に対する憐憫である」と論じられている（一五〜一六頁）。

このように徳川時代の武士道が生活的情趣に富んでいたからこそ、西洋の自由・平等思想を吸収して、武士階級が維新の原動力となり、階級を超越して農民たちに利益をもたらしたと、戴は理解している。戴は、日本の維新が「農民階級を解放し、農民が土地所有権と、政治および法律上の地位を手にする結果をもたらしたが、この運動は、農民の自発性から起こったのではなく、やはり武士階級のなかから多くの志士仁人が鼓吹することによって起こったのである」という認識にもとづいて、「唯物主義者の階級闘争理論が革命史の実際に適合しないことの、有力な証明材料を発見することができる」という結論を導き出した（二三頁）。

一方、町人の特質について、戴は、藩主と武士階級が政権、兵権、土地所有権を専有し、学問も武士階級の専有物であったことと対比して、商人は、社会階級としては被統治階級に属しながら、統治階級の近くに住み、統治階級に依存して生業を営まなければならないため、卑屈な空気のなかで世襲的守銭奴として暮らさざるをえず、卑しい性格が身についてしまい、高尚な徳性と無縁だったと、批判的にとらえている（三三～三四頁）。そして、彼は、政治上の弱者が生活上の勝者たらんとするために形成された性格として「陰柔の裏側に残酷の一面を持っている」ことをあげ、それを「町人根性」と呼ぶ（三七頁）。そこで、日本の封建制度は、「封録に対する報恩の主義を奉じる少数の武士を育成する一方で、下賤卑劣の商人を生み出していたのである。生死を軽んじ信義を重んずるのが武士の性格であり、信義を軽んじ金銭を重んずるのが商人の性格であった」と、武士と商人の根本的な異質を指摘している（三六頁）。

（2）近代社会・国家論

①軍閥・官僚と財閥の淵源

日本建国の基礎であった神権思想は、大きな盛衰を経て徳川氏以来の「民族統一・国家独立」という偉大な要求の流れに沿って、ふたたび台頭したが、その一番の表われは明治維新であった。それは神権思想の時代的適応であったため、「王政復古」と称されたと、戴は時代の連続性に注目して論じる（一二、五一頁）。維新成功の主要な原因は、「時代の切実な要求」と人民のあいだに「共通の信仰」があったことである。この二つの原因は、あわせて歴史的に

「日本民族の統一的発展能力がすでに確乎として備わっていた」という一点に帰着すると分析する。そして、民族の統一した思想、信仰、力こそが、日本の維新を成功させた最大の要素であったことが強調されている（五二頁）。その内実はいうまでもなく、神権思想を指していると思われる。

維新後、中央の政権は幕府の手から皇室に帰し、統治の中心が確定したが、実権を握っていたのは薩長両藩の武士である。明治初年の廃藩置県以後、「世襲財産と世襲職業を失った」武士たちは、生計のために商売に転じたが、当然町人に勝てず没落してしまう。征韓論の失敗により薩摩藩の勢力は中央政府から完全に締め出され、政権を独占したのは長州藩の武士であった。彼らも、武士階級の消滅を見越し、金儲けの方法として商売に目をつけた点は、落目の武士と変わりがない（四八～四九頁）。「軍事・財政など国家中枢の権力を握り、後の軍閥・財閥勢力の基礎を築いたものこそ、腐臭紛々たる長州閥の貪官どもであった」と戴は指摘している（五三頁）。

このように、戴は維新運動の発生当初には、武士のあいだから多くの英傑が生まれたが、統一が完成し、国力強化の時代になると、かつての志士仁人も死んだり、引退したり、新天地を求めて民権運動に身を投じたりした、と述べる。結局、権力の座についた者に高徳の士はいなかったにもかかわらず、日本の国力が上昇の一途を辿ったのは、歴史的に形成された「社会の力、民族の力」が最大限に働いたからにほかならないと認識している（五九頁）。

一方、戴は明治維新後、殖産興業という政治的な大方針のもとで、国内の商工業と対外貿易が盛んになり、武士専制の時代から資本家専制の時代へと移り変わったことに注目し（四六、四九頁）、日本の政局を動かしている力は、「一握りの軍閥の領袖や、生きの悪い官僚のみではなく、日の出の勢いにある富豪であり、その支配下にある商工業組織だ」と指摘している（四七頁）。「武士と商人の結託」、すなわち「政府と商人の結託」がますます緊密化し、「御用商人」が膨張してきたのは三井、岩崎、大倉という大資本集団であると、例証している（四九～五〇頁）。

そこで、現代日本の上流階級、中流階級の気質は、「町人根性」の骨格に「武士道」の衣を着せたものにほかならず、軍閥と官僚は「武士階級」の直系であり、もっとも勢力を持っている資本家と商工業の支配者は「武士と町人の混合体」であり、軍閥・官僚・財閥のあいだに介在して、大ブローカーの役割をつとめているのが政党であると、戴は論じている（四六〜四七頁）。これとほぼ同じ指摘は、五・四運動期にもみられる。この点からいうと、戴は必ずしも李朝津が主張するように、五・四時期から国民革命期になると日本観を一八〇度変え、以前指摘した短所がすべて長所になったと考えたとは一概にいえない[153]。以前の認識がそのまま継承された面もあることがわかる。

②政党の発生と変質

戴は、失意の武士たちの生きる道を開くために、征韓論を唱えた西郷隆盛や江藤新平の挙兵の失敗例をあげ、「武力だけによる改革が役に立たないことが証明された」ので、板垣退助が立志社（後の自由党）を組織し、大隈重信も改進党を結成し、自由民権運動を唱導したと述べる。板垣は「農民の解放を主張するばかりでなく、もっとも悲惨な階級である穢多・非人の解放」をも主張して力を尽した。これは「きわめて広くかつ深い民衆運動であり、日本の民権政治を促進し、不平等条約撤廃の気運をつくりだしたほか、青年層のあいだで知的向上を促し、後の科学発達の基礎を築き、今日の社会運動の種を播いた」のであると、戴はその意義を論じている。その結果、「下層の民衆にいくらかの自由をもたらすとともに、現代の産業文化の基礎を築いた。日本の立憲制度はいうまでもなく板垣の功績である」。したがって、彼に感謝すべきは「農民や労働者」のみでなく、彼の恩恵を被っている「金持ちの官僚」もなおさら感謝すべきであると、戴は主張する。「板垣先生の奮闘なしに、日本が今日の如き文明国、先進国となりえたであろうか。彼こそは近代日本の第一の恩人というべきである」と、戴は板垣を称賛している。（六三〜六四、六七〜六八頁）。

政党が生まれ議会が開設されると、前述した政府（武士から変質した軍閥と官僚）と商人資本家（武士と町人の混合体＝財閥）が日本の政局を操縦する局面に変化が生じた。この三者の関係を、戴はつぎのように分析している。議会と対立する立場に置かれる政府は、議会と政党を操縦するには、圧迫と買収しか方法がない。商工業の経営者は議員に渡りをつけ、政党を買収する。政党が政権の獲得や政権に接近するという目的を達するには、党勢拡大が先決問題となり、金銭が不可欠である。したがって、商人・政党・官僚は互いに利用しあう必要があった。しかし、清廉な領袖や党員はこうした折衝には向いていない。これが自由党の解体した根本原因であり、改進党の基盤も動揺した。かくして、この日本最初の二大政党の後身は、すべて軍閥・官僚の軍門に降った（六五頁）。

政党の変遷ぶりは議会開設このかた、政権に近づくことが、そのまま軍閥に同化される過程であり、この大勢に逆らうものは、圧力によって倒されるか、そうでなければ危険を察して身を引くほかないと、戴は論じる（八〇頁）。したがって、「討幕の健将・維新の元勲・立憲政治の祖」である板垣を顧みるものが誰もないということは、まさに「封禄に対する報恩の主義」を口にしていた連中が、完全に「町人根性」に同化されてしまった証拠であり、こうして「明治維新の末運が出現した」と、戴は見抜いている。そこで、戴は政党の生命を保つには、「確乎とした独立性の維持」が必須であり、そのためには革命性が必要で、革命性と独立性とは、革命の主義、政策、策略であると主張する（六六、六九頁）。

③下り坂の軍国主義

戴は「民族は自然力で造られたものであり、国家は武力で造られたものである」という、民族と国家を峻別する孫文の定義に解釈を加えている（七〇頁）。彼によると、歴史上民族の混合はみな「力を結合の中心とし、強い方が弱い方を、大きい方が小さい方を吸収する」ので、民族は国家と同じく武力が必要である（七二頁）。彼は、「武力は人民の信仰を支える最大の要素」であり（七三頁）、民族主義国家を建設するには、「武力と戦争が建国のもっとも肝要な手段である」と断言する（七五頁）。これは、彼が日本民族の歴史上の諸思想および維新の思想的根拠の究明を通して、近代強国の達成が「数次の戦争の結果」によるという彼の観察にもとづいたものである（七六頁）。ただし、戴は「古人は『兵』を論じて、『道』が先行すると説いた。道とは主義であり、主義とは民衆の利害を支配する理論のことである」と強調している（六二～六三頁）。以前の民族の競争は、「単純に生存を争う」ものであったため軍国主義を必要としたが、今日の民族競争は単なる生存競争ではなく「意義ある生存」のための競争になったので、「三民主義こそ今日の生存の意義」だと、彼は唱えている。つまり、現在の「力」の競争は軍事と思想の双方、とくに後者、すなわちイデオロギーの競争がもっと重要であることを意味している[154]（七六頁）。

ところが、日本は軍閥・官僚・財閥の結託によって軍国主義の道を歩み、日露戦争後数年にして「徹底的な軍国になり」、議会の開設や憲法の制定が行なわれたとはいえ、「政権の重心は完全に軍事機関にあり、政権を操縦する主要人物はすべて軍人」であり、「外交は軍事交際、財政は軍需、教育は軍事訓育」であり、議会は「民衆勢力と軍事力との調整する機関にすぎない」と、戴は論じる（七九～八〇頁）。彼は政党に民衆的基盤が欠乏している理由について、長年来「軍国主義の保護のもとに置かれてきたために、日本の民衆は軍国主義を謳歌こそすれ、政党政治は謳歌しなくなっているからである」と指摘している（八二頁）。このような民衆観は、先に述べた戴が日本の民衆にも幻滅したこととつながっていると考えられる。

しかし、戴はこの軍国主義の勢力が、桂太郎が政党組織に乗り出した頃には、すでに破綻が見えていたと認識している。日本でようやく民衆勢力が勃興してきたことを洞察した桂は、「政党政治の基礎を築かんとして、民衆政治の渦中に身を投じたのである。対ロシア戦勝の余勢を駆って、連独倒英の計画を立てたが、「天の時と人の和に恵まれず、雄飛の志を果たせぬまま世を去った」。桂の死後は、もはや日本軍国主義の政治を代表する人物はないも同然であり、桂に次いで寺内も世を去って、現在の田中はどう見ても、「軍閥という蠟燭が消える前に一瞬明るくなった程度」であると、戴は指摘している。したがって、日本における軍国主義時代は、「桂太郎の死が大きな転回点」であり、彼の死を境として、「一方では思想界に他方では国際政治に大変動が起こり、日本の軍国主義が下り坂に向かっただけでなく、全世界の国家の基礎が例外なく革命期を迎えた」のであると、戴は指摘する（八二～八三頁）。

以上のように、戴は神権思想が日本建国の基礎であり、明治維新の原動力にもなったと、その役割を認めている。それを信仰する武士は維新の担い手となり、階級を超越して農民たちにも利益を与え、近代化の成功を成就したと分析されている。しかし、社会の激変により、武士が変質して軍閥や官僚となり、町人が武士と混合して財閥を形成し、両者は結託して日本の政局を掌握した。変質した政党はあくまでも、そのあいだの「ブローカー」にすぎなかった。日本は日露戦争後数年にして完全に軍国主義国家となったが、桂の死を境にして世界趨勢として革命運動の高揚により、日本の軍国主義は下り坂になったと認識される。これは、大正から昭和への移行期に日本が軍国主義国家になったという、通常の日本史の認識と異なっている。一九二〇年代以後における日本の軍国主義の隆盛は、戴から見ると、あくまでも「蠟燭が消える前に一瞬明るくなった程度」のものにすぎない。実際に、それ以後の日本は対外侵略によってアジア諸国に多大な災禍をもたらしながら、自国も破滅に向かって暴走したのである。

（3）現代社会・国家論

①日本の帝国主義的性格の内的要因と外的要因

まず、戴季陶は孫文の三民主義思想にもとづいて、国際関係および外交の基本は「民族の発展であり、国家は目的を達する手段にすぎない」と説き、目的の達成にともなって手段が変わり、以前の「民族主義が変じて国家主義となり、国家主義が変じて帝国主義となる」のはこの理由による、と説く。したがって、「民族主義を主張して、同時に民権主義・民生主義を主張せず、民族平等を基礎とし民権を基本として世界大同を目標とするのでなければ、その結果、必ず過去のあらゆる帝国主義の轍を踏むことになる」と論ずる。そして、豊臣秀吉の朝鮮出兵、明治初年の征韓論、日清戦争、日露戦争、青島出兵、シベリア出兵をあげ、日本がまさにこの過程を辿ったと説く。また、「彼らの民族主義が始まったときから、すでに帝国主義の種を蔵していた」として、山鹿素行の『神皇正統論』『中朝事実』、徳川光圀編の『大日本史』、頼山陽の『日本政記』などを例に、日本民族の目的は、「民族を統一するだけでなく、四方の民族を征服して大帝国を建設することであった。彼らの心にある『神』は世界全体の意識であり、『神皇』の思想は世界統治の意識にほかならない」と述べる（八三〜八五頁）。

そして、「部族闘争時代の日本の最大の欠点が『仁愛観念』と『天下観念』の稀薄さであった」ので（二四頁）、

「『途絶えた家系を継がせてやり、滅びた国を興してやり、貢ぎ物は少くさせ、賜り物は多くする』(『中庸』)という ような世界政治道徳の観念は、たしかに中国という最古の『世界国』の特色であり、あれらの『強くとも小さな民族帝国主義』の夢想だにし得るところではない」と論じる[155](八五頁)。「世界人類同胞思想」は、前近代には「中国の儒家思想から政治的および道徳的な世界大同理論を、仏教の衆生平等思想から世界大同への信仰」を与えられ、近代には「西洋の民権思想・自由平等博愛の思想」に由来し、いずれにしても外来思想の感化によって生じたものであり、日本固有のものではない(四五～四六頁)。したがって、自国を発展・富強化させることができたが、その結果として周辺の諸民族諸国に対して恩恵をもたらす利他的な「世界国」になるのではなく、むしろ圧迫を加える利己的な帝国主義・軍国主義の国家となったと、戴は日本が帝国主義になる内的要因を歴史的に究明している。

また、戴はその外的要因として、日本をめぐる世界情勢を視野に入れて客観的に分析している。彼は、モンゴル族が宋王朝を滅ぼし、満州族が明王朝を滅ぼし、英・仏の中国侵略などが日本を刺激し、「進取能力を整えた日本に帝国主義の雄図が自然と起こって、歴史的な伝統政策が着実に進行しはじめた」と、中国自身の衰弱が日本に中国侵略の野心を抱かせた外的要因のひとつである、と述べる。さらに、幕末に日本を圧迫した二つの外国勢力、すなわち北方大陸からのロシアと南方海上からの英・米諸国は、それぞれ日本の「大陸進取政策」という北進策と「海洋進取政策」という南進策を誘発したもうひとつの外的要因だ、と指摘する。北進策を代表したのは陸軍の軍人であり、南進策を代表したのは海軍の軍人であったので(八七～八九頁)、つぎに戴はそれぞれの代表的な人物を論じていくことになる。

②陸軍の桂太郎と海軍の秋山真之

戴は、桂太郎が「日本軍人政治家中の偉人」であると評価している。それは、桂太郎と孫文との「相互理解と相互信頼とが、学術思想あるいは国家思想のうえではなく、東方民族の復興を中心とする世界政策の上にあった」という認識にもとづくものである(九四頁)。戴は一九一三年の孫・桂密談に表われた桂の世界政策の内容を、『日本論』で初めて公表した。桂は、「いまや太平洋において英日両国は完全に敵対関係にある。今後の日本の活路および東方民族の活路は、ただ英露の連繋を分断し、対独連繋を強化することのみである。日英同盟にかえるに日独同盟をもってし、対露作戦にかえるに対英作戦をもってして、是が非でもイギリスの覇権を打ち倒さねばならない。かくてこそ東方は安泰となり、日本も生命を保つことができる。日本の生命のみではない。ダーダネルス海峡から太平洋までの全東方民族の運命が、この計画の成否にかかっている」と語った（九五頁）。「中国、日本、トルコ、ドイツ、オーストリアのあいだに同盟を結んで、インド問題を解決したいと思う。インド問題さえ解決されれば、全世界の有色人種はいっせいに息を吹き返す。この事業が成し遂げられれば、日本はもはや移民地や貿易国の心配はなくなるから、中国侵略などという拙策は絶対にとらないだろう。大陸に関して絶対的保障を獲得して、アメリカ・オーストラリアにおける発展に全力を尽くすことこそ、日本民族発展の正道である。大陸の発展は中国が責任を負うべきである。日中両国が提携すれば、東半球の平和が保持できる。中国、日本、トルコ、ドイツ、オーストリアの五国が提携すれば、全世界の平和が保持できる」と、桂は主張したという（九七頁）。これが、いわゆる孫・桂密談で合意された「大陸同盟」構想である。

これは、戴が辛亥期の「日本敵視論」から討袁期の「日中提携論」に転じる一因となっただけでなく、一九二五年七月に唱えた「民族国際」構想の基礎ともなったのである。ただし、注目すべきなのは、「大陸同盟」構想の一員であるべき日本が消え、ソ連がこれに代わったことである。一九二五年には、戴は日本の行方について、「おそらく日本は中国に対して不平等条約を廃棄し、戻ってきて東方の国民と友人とならざるをえないだろう」と期待した。これは五・四期に、彼の日中平民連合論に影響されたものと考えられる。[156] しかし、一九二七年の訪日を経て日本について新たな認識を持ち、桂の死後、いまの日本のすべての政治担当者が、「凡庸政客ばかりであり、政権の獲得と保持だけに日夜汲々としており、日本民族の将来も、世界民族の将来も、彼らの念頭にない」と、戴は見抜いている（九八頁）。すなわち、このときには、戴は日本と連合する可能性がもはやないと考えたのである。

つぎに、戴は「日本軍人学者中の奇人」「日本海軍随一の奇傑であった」秋山真之に注目する（九九頁）。秋山の宗教思想は「純日本式の民族神権論であり、素行派哲学思想の流れを汲んでいる」が（一〇一頁）、「彼は熱烈な南進論者であり、かつ英米排撃論者であった。その南進論と英米排撃論は、まったく有色人種の復興を立脚点とするものであった。もっとも彼は、大東洋主義でも大アジア主義でもなく、また大日本主義者でもない。彼が主張したのは人類の平等である」と、戴は彼の政治思想を分析している。政策的には、秋山は「桂太郎とほぼ似ており、日本は陸軍国となってはならず、とくに大陸軍国となってはいけない。日本人の運命はアメリカ大陸とオーストラリア大陸とにかかっている」と主張している。この目的を達成するには、「トルコとインドと中国、この三大民族が独立を完成し、イギリスとアメリカの覇権を打倒して、海上の自由を完全に実現した後、初めて諸大陸への移住の自由が実現される」と、戴は紹介している（一〇二頁）。

戴が数多くの日本の知人のなかで、とくに故人となった桂と秋山を選んで論じたことには、非常に深い意味が含まれていると思われる。つまり、桂は陸軍軍人であったが北進策を主張せず、海軍の秋山と共に日本が海洋に発展すべきことを唱えた点で、戴と思想的共通性が高かった。しかし、彼らの死後、日本の陸海軍には「これに匹敵する人物は現われない」と戴は感じ（一〇九頁）、思想的共鳴を持つ人物がなくなったことから、「政治の人材の払底している日本は、前途はなはだ危険である」と判断している（九八頁）。実際に、日本は海外侵略という誤った道に暴走し、その矛先がまさに中国に向けられていたことから、つぎに戴は日中関係に注目する。

③中国政局の操縦者——田中義一およびその他

戴は日本の北進政策の推進者であり、中国の政局の操縦者である田中義一を「失敗した非英雄だ」と、強く批判している（一一二頁）。すなわち、田中は日本の政権を掌握したいと思っていたが、政治的理想はなく、中国政治を操縦したいと思っていたが、その重点を認識してはいないのだという。彼がその活動のなかで、一貫して力点を置いていたのは、孫文が指導した革命による中国の統一を妨げることであり、数年来の中国の紛糾と混乱は、田中中将の方針と直接・間接に関係があると、戴は指摘している（一一八頁）。そして、田中が中国革命勢力の拡大、日本の東洋における地位の動揺を見て、中国の革命運動が日本の伝統政策の遂行を妨げること、さらに中国革命の影響が日本の民衆に及ぶことを恐れたという。その結果、孫文が田中に望んだ、「日本の伝統的政策の放棄」と、「一切の認識の誤りの是正」とが水泡に帰しただけでなく、「民族帝国主義」的対外政策によって、「化石化」した田中は、「おそらく第二のセルビアの中学生となるであろう」と、戴季陶は不安を表明するのである（一一一、一一四、一四〇頁）。

戴はただ田中を批判するにとどまらず、彼が中国政局を操縦できた原因について、中国人の責任を追求している。戴は日本の明治維新とロシア革命の例をあげ、いずれも独自の重心を持っていたので成功したが、しかし中国の場合はまったくそれと逆に、討袁運動期以来、孫文およびその指導下にあった国民革命勢力を除くと、「すべての中国の政治勢力は、東京の支配を受けた」。その後、「一部の政治・軍事勢力がモスクワの指揮に甘んじて従うようになったのであり」、「共産党の最大の欠陥はまさに完全にソ連に依存していることである」と述べる（一二〇〜一二一頁）。戴は、最近七〇年の東洋の歴史は、「前半が日本のロシアに対する臥薪嘗胆の生存闘争史、後半が日露両国の中国における覇権闘争史であった。そして世界大戦後は、両国の新しい覇権闘争時代に入った。東京につくか、でなければモスクワにつくか、といった意気地のないのが中国人の心理である。これこそ自ら混乱と衰亡を招くものである」と、中国人の弱点を指摘している（一四〇頁）。

このように、戴は、桂と秋山の死、田中の「化石化」により、また日本民衆の政党との接点を持ちえなかったことから、ついに日本政治に幻滅した。彼は日本を論じることを通して中国自身の問題に直面し、田中の中国干渉と中国軍閥の日本依存を批判すると同時に、ソ連の中国干渉と中国共産党のソ連依存に対しても、同じく、あるいはそれ以上に危機意識を持ち、強い懸念を示しながら厳しく批判する。そこで、彼は「民族の生命にとって、もっとも肝要なのは統一性と独立性であり、その統一性と独立性を育てるのにもっとも肝要なのが、民族の自信力である」と唱えた（一一九頁）。これは、戴が『日本論』を著わすひとつの重要な目的であったと考えられる。

(4) 日本人の民族性

戴は、以上のように日本の政治を系統的かつ構造的に論じた後、さらに日本文化を考察し、日本人の信仰力と尚美、尚武、平和、男女関係に注目している。

①日本の発達の原因——信仰力と尚美

戴のいう信仰とは、「主義とは『信仰』である」という孫文の言葉を引用しつつ、「冷静な理知が熱烈な感情に転化しないかぎり、力となりえない」と説き(一四二頁)、またロシア革命に関して「このように熱烈な信仰的国民だからこそ、このように熱烈な反宗教的革命を生み出しえた」と述べているように、広く崇高な理念と価値に対する個人の献身的な帰依を意味し、宗教的信仰はそのひとつの表現形態であると考えられている(一四五頁)。戴は日本国民が「熱烈かつ真摯な信仰の持ち主」であり(一四一頁)、きわめて鮮明な民族意識を持っており、彼ら一流の「日本没入(日本迷)」こそ、この鮮明な民族意識が極度にまで達した結果現われた無意識な作用である、と認識している(一四二頁)。彼は、『迷』とは理知を持たぬ意識であり、『信』こそが醇化された感情の真の力」であり(一四四頁)、「信仰とは打算ぬきのもの、打算不能のものである」と説く(一四六頁)。

そこで、戴は日本人の信仰生活が、「より純粋であり、積極であり、非打算的であることは一目瞭然である。日本人の犠牲精神は、この信仰生活が作り上げたものだと言えよう」と指摘している。とくに、中国人と異なる日本人の信仰を、日本の「大多数の信者は、中国人のように自己の利益を打算して神を拝むのでなく、自己の肉体すら無条件に捧げる決心、いわば『絶対的』観念を持っている。宇宙および人生に対して、いわば『永久』と『一切』の観念を抱いている。彼らは自我を拡大して『大我の生活』を生み出すことができる。彼らの『物質的無常観』は、きわめて積極的な『精神的恒常観』に立脚している。これらの観念は、僧侶の読経、神官の祝辞、牧師の説教のなかにみられるのではなく、社会の実生活の種々相、とくに男女の恋愛と戦争という二つのことに見ることができる」と表現する(一四七頁)。そして、戴はこのような信仰の表現として、切腹・情死という日本人特有の自殺の形態に着目し、「自殺者の心理状態には、一種の積極的意義が含まれており、自殺者の意識に、物質的無常と精神的恒常という二つの観念が、明瞭に表われているのである」と説き（一五〇頁）、中国人の「懦弱」で逃避的な自殺と対比する。彼は、「思想は信仰に変わらなければ力となりえず、生命と合体しなければ信仰となりえない」ので、「もし一民族が信仰の力を失えば、いかなる主義もその民族を救いえない。『中国を救うためには、まず中国に自信力を回復せしめよ』」と中国人に呼びかけている（一五四頁）。

つぎに、戴は『美』こそ生存の意義のなかで最大、最高、最深のものである」という観点から、日本人の美意識が民族精神の形成に持つ意義を論じる（一六四頁）。彼は、日本の芸術生活には二つの特質があり、ひとつは「戦闘的精神、すなわち生死を超越した力」であり、もうひとつは「優美静寂な心境と、精巧細緻な形式」であると説き、前者は「好戦国民の戦闘生活の結晶であり、後者は、温帯に属する島国の優美な自然風景の現われである。また時代的には、前者は武家時代の習性であり、後者は公家時代の余韻である。また地方でいえば、前者は東国および西南地方の短衣を、後者は京都の長袖を表わしている」と指摘している。それらは、縦に遺伝による変化と横に交通による変化をこうむって、相互に混合し、化合の段階に達し、もはや分析しがたい「日本趣味」というべきものを形成した、と説明されている。彼は、日本人の「芸術生活は真実なものであり、彼らは芸術を通して、自らの真実な、偽りのない生命を表出し」、「審美の程度は他の諸国民に比べて、より高尚・普遍的である」と称賛する。また、彼は日本趣味の徳性と品格について、「崇高」「偉大」「幽雅」「精緻」の四つの品性のうち、豊富なのは「幽雅」と「精緻」であり、欠けているのは「偉大」と「崇高」、とくに「偉大」である、と分析している（一五七〜一五八頁）。総じていえば、日本民族は一般に中国人に比べて「美的情緒が優美かつ豊富である」と、戴は断言する（一六一頁）。

このように、戴は日本人の民族性として信仰力と尚美をあげ、その分析を通して日本人が進歩・発展を遂げた原因を探る。その第一の原因は、すなわち日本人の熱烈な「信仰力」であり、この「信仰力」の作用によって、「彼らは何事についても不撓不屈の精神を持ち、あらゆる困難に耐え、主義のために一切を犠牲とし、全民族を打って一丸となすことができるのである」。第二にあげるべきものが、「この美を愛するという特徴であり、これも信仰と同じく、民族のもっとも基本的な力である」と、戴は結論づけている（一六五頁）。

②日本人の民族性の賛美から幻滅へ

つぎに、戴は日本人の尚武と尚文の思想に注目する。日本人のこれほど真実性のある信仰の生活が日本固有の「神道の思想や行動」とあわせて、尚武思想を創り出した、と戴は指摘する。彼は、この尚武思想は「数百年間の封建時代で養成されたものではなく、実は建国以来のものであり、新興民族としての生存の必要から生まれた習性である」と、その原始性と必然性を論じている。つまり、尚武思想は純粋に日本的なものである。これは、小さな民族が進歩・発展を遂げるために必要不可欠なものだと戴は理解するが（一六六～一六八頁）、これは「弱い者いじめの暴力や略奪行為とは反対物だった」と指摘されている。(157)

一方、「芸術の生活」は、仏教のさまざまな「教義や儀礼」および中国文化の「礼教」と融合して、尚文思想を創り出した。それは日本の社会生活に見られる平和と互助の風習である。中国文化と仏教文化の普及と発展の結果により、日本人の「平和の習性が社会風俗として、ほとんど制度の形をとるにいたった」。その例として彼は、「茶道」と「生花」という二つの特殊な芸術がもっぱら武家の殺伐たる習性をやわらげ、干戈を玉帛に変える目的で流行したのである、と説明している。尚武と平和・互助という尚文の関係について、戴は「尚武とは競争のための徳性であり、平和とは互助のための徳性」であり、「尚武の習性と組織・制度は平和と互助の習性によって調和され、補われて」効用を発揮していると論じる（一六六～一六八頁）。

この特徴は、日本の男女関係においてもっともよく表わされている。すなわち、「女性は男性に絶対的に服従するが、男性は女性に絶対的に保護を加える」。「威厳を保った男性の保護愛と、同情を備えた女性側の思いやりとが、巧みな組織のもとで調和している」と称賛する（一七三頁）。第三章で述べたように、日本亡命のときに日本人女性との恋愛経験がなければ、彼は、日本人の男女関係の特質を的確に理解することはなかっただろう。このことからも、日本と関連する経歴が戴の日本観の形成にいかに重要な意義を持っていたかがわかる。

ところが、日本人の民族性をこれほど評価した戴は、一九二七年の日本訪問を通して、「隔世の感を覚えた」という。その感想は、つぎの三点にまとめられている。関東大震災以後、（一）日本人の自信力の減少により社会と民族の亀裂が拡大し、信仰の薄弱により迷信が増えた。どの階級も悉く打算的な商業心理、つまり日本人のいわゆる「町人根性」に支配されている。（二）民族の信仰心の減少は同時に民族的美術性の破壊であり、尚武精神・平和精神の低落である。過去への感激、将来への希望が崩れ去るにつれ、「現在への鑑賞」の精神もしだいに崩れつつある。いわゆる「日本趣味」は、東京と大阪といった大都市ではほとんど姿を消してしまった。（三）平和的な尚美精神と、美を鑑賞する習慣は、絶え間ない闘争の生活のために破壊され、社会生活は平和性を失って、人生の内容は日増しに無味乾燥になっている。生活の疲弊が極度に達した結果、能動的尚武は受動的闘争へと変貌を遂げた。社会組織の欠陥が日一日と拡大し、社会全体に革命恐怖の空気が漲っている（一七〇〜一七一頁）。

以上のように、戴は日本文明の特質として信仰力、尚美と尚武、平和の習性をあげて、両者の有機的調和こそ日本の近代化が成就した原因だと認識し、これらを非常に高く評価している。しかし、一九二七年の訪日の際にそれらの特徴が減少し、社会が退廃的になり、軍国主義がいっそう蔓延していることを実感したことから、しまいに日本文化に対しても幻滅するようになったのである。

おわりに

本章で述べてきたように、国民革命期における戴季陶の二回の日本訪問は、長年にわたる対日外交活動の頂点を示すと同時に、日本認識も国民党政権の確立と強化に役立つ最高レベルのものに到達した。日本訪問を通して日本との現実的な連携が不可能であり、さらに日中戦争がもはや不可避のことだとわかった時点で、中国民衆が自覚・団結して奮闘するよう喚起するために、中国人の前に日本がつねにどのようなものであるかを解剖してみせ、結局日本と提携できない根本的な原因について歴史的かつ系統的に追究した。その結果、国民党の一党による政権の掌握とその強化という戴の一貫した最大の目標を実現するために、日本という材料は自らの政治思想を論証する理論的根拠となった。戴は日本が近代化に成功した経験に注目し、そこから国共合作によって生じたさまざまな混乱を解決し、中国の統一のために参考となる貴重な要素を見つけたのである。したがって、この時期の日本は彼にとって、実質レベルの提携や援助を期待する対象から政治思想レベルで参考とする対象になり、中国国民党の一党独裁、「安内攘外」政策など、国民党政権の政策確立の思想的基礎となり、それまでの各時期よりはるかに重要な意義を持つ存在となったといえる。

当時、戴は、済南事件をめぐって中国の各地で反日輿論が起こっているなかで、田中義一内閣と日本の「民党」・民衆とを区別して日本国民の奮起を期待し、日本による中国侵略拡大や共産党の反乱を防ぐために、北伐の完成を優先すべきだと主張した。ここには、以前の時期に比べ、日本に対する感情的な批判よりは、理性的な対策を重視するという特徴がみられる。一方、日本の在華権益の維持と拡大のために、孫文再利用の可能性が生じたことにより、孫文は策略的にふたたび日本に期待を寄せ、大アジア主義を唱えた。彼も日本訪問を通して、被圧迫民族の連合のために、日本政府より日本国民に期待を寄せるようになった。これらと比べると、戴は当時の世界大勢を「革命の潮流の高揚と反動政治の伸長」という二つの側面があるととらえ（一二四頁）、日本の民衆が覚醒と組織の初期に位置し、国民革命運動に参加した中国の革命的民衆と連携する意思があっても、その実力がなく、一方で、田中義一に代表される日本の反動的かつ軍国主義的な政治勢力が、「蠟燭の消える前に一瞬明るくなった程度」であるにせよ、民衆の力と比べるとやはり圧倒的に強いことを見抜いた。また、孫文が明治維新後、日本が変質したことを指摘するにとどまり、その根本的な原因を論じなかったのに対して、戴は政治と文化の両方から日本の近代化の成功および維新の末運の到来、すなわち軍国主義への変質の内在的な根本原因をつぎのように検討した。

戴は政治面において日本の神権思想に注目し、それが日本建国の要素であるだけでなく、明治維新の思想的根拠でもあったと認識している。その神権思想を強く信仰した武士階級は、階級の制限を超越して農民階級に利益をもたらし、明治維新を達成できた。しかし、その後、社会の激変により武士が変質して、軍閥・官僚となり、また「町人根性」を持つ商人と混合して財閥となった。これらが結託して日本の政局を握っている。変質した政党はそのあいだのブローカーにすぎず、また民衆の力の薄弱によって、日本は民族主義から国家主義へ、さらに帝国主義・軍国主義の道に暴走し、維新の末運が現われてきたと、戴は分析している。とくに思想的共鳴を持った桂や秋山の死去、「化石化」した田中の対中侵略の断行、さらに日本民衆の政党との接点をどこにも持ちえなかったことなどによって、しまいに戴は日本の政治に幻滅してしまった。

そこで、戴は日本文化に注目する。彼は日本人の民族性について、信仰力と尚美の両面をとらえて、中国人の民族性と対比しながらきわめて高く評価している。前者は日本の神権思想とあわせて尚武精神を生み出し、後者は中国およびインドの思想と融合して平和と互助の風習を生み出した。これらの有機的な調和こそ日本の近代化が成就した原因であることを、戴は解明した。しかし、一九二七年の日本訪問を通して、これらの特徴が消え、社会全体が退廃的になってしまったことを実感した戴は、しまいに日本の文化に対しても幻滅してしまった。

ところが、当時の政治状況としては、戴が一九二七年の日本訪問を終えて帰国した直後の四月一二日、蒋介石が反共クーデターを断行したことから、一八日、南京で国民政府が成立し、また七月一五日、武漢政府も容共政策を放棄したことから一九二四年以来の容共政策が崩壊し、一二月一〇日、国民政府はソ連に国交断絶を通告した。この一連の不安定な情勢のなかで、田中義一の三度にわたる山東出兵は、成立したばかりの蒋介石政権に大きな打撃を与えた。この緊迫した時点にあっても、戴は、ただ日本の政治と文化に幻滅して終わることができなかった。

そこで、彼は「日本」という材料の解剖を通して中国人に自分の政治思想を表明し、国民党政権の強化に貢献しようとしている。すなわち、日本の統一性と独自性の分析から、中国の日本依存やソ連依存を批判した。日本人の鮮明な民族意識、強い信仰力、尚武思想という一面にきわめて高い評価を与えたことは、中国人も同様にこれらを備えるべきことを主張するためである。その場合の信仰対象は当然、日本の神道ではなく、三民主義であることはいうまでもない。一方、日本人の尚美、平和、互助の習性という一面は純粋に日本のものではなく、もともと中国文明とインド文明に由来したものであったから、彼は中国人に自国の伝統文化に注目し、孔子の思想の直系である三民主義を信奉すべきことを期待し、伝統文化の精華の保持により民族としての自信力の回復を図るという、自己の政治思想が実証されたのである。これこそが、『日本論』を著わした最大の目的であり、彼の日本観が持つ最大の意義でもあると思われる。

この時期における戴の日本観をみてみると、以前の各時期と比べて継承されつつ深められた点を、三つにまとめることができる。第一点は、辛亥期に日本の帝国主義性を鋭く指摘・批判したこと。第二点は、討袁期に身についた日本の視点に立って日本を分析する姿勢。第三点は、護法運動期の日本はモデルでありながらライバルでもあるという認識。他方、完全に変化したものは、つぎの二点である。第一点は、討袁運動期以来提唱してきた「日中提携」の範囲がしだいに縮小し、五・四時期に期待した日中平民連合もこの時期には完全に消え、日中対決の不可避性が再確認され、日本政治に幻滅したことである。第二点は、討袁運動期に初めて日本の神権思想が日本発達の原因だと認識し、日本文明の独自性を評価したが、五・四時期になると、それが「奴道」である武士道を生み出し、武力主義に変化して大陸侵略の根本的な原因になったと批判したが、この時期に入るとそれが信仰力を生み出し、尚武精神を生じ、近代化を成就した一因であると称賛するようになった。しかし、日本訪問の実体験を通して、これらと尚美・平和精神の減少により、「隔世の感」を持った戴は、しまいに日本文化に対しても幻滅するようになったのである。

このように、戴の日本観は、辛亥期の「日本敵視論」、討袁期の「日中提携論」、護法期の「批判的提携論」、さらに五・四時期の「対決・連合論」を経て、国民革命期になると、日本の政治と文化の両方に対する幻滅感を持つようになった。したがって、この時期の彼の日本観は、「幻滅的日本論」であるといえる。同時に、「中国自強論」がそれと表裏一体となっている。それゆえに、戴の著書『日本論』は、その少年期からの日本とのかかわりを総決算したものとなり、それ以後、彼は死ぬまで、二度と「第二の故郷」であった日本の国土を踏むことがなかったのである。

したがって、一九二八年四月一九日、田中義一内閣が第二次山東出兵を決定し、済南事変が発生した後、国民党中央党部は数回にわたって緊急会議を開いたが、管見の限り、戴季陶はこれらの会議に出席しなかった。ただ、四月二九日に、戴は国民政府軍事委員会政治訓練部主任として主任代理何思源、副主任方覚慧と連名で、『中報』に「致国内各界電」「告日本民衆書」を発表した。そのなかで彼らは、日中両国の列強に対する「唇亡びて歯寒し」ということ、同文同種、孫文の日本への親近感をあげて、日中両国が親睦すべきことを唱えたうえで、日本民衆に田中内閣による撤兵を勧告し、それが不可能ならば革命運動を起こし、内閣を倒すことを期待している[158]。しかし、親睦すべき理由はこれまでつねに主張してきたことであり、何らの効果も生まれなかったので、まったく新意がない。また、日本民衆による革命が成功する可能性もどこにも見いだされていなかったので、この声明文はあまりにも無力であり、実際に何らの役割も果たさなかった。これはやはり、彼の「幻滅的日本論」の表われではないかと思われる。

第7章　「剿共」と「抗日」の狭間で

はじめに

一九二八年、中国国民党が国民革命によって全国をまがりなりにも統一してから、一九四九年に大陸を失って台湾へ逃げるまでの約二〇年間に直面した最大の問題は、南京政府成立以前からの難題であった共産党との対立と、成立三年後に本格化した日本の侵略であった。すなわち、「剿共《そうきょう》」と「抗日」をいかにバランスよく行なうかが、国民政府にとって大きな課題となっていたが、この二つの問題を誰よりもよく知っていたのが戴季陶である。日本の中国侵略という国難に遭遇し、彼は共産党の存在を考慮しつつ国民政府の対日政策決定に参与し、それまでの日本観を現実政治に最大限に反映させていった。

本章では、戴の政治活動と政治思想を整理したうえで、彼の日本観を明らかにし、以前の時期の日本観との関連について考えてみたい。また、満洲事変以後に全国で抗日民族主義が高揚したことは周知のとおりであり、孫文もすでに死去した後なので、輿論や孫文の日本観との比較は省略する。

一　国難の到来

（1）新国家の建設

一九二九年一月、戴季陶は国家建設委員会委員、国民政府財政委員会委員に任命された。三月一五日、第三次中国国民党全国代表大会が開かれ、戴は大会秘書長に任じられ、大会に提出した二つの重要な提案が両方とも通過した。ひとつは、孫文の教義を根拠に過去の党の全法令規則を一貫した系統に編成し、孫文の五つ主要な遺教を訓政時期の中華民国最高の根本法案にすることを確定したものであり、もうひとつは、三民主義にもとづいた教育宗旨および実施方針を確定したものであった。この二つの提案が通過した後、それまでの党内の複雑な言論と教育を統一することができたという。この大会で彼は中央執行委員会委員に選ばれ、二八日に開かれた三期一中全会では同常務委員および訓練部長にも選ばれた。(1) 戴は一九二八年から一九四八年まで二〇年間、考試院長に任じられ、彼の指導のもとで中華民国の官吏登用制度を創造し、その基礎を定めた。この二〇年のあいだに国民政府の官吏登用制度の法規は一〇〇以上に達したが、そのほとんどは戴によって作られたという。(2)

一九二九年一月、立法院は民法起草委員会を組織し、戴が顧問に任じられた。戴は、民法総則、債権、物権という三編の立法原則、さらに各編の条文の作成に大きく貢献し、工場法草案、消費合作社条例草案の審査にも参与した。(3) また、一九三〇年五月に中央政治会議委員に推挙された戴は、六月に『土地法草案』などの審査・修訂に携わった。(4) 戴は、「ある日審査会において、二五〇条の条文を通過させた。このような仕事ぶりは世界を驚かせることができた」と語った。(5) 一九三四年三月、戴は中華民国憲法起草委員会の顧問に推挙された。(6) このように、国民政府は三民主義を継承して建国されたため、すべての立法政策と立法精神が三民主義を最高の原則としており、それらの多くは戴季陶や胡漢民などによって作られたのである。[7] 中華民国のすべての重大な法律の制定と創立には戴の思想と意思が含まれており、彼は民国の立法史上において重要な地位を占めるといわれている。[8] したがって、戴が日本留学で身につけた法学の知識が、中華民国の立法史上において最大限に生かされたといえる。戴は考試院長の任期中、五権制度の堅持、独裁反対を主張し、直接的には蒋介石の独裁に反対することを明言しなかったが、客観的にはある程度これを抑制したと指摘されている。[9]

(2) 満洲事変への対応

戴季陶が意気揚揚と新国家の建設に尽力している最中の一九三一年九月一八日に、満洲事変が勃発した。翌日の九月一九日夜八時、戴は主席として中央執行委員会第一六〇次常務会議(臨時会)を開催し、日本に抗議すると同時に、駐外代表を通じてこれを世界に通告することを決定した。[10] 二〇日に彼はある日本人と会見し、日本軍の即時撤兵を要求した。[11] 戴はハーグ国際法廷駐在の王寵恵とジュネーヴ国際連盟駐在中国代表の林森に、さらに各省市党部、海外各級党部、各特別党部に電報を送り、対応の方針として第一に、「民族の生存を危くする共産党を根本的に消滅させる」ことを提起したほか、人民の団体や国民党員の一致団結を求め、国家的基礎を強化し、政府の実力を充実させるべきだ、と主張している。[12] 九月三〇日、国民党中央政治会議第二九〇次会議において従来の外交組が特種外交委員会に拡大され、戴季陶を委員長、宋子文《ソウシブン》を副委員長とし、于右任、丁惟汾《テイイフン》、邵力子《シヨウリキシ》、邵元沖、陳布雷《チンフライ》などを委員に任命した。[13]

この特種外交委員会は成立した当初から、一九三二年一月に中央政治会議が取り消しを決めるまで、毎日午前七時に会議を開き、ただちに各種の報告を聴取し、すべての対日方針の決定を処理するという、事変処理の重責を担っていた。午後には各国の大使および公使を接見するなど、しばしば夜中まで続いたという。最初に戴と二回、十数時間にわたって会談し、完全に戴の主張に賛成したのはフランス公使で、彼は国際連盟が日本に制裁を加えるべきことを

梅屋庄吉，戴季陶とその家族（1930年，南京，戴季陶宅にて）。左一は戴季陶，左二は鈕有恒夫人，右二は梅屋庄吉，右一は梅屋庄吉の娘千世子
［出所：梅屋庄吉資料室所蔵，小坂文乃氏提供］

フランス政府に電報で伝えた。[14] 一〇月二一日、戴は同委員会で対日交渉方法に関する報告を行ない、後述する国際化戦略を提出した。[15] このような国難に直面しながらも、一一月一二日から二三日に開催された国民党第四次全国大会では、やはり「剿共」の問題が主に討議された。

当時、胡漢民、汪精衛らとの政治的確執により、蔣介石は一二月一五日に一時的に下野した。それに呼応して、戴は一六日に、中央執行委員会常務会議および中央政治会議に考試院長と特種外交委員会委員長の職を辞することを要請したが、慰留された。二一日と二四日の二度、考試院長および国府委員などの職務を辞することを要請したが、やはり許可されなかった。一二月二二日、南京で国民党四期一中全会が開催され、戴はやはり考試院長に選ばれた。戴はこの会議に参加せず、二一日に辞職を要請した後、考試院の事務を秘書長に任せることを声明し、原籍地の呉興へ去って一九三二年三月三一日までに戻らなかった。[16]

満洲事変以後、戴は「日本に対する愛慕はまことに第二の故郷の如くである（東京と京都は時々夢の中に現われ、少年の頃に遊んだ場所、知り合った人は、永遠にその情を忘れることができない。今それがいっそう甚だしくなった。――原注）。しかし、近年来国交がこのようになり、古い友人に会わせる顔がない。中国が昔の荘厳さを回復しなければ、我ら政治と教化を司る者がその責任を辞することができない」と反省しながら、一人の日本人とも会わず、通信しないことを決心した。宮崎滔天夫人、萱野長知のような中国革命に理解があった友人への返信でさえも、駐日公使館を通して送ったのである。しかし、戴は日本にやはり関心を持っていた。彼は中・小学校教科書を研究しており、日本の中・小学校の国語、歴史、地理の教科書、そして教授用参考書など、全冊を急いで購入してほしいと駐日公使の蒋作賓《ショウサクヒン》に頼んだ。(17) ここからも、彼が日本研究を一貫して重視していることがわかる。

一九三四年九月、大阪で台風（室戸台風）による災害が起こり、東京にもそれが及び、多数の死傷者が出て、しかもその多くが児童であったことを知り、これを憂慮した戴は駐日公使に手紙を書き、「三年間日本の情報を知らなかったが、しかし故人・師友およびその家族の安否を気に掛けないときはなかった。半生にわたる交遊の地なので、一刻も忘れることがないのであろう」と記した。この大災害にあたり、戴は頭山満、宮崎滔天夫人、島田経一夫人、萱野長知夫妻などの安否を心配して、自分の代わりに公使が見舞うことを頼み、さらにこの風災で亡くなった日本人のために、戴は夫人と共に三日間にわたり毎朝読経した。(18) これらは、日本に対するきわめて複雑な感情が、いかに戴を苦しめたかをうかがわせる。

（3）戦争準備と抗戦

一九三二年四月一日、戴季陶が発起した新亜細亜学会が成立した。この学会は、中国の辺境地域の経済と文化を研究すること、およびアジア各民族との文化交流を強めることを目的にした学術組織である。成立当初から抗日戦争開始まで月刊誌を発行し、また数十種の新亜細亜叢書を出版した。一九三三年一二月一五日、「新亜細亜学会綱領」を発表したが、その宗旨は三民主義を信奉し、中華民族を復興し、アジア文化を発揚することであった。その事業の内容は、アジア各民族の学術を研究することと、国内の各民族の文化を発展させるために特別教育・経済・社会事業を経営し、中国の文化的・民族的な融和と統一の達成を求め、民国の基礎を強化することであった(19)。これは、満洲事変の勃発により、日本の侵略にただちに武力で勝つのは困難であるが、しかし心理的および文化的な側面から辺境地域の人々に中国内地への求心力を持たせることにより、外敵の侵入を防ぐと同時に、中華民族の大融合を促し中華民族の新文化を創造することによって、中華民国が永遠に発展・持続できるという、辺境政治に対する基本的な方針にもとづいたものである(20)。この新亜細亜学会は、戴が以前に主張した民族国際の延長線上にあるといわれている(21)。しかし、一九三七年の日中戦争の勃発にともなう人的・物質的な力の不足により、その継続が不可能になった。

一九三二年四月一八日から西北地域を視察した戴は、二七日に「総理記念週」大会に出席し、西安の学生向けに孫文の遺教を講演したが、学生らはそれを受け容れず、「なぜ日本が東北を侵略した際に政府が抵抗しなかったのか」、「なぜ淞滬抗戦〔第一次上海事変〕を破壊したのか」と戴に詰問して、騒乱が起こった。戴は殴られそうになり、軍警に保護されてようやく逃れることができたが、彼の自動車は憤激した学生達に焼かれてしまった(22)。このことから、次節で述べる戴らの対日政策が国民に理解されていないことがわかる。

五月下旬に南京に戻った戴は、西北改造計画を構想しはじめ、一二月に「建設西北農村専科学校籌備委員会」を創立した。一九三三年五月、戴は国民政府主席の林森と共にふたたび西北地域を視察し、一九三四年三月には三度目の西北視察を行ない、彼の力で作られた西北農林専科学校の定礎式に参加した。日本の中国侵略の拡大にともなって、将来中国の政治・軍事戦略は必ず西北および西南地域を重点にすることを敏鋭に見抜き、国家存亡にかかわる重要な時点で数回西北を視察した彼は、政治家としての眼力を具え、その策略も正しかったといわれている(23)。また、戴は「今後数百年のあいだ、中国民族の大敵はソ連である。ゆえに、民族の北進の方針は内地にのみあるのではなく、辺境にのみあるのでもなく、目的は実にシベリアにあり、中央アジアにあるのだ」と語ったことがある(24)。したがって、西北発展戦略はロシアの南下を防ぐ目的をも含んでいたと考えられる。しかし、戴が予想もしていなかったのは、これほど重視した西北地域が最大の「心患」であった中国共産党の根拠地となり、そのうえ共産党が最終的に政権を勝ち取ったことである。これほど早い時期に西部地域を重視したことは、戴の戦略眼が優れていたことを裏づけている。

一九三五年、第五回「剿共」は一応の勝利を収めたが、日本の中国侵略はしだいに拡大していった。一九三五年一一月一二日から二三日のあいだ、国民党第五次全国代表大会の組織・準備責任者として戴季陶は大会宣言を起草し、「国家を建設し国難を救う」ための十大政治主張を提出し、これは一文字も変更されずに可決された。戴は、「もし国家がすでに犠牲を払わねばならない時期に至ったら、必ず決然と犠牲を払い、最終的犠牲の決心を抱き、平和に対して最大の努力を為す」と語り、対日方針がしだいに抗戦の方向へ転じた。また、戴が起草した「中国国民党党員守則」の計一二条も通過して国民党の座右の銘となり、以後、党員が集会する場合に最初の儀式は、まずこの一二条の守則を朗読することが慣例となった[25]。五全大会以後、国民党の対日妥協的な政策がしだいに抗戦の方向に変化したことは、「蔣・汪合作」が決裂したことにも示されており、蔣らは積極的に活動して連ソ制日を図り、ソ連と数回にわたり秘密裏に交渉し、初歩的な諒解に達したという[26]。一九三六年一二月一二日に「西安事変」が起こると、戴は断固として張学良《チヨウガクリヨウ》らを討伐することを主張したが[27]、事件の平和的解決により蔣介石は共産党の存在を認め、共同抗日の方針を受け容れることを余儀なくされた。

一九三七年に日中戦争が勃発し、八月一三日には第二次上海事変が起こり、南京・上海間の道路が隔絶されたことから、戴季陶の夫人と娘は上海に封じ込められ、戴との連絡が断たれた。国民政府は一一月二〇日に重慶への撤退を宣言し、戴はその前日まで待っていたが何らの情報もなく、やむをえず一一月一九日に鞄ひとつだけの着の身着のままで南京を離れて、一二月一〇日に重慶に到着した[28]。この撤退にともない、戴が一四歳で四川を出てから苦労して求めた図書と、計り知れない価値を持つ貴重な民国時期の文献四〇〇〇冊以上、また孫文などから送られた書簡五〇冊あまりなどがすべて失われた。彼は元来これらを整理して、国家がよい図書館や博物館を建てたら全部寄附するつもりであったという[29]。

日中戦争期間中における戴の数少ない日本関連の言論のうち、一九四一年にアメリカに滞在していた宋子文に宛てた電文で、彼はアメリカに早期対日宣戦を勧めることを要請している。これは、彼の日本との戦いの決心をよく表わすものである。また、戴は日本研究を行なうために、中央党部に日本の書籍を購入するように要求した。そのリストはつぎのとおりである。

一、一九三六年以来の『国民年鑑』『朝日年鑑』『出版年鑑』『東洋経済年報』。

二、一九三六年以来の『外交時報』『国家学会雑誌』『法学協会雑誌』『国民経済雑誌』『経済論叢』『東洋経済新報』『国際法外交雑誌』『偕行』『改造』『中央公論』『日本及日本人』『太陽』『講談倶楽部』『新小説』。

三、人事に関して、『大日本興信録』『華族鑑』『皇族画譜』。

四、『法令大全』最近版、『条約彙纂』。

五、中国、南洋、南米(とくにブラジル)の各種の経済・産業・人口・移民に関する専門書、論文。

これらのものは戴が一九三九年以来、何度も購入を望んだものだが、「みな敵国の為替を買いたくないために中止した。しかし今年は、このような研究がもはや猶予できない」と語っている[30]。その範囲の広さ、数量の多さから、戴の日本研究の真剣さがうかがわれる。

(4) 憂慮のなかでの死去

一九四五年八月一一日、日本敗戦の報が伝えられ、全国が喜び勝利を祝う歓声のなかで、戴は「憂慮して数日間起き上がれず、起き上がったときも喜色がなかった」という[31]。彼は「日本は必ず失敗するが、それは自業自得である」のに対して、「中国が必勝できるかどうかは、すべて中国自身の努力による」のであり、危機が戦争後にも存在すると警告していた[32]。彼は、「十数年前から日本は恐れるに足らず、恐ろしいのは内政が収まらないことである。今大乱

戴季陶遺影
［出所：簡笙簧・侯坤宏編『戴伝賢与現代中国』国史館印行，1989 年，1 頁］

が始まった。どうしようもない、どうしようもない。終日昏々として、戦々恐々として恐れおののいている」と、自らの心情を描写している。(33) 彼は、一一月に持病の神経痛の発作が起こり、睡眠薬を大量に誤服して意識不明になり、緊急治療によって一命をとりとめた。これが、睡眠薬の大量誤服によりあやうく命を落としかけた、最初であった。(34)

一九四六年五月五日に国民政府が重慶から南京へ遷都する前の四月二九日、戴らは南京に戻った。しかし、情勢は彼の憂慮したとおり、国民政府が日本に勝利したものの、戦争中に発展してきた共産党との戦いは不可避となった。国民党勢力がしだいに敗退するとともに、戴の身心も著しく衰弱した。一九四八年三月二九日、第一次国民大会が開催され、戴は浙江省呉興県から選ばれた代表として会議に出席し、六月五日、国史館館長に任じられ、七月一〇日には戴が二〇年に及ぶ任期中、つねに要請してきた考試院長の辞職が許可された。九月上旬と一二月中旬に病状がひどくなり、睡眠薬を飲み過ぎて意識不明の状態に陥ったが、幸いに一命をとりとめた。だが、国民党政権は崩壊し、蒋介石は国民党元老に台湾へ逃げるよう指示したが、戴は蒋に数回勧められても断固として台湾へ行かず、故郷の成都へ行きたいと固持した。一九四八年一二月二八日、戴は趙文淑《チヨウブンシユク》夫人らと共に専用機の美齢号で広州に赴き、その後、成都に行く予定であった。一九四九年二月八日、国民党中央が広州に移った後の第一次常会が行なわれ、戴はその常会記録薄に署名したとき、手がひどく震えて、人との談話も平静を失ったようであり、身心ともにきわめて衰弱していたといわれる。一一日、神経痛の症状に苦しみ、七〇粒近くの睡眠薬を飲んだ戴は、一二日朝八時、家族に発見されたときにはすでに意識不明の状態に陥っており、すぐ医者を呼んで応急措置を行なったものの、一二日午前一〇時四〇分にこの世を去った。その日の午後、治葬委員会が成立し、一四日に納棺された。(35) 三月一二日と三一日に総統令が出され、戴を褒揚した。四月三日、鈕夫人と共に成都郊外西棗子巷の母親黄太夫人の墓地に埋葬された。(36)

長年来、戴季陶の死については諸説がある。近年の蒋緯国の伝記によると、一九四八年一一月一四日、徐州前線で装甲兵を指揮する大佐・参謀長であった彼（戴の実子）は、淮海戦役の決戦期というもっとも重要な時点にもかかわらず、蒋介石に電報で南京へ呼び戻され、台湾へ行くように戴を説得することを命じられたという。戴は最初、蒋緯国の勧誘を強く断ったが、任務を果たせなければ蒋介石の前で緯国の立場が難しくなることを考慮し、広州へ行くことに同意した。だが、彼は、それは台湾へ行くことを意味しないと強調した。蒋介石は数回、飛行機を広州に派遣して戴を台湾へ迎えようとしたが断られ、強制的に彼を台湾へ連行する命令を出した。二月一〇日、命令執行者は戴の宿泊していた東園招待所で彼に再度断られ、最後に「明日、担架を使っても飛行機に乗せる」と強く命令した。慟哭した戴は一一日夜、睡眠薬を大量に飲んで自殺した。(37) 蒋緯国の回想によると、大陸が陥落した際に、戴はたしかに広州で身をもって殉国する意志があったと断定できるという。(38) その日はちょうど孫文の命日でもあった。

以上のように、長期にわたり戴季陶らが命をかけて従事してきた革命運動は、ついに国民革命の成功という結末を迎えた。そして、国民革命後の二〇年間に、戴は国民党元老、政府の中枢として、考試院制度や法律制度の整備のため、日本留学時期に身につけた知識を最大限にいかすことができた。また、彼は新亜細亜学会を発起して民族文化の発揚を唱え、西北地域の防日・防ソの戦略的意義を早い時期から重視していた。しかし、この時期の戴および国民政府にとって最大の問題は、何より「剿共」と「抗日」であった。戴は国民党政権の強化のために「剿共」を「抗日」より優先的に考え、「安内攘外」政策を主張した。そのため、満洲事変が勃発した後も、日本の中国侵略問題を国際連盟の制裁に任せ、「剿共」政策を続行した。

しかし注目したいのは、日本に対して深い感情と数多くの関係を持つ彼は、満洲事変以後は中国革命に貢献した日本の古い友人にすら断固として会わないという、実際の行動をもって日本に抗議する気持ちを表わしたことである。日本で災害が発生したことを聞くと、彼は日本の友人の安否を心配したという。そのあいだの矛盾がどれほど彼を苦しめていたのか、想像にかたくない。

第五次「剿共」の一応の勝利により、戴はしだいに抗日の方向に転じた。しかし、西安事変の発生によりかつて「匪」であった共産党が合法化され、「抗日民族統一戦線」の形成を余儀なくされると、以後、共産党の勢力拡大に対する彼の憂慮が絶えることはなかった。日中戦争が勃発した後、戴はアメリカにも働きかけることを図り、積極的に抗戦を主張した。戦争が緊迫した時期になると、大量の日本書を購入しようとし、やはり日本研究を重視していたことがわかる。

このように、日本問題に対する態度から、戴の民族主義精神をうかがうことができる。しかし、日本には予想どおり勝ったものの、共産党に対する憂慮はしまいに国民党政権の崩壊という現実となり、戴が辛亥革命期以来、心血を注いだ国民党は、大陸から消滅してしまったのである。

二　国際化戦略

国民革命後の時期において、戴は考試院長として主に考試院制度の確立と実施に尽力し、また辺境建設や仏教発揚などの文化・宗教事業に熱心だった。そして、政治思想に関しては、従来持っていた「ひとつの主義」を思想的基礎として「安内攘外」論を堅持したが、結局は国民革命期を超えるものが現われなかった。そのなかで特筆に値するのは、満洲事変という「国難」に遭遇したとき、知日家である戴が国民政府の対日政策決定の責任者として大きな力を発揮し、日中戦争中は積極的に連米抗日を主張したことである。

(1) 満洲事変に対する国際化戦略

満洲事変後、戴は特種外交委員会委員長として一〇月二一日に対日方針を決めた。すなわち、対日交渉の方法は、(一) 日本の早期撤兵を促す、(二) 日本が撤兵した後、中立国を仲介に立てたうえで我が方がただちに接収する、(三) 日本軍が完全に撤兵する前に、国際連盟理事会は閉会してはいけない、(四) 中立国の人が参加したうえで、日本の撤兵の時期と場所について協議する。そのなかでもっとも重要なのは、まず撤兵だという。また、今後の対日交渉の方法は、(一)中国の領土・主権の完全性および行政の統一を保持する、(二)東北(東三省)の門戸開放・機会均等を主張し、日本はこの原則を破壊してはいけない、(三)以後両国のあいだでいかなる事件が発生しても、武力解決の手段を用いてはいけない。連盟規約・不戦条約およびその他の国際条約にもとづいて解決しなければならない、ということである。(39)

一一月、戴は時局処理に関する根本方針を、中央政治会議に以下のように報告した。それは、日本、国際連盟、アメリカおよび中国に関して、それぞれ分析を行なったものである。

まず日本に対して、(一)日本の軍事政策は、東北を完全に占領するという目的を達成しないかぎり止むことがない。現在、(日本の)外交は完全に軍事戦略に支配されているので、すべての観察と判断は軍事を前提にすべきである。(二)日本は東北を完全に占領し、中国固有の政治・軍事勢力を駆逐することを目的としていると判断し、もし中央が軍事行動を起こせば日本は軍事力と日本人居留民の自由活動により、さまざまな手段を利用して長江を攪乱し、わが金融の基礎を破壊し、首都を兵力の威嚇のもとに置き、以前の南京条約の形勢を再現することを図っている、と唱えた。

つぎに国際連盟に対しては、その目的は終始、日本による右の計画が遂行するのをできるだけ取り除くことにあるが、各国の重要な政策はその計画がまだ完成していないので、今回決して日本に対して作戦を発動しない。したがって、国際連盟は何らの有力な制裁をも行なうことができない。現在、国際連盟の努力は終わろうとしているが、たとえ日本の武力政策の強行により国際連盟が困難な状況に陥っても、決してそのために倒れることはない、と説く。

さらにアメリカの態度について、同国はいままで意見を表明することを極力避けているが、しかし将来必要なときには九か国条約を用いて、日本に対し有力な排斥を行なう可能性がある、と判断した。

最後に中国に関しては、(一)今回の対日交渉は中国が国際的に必ず最後の勝利を得ると判断し、この時点でのすべての政策は民心を強固にし、政府と人民の信頼を保持することを根本策とする。そこで、対外的策略として、中国はどうあっても絶対に先に日本に宣戦しない。各国のわが国に対する好感をできるだけ維持しなければならない。できるだけ実際的利害を考慮しなければならない。しかし、万一やむをえざるときには軍事面で民意のために犠牲を払って顧みない。ただ、実際の犠牲の代償を得ることを図らねばならない。（二）このとき、中国政府は国際連盟を完全に信頼する意志をできるだけ表わさなければならない、しかも時局がますます危険になったのは国際連盟が完全なる責任を果たさず、有効な制裁を行なわなかったためで、それゆえに日本軍がますます横暴になっており、国際連盟の権威もますます失われてしまうことを、できるだけ明らかにしなければならない、と判断した。総じていえば、日本国内の反陸軍政策の力は決して弱くなく、ただ今は、すべて軍部の挙国一致の威力に屈服しているのである。しかし、軍部の政策が尽きたとき、すべての反陸軍勢力は必ず立ち上がって政権を取るに違いない。そのときになって日中間は初めて、本格的な外交の時期に入るというのである[40]。

そこで、戴は日本の東北侵略とその後の上海砲撃事件について、「表面的には中国の領土、主権、行政の完全性を破壊することであるが、実際には国際連盟と九か国条約を完全に破ったのである。正直にいうと、日本は世界人類の生存の道徳と法律を完全に破壊し、全人類に宣戦したのである」と、全世界の問題にまでこれを高めた。したがって、「今回われわれの国難会議は、全国の国民を率いて国を救うのみでなく、また全世界の人類を率いて世界の正理・正義を保障するのである」と、彼は断言している[41]。このように、戴は日中問題を国際化戦略で解決しようとしていたのである。

（2）国際化戦略実施の原因およびその評価

前章で述べたように、国民革命期において戴は、「国際連盟は帝国主義国家が世界を共同で侵略する総司令部である」と厳しく批判し、それに「われわれにひとつの生きる道を与えるように哀願する」ことが完全に不可能であると認識したが、なぜ、この時期になると日中問題を完全に国際連盟に任せるようになったのであろうか。この思想的変化について、嵯峨隆は「民族的危機に対応するための現実的な選択だ」と指摘しているが、[42] 筆者は具体的につぎの二つの事情が大きな影響を与えていることをつけ加えたい。

まず、一九二七年後半、中国共産党は各革命根拠地で工農民主政権を樹立しはじめ、一九三一年一一月、毛沢東を主席とする中華ソヴィエト共和国臨時政府が江西省瑞金で成立した。当時、いわゆる左傾的教条主義者たちが実権を掌握していた中共中央は、共産党の中心的任務は「農工民主独裁のソヴィエトが中国で勝利するために戦う」ことであり、「売国・辱国的な国民政府を打倒することは民族革命戦争を成功裏に行なう先決条件」であると唱え、抗日民族解放闘争をソヴィエト革命の軌道に組み入れた。[43] すなわち、（国民革命期に）思想的・組織的に国民党にとって最大の脅威となった共産党が、この時期になるとさらに軍事的にも対抗政権を華中で樹立したのである。しかも、その背景としてはソ連の存在が何より大きかった。それを消滅させることは、蒋介石政権が他の軍閥を殲滅あるいは買収した後の最大の事業となった。

一九三〇年一二月から国民党は第二回「剿共」を行なったが失敗した。一九三一年七月に始まった三回目の「剿共」の真最中に、満洲事変が勃発した。戴は、「中国には二つ強い隣国がある。ロシアと日本である。中国が弱ければ、日本は中国の仇となるが、中国が強ければ、日本は中国の友となる。しかし、ロシアは永遠に中国の敵である」と認識している。[44] このときに唱えた「安内攘外」政策の「安内」は、「剿共」を通してソ連の「内部侵略」を駆逐する意味をも含んでいる。日本が東北部を占領している状況は、それが固定的であるならば、きわめて安定した状況だと、蒋介石には認識されたのである。その間に「安内」を達成することが、蒋介石の最大の望みであったという。[45]

実際には、日本軍は一九三一年一一月下旬に黒龍江省を占領し、ソ連の国境へ直進した。[46] 東北と比べると圧倒的に南京に近い江西省に国民政府と対立する政権が存在し、しかもその背後にはソ連の影響力があることは、遥かな東北に対する日本侵略の問題よりいっそう深刻であるため、まさに日本の東北出兵によりソ連の南下を牽制することができると考えた、とも思われる。つまり、共産党との対決と日本の侵略は、国民政府にとって「心患」と「外傷」の関係であると考えられる。戴は、「外患や外敵は憂慮する必要がない、憂慮すべきなのは自ら一致団結できないことである」という孫文の言葉を引用し[47]、「剿匪」と「抗日」の関係について、「目下救国の事業において（両者は）ひとつの事柄の両面であり、同じく重要」で、「とくに剿匪は抗日の基本的事業である」と主張している[48]。したがって、日本の中国侵略という問題を国際連盟に提訴し、日本に制裁を加えさせている間に全力で共産党を殲滅することが、国民党政権の強化のためにもっとも重要だと、戴は考えた。その思想的根拠は、五・四時期以来持っていた「ひとつの主義」だと思われる。

つぎは、一九三一年八月の長江氾濫である。戴はこの水害について、「実は古代の洪水以来、空前の大難であり、被災地域は一六省にも及び、被災民はほぼ一億人に達した」と述べている[49]。八月一〇日に首都南京も水に浸り、被災民は数十万人に達した。一四日、「水災救済委員」の特設が決議され、一九日に国民政府は全国救援のために軍隊二〇〇万人を派遣することを決定した[50]。国民政府は国際連盟に救済を求め、九月一四日に中国が四八票の満票で国際連盟理事会の非常任理事国に当選すると、九月一六日に連盟は「中国水災救済案」を通過させ、中国に対する援助を決定している[51]。連盟重視の外交路線が一応の成果を達成した、との指摘もある[52]。このことは、戴の連盟に対する認識をある程度変えたと考えられる。したがって、天災人禍の厳しい状況のもとで勃発した満洲事変への対応策として、連盟に提訴することは一種の有効な策略であったといえる。ただし、戴は、「われわれは世界の人々が覚醒してからわれわれを救うことを待ってはいけない。われわれは切実な覚醒と努力のもとで、自らを救って人を救うことを決心しなければならない」と、中国人の自覚性を求めることを忘れていなかった[53]。

では、満洲事変に対する国際化戦略政策について、戴はどのように評価したのであろうか。戴は「数年来、主義を信奉して懸命に努力してきた政府は能力が確かに足りなかったので、全党・全国の満足を得られなかった」と反省しながら、道徳上において「咎めるところがないと」確信している[54]。一九四二年冬、戴は、「もし蒋主席の知恵がなければ、文・武を適当に行ない、よい方法を選択して固持し、終始貫徹しなければ、おそらく中国は一九三一～三二年のあいだにすでに滅ぼされ、一九三七年に全面的に抗戦する余地がなくなっていたであろう」。「私は日本が必ず失敗すること、その失敗は必ず外交委員会の判断、主席の神明な政策決定と相違がないと確信している」と述懐する。しかし、これは「政府の機密決議」であるから「絶対に多くの人々に知らせてはいけない」ことであり、一般の国民や学生は政府の方針を知らないため、諒解しなかったことについて戴は「責めるに足らない」と語った。だが、広東と広西の同志はとくに誤解し、「中央の軍事・外交・内政を司る責任者の苦心を詳察せず、とった方法がやむをえないものだと諒解しておらず、政府の行動を多く妨害した」ことを、戴は悲しんでいた(55)。国家の中枢にあった戴は、当時の国民政府が内憂外患に遭遇し、日本に抵抗する条件が成熟していないことが、国際連盟に提訴せざるをえない最大の理由である、と認識たのである。

また、このことは、蒋介石の発言でも裏づけられる。蒋は、「中国の国防力が薄弱なため、横暴な日本が二四時間以内で侵略した範囲は遼寧・吉林の両省に及んでいる。もしさらに断交・宣戦の口実を与えると、我が国陸海空軍の軍備不足によって、必ず沿海地域および揚子江流域に至って、三日以内で全部敵に蹂躙されてしまい、全国の政治・軍事・交通・金融の脈絡は悉く断絶し、屈服したくなくてもせざるをえない」と述べる。「決して喪権辱国の条約を結ばない」ことにより、「横暴な日本が東北を侵略してえた権利を終始泥棒の行為とし、何らの法律的な根拠も持たせない」と、蒋は主張している。彼は外交において、国民が政府を絶対的に信頼し協力するかわりに、政府が絶対に権利を喪失したり領土割譲の条約を結んだりしなければ、最後の勝利は結局我が方に属すと、自信を示している。そして蒋は、「もっとも明らかに国家が挽回できない喪失をこうむるのは、断交である。今日、中国の現状と国力をもって日本と断交すると、必ず軍事的戦争に入るが、準備なしの戦いは必ず負けてしまう。敗戦した国は土地を失い、権利を喪失せぬものがない」と語る。つまり、「不抵抗政策」の後に「積極的な戦争準備」が隠されているのである(56)。いうまでもなく、それは共産党を殲滅した後のことであると理解できる。

しかし、日本は国際連盟の決議を無視し、結局、国際連盟は日本の中国侵略を制止することができなかった。蒋が下野した後、広東派が組織した南京国民政府は日本との直接交渉を図ったが、日本軍が錦州を占領したことにより、交渉が不可能になった。その後、汪精衛の「一面交渉・一面抵抗」という政策は、第一次上海事変によって交渉が困難となったが、抵抗こそ侵略の拡大を制止することができると証明された、と指摘されている[57]。

(3) 日中戦争中の連米抗日の主張

一九三五年、第五回「剿共」の一応の勝利により、「安内」が一段落し、いよいよ「攘外」へと方針が変わった。前述した五全大会での戴季陶の大会宣言は、積極的な抗日に転じたことを意味する。一九三七年七月七日に日中戦争が勃発した後、戴は「九・一八事変〔満洲事変〕以来の第一段階の日本侵略は皮を剥くような侵略であり、現在では心を攻める侵略となった」と語り、その対策として「第一、全国が一致し上下が一心となることを希望している。現在我が中国国民党と中国国民党が責任を持っている政府は、国家と存亡を共にし、人民と患難を共にすることを決定した」と、抗日の決心を表明している[58]。

日中戦争中にも、戴は国際化戦略を用いて日本との戦いを主張していた。それがもっともよく表われているのは、彼が一九四一年五月四日にアメリカ滞在中の宋子文に宛てた電報である。戴は、つぎのように主張している。

日本の中国侵略戦争は、今日のヨーロッパ大戦の原因である。現在ヨーロッパの情勢は危機的であり、日本はまた英米に対する融和を極力図っている。もしアメリカがこの期に乗じて、イギリス、オランダ、オーストラリアと連合して日本の海空軍を撃破し、日本国内の都市に対して猛烈な沿岸射撃と空中爆撃を行なわず、ただ〔中国に対する〕比較的有効な経済および武器の援助と〔日本に対する〕海上封鎖のみにとどまると、おそらく、まもなく英米が海上から日本に攻撃される日が必ず来るだろう。そのとき、イギリス、アメリカ、オランダ、オーストラリアは受動的に戦い、その国難は今日の一〇倍になるのである。私は国内外の戦争について年来あえて発言しなかったが、ただ世界情勢がますます緊迫するのを目撃したがゆえに、鄙見を申し上げたのである。ふたたび時機を失わないように、アメリカ当局に早く機を見て勧告することを切実に考慮してほしい。

それに対して、宋子文は五月二〇日につぎのように返電した。

ご意見にきわめて佩服している。九・一八事変後、私は先生に従って外交会〔特種外交委員会〕を主催したことを思い出した。今後の日本の侵略は必ず拡大して止むことがないが、将来その野心を十分制止できるのは、必ずアメリカだと判断した。私は終始この方針にもとづいて絶えず努力し、それを証明しようとしてきた。ただ、アメリカは自国の利益および輿論の動きのために、ドイツ、イタリアという枢軸国をきわめて嫌悪し、まもなく必ずふたたび重要な行動が現われる。第二段階になって初めて、全力で日本に対処できる。いまは機先を制するとは限らず、たしかにおっしゃるように受動的な作戦となることを免れない。ただ、私は個人の力を尽くして当地の有力者と連絡し、機会を見て利害を説き輿論を変えるようにする。(59)

戴の電報を通して、太平洋戦争勃発前から彼は、すでにアメリカが軍事力で日本を攻撃することを積極的に主張していたことがわかる。

以上のように、戴は「安内攘外」と水害救済の必要性に迫られ、日本の中国侵略について国際連盟に提訴するという、国際化戦略を策定した。その結果、第一に、国際連盟は日本の中国侵略に対して、政治・経済・軍事面における実質的な制裁を行なわなかったが、しかし日本に勧告を発して、その国際連盟脱退に拍車をかけ、以後、日本を国際的に孤立させた。第二に、中国が「正義と公理」を唱え、日本の侵略性を世界に宣伝し各国の同情を得たことが、第二次世界大戦期に国際的援助を大量に獲得するために役立った。第三は、日本に宣戦せず、退くことをもって進むことに替え、日本の中国全土への侵略を先に伸ばし、建国わずか三年の国民政府が建設に尽力するための五年の時間を確保し、以後、全面抗戦の最終的勝利のための基礎を固めた。しかし、その代償が東北の陥落、大量の中国人の受難という、言葉に尽くせぬ大きな犠牲であったことはいうまでもない。これは、戴がかつて主張した、「数千年来鎖国してきた民族が、『世界的生活』に加入する場合に必ず通らなければならない段階でもある」のだろうか。(60)日中戦争中の戴の連米抗日の主張は、結果として実現された。これも、彼の日中問題を国際化する戦略と符合している。

三　日本非敵論

戴季陶は国民革命期に『日本論』を著わし日本研究の集大成を成し遂げたが、それ以後の日本に関する言論は断片的でまとまった論述はなく、当然『日本論』を超えるものはない。それらについて、おおかた以下のようにまとめておきたい。

戴はつねに「中国が一生懸命に奮闘すれば自ら富強を達成し、アジアの盟主になり、世界の文明を進め、したがって日本は中国の伴侶となるが、さもなければ中国の仇となるが、中国の敵ではない」と語っている。その理論的根拠は、文化に求められる。彼は、「思うに敵とは相対的に完全な独立体であり、それなりの自生的特性・特質を持っている。日本民族は自生的歴史を持たず東方の子民族であり、その主な宗教は自生的に創造したのではなく東方の子宗教であり、その言語・文字は中国とインドに触発されたものであり、独立して発明したものではない。その文物・制度は世界各国の文物・制度によって創られ、独立して創られたものではないので、敵とするまでもない」と分析している。(61)彼は、「日本の国運・民力はまさに朝日が昇るようだが、しかし病んでいるといっても決して過言ではない。実際にそれ自身が病んでいるのみでなく、さらに周囲にその病原菌をまき散らし、その隣人となるものにも波及している。最近数十年来の東方の実際の状況から見ると、日本は身心ともに健康な人のようだが、突然不養生により病毒を受けた。その抵抗力はきわめて強く、また病んではいないと甚だ自負しているので、すでに病んでいるにもかかわらず、人々は自覚していないし、自身も信じない」と、日本を病人に喩えている。[62]

日中戦争で中国が勝利し、多くの人は重慶で爆竹を鳴らして祝賀したが、戴は憂慮して、「日本は仇であり、仇が消えたら友となる。ソ連は敵であり、国境が接して、力が相匹敵している。仇が消えても敵はまだ存在している。大敵に直面しているのに、どうして爆竹を鳴らすことがあろうか。敵に勝った後で鳴らしても遅くはない」と警告している。その後、陥落した地域の各機関・学校を接収する責任者のひとりであった蔣復璁に、「日本人に対しては、自ら戦勝国をもって任じてはいけない。戦争が終了し、規定以外にも態度において注意し、友好を示さなければならない」と戴は語った。[63] このように、国民革命期以後の時期において戴は、終始日本を敵として見ていないということがわかる。

しかし、戴季陶は日本側の責任を見逃してはいなかった。彼は「人類が依って立つのは道徳であり、暴力ではない。道徳のない暴力は一時的に覇を称えることはできるが、しかしそれが後代に残す災禍は多大である。数十年の強盛は永久の歴史のなかで一瞬のものに過ぎない。日本の前途はまさにどれほど悲惨になるだろうか」と論じている。今日、日本の強盛は「千年以来、忠孝仁愛を学んだ結果であるが、ここ数十年間豊かになりはしたが仁を為さず、強くなりはしたが礼を守らない行為が、他日その子孫に無窮の災禍の種を播いたことがわかる」と警告している。[64] また、「南遊雑詩」を作り、「儒家は人に報徳を教え、仏家は人に報恩を教えたが、日本人めらは二つながらともに報じなかった。王仁《ワンレン》〔わに〕は忘仁《ワンレン》〔仁を忘れる〕を造り出したのだ」と、文化の面から日本を咎めている。[65]

一方、戴は中国側の責任も追究し、中国人の自強を強く主張している。彼は中国の積弱により「日本に種々の僥倖の心理を生じさせたからこそ、これほど貪り飽くことを知らぬようになった」のであり、これは「まるで子供のようで、父兄である我らがうまくしつけなかったことにより、彼らをこれほど横暴にさせた」と述べ、「われわれが彼らのこの狂妄の心理を取り除くには、中国自身が努力して強国になること以外に、第二の道はない」と指摘している[66]。それは、「対外的には必ず全国が一致して侮りを防ぐという目的を達成し、対内的には必ず精進団結して、各人がそれぞれ最善を尽くし、建設事業に努めるという目的を達成」することであるという[67]。彼は、「公道が最後の勝利の獲得を決定するものだと確信する」一方で、「自ら国民の全生命をもって奮闘してこそ公道に換えることができる」が、もっとも重要なことは、「全国の団結、とくに国民意識において一致団結しなければならない」ことだと唱えている[68]。そこで、彼は「将来日本は結局中国の良友となるが、しかし、いかに日本を中国の良友にするかというと、ほかでもない、ただ中国人が努力して自ら強くなることのみである」と結論づけている[69]。

このように、戴は日中両国の文化的親近性に注目し、完全に独立した文化を持たない日本は中国が敵とするに値しない、と認識していた。戴は「正義と公理」にもとづき、中国の必勝、日本の必敗を少しも疑わず、終始超然と落ち着いた態度を保っていたのである。他方、国民意識における中国人の一致団結を、彼はつねに強く唱えていた。すなわち、戴の「日本必敗論」と表裏一体をなしているのは、彼が一貫して持っていた「中国自強論」である。

おわりに

本章で述べてきたように、国民革命以後における戴季陶の政治活動の一番の特徴は、日本訪問を一回も行なわなかったどころか、日本人との直接的な接触も意識的に断ち切ったことである。ただし、日本に対する関心は衰えず、可能な限り日本研究を行なったが、以前の各時期と比べるときわめて貧弱である。彼の政治思想としては、日本の中国侵略に対する「国際化戦略」の主張があげられ、それ以外には以前ほど反響を呼んだものが現われていない。また、彼の日本観のもっとも顕著な特徴は、文化的視点から日本は「敵」ではなく「仇」である、と認識したことである。

日本の中国侵略という、戴が辛亥革命期から見抜いていた危険性が、この時期についに現実のものとなった。だが、国民革命期にすでに日本の政治・文化の双方に幻滅して、日本と接点を持たなくなっていたので、この時期の日本侵略については、日本と直接交渉することに反対し、戦争以外には解決する手段がないことを、戴はわかっていた。ただし、それは「敵」でなく「仇」である日本と戦うことを指す。日本を敵視しないことは、『日本論』で日本文化の独自性を認めながらも、中国文明との親近性を重視したからである。またこれは、考試院長として文化事業に没頭した戴が、国家の形成・建設・発展の過程において文化がどれほど重要な役割を果たすものであるか、身をもって理解していたこととも関わっている。そこで、文化において根本的に異なるソ連は、真の永遠の「敵」であると認識した。彼は華中に存在する共産党政権およびその背後にあるソ連の南下の虞れを考慮し、当然「剿共」が優先だと考えたのである。そのうえ、史上空前の大水害に遭遇したことなどにより、日本と戦争して勝利する可能性はない、と判断した。そして、水害救済支援を受け、また非常任理事国に当選したことにより、国際連盟に希望を持ち、日本への国際的制裁を国民政府の対日政策として決定した。すなわち、国民革命期の「幻滅的日本論」によって日本との直接的交渉を避け、国際化戦略によって解決しようとしたのである(70)。また、これと表裏一体をなしていた「中国自強論」は、この時期の現実問題において最大限にいかされたのである。

したがって、戴の日本観は辛亥期の「日本敵視論」、討袁期の「日中提携論」、護法期の「批判的提携論」、五・四期の「対決・連合論」を経て、国民革命期の「中国自強論」と表裏一体をなした「幻滅的日本論」に到達したが、この時期になると「中国自強論」を持続しながら、「日本非敵論」を持つようになったのである。

しかし、満洲事変以後、もともと砂のようであった中国人は、日本の中国侵略によって形成されたナショナリズムが史上最高の高揚期に入ったため、戴の「日本非敵論」は当然、当時の中国人には受け容れられず、日本に対する妥協だと見なされ、批判された。その後、心血を注いで書いた『日本論』も見捨てられてしまった。思想家として先見の明を持って認識した国民党政権の統治にとって永遠の敵であるソ連――中共の脅威が終戦後、現実的になった時点になると、すべてがもはや手遅れになり、収拾できなくなった。戴の日本観は結局、日中戦争というもっとも重要かつ特殊な時期において、十分に効果を発揮できなかったのである。

終　章　戴季陶の日本観の変遷

（1）戴季陶の日本観の軌跡

本書では、戴季陶の経歴・思想と日本観との関連、さらに中国（主に上海）輿論や孫文の日本観と比較しながら、彼の日本観の形成・発展・変化の過程を内在的に追求し、その特徴を浮き彫りにしてきた。そこで最後に、戴の日本観の変遷をあらためて整理し、序章で提起した問題、すなわち戴にとって日本という存在が結局どのような意味を持ったかをまとめておきたい。

清朝末期、科挙に失敗して日本と出会った戴は、日本の進んだ近代文明に憧れ、日本留学こそが唯一の教育・出世の機会であったため、必然的に早くから日本自体に強い関心を持った。そして、もっとも感受性の強い時期に日本で高等教育を受け、抜群の日本語力と専攻した法学の知識によって中国で世に出る能力を獲得した。同時に、初恋の失敗の打撃により日本帝国主義の残酷さ、植民地化された朝鮮の悲惨さ、そして「唇亡びて歯寒し」という中国の存亡の危機を痛切に実感した。また、日本の庶民との交流により、日本に対する感性的認識も深まった。五年間の留学生活のなかで多くの喜怒哀楽を経験した戴にとって、日本という存在は、時には彼の救い主であり、時には彼を見捨てることもあった。総じていえば、戴は一貫して日本自体に関心を持ち、日本を重要な認識・研究対象としていた。その結果、彼が日本人の文化や民族性をその内側から総合的に認識し、日本人の価値観を把握し表現する基礎が、この時期につくられたのである。

辛亥革命期に中国の存亡問題に強い関心を持った戴は、清朝の列強に対する無能と弱体を目の当たりにして反清思想を抱き、列強の一員と見なした日本に注目した。彼は日韓関係の分析から、不信感を持って日本を批判し敵視するようになり、また日英同盟を堅持する姿勢を見て、日本がもっぱら列強への仲間入りに努め、列強とともに中国における権益を獲得しようとしていることを認識し、いっそうその不信感を強めた。さらに日本自体の状況や民族性を分析し、そこから対中侵略の必然性を確信した戴は、日本批判の立場から出発して「日本敵視論」を持つようになった。これは、同時期の上海輿論にみられた日本批判論よりも急進的で、しかも他の論者のように単なる不信や批判にとどまるものではなかった。彼は、日本の海外拡張の根本的原因を客観的に検討し、南進策こそが日本の国家発展に相応しい道だと認識し、実際にはその逆の北進策をとっている以上、日本が将来失敗するであろうと予測し、中国人が日本の長所を学び実力を養成したうえで、日本に抵抗することを提唱している。彼の日本像は、かつて憧れを抱き、人生のなかでもっとも重要な人格形成期を過ごした理想の国——「第二の故郷」から、中国の直面する「第一の強敵」へと変化してしまった。戴のこの時期の「日本敵視論」は後年、中国国民党の対日政策にも影響を与えたほどの、客観的かつ総合的な日本理解が形成されるひとつの基礎となった。

討袁運動期に政治評論家から政治実践者に転じた戴は、討袁革命運動の勝利を達成し、あらためて政権を掌握するという孫文派の最大の目的を実現するために、日本の援助が必要不可欠であると認識した。そして彼は、中国国内の、しかも漢民族同士の闘争である討袁革命を、支配されている黄色人種の解放という世界的意義を持つ革命にまで高め、日本をこの革命の仲間であると位置づけている。戴は初めて日本人の民族性を評価し、日本が発展した原因は共同的信仰の強固さにあり、逆に、中国はそれを喪失したため存亡の危機に直面している、と論じるようになった。辛亥期の「日本敵視論」から一変して、「欧米大同盟」の「黄禍抵抗」という黄白人種衝突の視点から、「日中提携論」を唱えるようになったのである。

このことは、孫文の日中提携論に従ったことに加えて、彼自身の特別な経歴および思想と深く関わっている。すなわち、戴は中国革命のために生命の危機に瀕した際、日本人を装ったことで救われた。また、討袁運動のための対日借款交渉に直接参加したことにより、中国にとって日本がいかに必要不可欠な存在であるかを切実に理解したと推測できる。さらに、二年半滞日して中国本土と一定の距離を保ったことで、戴は客観的に中国を観察する機会を得ると同時に、身近になった日本を再認識することができ、少年期に憧れの理想国であった日本に対して、特殊な感情を覚えていたことが想起されたと考えられる。これは、中国国内で二十一か条問題をめぐって起きた激しい反日感情と鮮明な対照をなす、特異な対日認識であるといえる。この時期に彼は、もっぱら日本の視点に立って対象としての日本を論じるという姿勢と態度を獲得し、後に日本の長所と短所をともに客観的にとらえることができるようになる基礎がつくられた。また、この提携論は辛亥期の敵視論とあわせて、後に対日認識が集大成されるひとつの原型となったのである。

護法運動期に初めて軍政府の要職に任じられた戴は、軍政府成立直前の重要な対日工作の実体験にもとづき、日本はモデルでありながらライバルでもあると認識し、日本の侵略性を批判しながら日本との提携を模索して、「批判的提携論」を唱えた。当時、山東省民政署設置問題や「日中軍事協定」の締結によって、輿論では全国的に反日感情が高まっており、また孫文は、護法運動のために日本の援段政策の停止と軍政府への支持を要望して、日中提携を策略として提唱し、最大限に日本に妥協していた。これらの日本観と比べると、戴は孫よりも日本の対中侵略の本質を見きわめながら、輿論に対しては無謀な反日運動を警戒し、日本研究の必要性を喚起している。戴の日本観はある程度の客観性と冷静さを表わしており、日本の大陸政策を理解する態度を示しながらその侵略性をも見抜き、中国の富強化を唱えたものである。これは、辛亥期に日本の対中侵略の必然性を確信したことや、討袁期に日本の視点に立って対象としての日本を論じるという姿勢と態度を身につけたことに、もとづいたものだと考えられる。

五・四運動期に政治思想家と政治実践者の両面を一身に兼ね備えた戴は、日本を痛烈に批判する著作を発表する一方で、その背景に日本人が存在する経済活動に参与し、日本資料・情報の利用、日本経由の社会主義思潮の導入といった潮流に乗って、日本観を含む思想の成熟期を迎え、中国人の近代思想に対する啓蒙的役割を果たした。したがって、彼にとって、日本および日本語は情報収集と思想発表にあたって、依然としてきわめて重要な存在であり手段であった。

青島問題をめぐって中国全土で史上空前の反日運動が生じたが、反日輿論には情緒的なものが多く、理性的な日本認識はほとんどなかった。孫文は日本から支持が得られず、また五・四運動を契機に大衆の力を認識したこともあって、日本帝国主義を強く批判するようになった。これらに対して戴は、日本の歴史、思想、文化から日本人の階級性と民族性の本質を探り出して深く分析し、日本が伝統政策を放棄する条件は日本国内の社会革命の成功、すなわち治者階級の失敗であり、それが実現してこそ日中の親睦が可能になると主張している。ただし、この場合の社会革命の方法については、両国の歴史と境遇が異なるので、日本では「プロレタリア」の勝利を期待しているが、中国では階級互譲を提唱している。

そして、彼は日本の伝統文化を全面的に否定し、日本は徹底的な革命を起こすべきだと唱えたが、中国の伝統文化の精華は高く評価し、中国に社会的改造の余地があるとも考えている。そこで、辛亥期の「日本敵視論」を改め、日本の国民と貴族・軍閥・藩閥を区別し、前者との親善を図り後者との対決という道を示した。また、討袁期の「日中提携論」も消え、代わりに両国の現政権の打倒を目指す社会革命が成功してこそ両国関係を改善でき、その場合には両国の平民連合が必要だと認識した。したがって、護法運動期の「批判的提携論」の批判と提携のそれぞれの対象を、より明確化することができた。すなわち、日本の特権階級との対決と日中平民連合の総合、いわば「対決・連合論」

を持つようになった。

国民革命期になると、日本訪問を通して日中戦争の不可避性を認識した戴は、結局日本と提携できない根本的な原因について歴史的かつ系統的に検討し、日本の近代化経験のなかに中国統一のための参考となる貴重な要素を見いだした。日本は彼にとって、実質的な提携や援助を期待する対象から政治思想における対象となった。済南事件をめぐる反日輿論は、田中義一内閣と日本の「民党」・民衆とを区別して日本国民の奮起を期待し、感情的な批判よりは理性的な対策を重視した。孫文は全世界の被圧迫民族の国際的平等を求めるために、日本国民に期待して大アジア主義を唱えた。

これらに対して、戴は日本の民衆が覚醒と組織化の初期段階に位置し、中国の革命的民衆と連携する意思があっても実力がなく、一方で日本の反動的・軍国主義的な政治勢力が圧倒的に強いことを見抜き、さらに政治と文化の両面から、日本の近代化の成功および軍国主義への変質の内在的根本原因を、総合的かつ客観的に探りあてた。彼は、武士階級が農民階級に利益をもたらすことによって明治維新を達成できたが、しかしその後は社会の激変により武士が変質して軍閥・官僚となり、商人と混合して財閥となり、これらが結託して日本の政局を握り、変質した政党はそれらのあいだのブローカーにすぎず、民衆の力が薄弱なため日本は民族主義から国家主義へ、さらに帝国主義・軍国主義の道へと暴走した、と分析している。とくに、思想的共鳴を持った桂太郎や秋山真之の死去、「化石化」した田中義一の対中侵略の断行、さらに日本民衆の政党との接点をどこにも持ちえなかったことなどにより、しまいに戴は日本の政治に幻滅してしまった。

一方、戴は日本人の民族性については、信仰力と尚美の両面をとらえて高く評価した。前者は日本の神権思想とあわせて尚武精神を生み出し、後者は中国およびインドの思想と融合して平和と互助の風習を生み出した。これらの有機的な調和こそ、日本の近代化が成就した原因だと捉えた。しかし、日本訪問を通してこれらの特徴が消え、社会全体が退廃的になったと実感した戴は、しまいに日本の文化に対しても幻滅してしまった。

この時期における戴の日本観は、辛亥期の日本帝国主義に対する鋭い指摘と批判、討袁期に身につけた日本の視点に立って日本を分析する姿勢、護法期の日本はモデルでありながらライバルでもあるという認識を継承しつつ、より深めたものである。他方で完全に変化した面としては、討袁期以来提唱してきた「日中提携」の範囲がしだいに縮小し、五・四時期に期待した日中平民連合の主張も完全に消え、日中対決の不可避性が再確認され、日本政治に幻滅したことがあげられる。また、討袁期には日本の神権思想が発展の原因だと認識し、五・四時期になると、それが武士道を生み出し武力主義に変化して大陸侵略の根本的な原因になったと批判したが、この時期に入るとそれが信仰力と尚武精神を生み出し、近代化の成功を促した一因だと称賛しながらも、日本訪問の実体験によりこれらの特質と尚美・平和精神の減少に「隔世の感」を持った戴は、ついに日本文化にも幻滅したのである。したがって、戴の日本観は「中国自強論」と表裏一体をなす「幻滅的日本論」だといえる。

当時、蔣介石の反共クーデターの断行、南京国民政府の成立、容共政策の放棄およびソ連との国交断絶、田中内閣の三度にわたる山東出兵など、一連の不安定な情勢のなかで、彼は日本という材料の解剖を通して、中国人に独自性の保持、三民主義に対する信仰の統一、民族的自信力の回復という自己の政治思想を表明し、国民党政権の強化のために一定の役割を果たすとともに、近代国家建設の経験を探ろうとしたのである。これこそが、『日本論』を著わした最大の目的であり、彼の日本観が持つ最大の意義でもあると考えられる。

国民革命後の満洲事変の勃発は、戴季陶を最大のジレンマに陥れた。建国するには安定した環境が必要なので、できるだけ戦争を先に伸ばす必要があった。また東三省は長年来、事実上すでに日本の勢力範囲となっており、東北の利益を犠牲にして本土の安定にかえることができれば、近代国家を建設する時間を獲得できると、戴は考えた。彼は日本への国際的制裁を国民政府の対日政策として決定し、つねに提唱してきた「中国自強論」を現実政治に最大限にいかすと同時に、文化的観点から「日本非敵論」を持つようになった。それは、彼が国家の偉大さは必ず文化を根拠にしなければならないという古典的な考え方に立脚し、近代化の面で日本は中国より進んでいて強いが、しかし文化面で日本は永遠に中国文明の恩恵を受けた国であるがゆえに、日本は中国より弱いのであり、さらに「王道」に反する道を歩んだ日本は失敗を免れないと確信していた。これはまさに民族主義的な思考であり、国民の自信を強めるやや特殊な方法であった。このような確信があったからこそ、彼は、日本ではなくイデオロギー的に異なる中国共産党やソ連が最大の脅威である、と指摘したのである。

一方、日本の侵略に抗議するために、戴は日本を二度と訪問することなく、中国革命に貢献した古い友人でさえも直接的な接触を拒絶した。日本に対する愛憎入り混じった複雑な感情が、彼にどれほど大きな内的葛藤をもたらしたかは想像にかたくない。しかし、このような日本観は軟弱で妥協的だとして批判され、その苦心は抗日民族主義が昂揚していた国民には受け容れられなかった。精神的苦痛が戴の持病の神経痛をさらに悪化させ、彼は希望を仏教に託すようになり、対日外交や中国政治の第一線から退出してしまった。これについては、かつて共産主義への接近から批判に転じたのと同様に、彼自身が十分説明していないので、当時そして現在の人々にも十分には理解されていない。だからこそ、序章の冒頭に述べたように、戴には数多くの、場合によっては両極端のレッテルが貼られているのである。理想と現実に挟まれた戴の日本観は結局、日中戦争というもっとも重要かつ特殊な時期において、十分に効果を発揮できなかったのである。

戴の日本観の軌跡は、つぎのように整理できる。辛亥期の「日本敵視論」から一八〇度転換して討袁期の「日中提携論」になり、護法期にこの両者を基礎にして「批判的提携論」を持った。五・四時期には前の時期の批判と提携の対象をより明確化して「対決・連合論」となり、国民革命期にはこれらを集大成して「幻滅的日本論」に到達した。国民革命以後は日本の中国侵略という現実問題に対処するために、「日本非敵論」を持つようになった。ただし、各時期のさまざまな日本観の根底には、それらと表裏一体をなした「中国自強論」が終始持続しているのである。この「中国自強論」が民主共和論、人道主義論、社会主義論（紹介者）、三民主義論、戴季陶主義などさまざまな彼の思想的変化の枠組みにおいて、終始その中核となっているものである。

（2）戴季陶と近代日本

戴季陶は少年期に、辺地の山中で日本教習の影響により日本に憧れを抱き、自己の強い意思で日本留学の道を歩んだ。その後、日本で学んだ各種の知識をいかして著名な記者となり、その優れた日本語能力と日本に対する独特な見解および急進的な革命思想によって、孫文の数少ない非広東出身の側近となった。とくに、その日本への深い理解と対日外交の卓越した能力によって、彼は孫文集団のなかで重要な地位を占め、蔣介石政権成立後は蔣に次ぐ政府要人のひとりとなった。これらのすべてを可能にした根本的な原因は、当然、まず彼の中国革命に対する貢献であったが、しかし日本との特殊な関係が、その実現のために最大の条件を提供した。つまり、辛亥革命期から国民革命期にかけて、日本は戴にとって個人の立身出世の手段から、現実に中国革命への提携や援助を期待しうる対象へ、さらには政治思想において参考とされる対象となり、国民の「信仰」上の統一や「安内攘外」政策など、国民党政権の政策確立の思想的基礎となったのである。

しかし同時に、戴季陶は批判・対決・提携・連合などさまざまな日本観を持ち、より良い対日関係を模索しながらも、結局はすべてが徒労に終わり、日本に対して幻滅感を抱かざるをえなかった。それ以後、日中関係は悪化する一方で、彼の対日政策は国民に理解されず、最大のジレンマに陥った戴は、対日外交と中国政治の第一線から理性的に身を引いた。中国随一の知日家であり国民政府の要人でありながら、日本の中国侵略を防げなかったために抱いた無力感と失望感がいかに戴を苦しめたかは、彼の日中戦争中に書いたつぎの文章にうかがえる。

> この苦難は暴敵〔日本〕に加えられたというが、政務を担当して十数年を経ながら、国の基礎を定め国民の志をひとつにし、未発のうちに災害をなくし無形のうちに福利を生み出すことができなかったのは、ただ〔自分〕一人の恥ではなく、実は我が一国一党の恥なのである。〔……〕伝賢〔戴季陶の名〕の咎は身が百あっても償うことができない。(1)

当然、彼がもっとも懸念していたのは国民党政権の確立を阻む共産党の強大化だったが、日本の侵略は二重の災難であった。国民党が大陸から撤退した際、すべてに対して失望し幻滅した戴が台湾へ逃げることを拒絶し、中華民国を建設すべく心血を注いだ中国大陸の地でその生涯を終えたことは、責任を果たせなかった彼が身をもって殉国したとも理解できるのではなかろうか。総じていえば、日本という存在は戴季陶の「立身出世」を促したが、他方で、日本の中国侵略は彼の政治生命を滅ぼしたのである。

なお、戴季陶は中国革命の進展および国際情勢の変化とともにさまざまな政治活動を行ない、またさまざまな政治思想および日本観を持っていたが、民族主義者としての彼には終始一貫して変わらぬものがあった。それは「中国自強論」の主張である。実際に近代以後、中国の弱体化が日本に乗じる隙を与え、ついには戦争という最悪の状態に陥った。二一世紀に入った現在、近代化を模索し続けてきた中国は、紆余曲折を経て国家の富強を実現しつつある。隣国同士である日中両国は、グローバル化によって以前のどの時期よりも人的・物的交流が盛んになり、相互依存と互恵関係がしだいに深まり発展している。戴はかつて、中国が奮闘して自ら富強を達成すれば、日本は中国の友となる、といったことがある。そうしたことからみれば、日中関係の未来は希望に満ちており、戴季陶の日本観は、いまなお現実的な意味を持っているのではないかと思われる。

註記

序章　戴季陶研究の現在

（1）中国近代史上における戴季陶の重要性と比べると、戴季陶研究がいかに不十分であるかについて、桑兵・黄毅「戴季陶文集の編集状況」『近きに在りて』第二二号（一九九二年一一月）および桑兵『「戴季陶文集」与戴季陶研究』同『孫中山的活動与思想』（中山大学出版社、二〇〇一年）が詳細に分析している。

（2）范小方・包東波・李娟麗『国民党理論家戴季陶』（河南人民出版社、一九九二年、後に『戴季陶伝』と改題し、二〇〇七年に団結出版社により再版された）および黎潔華・虞葦『戴季陶伝』（広東人民出版社、二〇〇三年）は、戴の生涯各時期の政治・文化・教育など多方面の活動や思想を論述したものである。日本との関係については、日本留学や帰国後の日本とのつながりを述べているが、日本観にはごく簡単に触れるのみである。

（3）陳天錫編『戴季陶年譜』（中華日報印、一九五一年）、陳天錫『戴季陶先生編年伝記』（台北中華叢書委員会、一九五八年）と『戴季陶先生的生平』（台湾商務印書館、一九六八年）、王更生『孝園尊者――戴伝賢伝』（近代中国出版社、一九七八年）が、戴季陶の生涯を詳細に叙述している。論文としては、以下のものがある。沈忱農「戴季陶先生之記者生涯」（上・下）『中国一周』総第六六一期（一九六二年一二月）、黄季陸「懐念戴季陶先生」『伝記文学』第六巻第二期（一九六五年二月）、袁同疇「一個亟応弁正的史実」『伝記文学』第一四巻第五期（一九六九年五月）、蒋復璁「戴季陶先生八旬誕辰記念献辞」『伝記文学』第一八巻第二期（一九七一年二月）、王成聖「戴伝賢的一生」（一～五）『中外雑誌』第一六巻第四・五・六期、第一七巻第一・二期（一九七四年一〇月～一九七五年二月）、李雲漢「戴季陶」王寿南総編輯『中国歴代思想家』第五五輯（台湾商務印書館、一九七八年）、林華平「戴季陶先生之死」『伝記文学』第三九巻第一期（一九八一年七月）、鄭彦棻「戴季陶先生逝世前後」『伝記文学』第三九巻第二期（一九八一年八月）、蒋君章「戴季陶先生的生平與著述」上・中・下『伝記文学』第三九巻第一・二・三期（一九八一年七・八・九月）、秦孝儀「革命党

人的典型——戴季陶先生」『近代中国』第六八期（一九八八年一二月）。さらに、国民党元老および考試院院長としての戴季陶を記念する文章が数多くあり、たとえば、『戴季陶先生逝世二周年紀念専輯』（中国国民党中央改造委員会編印、一九五四年）、『戴季陶先生逝世十周年紀念特刊』（一九五九年二月）、胡有瑞編「戴伝賢先生百年誕辰——口述歴史座談会記実」『近代中国』第六八期（一九八八年一二月）『戴伝賢與現代中国』（国史館、一九八九年）、などがある。日本との関係について、陳天放「季陶先生与対日外交」（前掲『戴季陶先生逝世十周年紀念特刊』）は、簡単に紹介している。

（4）龔杰「戴季陶与孔孟之道」『学習与批判』（一九七四年第六期）、楊天徳「試論戴季陶主義的出現及其反動実質」『史学月刊』（一九八〇年第一期）、高徳福「戴季陶与戴季陶主義」『歴史共学』（一九八〇年第五期）、楊忠文「第一次国内革命戦争時期馬克思主義与戴季陶主義的闘争」『求是学刊』（一九八一年第三期）。

（5）唐文権・桑兵編『戴季陶集』（華中師範大学出版社、一九九〇年）、郭聖福「五四時期戴季陶対馬克思主義的介紹和研究」『学術月刊』（一九九〇年第九期）、李占才「五四時期的戴季陶」『黄淮学刊（社会科学版）』（一九九二年第三期）、馬佩英「戴季陶早期政治思想論略」『河南大学学報』（一九九二年第四期）、同「戴季陶政治思想」『史学月刊』（一九九七年第三期）、鄭佳明「論戴季陶主義的主要特徴」『求索』（一九九三年第一期）、周徳豊「評戴季陶的文化哲学与歴史哲学」『人文雑誌』（一九九六年第四期）などがある。

（6）賀淵「辛亥前戴季陶的政治思想」中国社会科学院近代史研究所編『青年学術論壇』一九九九年巻（社会科学文献出版社、二〇〇〇年）、劉利民「二十世紀初戴季陶政体思想演変論略」『安徽教育学院学報』（二〇〇一年第一期）、李洪河「戴季陶与五四運動」『河南広播電視大学学報』（二〇〇四年第二期）、滕峰麗「回帰伝統：戴季陶的儒家思想」『理論月刊』（二〇〇六年第一一期）などがある。また、呂厚軒・馬望英「『戴季陶主義』与国民党実権派的意識形態」『北方論叢』（二〇〇八年第四期）が、それまでの単なる戴季陶主義批判とは異なり、戴季陶主義が国民党の反共に理論的根拠を提供しただけでなく、三民主義イデオロギーという特徴をさらに明確化させ、その後の国民党実権派・政府当局のイデオロギー建設に、新しい構想と方法を提供したと指摘している。そのほか、董世奎「戴季陶的早期国家思想与筧克彦」『山東師範大学学報（人文社会科学版）』（二〇〇九年第三期）が、戴の早期の国家思想が日本留学時代の先生である筧克彦の思想を吸収しながらも、独自性を持ち、民主主義者であったと論じている。

（7）沈忱農「戴季陶先生之記者生涯」は、辛亥革命期に戴が記者として活躍した時代に書いた文章を紹介したものである。陳立台「戴季陶早年的革命言論与活動（一九一〇〜一九一五年）」（国立政治大学歴史研究所修士論文、一九八〇年）は、戴の少年期の生活・教育、日本留学、記者生活、辛亥革命期から討袁運動期までの革命活動を紹介し、また討袁運動期の地方分権思想や革命思想を分析したものである。これらの論文は、戴の経歴と合わせて思想を検討したものだが、総じて言えばやはりイデオロギー的に彼の政治思想を評価している。徐鰲潤「戴伝賢対『民族国際』的推行与貢献」『第一届民国史専題討論文集』（国史館、一九九二年）は、戴季陶の唱えた民族国際について詳細に考察したものである。

(8) 北河征四郎「中国国民党『新右派』理論形成の前提——戴季陶を中心に(五・四時期～一全大会)」『歴史研究』第一七号(愛知教育大学、一九七〇年三月)、小杉修二「戴季陶主義の一考察——蒋介石政権成立の思想的前提」『歴史評論』第二七九号(一九七三年八月)などがある。

(9) 湯本国穂「五四運動状況における戴季陶——『時代』の方向と中国の進む道」『千葉大学教養部研究報告』B—一九(一九八六年一一月)は、戴が五・四時期において群を抜いたマルクス主義者であり、政治活動家であったと指摘している。望月敏弘「五・四時期における戴季陶の政治主張に関する一考察」『嘉悦女子短期大学研究論集』第二九巻第二号(一九八六年一二月)は、戴が強力な独立国家の達成を目指した熱烈な近代的民族主義者であり、徹底したエリート主義的思考様式を持っていたこと、マルクス主義の問題と労働問題に迅速に取り組み、階級調和論を主張したことを指摘している。

(10) 韓国の白永瑞「戴季陶の国民革命論の構造的分析」『孫文研究』第一一・一二号(一九九〇年五・一二月)は、戴の政治行動形態と思想的志向を関連づけて分析したものである。高綱博文「戴季陶の『共和思想』」『松村潤先生古稀記念清代史論叢』(汲古書院、一九九四年)は、戴が「共和思想」・「共和政体」を国民統合と近代国家建設のための政略手段として捉えており、戴の政治観は「超国家主義」であると指摘している。

(11) 彼の思想の全体像を捉えるものが現われた。久保純太郎「戴季陶における『中国革命』とその思想——中国・日本・アジアをめぐって」(神戸大学大学院文化学研究科博士論文、二〇〇五年)は、戴季陶の対日外交路線、孫文学説に対する解釈、アジア認識と中国辺境認識という三つの側面に着目して、「国民精神の形成」という思想の発展過程を辿り、その思想が不変なものであったと結論づけている。董世奎「戴季陶政治思想の研究——日本との関わりを通して」(名古屋大学大学院国際言語文化研究科博士論文、二〇〇六年)は、戴の国家思想が「超国家主義」ではなく民主主義であり、すなわち対内的には民衆思想、対外的には民族主義思想に表われた国民思想であると指摘している。

(12) William G. Saywell, "Modernization without Modernity: Tai Chi-t'ao, A Conservative Nationalist," *Journal of Asian and African Studies*, Vol. 5, No. 4 (October 1970) は、戴の思想を「近代」・「伝統」という評価の軸によって位置づけ、戴が「近代化の提唱者」でありながら、階級闘争を回避しようとした人物であったと理解している。馬時梓 (Herman Wm. III Mast)「五四運動前後之戴季陶与中山主義及馬克思主義(一九一八～一九二〇)」『中国現代史専題研究報告』第一輯(一九七一年)は、戴が学生と労働者を結合させることを目的とし、また共産党の早期の創始者と密接な関係を持ったことによって、マルクス主義に接近したが、階級闘争論は中国に適合しないと認識し、また孫文との深いつながりによって三民主義に回帰したと論じている。Herman Mast III and W. G. Saywell, "Revolution Out of

Tradition: The Political Ideology of Tai Chi-t'ao," *Journal of Asian Studies*, Vol. 34, No. 1 (November 1974)（中国語訳、呉徳発訳・呉心健校訂「由伝統中幅起之革命――戴季陶的政治理念」『近代中国思想人物論――民族主義』時報文化出版社事業有限公司、一九八〇年）は、辛亥期から国民革命期にかけての戴の政治思想を分析したうえで、戴は理念部分の複雑性の議論を避けたことにより、彼の「文化的民族主義」の内在的論理は、驚くほど狭隘かつ主観的であること、また戴と孫文とは政治行動においてかなり異なっていたが、彼らの思想・見解は頗る似ていると結論づけている。

（13）徐氷「戴季陶的日本観」『日本問題研究』（一九九四年第三期）、桑兵・黄毅「辛亥時期戴季陶的日本観」胡春恵主編『「近代中国与亜洲」学術討論会論文集』上（香港珠海書院亜洲研究中心、一九九五年）、趙英蘭「論五四前戴季陶的対日外交観」『史学集刊』（一九九八年第三期）、賀淵「戴季陶的日本観――一九一三〜一九三一」梅屋庄吉関係資料研究会編『近代日中関係史研究の課題と方法――梅屋庄吉とその時代』（報告集、一九九九年）、李洪河「五四時期戴季陶的日本観」『遼寧師範大学学報（社会科学版）』（二〇〇二年第二期）。

（14）黄福慶「論中国人的日本観――以戴季陶的『日本論』為中心」『中央研究院近代史研究所集刊』第九期（一九八〇年七月）、李朝津「戴季陶的日本観的変遷」胡春恵主編『「近代中国与亜洲」学術討論会論文集』上（香港珠海書院亜洲研究中心、一九九五年）。

（15）竹内好「戴季陶の『日本論』」戴季陶（市川宏訳・竹内好解説）『日本論』（社会思想社、一九七二年）、森永優子「近代中国の対日観――戴季陶の『日本論』と戴季陶主義に関する一考察」『史観』第九三冊（一九七六年）、深町英夫「中国人の民族意識と日本――戴季陶の『日本論』」『歴史と未来』第二〇号（一九九四年）、望月敏弘「中国国民党の対日観」宇野重昭・天児慧編『二〇世紀の中国――政治変動と国際契機』（東京大学出版会、一九九四年）、同「戴季陶の初期の日本認識について――辛亥革命前後から日本亡命時期を中心に」小島朋之・家近亮子編『歴史の中の中国政治』（勁草書房、一九九九年）。

（16）兪慰剛「戴季陶『日本論』の研究」（新潟大学大学院現代社会文化研究科博士論文、一九九七年一一月）は、以下の一連の論文、「戴季陶『我が日本観』から『日本論』へ」『環日本海研究年報』第三号（一九九六年三月）、「戴季陶と日本」『東瀛求索』第八号（一九九六年八月）、「孫文の日本観・アジア観と戴季陶」『現代社会文化研究』第六号（一九九六年一一月）、「戴季陶の日本人論――『日本論』を中心にして」『現代社会文化研究』第七号（一九九七年二月）、「中国人の武士道論――戴季陶の『日本論』を中心にして」『埼玉大学紀要』第三四巻第二号（一九九八年）、「抗日戦争期における戴季陶の日本観について」『東瀛求索』第一〇号（一九九九年三月）などを基礎としている。

（17）董世奎「戴季陶『日本論』の構造および文体」『中国研究月報』総第六七〇号（二〇〇三年一二月）。嵯峨隆『戴季陶の対日観と中国革命』（東方書店、二〇〇三年）は、以下の一連の論考、「国民革命時期における戴季陶の対外観について」『近きに在りて』第三三号（一九九八年五月）、「五四時期における戴季陶の対日観について――社会主義認識との関連で」『東洋学報』第八二巻第二号（二〇〇〇年九月）、「国民革命時期における戴季陶の対外観について――『日本論』の再検討を通して」慶應義塾大学『法学研究』第七五巻第一号（二〇〇二年一月）、「満州事変の中での戴季陶――その対外観と現実との接点」静岡県立大学『国際関係・比較文化研究所』第二巻第一号（二〇〇三年九月）などを基礎としている。

（18） Lu, Yan（陸延）, *Re-understanding Japan: Chinese Perspectives, 1895–1945* (Honolulu: Association for Asian Studies and University of Hawai'i Press, 2004).

（19） 日本語史料の引用に際しては、句読点を施した場合がある。

（20） 戴季陶「覆中央党史史料編纂委員会書」一九四七年二月二六日、陳天錫『戴季陶先生文存』続編（中国国民党中央委員会党史史料編纂委員会、一九六七年）によると、戴自身が所蔵する史料は三回完全に失われたことがある（二四六頁）。一回目は一九一一年春、両江総督張人駿が戴の逮捕命令を出したため、戴は史料を焼き尽くし、着のみ着のままでペナンへ逃げた。その後、遼寧・山東・上海・南京などのあいだを往復した東北地区での軍事活動の計画、および民国元年に孫文の直属の秘書を務めた頃の手紙に関しては、一九一六年に陳其美が暗殺されたときに、戴および上海の同志たちは皆警戒してそれらを焼いた。また、一九三七年までの党や国家の大事に関係する手紙・文書を自ら整理・収蔵しており、それらは数百万言を下らなかったが、日中戦争にともなう移動（西遷）の際に持ち出せなかったものは、湯山の望雲書屋とともに失われてしまった。

（21） 久保「戴季陶における『中国革命』とその思想」には、きわめて詳細な戴季陶の著作目録が付されている。また、一九二七年春の訪日をめぐる戴自身と周囲の動向、戴の講演や談話、訪日に対する評論が整理されている。

第**1**章　日本との邂逅

（1） 戴季陶の日本との邂逅について、少年期の科挙（童試）受験に失敗したのと直接に関係し、国学の学習方法が後に日本語の勉強にも生かされたことから、国学の素養について紹介する必要があると思われるが、伝記などに詳細な記述があるので、本書では必要な部分のみ簡単にまとめるにとどめる。とくに断らない限り、戴の経歴は、陳天錫『増訂戴季陶先生編年伝記』（陳天錫、一九六七年再版）、陳天錫『戴季陶先生的生平』（台湾商務印書館、一九六八年）、范小方・包東波・李娟麗『国民党理論家戴季陶』（河南人民出版社、一九九二年）、黎潔華・虞葦『戴季陶伝』（広東人民出版社、二〇〇三年）にもとづくものである。以下、各章は同じである。なお、年は満年齢で記されている。

（2） 戴季陶「記少時事」一九四四年中秋節一〇日前、陳天錫編『戴季陶先生文存』第二巻（中国国民党中央委員会、一九五九年）、五九九頁。

(3) 戴季陶「八覚」一九二五年一一月、『戴季陶集』上冊（三民公司、一九二九年）、四頁、戴季陶「歳暮感述」一九四七年一二月三一日、陳天錫編『戴季陶先生文存』第四巻、一四六二頁。ここで戴がいう年齢は数え年である。

(4) 戴季陶「余之読書記」一九三三年三月、陳天錫編『戴季陶先生文存』第二巻、五四三〜五四四頁。

(5) 戴季陶「天仇叢話」『民権報』一九一二年四月一日、桑兵・黄毅・唐文権合編『戴季陶辛亥文集』下冊（中文大学出版社、一九九一年）、七二九頁。

(6) 戴季陶「珠璣砂礫」『天鐸報』一九一一年三月一〇日、桑兵・黄毅・唐文権合編『戴季陶辛亥文集』上冊、五九九頁。

(7) 戴季陶「余之読書記」五四七頁、汪向栄『日本教習』（生活・読書・新知・三聯書店、一九八八年）、八七〜八八頁。

(8) 戴季陶「珠璣砂礫」『天鐸報』一九一一年一月六日、桑兵・黄毅・唐文権合編『戴季陶辛亥文集』上冊、四四〇頁。

(9) 戴季陶「余之読書記」五四二、五四七頁。

(10) 汪向栄『日本教習』八八頁。一九一二年に東京に戻った小西は、大学院に入った。一九一三年後半に日本へ亡命した戴は彼とつねに連絡を取っていたが、二年たたないうちに小西は東京で病死した。戴季陶「余之読書記」五四七頁。

(11) 戴季陶「余之読書記」五四七頁。

(12) 拙論「清末民国期留日知識人の日本観——留日経験との関連を中心に」『東瀛求索』第八号（一九九六年八月）を参照。

(13) 李端棻「請推広学校摺」一八九六年旧暦五月二日、満州国国務院編『大清朝実録・徳宗朝』第三九〇巻（一九三七年影印）、一頁、中国史学界編『戊戌変法』第二冊（神州国光社、一九五三年）、二九二〜二九六頁。

(14) 国家档案局明清档案館編『戊戌変法档案史料』（中華書局、一九五八年）、二四八頁。

(15) 張之洞「遊学」『勧学篇』外篇（両湖書院刊印、一八九八年）、五〜六頁。

(16) 「出使日本大臣楊枢請倣効日本設法政速成科学摺」『清光緒朝中日交渉史料』第六八巻（文海出版社、一九六三年、影印版）、三四頁。

(17) 趙爾巽等撰『清史稿』第四一冊（中華書局版、一九七七年）、一二三八〇頁。

(18) 厳安生『日本留学精神史』（岩波書店、一九九一年）、四頁。

(19) 総理衙門「遵議遴選生徒遊学日本事宜片」一八九八年四月、中国史学界編『戊戌変法』第二冊、四〇九〜四一〇頁。

(20) 矢野文雄「機密代四一号信　清国留学生ノ教育引受ノ義ニ関シ啓文往復ノ件、明治三一年五月一四日」。河村一夫「駐清時代の矢野龍渓氏」『成城文芸』第四六号（成城大学文芸学部研究室編、一九六七年）、六八〜六九頁。

(21) 西の返書の内容は、河村「駐清時代の矢野龍渓氏」七〇頁を参照。当時、日本の『教育時論』第五九九号の議論で、同じ趣旨を主張していることを通して、この問題の背景を知ることができる。

(22) 清末留日学生に関しては、数多くの先行研究があり、とくにさねとうけいしゅう(実藤恵秀)『中国人日本留学史』増補版(くろしお出版、一九八一年)、黄福慶『清末留日学生』(中央研究院近代史研究所、一九七五年)の記述が詳しい。ここでは、戴の留学状況を把握する目的で、それらの研究を参照しながら当時の留学状況を簡単に述べるにとどめる。

(23) さねとう『中国人日本留学史』七九、八〇、八二、八三頁。

(24) 謝健『謝鋳陳回憶録』(文海出版社、一九七三年)、二二頁。原文では、最後の学校は「日本東京大学」と記しているが、同書二三頁には、日本大学法律科に在学したときのことを詳しく述べ、東京大学について触れていないことから、「日本大学」の誤りだと思われる。

(25) 戴季陶「怎様建設法学的基礎講詞」一九二八年一一月三〇日、陳天錫編『戴季陶先生文存』第二巻、四八五頁。

(26) 戴季陶講演、陽春暄記「総理行誼演講詞」一九四二年一月一九日、陳天錫編『戴季陶先生文存』三続編(中国国民党中央委員会党史史料編纂委員会、一九七一年)、一二〇、一三九頁、中国第二歴史档案館編『蒋介石年譜初稿』(档案出版社、一九九二年)、一四~一六頁、黎潔華・虞葦『戴季陶伝』一二頁、久保純太郎「戴季陶における『中国革命』とその思想──中国・日本・アジアをめぐって」(神戸大学大学院文化学研究科博士論文、二〇〇五年)、一一~一二頁。

(27) 黄自進主編『蒋中正先生留日学習実録』(財団法人中正文教基金会、二〇〇一年)、九一七~九一八頁、翁有為・趙文遠等著『蒋介石与日本的恩恩怨怨』(人民出版社、二〇〇八年)、一五~一九頁。

(28) 以下、戴の日本語学習についての記述は、戴季陶「余之読書記」五四四、五四八~五四九頁による。

(29) 謝健『謝鋳陳回憶録』二五頁。

(30) 戴季陶『日本論』(民智書局、一九二八年)、胡漢民「序」二頁。

(31) 戴天仇(季陶──引用者)「国家精神より見たる支那」『国家及国家学』第二巻第五号(一九一四年)、三七頁。

(32) 陳天錫編『戴季陶先生文存』第一巻、「謝序」一頁。当時の戴の文章は筆者もいまだ見つけられていない。今後の課題として引き続き調査していきたい。「散紅生」というペンネームは、戴が「東海散士」と「尾崎紅葉」が好きなので取ったのだという。徐鰲潤「戴伝賢対『民族国際』的推行輿貢献」『第一届民国史専題討論文集』(国史館、一九九二年)、二五〇頁。

(33) 宋教仁『宋教仁日記』(湖南人民出版社、一九八〇年)、三三、四一、六〇頁、周作人「学日語」『知堂回想録』上冊(三育図書文具公司、一九七〇年)、一九三頁。

(34) 『学部奏諮輯要』第一編所載「限定遊学弁法」、さねとう『中国人日本留学史』八七頁。

(35)『日本大学九十年史』上巻（日本大学、一九八二年）、二一七、二九五、二九七頁、作道好男・江藤武人編『日本大学創基八十五年』（財界評論新社、一九七七年）、一三五、一三七、一三八頁、『日本大学七十年略史』（日本大学、一九五九年）、一一三頁。なお、日本大学史に関する資料の一部は小島淑男氏から提供を受けた。

(36) 楊子鴻は湖南省長沙出身であり、名は禧である。謝健『謝鋳陳回憶録』二一、二五、二八頁。

(37) 興亜院政務部『日本留学中華民国人名調』（興亜院、一九四〇年）、五七九、五八一頁。謝健『謝鋳陳回憶録』一八頁、『会員名簿』上（日本大学学友会、一九四二年）、五一～五二頁。

(38) 前掲『日本大学九十年史』上巻、三〇〇、三一六、三一七頁。

(39) 同前、三〇一、三〇六、三〇七、三一六、三一七頁。

(40) 作道・江藤編『日本大学創基八十五年』一三九～一四一頁。

(41) これは謝健の回顧によると、日本大学での授業は毎晩三、四時間であり、合計三年間であったことと一致している。謝健『謝鋳陳回憶録』二四頁。

(42) 作道・江藤編『日本大学創基八十五年』一四〇頁。

(43) 前掲『日本大学九十年史』上巻、三一七頁。

(44) 同前、一四〇～一四二頁。

(45) 同前、一四七頁。

(46) 日本大学専門部法律科担任講師の詳細は、前掲『日本大学九十年史』上巻、三五四～三五六頁を参照。

(47) 李暁東「立憲政治與国民資格——筧克彦対『民報』與『新民叢報』論戦的影響」香港中文大学・中国文化研究所『二十一世紀』総第九八期（二〇〇六年一二月号）、五一、五五頁。

(48) 主な著作に、『憲法』（日本大学、一九〇八年）、『法学通論』（日本大学、一九一〇年）、『仏教哲理』（有斐閣、一九一一年）、『古神道大義』（清水書店、一九一二年）、『国家之研究』（清水書店、一九一三年）『皇国神典至要抄』（清水書店、一九一八年）、『神ながらの道』（内務省神社局、一九二六年）などがある。

(49) 戴季陶『日本論』、五～六頁。戴季陶の初期国家思想が筧克彦の思想を吸収しながらも、独自性を持っていたことについては、董世奎「戴季陶的早期国家思想与筧克彦」『山東師範大学学報（人文社会科学版）』（二〇〇九年第三期）が、詳細に論じているので、ここでは贅述しない。

(50) 戴天仇（季陶）「国家精神より見たる支那」三八～四三頁。

(51)「戴季陶小伝」唐文権・桑兵編『戴季陶集』(華中師範大学出版社、一九九〇年)、一七頁によると、戴は「法学通論」も著したが、未発見である。
(52) 桑兵・黄毅・唐文権合編『戴季陶辛亥文集』上冊、二〇〜二五頁、三九〜四六頁。
(53) 戴季陶「致蒋介石先生書」一九二一年一月一四日、陳天錫編『戴季陶先生文存』第四巻、一四八一頁。
(54) 陳天錫『増訂戴季陶先生編年伝記』一〇四頁。
(55) 謝健「戴季陶先生逝世二週年紀念献詞」、陳天錫編『戴季陶先生文存』三続編、二九〇頁
(56) 范小方・包東波・李娟麗『国民党理論家戴季陶』二七〜二八頁。
(57) 作道・江藤編『日本大学創基八十五年』一三八頁。
(58) 前掲『日本大学九十年史』上巻、三六六頁。
(59) 作道・江藤編『日本大学創基八十五年』一四二頁。
(60) 謝健『謝鋳陳回憶録』二八頁。
(61) 宋教仁『宋教仁日記』七五、一一八頁。
(62) 謝健『謝鋳陳回憶録』二五頁。また、徐鰲潤「戴伝賢対『民族国際』的推行輿貢献」二四九〜二五〇、二八〇頁によると、戴は闕名という名で「仇一姓不仇一族論」を中国同盟会の機関紙『民報』第一九号(一九〇八年二月二五日)に投稿した。なお、このほかにも戴は同じ筆名で「予備立憲之満洲」を『民報』第一九号に発表している。さらに、戴は第一七号(一九〇七年一〇月二五日)に「不共天」という変名で七元、「西川漢史」で七元、第二四号(一九〇八年一〇月一〇日)に名誉賛成員(五〇元以上を寄付した人)として「我亦漢民」で二元、計一六元を『民報』に寄付した。当時の『民報』一部の定価は二角である。民報報館編『民報』第一七号、一九号、二四号(中華書局、二〇〇六年、影印版)、一六一、二六六九、三〇八五〜三〇九八、三七一八頁。ただし、他の傍証はない。
(63) 王用賓は一九一一年に卒業し、留日中は学生運動に携わった。たとえば、一九〇九年八月一四日、清国留学生会館で明治大学の邵修文と共に、安奉線敷設問題について国民連合会の名義で反対運動を行ない、日貨排斥を唱えた。詳細は「在本邦清国留学生関係雑纂・乙秘第一九〇〇号、一九〇三号」外交史料館所蔵を参照。以後、彼は何度も同盟会山西支部長に選ばれ、太原の『晋陽公報』編集長、国民党中央執行委員会委員、公務員懲戒委員会委員長等の重要な職務を担当した。一九二八年以後考試院院長となった戴季陶は、一九三〇〜一九三四年に王を考選委員会副委員長、委員長に推薦した。肖如平『国民政府考試院研究』(社会科学文献出版社、二〇〇八年)、七八頁。王は日中戦争期に重慶で病死した。

(64) 戴季陶講演、陽春暄記「総理行誼演講詞」一一八頁。
(65) 戴季陶「愛之真理」桑兵・黄毅・唐文権合編『戴季陶辛亥文集』下冊、一四九〇頁。
(66) 謝健『謝鋳陳回憶録』二六頁。
(67) 裴京漢「三均主義与三民主義」中国社会科学院近代史研究所編『中華民国史研究三十年(一九七二〜二〇〇二)』下巻(社会科学文献出版社、二〇〇八年)、一二二五〜一二二六頁、裴京漢『従韓国看的中華民国史』(社会科学出版社、二〇〇四年)、六四〜六九頁を参照。
(68) 戴季陶「天仇叢話」桑兵・黄毅・唐文権合編『戴季陶辛亥文集』下冊、七三〇頁。
(69) 戴季陶「天仇叢話」七三〇頁。
(70) 謝健は李公主の名を記憶していないことが遺憾だという。謝健『謝鋳陳回憶録』二六頁。一方、戴は韓王の女婿、錦陵尉である朴泳孝の信頼を得て、「小公主」(母親は永恵翁主である)と恋愛・結婚したという。徐鰲潤「戴伝賢対『民族国際』的推行與貢献」二五六頁。しかし、永恵翁主(一八五九〜一八七二年七月四日)は哲宗の王女であり、一八七二年四月に朴泳孝と結婚したが、わずか三カ月後に亡くなったので、「小公主」の母親が永恵翁主である可能性はない。また、朴泳孝(一八六一〜一九三九年)は朝鮮半島の近代化を目指した開化派の政治家であり、韓国では日本の侵略を助けた政治家としての悪評が付きまとっていた。一八八二年と一八八四年に二度日本に亡命したことがあるが、一八八六年に長崎で李という韓国女性とのあいだで一人娘の朴妙玉ができた。妙玉は一八九九年まで長崎で過ごし、一八九九年一〇月に朴泳孝と共に神戸へ行き、一九〇一年四月〜一九〇七年六月まで、神戸の親和女学校に在学し、同校の初めての外国人卒業生であった。一九〇七年六月末に特赦された朴泳孝と帰国した。一九〇七年九月に父親が済州島へ流刑されたのに同行し、一年の刑となったので、父より少し早く一九〇八年八月にソウルに戻った。姜健栄『開化派リーダーたちの日本亡命――金玉均・朴泳孝・徐載弼の足跡を辿る』(朱鳥社、二〇〇六年)、一六八〜一七〇頁。戴が帰国した一九〇九年まで二人はふたたび来日していないようである。したがって、一九〇八年から一九〇九年までのあいだに東京で戴季陶と知り合った可能性はないと思われる。李公主の出身については、引き続き調査していきたい。
(71) 戴季陶「革命的知識與革命的工作講詞」一九二六年一一〜一二月、『革命先烈先進詩文選集』第四冊『戴伝賢選集』(中華民国各界紀念国父百年誕辰籌備委員会、一九六五年)、五二七頁。
(72) 戴季陶「復駐日蒋公使書」、陳天錫編『戴季陶先生文存』第四巻、一五四〇頁。
(73) これについて、拙論「辛亥期における戴季陶の日本認識(一九〇九〜一九一二年)」『中国研究月報』第六一〇号(一九九八年一二月)を参照。

（74）胡春恵『韓国独立運動在中国』（中華民国史料研究中心、一九七六年）、三九頁。
（75）戴季陶「日韓合邦与中国之関係」『中外日報』一九一〇年八月五日、桑兵・黄毅・唐文権合編『戴季陶辛亥文集』上冊、三〇～三二頁。

第2章　敵としての日本

（1）陳天錫『増訂戴季陶先生編年伝記』（陳天錫、一九六七年再版）、一六頁によると、一九一〇年二月以後、戴季陶は上海日報社に奉職した。しかし、唐文権は戴が職をえたのは『中外日報』であり、その時期は同年七月であったと指摘している。唐文権・桑兵編『戴季陶集』（華中師範大学出版社、一九九〇年）、前言、三～四頁。戴季陶「本館記者戴散紅演説辞」『中外日報』一九一〇年八月一四日、桑兵・黄毅・唐文権合編『戴季陶辛亥文集』上冊（中文大学出版社、一九九一年）の冒頭において、「輿論界に身を置いたのはわずか三週間である」と書いていることから推算すると、一九一〇年七月二五日に『中外日報』に入ったことがわかる（八五頁）。
（2）劉洪鐘「光華日報七十年」鐘城芳主編『光華日報七十週年紀念刊』（光華日報有限公司、一九八一年）、一一六頁。この時期の『光華日報』が保管されていなかったので、当時戴が発表した文章を読むことができなかった。
（3）戴季陶「解除政治職責宣言」一九二五年一二月一三日、陳天錫編『戴季陶先生文存』第三巻（中国国民党中央委員会、一九五九年）、九七八頁。
（4）戴季陶「総理行誼講辞」一九四二年一月一九・二六日、陳天錫編『戴季陶先生文存』三続編（中国国民党中央委員会党史史料編纂委員会、一九七一年）、一一八頁。
（5）戴季陶は一九一一年一〇月二〇日頃に武漢に赴き、直接に戦闘に参加した。詳細は范小方・包東波・李娟麗『国民党理論家戴季陶』（河南人民出版社、一九九二年）、四八～五九頁、を参照。
（6）「南京臨時政府為促袁世凱南下所派歓迎専使蔡元培等名単」中国第二歴史档案館所蔵、廿六―一三七。
（7）戴季陶「憲法綱要」『江蘇自治公報』（旬刊）第八～一五期連載、一九〇九年一二月二日～一九一〇年三月一日、桑兵・黄毅・唐文権合編『戴季陶辛亥文集』上冊、八頁。
（8）戴季陶「揚子江航権問題」『中外日報』一九一〇年八月七日、桑兵・黄毅・唐文権合編『戴季陶辛亥文集』上冊、三六頁。
（9）戴季陶「本館記者戴散紅演説辞」八五頁。
（10）戴季陶「嗚呼無能国嗚呼無能国之民」『天鐸報』一九一〇年一〇月一八～二一日、桑兵・黄毅・唐文権合編『戴季陶辛亥文集』上冊、一八一頁。

(11) 戴季陶「借款問題与財政経済」『天鐸報』一九一〇年一〇月一～三日、桑兵・黄毅・唐文権合編『戴季陶辛亥文集』上冊、一二三頁、戴季陶「民力拡張論」『天鐸報』一九一〇年一一月五～九日、桑兵・黄毅・唐文権合編『戴季陶辛亥文集』上冊、二五七頁。
(12) 戴季陶「自治与防外」『天鐸報』一九一一年三月一六日、桑兵・黄毅・唐文権合編『戴季陶辛亥文集』上冊、六二五頁。
(13) 戴季陶「共和与自治」『天鐸報』一九一一年三月三日、桑兵・黄毅・唐文権合編『戴季陶辛亥文集』上冊、五六一頁。
(14) 彼はほぼ毎日時事評論を発表し、時には一日に数篇を著した場合もある。戴の評論をきっかけに『民権報』と『民立報』とのあいだに行なわれた論争について、丁守和主編『辛亥時期期刊介紹』第四集（人民出版社、一九八六年）、二一三～二二七頁、を参照。
(15) 猿臂「忠告日本」『民権報』一九一二年一月九日。
(16) 柏緘「国民外交之関係」『民権報』一九一二年一一月一三～一四日。
(17) 霹生「征庫声中之日本」『民権報』一九一二年一二月二日。
(18) 霹生「桂太郎與中国之関係」『民権報』一九一二年一二月二三日。
(19) 枕亜「制俄之方針」『民権報』一九一二年一二月三一日。
(20) 海鳴「日本与民国」『民権報』一九一二年一一月一三日。
(21) 戴季陶「世界国民論」『民立報』一九一〇年一〇月一四～一六日、桑兵・黄毅・唐文権合編『戴季陶辛亥文集』上冊、一六九頁。
(22) 戴季陶「瓜分之現実」『民権報』一九一二年七月二五日、桑兵・黄毅・唐文権合編『戴季陶辛亥文集』下冊、一〇六六頁。
(23) 戴季陶「日韓合邦與中国之関係」『中外日報』一九一〇年八月五日、桑兵・黄毅・唐文権合編『戴季陶辛亥文集』上冊、三〇頁。
(24) 戴季陶「哭庚戌」『天鐸報』一九一一年一月二一～二五日、桑兵・黄毅・唐文権合編『戴季陶辛亥文集』上冊、五〇二頁。
(25) 戴季陶「日韓合邦與中国之関係」三一～三二頁。
(26) 戴季陶「短評」『中外日報』一九一〇年八月五日、桑兵・黄毅・唐文権合編『戴季陶辛亥文集』上冊、二九頁。戴季陶「日韓合邦與中国之関係」三一頁。
(27) 戴季陶「短評」二九頁。
(28) 戴季陶「日韓合邦與中国之関係」三二頁。
(29) 戴季陶「哭庚戌」五〇一～五〇三頁。
(30) 戴季陶「短評」二九頁。
(31) 戴季陶「日韓合邦與中国之関係」三二頁。
(32) 戴季陶「日英美之新条約観」『天鐸報』一九一一年四月一五日、桑兵・黄毅・唐文権合編『戴季陶辛亥文集』上冊、六八五～六八六頁。
(33) 戴季陶「瓜分之現実」一〇六七～一〇六八頁。戴季陶「機会均等之結果」『民権報』一九一二年七月三〇日、桑兵・黄毅・唐文権合編『戴季陶辛亥文集』下冊、一〇七八頁。
(34) 大哀「最近外交界大勢変遷論」『民立報』一九一〇年一一月二三日。
(35) 戴季陶「日英関税問題之冷眼観」『民立報』一九一〇年一二月一三日。桑兵・黄毅・唐文権合編『戴季陶辛亥文集』上、下冊および唐文権・桑兵編『戴季陶集』には、この文章が収録されていない。
(36) 戴季陶「日英美之新条約観」六八六頁。
(37) 戴季陶「此之謂英日同盟」『天鐸報』一九一一年四月一〇日、桑兵・黄毅・唐文権合編『戴季陶辛亥文集』上冊、六七八頁。
(38) 戴季陶「機会均等之結果」一〇七九頁。
(39) 戴季陶「日英美之新条約観」六八五～六八六頁。
(40) 大哀「最近外交界大勢変遷論」。
(41) 錫君「傍観不平之演説」『民立報』一九一〇年一二月八日。寒山「英人対英日同盟之悪感」『民立報』一九一一年一月二日。「英人対日之憤言」『民立報』一九一〇年一二月二五日。「英人在反対日本」『民立報』一九一〇年一二月二九日。
(42) 戴季陶「日本政治方針之誤」『民権報』一九一二年八月四～五日、桑兵・黄毅・唐文権合編『戴季陶辛亥文集』下冊、一〇九二頁。
(43) 戴季陶「日英美之新条約観」六八六頁。
(44) 戴季陶「日本政治方針之誤」一〇九二、一〇九三頁。
(45) 戴季陶「日英美之新条約観」六八六頁。
(46) 戴季陶「拓殖論」『民権報』一九一二年四月一二日、桑兵・黄毅・唐文権合編『戴季陶辛亥文集』下冊、七六三頁。
(47) 戴季陶「南洋之教育」『民権報』一九一二年六月一七日、桑兵・黄毅・唐文権合編『戴季陶辛亥文集』下冊、九五三頁。
(48) 戴季陶「海外天府論」『民権報』一九一二年四月一九日～五月一七日、桑兵・黄毅・唐文権合編『戴季陶辛亥文集』下冊、七八五～七八六頁。
(49) 桑兵・黄毅「辛亥時期戴季陶的日本観」胡春恵主編『近代中国与亜洲』学術討論会論文集』(香港珠海書院亜洲研究中心、一九九五年)。
(50) 戴季陶「今日之外交界」『民権報』一九一二年六月五～七日、桑兵・黄毅・唐文権合編『戴季陶辛亥文集』下冊、九一九～九二〇頁。
(51) 戴季陶「聯美與聯日」『民権報』一九一二年七月七日、桑兵・黄毅・唐文権合編『戴季陶辛亥文集』下冊、一〇一四頁。

(52) 戴季陶「日本政治方針之誤」一〇九三〜一〇九四頁。
(53) 同前、一〇九三頁。「徴蒙與拒俄」『民権報』一九一二年一〇月二九日〜一一月三日、桑兵・黄毅・唐文権合編『戴季陶辛亥文集』下冊、一二五五頁。
(54) 戴季陶「日皇之病」『民権報』一九一二年七月二三日、桑兵・黄毅・唐文権合編『戴季陶辛亥文集』下冊、一〇六二頁。戴季陶「四十五年之日本」『民権報』一九一二年七月三一日、桑兵・黄毅・唐文権合編『戴季陶辛亥文集』下冊、一〇八一〜一〇八三頁。
(55) 戴季陶「大国民當学小国民」『天鐸報』一九一〇年一一月二八日、桑兵・黄毅・唐文権合編『戴季陶辛亥文集』上冊、三一三頁。
(56) 戴季陶「自強即報復」『天鐸報』一九一一年一月一〇日、桑兵・黄毅・唐文権合編『戴季陶辛亥文集』上冊、四五七頁。
(57) 戴季陶「辛亥時期戴季陶的日本観」四頁。戴季陶「嗚呼無能国嗚呼無能国之民」一八一頁。
(58) 戴季陶「大国民當学小国民」三一三頁。
(59) 戴季陶「自強即報復」四五七頁。
(60) 戴季陶「今日之外交界」『民権報』一九一二年六月五〜七日、桑兵・黄毅・唐文権合編『戴季陶辛亥文集』下冊、九二二頁。
(61) 戴季陶「日本内閣辞職観」『民権報』一九一二年一二月五日、桑兵・黄毅・唐文権合編『戴季陶辛亥文集』下冊、一三〇九頁。
(62) 戴季陶「短評」四七頁。列強間の矛盾を利用して日本を牽制するという戴の主張を、桑兵・黄毅両氏もすでに分析している。さらに、戴の軍事問題に対する主張も詳細に論じている。ここでは、この二点に関しては触れないことにする。詳細は桑兵・黄毅「辛亥時期戴季陶的日本観」四〜五、七頁を参照。ただし、アメリカとの連携は戴だけの主張ではなく、当時の輿論のなかでかなり唱えられていることを指摘したい。たとえば、哀鴻「望美人兮天一方」『民立報』一九一〇年一二月四日、心僧「中美協約之問題」『天鐸報』一九一〇年四月九日などのものがある。
(63) 戴季陶「日本政治方針之誤」一〇九四〜一〇九五頁。
(64) 戴季陶「日本人之気質」『天鐸報』一九一〇年一〇月一七日〜二〇日、桑兵・黄毅・唐文権合編『戴季陶辛亥文集』上冊、一七八頁、戴季陶「日本政治方針之誤」一〇九四〜一〇九五頁。
(65) 戴季陶「日本人之気質」一七八頁。
(66) 戴季陶「日本政治方針之誤」一〇九六頁。
(67) 同前、一〇九五〜一〇九六頁。
(68) 戴季陶「日本人之気質」一七七、一七八頁。
(69) 同前、一七七〜一七八頁。戴季陶「天仇叢話」『民権報』一九一二年四月一・七・二八日、桑兵・黄毅・唐文権合編『戴季陶辛亥文集』下冊、七三三頁。

(70) 戴季陶「嗚呼無能国嗚呼無能国之民」一八一〜一八二頁。

(71) 戴季陶「日本人之気質」一七七頁。

(72) 戴季陶「日英美之新条約観」六八六頁。

(73) 戴季陶「無道国」『天鐸報』一九一一年二月二月、桑兵・黄毅・唐文権合編『戴季陶辛亥文集』上冊、五一六頁、戴季陶「復駐日蒋公使書」陳天錫編『戴季陶先生文存』第四巻、一五四〇頁。

(74) 戴季陶「復駐日蒋公使書」陳天錫編『戴季陶先生文存』第四巻、一五四〇頁。

第3章　提携国としての日本

(1) 段雲章編著『孫文与日本史事編年』(広東人民出版社、一九九六年)、三〇九〜三二二頁。

(2) 戴季陶『日本論』(民智書局、一九二八年)、九一〜九八頁。

(3) 段雲章編著『孫文与日本史事編年』三二一頁。

(4) 戴季陶「日本議員観光団之態度」『民権報』一九一二年一一月九日、桑兵・黄毅・唐文権合編『戴季陶辛亥文集』下冊(中文大学出版社、一九九一年)、一二七九頁。

(5) 外務省編纂『日本外交文書』大正二年第二冊(外務省、一九六四年)、九七二〜九七五、一〇一一頁。

(6) 段雲章編著『孫文与日本史事編年』三三五頁。

(7) 戴季陶「強権陰謀之黒幕」『民権報』一九一三年四月三日、唐文権・桑兵編『戴季陶集』(華中師範大学出版社、一九九〇年)、六三五頁。

(8) 前掲『日本外交文書』大正二年第二冊、九七二〜九七五頁。滞日期間中、戴季陶が孫文の歓迎会や訪問などを通じて接触した日本人名は上述した以外に以下のとおりである。清浦奎吾・曽我佑准・箕浦利人・伊東知也・白岩龍平・柏原文太郎・井上雅二・内田良平・守屋此助・床次竹次郎・萱原伝・大橋新八郎・大倉喜八郎・津軽英麿・根津一・山座圓次郎・井戸川辰三・田鍋安之助・小川平吉・安田善三郎・益田孝・倉知鉄吉・三村君平・伊東知也・宮崎寅蔵・萱野長知・末永節・尾崎行昌・秋元興朝・添田寿一等。段雲章編著『孫文与日本史事編年』三一一、三一七頁。

(9) 何海鳴「金陵紀戦」『民初政争与二次革命』(上海人民出版社、一九八三年)。何は一九一五年中華革命党に背いて袁世凱に投降した。「戴天仇来る」『大阪毎日新聞』一九一三年九月二八日。

(10) 羅剛編著『中華民国国父実録』第三冊（正中書局、一九八八年）、二三一〇頁。

(11) 外交史料館所蔵『各国内政関係雑纂・支那の部［別冊］革命党関係［亡命者ヲ含む］』第八巻、「秘第五〇六号」、一九一三年九月二六日。前掲「戴天仇来る」、「戴天仇東上」『大阪毎日新聞』一九一三年九月二九日、「戴天仇氏大に語る」『神戸新聞』一九一三年九月二九日、は化名「嶋田政一」、兪辛焞・王振鎖編訳『孫中山在日活動密録』（南開大学出版社、一九九〇年）、七五六頁、は「角田政一」と記す。ここでは、外交史料館所蔵史料に従う。

(12) 前掲「戴天仇氏大に語る」。

(13) 兪辛焞・王振鎖編訳『孫中山在日活動密録』二五頁。

(14) 「中華革命党党員名冊」中国国民党中央委員会党史委員会所蔵、三九五／一七九。深町英夫氏から提供を受けた。この資料により、一九一三年一〇月に中華革命党に加盟した人物の例をあげると、陳其美は七番目、田桐は八番目、何天烱は二八番目、蒋志清（介石）は一〇月二九日、一〇二番目である。王俯民『蒋介石伝』（経済日報出版社、一九九五年）、二四頁。戴は彼らより早く加盟したことがわかる。

(15) 宋越倫『総理在日本之革命活動』（中央文物供応社、一九五三年）、三二頁。

(16) 范小方・包東波・李娟麗『国民党理論家戴季陶』（河南人民出版社、一九九二年）、八七頁。

(17) 外交史料館所蔵『各国内政関係雑纂・支那の部・革命党関係』第一一巻、警秘第二三四号、一九一四年四月一七日。

(18) 黄自進『吉野作造対近代中国的認識与評価』（中央研究院近代史研究所、一九九五年）、六五、七三、九〇頁。

(19) 陳天錫『増訂戴季陶先生編年伝記』（陳天錫、一九六七年再版）、二八〜二九頁。

(20) たとえば、戴天仇（季陶――引用者）「国家精神より見たる支那」『国家及国家学』第二巻第五号（一九一四年）、「支那に於ける共和思想」『支那と日本』第二年五月号（一九一四年）、「存歟亡歟」『民報』一九一四年一一月二二日〜一九一五年一月六日、「日支親善の理想境」『第三帝国』第四五号（一九一五年）などがあげられる。

(21) 崎村義郎著・久保田文次編『萱野長知研究』（高知市民図書館、一九九六年）、一二九〜一三〇頁。

(22) 外交史料館所蔵「孫文ノ動静」乙秘第三七五号、大正五年三月一一日。

(23) 前掲「孫文ノ動静」乙秘第一七七号、大正五年二月七日。

(24) その人名は、本文にあげた以外は以下のとおりである。板垣退助・中野徳次郎・福岡秀猪・渡辺千冬・波多野春房・違部遯吾・金井延・中村進午・立作太郎・山川義太郎・和田呉松・福岡美井・秋山定輔・小林雄介・赤星鉄馬・寺尾寿・福田雅太郎・田中義一・杉田定一など。前掲「孫文ノ動静」乙秘第一八七九、大正三年九月二一日。乙秘第二一七〇号、大正三年一〇月三一日。乙秘第一二

六五号、大正四年六月六日。乙秘第三一八三号、大正四年一二月二日。乙秘第三二二七号、大正四年一二月一一日。乙秘第三三一二号、大正四年一二月二三日。乙秘第四一四号、大正五年三月三〇日。乙秘第四五六号、大正五年四月九日。乙秘第四八二号、大正五年四月一六日。兪辛焞・王振鎖編訳『孫中山在日活動密録』三九四頁。

(25) 蒋介石は一九〇一年に毛福梅と結婚し、一九一〇年に長男蒋経国が生まれた。一九一二年に姚冶誠を「妻」にし、二人のあいだには子供がいない。後、姚は蒋緯国の養母になった。

(26) 周一志「戴季陶堅決主張討伐張・楊」呉福章編『西安事変親歴記』(中国文史出版社、一九八六年)、二七九頁。

(27) 戴季陶「中国革命論」一九一四年六月八日、『民国』雑誌第一年第二号、唐文権・桑兵編『戴季陶集』七一六頁。

(28) 戴季陶「支那における共和思想」一九~二〇頁。

(29) 戴季陶「中国革命論」七一七~七二〇頁。

(30) 同前、七二三、七二七頁。

(31) 同前、七二五~七二六頁。

(32) 戴季陶「討叛逆」『民権報』一九一三年四月二六日、唐文権・桑兵編『戴季陶集』六六一頁。

(33) 「哀的美敦提出前一日之北京観」『申報』一九一五年五月一〇日。

(34) 「交渉解決前後之湖南観」『申報』一九一五年五月一九日。

(35) 「答復日本通牒之経過」『申報』一九一五年五月一三日。

(36) 前掲「交渉解決前後之湖南観」。

(37) 「交渉結束後之北京各界」『申報』一九一五年五月一五日。

(38) 「贛人士記念国恥」『申報』一九一五年五月一九日。

(39) 「交渉解決後之湘南観」『申報』一九一五年五月二五日。

(40) 「京外各界之交渉補救談」『申報』一九一五年五月一九日。

(41) 戴天仇(季陶)「国家精神より見たる支那」三九、四一~四五、四七頁。

(42) 戴季陶「一知半解」一九一四年五月一〇日、『民国』雑誌第一年第一号、唐文権・桑兵編『戴季陶集』六九六、六九七頁。

(43) 戴季陶「中華民国与連邦組織」一九一四年七月一〇日、『民国』雑誌第一年第三号、唐文権・桑兵編『戴季陶集』七八四頁。

(44) 戴季陶「中国革命論」七二五~七二六頁。

(45) 戴季陶「強権陰謀之黒幕」一九一三年四月三日、六三六頁。

(46) 戴季陶「欧羅巴大同盟論」一九一四年七月一〇日、『民国』雑誌第一年第三号、唐文権・桑兵編『戴季陶集』七三一、七四四、七五三頁。
(47) 戴季陶「存歟亡歟」(戦争の目的(五))『民報』一九一四年一一月二六日。この「存歟亡歟」の大部分は久保田文次氏から提供を受けた。
(48) 戴季陶「存歟亡歟」(不安の将来(六))『民報』一九一四年一一月二七日。
(49) 戴季陶「欧羅巴大同盟論」七四四頁。
(50) 戴季陶「存歟亡歟」(明日の準備(七))『民報』一九一四年一一月二八日。
(51) 戴季陶「強権陰謀之黒幕」六三六頁。
(52) 種族論についてより早い時期に論じていたのは、一九〇五年『国粋学報』に「黄史・種族書」を書いた黄節である。彼は日本と中国が同種異類なので、競争相手としては異種の西洋人よりも有害で、日本との提携は種族論から不可能であると説く。
(53) 戴季陶「存歟亡歟」(明日の準備(七))。戴季陶「存歟亡歟」(露米の握手(十二))『民報』一九一四年一二月九日。
(54) 戴季陶「存歟亡歟」(露国の遠図(十一))『民報』一九一四年一二月七日。
(55) 戴季陶「存歟亡歟」(露国の進路(十))『民報』一九一四年一二月五日。
(56) 戴季陶「存歟亡歟」(露米の握手(十二))。
(57) 戴季陶「存歟亡歟」(独逸と英国(八))『民報』一九一四年一二月一日。「存歟亡歟」(戦後の英露(九))『民報』一九一四年一二月三日。
(58) 戴季陶「存歟亡歟」(露国の遠図(十一))。
(59) 戴季陶「存歟亡歟」(不安の将来(六))。
(60) 戴季陶「存歟亡歟」(日本の覚悟如何(十四))『民報』一九一四年一二月一二日。
(61) 戴季陶「欧羅巴大同盟論」七四三〜七四四頁。
(62) 戴季陶「強権陰謀之黒幕」六三六頁。
(63) 戴季陶「欧羅巴大同盟論」七五三頁。
(64) 戴季陶「日支親善の理想境」六頁。
(65) 前掲『各国内政関係雑纂・支那の部・革命党関係』第一五巻、乙秘第四三五号、一九一五年三月一日。
(66) 戴季陶「強権陰謀之黒幕」六三六〜六三七頁。

(67) 戴季陶「存歟亡歟」(日本の経済策(十六))『民報』一九一四年一二月一五日。
(68) 戴季陶「存歟亡歟」(経済上の問題(十五))『民報』一九一四年一二月一三日。
(69) 戴季陶「存歟亡歟」(日本の経済策(十六))。
(70) 戴季陶「存歟亡歟」(日支経済同盟(十七))『民報』一九一四年一二月一七日。
(71) 戴季陶「存歟亡歟」(経済的南洋経営(二十一))『民報』一九一五年一月五日。
(72) 戴季陶「存歟亡歟」(日本の海外移民(十八))『民報』一九一四年一二月二九日。
(73) 戴季陶「存歟亡歟」(日本の国是(二十二))『民報』一九一五年一月六日。
(74) 拙論「辛亥期における戴季陶の日本認識(一九〇九〜一九一二年)」『中国研究月報』第六一〇号(一九九八年一二月)、一一頁。
(75) 前掲『各国内政関係雑纂・支那の部・革命党関係』第一四巻、乙秘第二二五五号、一九一四年一一月一二日。

第4章 モデル・ライバルとしての日本

(1) 一九一六年七月六日から八月四日まで、戴季陶は孫文の田中義一への手紙を持参して訪日した。また、一九一六年一二月五日、戴は、上海交易所株式会社創立人総代理として、三上豊夷の代理人中島行一と、上海の自宅で上海交易所設立密約を結んだ。「山田純三郎資料」愛知大学東亜同文書院記念センター所蔵、一二-一-五四。一九一七年二月二七日に、戴は上海交易所設立のために東京へ赴き、著名な株式仲買人と交渉した。北京『晨鍾報』一九一七年四月六日「孫文壟断上海市面之大計画」。段雲章『孫文与日本史事編年』(広東人民出版社、一九九六年)、四九六頁。六月一一日、孫文と犬塚信太郎らが結んだ「中日組合規約」に戴もサインした。詳細は羅剛編著『中華民国国父実録』第四冊(羅剛先生三民主義奨学金基金会、一九八八年)、二九九九〜三〇〇〇頁、段雲章編著『孫文与日本史事編年』五〇六〜五〇七頁、を参照。
(2) 当初中国の参戦に反対していた日本は、やがて中国に干渉する目的から参戦を段祺瑞に促すようになった。
(3) 訪日時の秋山と田中の詳細は、戴季陶『日本論』(民智書局、一九二八年)、一〇三〜一〇九頁を参照。
(4) 「犬養毅」『原敬関係文書』第一巻、書翰篇一(日本放送出版協会、一九八四年)、一八二頁。「孫文」同書、第三巻、書翰篇三(一九八五年)、五三八頁。
(5) 原奎一郎編『原敬日記』第四巻(福村出版社、一九六五年)、二九七頁。
(6) 「致加藤男爵請求協助函」秦孝儀主編『国父全集』第四集(近代中国出版社、一九八九年)、四九〇頁。
(7) 戴季陶『日本論』一〇三〜一〇九頁。

（8）深町英夫『近代中国における政党・社会・国家――中国国民党の形成過程』（中央大学出版部、一九九九年）、一五七～一六八頁、許放『中華民国政治史』（人民出版社、一九九四年）、五六～六四頁、徐矛『中華民国政治制度史』（上海人民出版社、一九九二年）、一五三～一五九頁を参照。

（9）『軍政府公報』第五号、一九一七年九月二三日。第四八号、一九一八年二月一八日。第六七号、一九一八年四月三日。戴の肩書きについて、陳天錫『戴季陶先生的生平』（台湾商務印書館、一九六八年）、二〇、九五頁、王成聖「戴伝賢的一生」『中外雑誌』第一六巻第六期、（一九七四年一二月）、三九頁、李雲漢「戴季陶」王寿南総編輯『中国歴代思想家』第五五輯（台湾商務印書館、一九七八年）、二七頁、唐文権・桑兵編『戴季陶集』（華中師範大学出版社、一九九〇年）、前言、一三頁、范小方・包東波・李娟麗『国民党理論家戴季陶』（河南人民出版社、一九九二年）、九五頁、嵯峨隆「国民革命期における戴季陶の対外観について」『近きに在りて』第三三号（一九九八年五月）、二二頁、黎潔華・虞葦『戴季陶伝』（広東人民出版社、二〇〇三年）、九四頁、など数多くの先行研究において、軍政府が成立した当初、戴が孫によって法制委員会委員長に任命されたと記しているが、しかし、『軍政府公報』や『孫中山全集』などにはそれに当たる令状が存在していない。おそらく一九二四年四月一一日に大本営法制委員長に任命されたこと（第六章で述べる）の誤りだと思われる。大元帥府代理秘書長については、王成聖論文のみが一九一八年二月に任命されたと記しているが、それ以外の先行研究はすべて誤って軍政府成立当初に任命されたとしている。また、軍政府代理外交次長についてはいずれも誤って大元帥府外交次長（この職位は実在しない）と記している。

（10）「張戴日本に向ふ」『神戸新聞』一九一七年八月一三日、「張勲〔継〕と戴天仇」『神戸又新日報』一九一七年八月二〇日。戴季陶「在非常国会報告日本対西南護法之態度」『民国日報』一九一七年一〇月一日、唐文権・桑兵編『戴季陶集』八〇八頁。

（11）「南方の決心牢乎たり」『神戸新聞』一九一七年八月二〇日。戴が一九一六年七月六日と一九一七年二月二七日および同年六月二一日に来日した際に、日本の新聞で報道されなかったので、「前回来朝」とは一九一三年九月「島田政一」という偽名で日本に亡命したことを指すと思われる。

（12）「渡来の使命」『東京朝日新聞』一九一七年八月二〇日。前掲「張勲〔継〕と戴天仇」、前掲「南方の決心牢乎たり」。

（13）「与美国駐粤総領事海因策爾曼的談話」郝盛潮主編・王耿雄等編『孫中山集外集』補編（上海人民出版社、一九九四年）、二〇五～二〇六頁。

（14）「致日本寺内首相等電」『孫中山全集』第四巻（中華書局、一九八五年）、一三三～一三五頁、「孫程等対于日本朝野之陳情」『中華新報』一九一七年八月二五日。

（15）原奎編『原敬日記』三一三～三一四頁。

(16) 前掲「南方の決心牢乎たり」。「剣を抜いて起てる大元帥孫文氏」『東京朝日新聞』一九一七年九月三日。
(17) 劉永明『国民党人与五四運動』(中国社会科学出版社、一九九〇年)、八頁。
(18) 「大借款前渡決定」『神戸又新日報』一九一七年八月二一日。
(19) 「張戴両氏来神」『神戸新聞』一九一七年九月一三日。
(20) 「雨中に響く革命の声」『大阪朝日新聞』一九一七年九月一四日。
(21) 「張継氏等請待」『大阪朝日新聞』一九一七年九月一五日。
(22) 「南方志士の熱弁」『神戸新聞』一九一七年九月一五日。
(23) 前掲「張戴両氏来神」。
(24) 前掲「南方志士の熱弁」。張継は孫文に九月二一日軍政府駐日外交代表に任命され、九月二七日に帰国した。殷汝耕は九月二一日孫文に駐日外交代表秘書に任命された。ともに、前掲『孫中山全集』第四冊、五五四頁、段雲章編著『孫文与日本史事編年』五一九頁による。
(25) 前掲「南方志士の熱弁」。「戴氏」『大阪朝日新聞』一九一七年九月一六日。
(26) 范小方・包東波・李娟麗『国民党理論家戴季陶』九四頁、段雲章編著『孫文与日本史事編年』(広東人民出版社、一九九六年)、五〇八頁、など従来多くの先行研究においては、戴が著した文章の題目は「関于日本之観察」とされているが、『民国日報』にそのタイトルの文章は見出せない。これは、陳天錫『増訂戴季陶先生編年伝記』(陳天錫、一九六七年再版)、三二頁の、戴が「日本に関する観察を四〇日間に渡って『民国日報』で連載した」と書いてある記述を、題目として誤って採ったと考えられる。
(27) 「戴季陶君之談話」『民国日報』一九一七年九月一九日。
(28) 「大元帥致国会非常会議函」『軍政府公報』第五号、一九一七年九月二三日。
(29) 戴季陶「在非常国会報告日本対西南護法之態度」八〇八頁。
(30) 「復唐継堯函」前掲『孫中山全集』第四巻、一九三頁。
(31) 「日政府援助段内閣案之失敗」「時評一・友邦対我態度」『民国日報』一九一七年九月一九日。
(32) 『日本外交年表並主要文書』(原書房、一九六五年)、四三七~四三八頁。
(33) 外務省編纂『日本外交文書』大正六年、第二冊(外務省、一九六八年)、九八、一〇三~一〇五、一一三頁。
(34) 徐矛『中華民国政治制度史』一六〇頁。
(35) 外務省編纂『日本外交文書』大正七年、第二冊上巻(外務省、一九六九年)、一八頁。

(36) これらを通常「日中軍事協定」と言い、日本の中国に提出した二十一か条で実現できなかった諸要求の一部分はここで満足された。また六月一八日に「吉会鉄路借款契約」も締結された。
(37) 「日本国民の同情」『東京朝日新聞』一九一八年六月二四日。
(38) 前掲『日本外交文書』大正七年、第二冊上巻、二一頁。
(39) 「孫逸仙氏来航」『大阪毎日新聞』一九一八年六月一〇日。
(40) 「孫氏の立場」『大阪毎日新聞』一九一八年六月一七日。前掲「孫逸仙氏来航」。
(41) 李吉奎『孫中山与日本』(広東人民出版社、一九九六年)、四八八頁。
(42) 「眼疾を得た孫逸仙」『大阪毎日新聞』一九一八年六月二一日。また六月二〇日『東京朝日新聞』には「孫文氏の箱根落」と題した以下のような記事がある。「一七日、孫らのホテルへ訪れた予備海軍一等軍曹大山義作(四〇才)は、一昨年五月孫が革命軍義勇兵の募集を為せる際に、下士以上一名戦死の場合には二万圓、同下士以下には一万圓の慰籍金を提供せしむる契約の下に、三百名の同士を率いて同軍に投じたるが、間もなく上海にて敵艦捕獲に向へる際、同士中三名の戦死者を出し、前記契約金四万圓の請求を為す中、革命は不成功に終わり、孫氏は踪跡を晦せるより、其目的が達成する能はず今日に至れる。今回孫氏の亡命を聞きて早速箱根に訪れ来り、契約履行を迫れるも、孫氏は面会を避けて、要領を得ざるより躍起となり。果ては孫氏に対し危害をも加へ兼ねまじき形勢を示せるより、孫氏を初め附添へる戴天仇、胡漢民両氏は甚く恐れを懐き、結局同人に旅費を與へ後日の再会を約して、十九日朝漸く追払ひたるも、尚不安を感じて遽に帰国を思ひ立ちたりと称せらるれど、果して如何にや」(句読点は筆者)。
(43) 前掲「日本国民の同情」。
(44) 「孫逸仙着滬」『東京朝日新聞』一九一八年六月二八日。
(45) 「致陳炯明函」前掲『孫中山全集』第四巻、四八六頁。
(46) 戴季陶「関于段派造謡之弁明」『民国日報』一九一八年七月一六日、唐文権・桑兵編『戴季陶集』八六五頁。
(47) 兪辛焞『孫中山与日本関係研究』(人民出版社、一九九六年)、二二九頁。
(48) 「戴天仇氏の談」『大阪毎日新聞』一九一八年一一月二〇日、「戴氏の談」『神戸又新日報』一九一八年一一月二〇日。
(49) 「和平の機運熟す」『神戸新聞』一九一八年一一月二〇日。
(50) 一九一九年二月二二日、戴季陶はまた孫文に派遣されて来日し、日本事情を調査し、日本の段支持の停止を要求した。段雲章編著『孫文与日本史事編年』五五八頁。
(51) 「非常国会反対中日交渉」『民国日報』一九一八年五月五日。

(52)「中日之借款與交渉」『申報』一九一八年五月一二日。
(53)「北京電」『申報』一九一八年五月二〇日。
(54)「天津商会連合会致各方面電」『申報』一九一八年五月二三日。
(55)「留日学術研究会電稿」『申報』一九一八年五月二一日。
(56)「中日出兵条件簽字後所聞」『申報』一九一八年五月二四日。
(57)「東京通信」『申報』一九一八年五月一三日。
(58)「留学界風潮未已」『申報』一九一八年六月五日。
(59)「関於新約之北京学界近状」『申報』一九一八年六月一一日。
(60)「北京各学校之風潮」『申報』一九一八年五月二四日。
(61)「中日新約簽字後之余音」『申報』一九一八年五月二五日。
(62)孫文の日本観に関する先行研究は、藤井昇三『孫文の研究——とくに民族主義理論の発展を中心として』(勁草書房、一九六六年)、久保田文次「孫文の対日観」辛亥革命研究会『中国近現代史論集——菊池貴晴先生追悼論集』(汲古書院、一九八五年)、深町英夫「中国革命と外国勢力——孫文の対外宣伝」上・下、中央大学人文科学研究所『人文研紀要』第三二号(一九九八年九月)、第三四号(一九九九年九月)などがあげられる。
(63)この時期の孫の日本観は、一九一七年一月一日『大阪朝日新聞』に掲載された「日支親善之根本義」と、同年五月に孫文の思想にもとづき朱執信が執筆した「中国存亡問題」の二篇の文章のほかに、同年六月の寺内首相への手紙、八月の寺内正毅首相・本野一郎外相・犬養毅・渋沢栄一・頭山満への手紙、および一一月二〇日の寺内首相・本野外相・外交調査会・貴族院・枢密院・衆議院・各政党党首への電報、また一九一七年九月一五日在米ジャーナリスト・社会活動家河上清との談話に表わされている。
(64)孫文「日支親善之根本義」『大阪朝日新聞』一九一七年一月一日。
(65)「致日本首相寺内正毅函」一九一七年六月、前掲『孫中山全集』第四巻、一〇九頁。
(66)「致日本寺内首相等電」一九一七年八月二五日、前掲『孫中山全集』第四巻、一三四頁。
(67)藤井昇三「孫文のアジア主義」辛亥革命研究会『中国近現代史論集』四一九頁、前掲『孫中山集外集』補編、二〇八頁。
(68)「致日本寺内首相等電」一九一七年一一月二〇日、前掲『孫中山全集』第四巻、二四二〜二四三頁。
(69)戴季陶「最近之日本政局及其対華政策」『民国日報』一九一七年一二月一三日〜一九一八年一月二四日、唐文権・桑兵編『戴季陶集』八五九〜八六〇頁。

(70)同前、八一四～八一五頁、八四四頁。
(71)同前、八一二頁。
(72)戴季陶「就『対日本朝野之通電』答『民国日報』記者」『民国日報』一九一八年一二月二六日、唐文権・桑兵編『戴季陶集』八七〇～八七一頁。
(73)前掲『日本外交年表並主要文書』四二五頁。
(74)戴季陶「最近之日本政局及其対華政策」八一二、八三六、八五四頁。
(75)同前、八一六、八四七頁。
(76)同前、八三五～八三六頁。
(77)同前、八四四～八四五、八五一頁。
(78)同前、八二二、八四五頁。
(79)一九三一年九月満洲事変が勃発したときに、戴は特種外交委員会委員長として制定した対日政策のなかで、同じことを述べている。
(80)これは「安内攘外」政策の原型であり、日中提携は一種の策略となった。
(81)戴季陶「最近之日本政局及其対華政策」八五七～八五九頁。
(82)前掲「南方志士の熱弁」。
(83)戴季陶「最近之日本政局及其対華政策」八二一、八二五頁。
(84)戴季陶「中国政界の近状」『大阪朝日新聞』一九一七年九月一四日、「中国政界之近状」『民国日報』一九一七年九月二一日、唐文権・桑兵編『戴季陶集』八〇七頁。

第**5**章　特権階級との対決、平民階級との連合

(1)「国民外交協会成立紀」『申報』一九一九年二月二〇日。
(2)戴が日本の文献を通じてマルクス主義を受容したことについては、石川禎浩がすでに『中国共産党成立史』（岩波書店、二〇〇一年）で明らかにしている。本節では、後述する戴の政治思想や日本観を検討するために必要なので、この受容の経緯を先行研究およびその他の資料を参照しつつ整理しておく。
(3)「復陳漢明函」『孫中山全集』第五巻（中華書局、一九八五年）、五四頁、『孫中山年譜』（中華書局、一九八〇年）、二四三頁。
(4)「在上海寰球中国学生会的演説」前掲『孫中山全集』第五巻、一四〇頁、「致海外国民党同志函」同、二一〇頁。

(5) 呂芳上『革命之再起——中国国民党改組前対新思潮的回応(一九一四〜一九二四)』(中央研究院近代史研究所、一九八九年)、二二五、二九頁。
(6) 「全国報界聯合会成立大会記」『民国日報』一九一九年四月一六日、「報界聯合会首次会記」四月一八日。
(7) 「張継等対日本国民之宣言」『申報』一九一九年五月九日。
(8) 『建設』第二巻第一期、一九二〇年二月、広告、呂芳上『革命之再起』五九頁。
(9) 戈公振『中国報学史』(台湾学生書局、一九六四年再版)、二五二頁。
(10) 陳公懋「沈定一其人」『浙江文史資料選輯』第二一輯(一九八二年六月)、四〇頁。
(11) 呂芳上『革命之再起』五九、六一、六二頁。
(12) 王貴仁「二十年代国民党人的唯物史観探析」『時代人物』(二〇〇八年第五期)、一六二頁。
(13) 呂芳上『革命之再起』六一頁。
(14) 同前、二三九、五五五頁。
(15) このほかにも『新社会』『批評』『社会主義研究』『デモクラシイ』『改造』『東洋経済新報』『経済論叢』といった、日本語雑誌・新聞を参考にした社会主義関係の記事・論文が、『星期評論』には溢れていたとの指摘がある。石川『中国共産党成立史』五六〜五七頁。戴もこれらのものを利用した可能性があると推測できる。
(16) 石川『中国共産党成立史』三八頁。
(17) 戴季陶『資本論解説』(民智書局、一九二七年)、序一、一頁。第三編第四章までの訳文が、『建設』第一巻第四・五・六号、第二巻第二・三・五号、第三巻第一号、『民国日報』副刊「覚悟」一九一九年一一月二〜七日、に連載されている。胡漢民が補訳した残りの三章を合わせて、一九二七年に単行書として民智書局から出版された。
(18) 戴季陶「馬克斯伝」『星期評論』第三一号(一九二〇年新年号第二張)、一頁。
(19) 呂芳上『革命之再起』二七〇頁。
(20) 「俄羅斯労農政府給我們中国人民的通告」『星期評論』第四五号(一九二〇年四月一一日)。
(21) 戴季陶「俄国両政府的対華政策」『星期評論』第一五号(一九一九年九月一四日)。戴はこの記事に「廃除密約宣言」という見出しで、九月一日の『大阪毎日新聞』の記事によると記している。しかし、筆者が調べたところ、九月二日同紙に「露国の密約廃棄——労農政府の対支通告」という記事があり、両者の内容は一致しており、戴がこれを訳したことがわかる。したがって、九月一日付とするのは誤りである。また、『東京朝日新聞』九月二日朝刊二頁に「露国対支通告」として、同じく合同通信社ロンドン電にもとづく記事が出ており、『大阪毎日新聞』の内容とほぼ同じである。

（22）戴季陶「三民主義」『解放』第二巻第二号（大鐙閣、一九二〇年二月）、一〇三頁。戴の堺宛書簡の日付は「民国八年一月七日」になっているが、「民国九年」の間違いだと、石川氏は『中国共産党成立史』（三五四頁、注90）で指摘している。

（23）戴季陶「反響」『解放』（大鐙閣、一九二〇年一二月号）。

（24）平記念事業会編著『平貞蔵の生涯』（非売品、一九八〇年）、一〇一〜一〇二頁、宮崎龍介「新装の民国から」『解放』第一巻第七号（大鐙閣、一九一九年一二月）、一二七〜一二八頁、石川『中国共産党成立史』五七頁。

（25）戴季陶『資本論解説』序一、三頁。

（26）「周恩来同志談個人与革命的歴史——和美国記者李勃曼談話記録」『中共党史資料』第一輯（中共中央党校出版社、一九八二年）、七頁。

（27）『民国日報』副刊『覚悟』一九二〇年三月二四日「高尓松等致戴季陶的信」。

（28）施存統「青年応自己増加工作」『民国日報』副刊「覚悟」一九二〇年八月二六日。「評戴季陶先生的中国革命観」『中国青年』第九一・九二期合刊、一九二五年九月一日、六〇二頁。

（29）石川『中国共産党成立史』五〇〜五三頁。

（30）『陳公博・周仏海回憶録合編』（春秋出版社、一九六七年）、二七〜二八、一一四頁。戴季陶の共産党設立準備との関わりについては、また、張国燾『我的回憶』第一冊（香港明報月刊出版社、一九七一年）、一〇三頁、栖梧老人（包恵僧）「中国共産党成立前後的見聞」『新観察』第一三期（一九五七年）、一六頁、鄧中夏『中国職工運動簡史（一九一九〜一九二六）』（人民出版社、一九五三年）、二一八頁、北河征四郎「中国国民党『新右派』理論形成の前提——戴季陶を中心に（五・四時期〜一全大会）」『歴史研究』愛知教育大学、第一七号（一九七〇年三月）、三〇〜三一頁、鄧文光「戴季陶与中国共産党」『中共建党運動史諸問題（初稿）』（青驄出版社、一九七六年）、六七〜八一頁、范小方・包東波・李娟麗『国民党理論家戴季陶』（河南人民出版社、一九九二年）、一二五〜一三三頁、村田雄二郎「五四時期の中国国民党——戴季陶と中国革命」東京大学「アジアの文化と社会」（学科卒業論文、一九八〇年、未発表）、三一〜三六頁、は詳しく述べている。

（31）Benjamin I. Schwartz, *Chinese Communism and the Rise of Mao* (Cambridge, Mass.: Harvard University Press, 1952), p. 33（石川忠雄・小田英郎訳『中国共産党史』慶應通信、一九六四年、三五頁）。

（32）袁同疇「一個亟応弁正的史実」『伝記文学』第一四巻第五期（一九六九年五月号）、六一〜六三頁。

（33）鄧文光「戴季陶与中国共産党」七二〜八一頁。

(34) 崎村義郎著・久保田文次編『萱野長知研究』(高知市民図書館、一九九六年)、一五九〜一六一頁、宮崎龍介・小野川秀美編『宮崎滔天全集』第三巻(平凡社、一九七二年)、二六六頁。
(35) 戴季陶「国民自給与国民自決」『星期評論』第一号(一九一九年六月八日)、唐文権・桑兵編『戴季陶集』八七五頁。
(36) 范小方・包東波・李娟麗『国民党理論家戴季陶』一〇三頁。
(37) 魏伯楨「上海証券物品交易所与蒋介石」『文史資料選輯』第四九輯(合訂本、第一七冊)(中国文史出版社、一九八六年)、一四九〜一五〇頁、横山宏章「蒋介石と上海交易所——株式仲買人時代について」『中国研究月報』第五二七号(一九九二年一月)はこの問題の資料関係について詳しく記述している。
(38) 陸丹林「蒋介石・張静江等做交易所経紀的物証」、前掲『文史資料選輯』第四九輯、一五七頁。
(39) 魏伯楨「上海証券物品交易所与蒋介石」一五二頁、王俯民『蒋介石伝』(経済日報社、一九九五年第三版)、三一〜三二頁。
(40) 宗志文・厳如平・鄭則民「蒋介石」『中華民国史資料叢稿・人物伝記』第二三輯(中華書局、一九八八年)、二頁。
(41) 魏伯楨「上海証券物品交易所与蒋介石」一五三頁。
(42) 匡長福・楊震・賈涛・劉寧『権与銭——蒋宋孔陳聚財録』(清華大学出版社、一九八九年)、二四頁。魏伯楨によれば、蒋は四万元余りを得て広東に去ったという。魏伯楨「上海証券物品交易所与蒋介石」一五五頁。
(43) このことについて、湯本国穂「五四運動状況における戴季陶——「時代」の方向と中国の進む道」『千葉大学教養部研究報告』B—一九(一九八六年一一月)が詳しく論じている。
(44) 『民国日報』一九二〇年一二月二二日「戴季陶君的談話」、戴季陶「改革期中的広東」、唐文権・桑兵編『戴季陶集』一三〇五頁。湯本の論文「五四運動状況における戴季陶」六八頁では、戴は軍政府秘書長に就任したと記しているが、この時期の軍政府秘書長は馬君武であった。これは一九一八年二月に戴季陶が大元帥府代理秘書長に任命されたことと混同したのであろう。深町英夫「広東軍政府論——民国前期における『中央政府』」中央大学人文科学研究所編『民国前期中国と東アジアの変動』(中央大学出版部、一九九九年)、三八九頁を参照。
(45) 戴季陶「改革期中的広東」『民国日報』一九二〇年一二月二二〜二四日、唐文権・桑兵編『戴季陶集』一二九四〜一三〇五頁。
(46) 戴季陶「致蒋介石先生書」一九二一年一月一四日、陳天錫編『戴季陶先生文存』第四巻(中国国民党中央委員会、一九五九年)、一四八一頁。
(47) 戴季陶「産業協作社法草案理由書」『新青年』第九巻第一号(一九二一年五月一日)、五八〜五九頁。戴が起草した「広東省商会法草案理由書」「広東省工会法草案理由書」も合わせて、すべて前掲『新青年』第九巻第一号に掲載されている。

(48) 戴季陶「協作制度的効用」『建設』第二巻第五号、一九二〇年六月一日、唐文権・桑兵編『戴季陶集』一二五九～一二六八頁。

(49) 戴季陶「八覚」『戴季陶集』上巻（上海三民公司、一九二七年）、一二～一九頁。この「五、六年来の『極めて間違った恋愛』」とはおそらく第三章で述べた「戸村」との恋愛を指していると考えられる。しかし、戴の後妻趙文淑の弟趙文田によると、戴の自殺は、ただ家庭的不祥事であった。一九一九年後、戴の日本人の愛人、蒋緯国の母（「戸村」だと思われる）が上海に来て、戴夫人に受け入れられず、日本に送り返された。姪である趙文淑が戴の家へ手伝いに来たが、戴に乱暴された。二二年秋、戴が四川に行く前に趙文淑が婚約したことを知り、乱倫の行為がばれることを恐れて自殺を図ったと、戴は四川へ同行した趙文田に自ら告白したという。趙文田「戴季陶自殺的真相」『文史資料選輯』第一巻第二期（一九六二年）、七一～七三頁。戴夫人の死後、一九四四年一月に趙文淑は戴の後妻となった。

(50) 范小方・包東波・李娟麗『国民党理論家戴季陶』一四〇頁。筆者は未発見。

(51) 「戴天仇氏自殺か――宜昌着と同時に行方不明」『大阪毎日新聞』一九二二年一一月一二日、「戴天仇氏自殺か」『東京朝日新聞』一九二二年一一月一二日。

(52) 華生「四川自治之役」『四川文献』第一四一期（一九七四年）、胡春恵『民初的地方主義与聯省自治』（正中書局、一九八三年）、二六六～二六七頁。

(53) 四川省憲法草案全文は一九二三年に『太平洋雑誌』第三巻第一〇号に掲載されている。胡春恵『民初的地方主義与聯省自治』三五五頁。

(54) 胡春恵『民初的地方主義与聯省自治』二六七頁。

(55) 戴季陶「八覚」二〇～二二頁。このときの帰省は彼にとって、マルクス主義と決別する契機となったという指摘もある。范小方・包東波・李娟麗『国民党理論家戴季陶』一四八頁。成都に滞在中、旧友の楊吉甫・劉大元や有志青年を集め、革命に尽力し孫文に忠誠を誓う国民党の外郭団体を秘密裏に組織した。この団体は後に四川省の反共・北伐を擁護する中心的な勢力になった。陳天錫編『増訂戴季陶先生編年伝記』（陳天錫、一九六七年再版）、五七頁。

(56) 呂芳上『革命之再起』三八～三九頁。

(57) この時期の近代と伝統に関する議論については、以下の先行研究がある。丸山松幸『五四運動』（紀伊國屋書店、一九八一年）、第三章、齋藤道彦「五・四時期の思想状況――李大釗の『少年中国』主義」野沢豊・田中正俊編『講座中国近現代史――五四運動』第四巻（東京大学出版会、一九七八年）、沈松僑『学衡派与五四時期的反新文化運動』台湾大学文史叢刊（六八）（一九八四年六月）、同「五四時期章士釗的保守思想」『中央研究院近代史研究所集刊』第一五期下冊（一九八六年一二月）、張朋園『梁啓超与民国政治』

（食貨出版社、一九七七年）、第六、七章、劉俐娜『中国民国思想史』（人民出版社、一九九四年）、第四章。
(58) 戴季陶「従経済上観察中国的乱源」九八九頁、戴季陶「短評」『星期評論』第一七号（一九一九年九月二八日）、唐文権・桑兵編『戴季陶集』一〇二九頁。
(59) 戴季陶「独語」『民国』雑誌第一年第四号（一九一四年八月一〇日）、唐文権・桑兵編『戴季陶集』八〇二頁。
(60) 戴季陶「文化運動与労働運動」『星期評論』第四八号（労働記念号）（一九二〇年五月一日）、唐文権・桑兵編『戴季陶集』一二一〇、一二一五頁。
(61) 戴季陶「旧倫理的崩壊与新倫理的建設」『星期評論』第二〇号（一九一九年一〇月一九日）、唐文権・桑兵編『戴季陶集』一〇四〇、一〇四二～一〇四三、一〇五〇～一〇五一頁。
(62) 宮崎「新装の民国から」一二八頁。
(63) 戴季陶「対付布尓色維克的方法」八九七頁、戴季陶「随便談」『星期評論』第一〇号（一九一九年八月一〇日）、唐文権・桑兵編『戴季陶集』九五六～九五七頁。
(64) 戴季陶「革命！何故？為何？――復康君白情的信」『建設』第一巻第三号（一九一九年九月一一日）、唐文権・桑兵編『戴季陶集』一〇一三頁。
(65) ラッセルの哲学思想の中国への伝播と影響について、劉俐娜『中国民国思想史』三九～四三頁、を参照。
(66) 沈松僑「五四時期章士釗的保守思想」二四六頁。
(67) これは呂芳上氏の孫文に対する評価だが、戴季陶にも当てはまると思われる。呂芳上『革命之再起』二二九頁
(68) 辛亥期に『民立報』に掲載された戴季陶の社会主義・共産主義を論じるものとして以下がある。「世界国民論」一九一〇年一〇月一四～一六日、「中国之資本問題与労働問題」一九一〇年一〇月一九～二二日、「社会主義之大活動」一九一〇年一一月一二～一八日、桑兵・黄毅・唐文権合編『戴季陶辛亥文集』上冊、中文大学出版社、一九九一年、一六五頁、一八四頁、二六六頁。ただし、戴はそれらの文章のなかで社会主義・共産主義が中国に適合していないと認識している。
(69) 石川『中国共産党成立史』四八～五〇頁。
(70) 戴季陶「世界的時代精神与民族的適応」『星期評論』第一七号（一九一九年九月二八日）、唐文権・桑兵編『戴季陶集』一〇二二～一〇二四頁。
(71) 戴季陶「関于労働問題的雑感」『星期評論』第四八号（労働記念号）（一九二〇年五月一日）、唐文権・桑兵編『戴季陶集』一二二四〇頁。

(72) 戴季陶「従経済上観察中国的乱源」九八三頁。
(73) 戴季陶「従経済上観察中国的乱源」九八四、九八五頁。
(74) 戴季陶「対付布尓色維克的方法」『星期評論』第三号(一九一九年六月二二日)、唐文権・桑兵編『戴季陶集』八九六～八九七頁。
(75) 戴季陶「随便談」『星期評論』第一三号(一九一九年八月一三日)、唐文権・桑兵編『戴季陶集』九七三頁。
(76) 戴季陶「短評」『星期評論』第四七号(一九二〇年四月二五日)、唐文権・桑兵編『戴季陶集』一二〇七頁。
(77) 戴季陶「随便談」九七三頁。
(78) 戴季陶「訪孫先生的談話――社会教育応該怎様做」一九一九年六月二二日、唐文権・桑兵編『戴季陶集』八九一頁。
(79) ゲアリ・P・スティーンソン(時永淑・河野裕康訳)『カール・カウツキー 一八五四～一九三八 古典時代のマルクス主義』(法政大学出版局、一九九〇年)、一一～一二、三〇三頁。
(80) 戴季陶「文化運動与労働運動」『星期評論』第四八号(労働記念号)(一九二〇年五月一日)、唐文権・桑兵編『戴季陶集』一二一四頁。
(81) 范小方・包東波・李娟麗『国民党理論家戴季陶』一二二頁。
(82) 戴季陶「関于労働問題的雑感」一二三三～一二三四頁。
(83) スティーンソン『カール・カウツキー』二一一頁。
(84) 戴季陶「工人教育問題」八八八～八八九頁。
(85) 早くも辛亥革命期に、戴季陶はゼネ・ストに対して否定的な意見を持っていた。労働者同盟のストライキは社会生活の権力を握っている資本家には一定の打撃を与えられるが、窮屈で死ぬほどにはならない。しかし、労働者はまったく収入がないと、生活できなくなるので、結局自分で自分を苦しめる結果になる、と分析している。戴季陶「社会主義之大活動」二六九頁。また、彼は社会の階級を富貴者、事業と労働に従事する者、乞食という三つに分類していた。戴季陶「救苦人――希望平民共済組合」桑兵・黄毅・唐文権合編『戴季陶辛亥文集』下冊、一三三〇頁。嵯峨も指摘している通り、戴は生産に従事している点で事業家と労働者を同一階級と捉え、両者の調和を求めようとした。このような発想は五・四運動期においても維持されているのである。嵯峨隆「五四時期における戴季陶の対日観について――社会主義認識との関連で」『東洋学報』第八二巻第二号(二〇〇〇年九月)、七八頁。
(86) 「革命的遺憾」『正報』一九二〇年二月二〇日。呂芳上『革命之再起』二五〇頁、より転引。
(87) 討論の詳細については、呂芳上『革命之再起』二五三～二六五頁を参照。紙幅の関係でここでは主に戴の革命観を紹介し、陳炯明の革命観にも若干触れるにとどめる。

(88) 戴季陶「革命！何故？為何？——復康君白情的信」『建設』第一巻第三号（一九一九年九月一一日）、唐文権・桑兵編『戴季陶集』一〇〇二頁。
(89) 戴季陶「学潮与革命」『星期評論』第三九号（一九二〇年二月二九日）、唐文権・桑兵編『戴季陶集』一一四一～一一四二頁。
(90) 戴季陶「従経済上観察中国的乱源」『建設』第一巻第二号（一九一九年九月一日）、唐文権・桑兵編『戴季陶集』九八〇頁。戴季陶「革命！何故？為何？——復康君白情的信」一〇〇一頁。
(91) 拙論「討袁運動期における戴季陶の日本認識（一九一三～一九一六年）」『近きに在りて』第三六号（一九九九年一二月）、六三頁。
(92) 戴季陶「従経済上観察中国的乱源」九七九頁。
(93) 戴季陶「国民自給与国民自決」『星期評論』第一号（一九一九年六月八日）、唐文権・桑兵編『戴季陶集』八七五～八七六頁。戴季陶「従経済上観察中国的乱源」九九〇頁。
(94) 戴季陶「救国貯金拿来做甚麼」『星期評論』第七号（一九一九年七月二〇日）、唐文権・桑兵編『戴季陶集』九一四～九一五頁。
(95) 戴季陶「革命！何故？為何？——復康君白情的信」一〇一三～一〇一四頁。
(96) 戴季陶「工人教育問題」『星期評論』第三号（一九一九年六月二二日）、唐文権・桑兵編『戴季陶集』八八八頁。
(97) 戴季陶「致陳競存論革命的信」『建設』第二巻第一号、唐文権・桑兵編『戴季陶集』一一〇四頁。
(98) 呂芳上『革命之再起』二六三頁。
(99) 陳炯明「評康戴両君論革命的書」『閩星』第一巻第八号（一九一九年一二月二五日）、八頁、段雲章・倪俊明編『陳炯明集』上巻（中山大学出版社、一九九八年）、四三九頁。詳細は呂芳上『革命之再起』二五九～二六三頁を参照。
(100) 深町「広東軍政府論」三八九頁。
(101) 齋藤道彦氏は五・四運動期を広義において一九一五年～一九二一年とし、狭義において一九一九年五月～六月の運動昂揚期とを区別している。齋藤道彦「五・四運動史像再検討の視点」中央大学人文科学研究所編『五・四運動史像再検討』（中央大学出版部、一九八六年）、四頁。
(102) 「北京通信一」『申報』一九一九年五月六日。
(103) 「五月七日之国民大会」『申報』一九一九年五月八日。
(104) 「北京学生呼吁之文電」『申報』一九一九年五月九日。
(105) 「各界対於外交失敗之表示」『申報』一九一九年五月一一日。
(106) 「京学界之最近行動」『申報』一九一九年五月二七日。

(107)「滬上商界空前之行動」『申報』一九一九年六月六日。
(108)藤井昇三『孫文の研究——とくに民族主義理論の発展を中心として』(勁草書房、一九六六年)、一四八頁、兪辛焞『孫中山与日本関係研究』(人民出版社、一九九六年)、二二六頁。
(109)原奎一郎編『原敬日記』第七巻(乾元社、一九五一年)、二四〇〜二四一頁、藤井『孫文の研究』一五二頁。
(110)兪辛焞『孫中山与日本関係研究』二二七頁。
(111)藤井『孫文の研究』一四五頁
(112)「朝日記者に答へて——中国の日本に対する所懐を述ぶ」『東京朝日新聞』一九一九年六月二二日。
(113)孫文「致田中義一函」『孫中山全集』第五巻(中華書局、一九八五年)、二七六〜二七七頁。
(114)孫文「与『益世報』記者的談話」前掲『孫中山全集』第五巻、二〇六頁、孫文「与上海通迅社記者的談話」同、三九九頁。
(115)孫文「在上海歓迎美国議員団時的演説」前掲『孫中山全集』第五巻、二九七頁、三〇〇頁。
(116)孫文「復宮崎寅蔵函」前掲『孫中山全集』第五巻、三五四頁。
(117)「支那人の日本観」『大正日日新聞』一九二〇年一月一日。
(118)孫文「与美国記者辛默的談話」前掲『孫中山全集』第五巻、五一四頁、孫文「与東方通迅社特派員的談話」同、四六九頁。
(119)戴季陶「我が日本観」『建設』第一巻第一号(一九一九年八月一日)、唐文権・桑兵編『戴季陶集』九二四〜九二八頁。筧克彦『国家之研究』(清水書店、一九一三年)、二、三、一三、一五〜一六、一九頁。嵯峨隆『戴季陶の対日観と中国革命』(東方書店、二〇〇三年)は、「我が日本観」を日本語に訳し、注釈で引用文の出典を明らかにしている(一八七〜一九〇頁)。
(120)戴季陶「我が日本観」九二六〜九二八、九三〇、九三二頁。
(121)同前、九三〇頁。
(122)同前、九三〇〜九三一、九三三〜九三五頁。
(123)同前、九二九、九三二、九三七頁。
(124)同前、九三七〜九三八、九四〇、九四三〜九四四頁。
(125)戴季陶「日本問題之過去与将来——在報界連合会之演説詞」『黒潮』第一巻第三号(一九二〇年一月)、唐文権・桑兵編『戴季陶集』一一一五〜一一一七頁。
(126)「張継何天炯戴伝賢告日本国民書」『民国日報』一九一九年五月九日、唐文権・桑兵編『戴季陶集』八七三頁。
(127)戴季陶「我が日本観」九四六、九四九頁。

(128) 戴季陶「対日本朝野之通電」『民国日報』一九一八年一二月二六日、唐文権・桑兵編『戴季陶集』八六九頁。戴季陶「軍閥外交の惨害」『解放』第一巻第二号（一九一九年七月一日）、四二頁。
(129) 戴季陶「資本主義下面的中日関係」『民国日報』副刊「覚悟」一九二〇年七月一七日、唐文権・桑兵編『戴季陶集』一二八四頁。
(130) 戴季陶「東亜永久和平策」『星期評論』第二七号（一九一九年一二月七日）、唐文権・桑兵編『戴季陶集』一〇七三～一〇七四頁。
(131) 戴季陶「世界戦争与中国──為太平洋社訳『世界戦争与中国』作的序」一九二〇年一月一五日、『建設』第二巻第一号、唐文権・桑兵編『戴季陶集』一一一二頁。
(132) 戴季陶「東亜永久和平策」一〇七三頁。
(133) 「山田純三郎資料」愛知大学東亜同文書院記念センター所蔵、12－1－54。
(134) 段雲章『孫文与日本史事編年』（広東人民出版社、一九九六年）、四九六頁。
(135) 前掲「張継何天炯戴伝賢告日本国民書」八七四頁。
(136) 戴季陶「満蒙山東与東部西比利亜」『民国日報』一九二〇年一月一日、唐文権・桑兵編『戴季陶集』一〇九五頁。
(137) 戴季陶「三民主義」一〇三頁。
(138) 戴季陶「資本主義下面的中日関係」一二八一頁。
(139) 戴季陶「満蒙山東与東部西比利亜」一〇九五頁。
(140) 戴季陶「我が日本観」九四四頁。
(141) 戴季陶「軍閥外交の惨害」四三頁。
(142) 戴季陶「三民主義」一〇三頁。
(143) 村田「五四時期の中国国民党」四一～四二頁。

第6章　期待から幻滅へ

(1) 王永祥「一九二〇年代前半期ソ連・コミンテルンの対中国政策」中央大学人文科学研究所編『民国前期中国と東アジアの変動』（中央大学出版部、一九九九年）、一五八～一六一頁。
(2) 『中国国民党第一次全国代表大会史料専輯』（中華民国史料研究中心、一九八四年）、五四頁。
(3) 羅家倫主編『国父年譜』下冊、第四次増訂本（中国国民党中央委員会党史委員会、一九九四年）、一四一七頁。
(4) 戴季陶「致蒋介石先生書」一九二五年一二月一三日、陳天錫編『戴季陶先生文存』第三巻（中国国民党中央委員会、一九五九年）、九八〇～九八一頁。「廖仲愷昨日起程赴粤」『申報』一九二四年一月五日。

(5) 戴季陶「致蒋介石先生書」九八〇～九八一頁。

(6) 「中国国民党第一次全国代表大会之挙行」羅家倫主編『革命文献』第八輯（中央文物供応社、一九七八年影印再版）、一一〇一頁。

(7) 「中国国民党第一次全国代表大会開会経過簡明表」羅家倫主編『革命文献』第八輯、一一五一～一一五三頁、一一五八頁。

(8) 「改組後之党務進行」羅家倫主編『革命文献』第八輯、一一六〇～一一六一頁。

(9) 范小方・包東波・李娟麗『国民党理論家戴季陶』（河南人民出版社、一九九二年）、一五五～一五六頁。

(10) Herman Mast III and W. G. Saywell, "Revolution Out of Tradition: The Political Ideology of Tai Chi-t'ao," *Journal of Asian Studies*, Vol. 34, No. 1 (November 1974), p. 85（中国語訳、呉徳発訳・呉心健校訂「由伝統中崛生之革命——戴季陶的政治理念」『近代中国思想人物論——民族主義』時報文化出版事業有限公司、一九八〇年、四二八～四二九頁）。

(11) 戴季陶「致熊錦帆諸先生書」一九二四年一月二七日、陳天錫編『戴季陶先生文存』第三巻、九五〇頁。

(12) 戴季陶「致蒋介石先生書」九八一頁で、戴の来粤は三月中と記しているが、陳天錫『増訂戴季陶編年伝記』（陳天錫、一九六七年再版）、六〇頁と范小方・包東波・李娟麗『国民党理論家戴季陶』一五七頁では、二月中となっている。ここでは、戴の自述に従う。

(13) 戴季陶「致中央通訊社蕭社長書」一九四四年四月一八日、陳天錫編『戴季陶先生文存』第三巻、一一一三頁。

(14) 『中国国民党週刊』第二七期（一九二四年六月二九日）に、戴が第三七回会議（一九二四年六月一六日）に出席して提示した軍歌の全文がある。戴の出席率は、『中国国民党週刊』の該当期間の出席者名簿で確認した結果である。白永瑞「戴季陶の国民革命論の構造的分析」『孫文研究』第一一号（一九九〇年五月）、六、二三頁より転引。

(15) 『陸海軍大元帥大本営公報』第二四号（一九二四年八月三〇日）、一～三六頁。

(16) 羅家倫主編『国父年譜』下冊、一四七七頁。

(17) 羅家倫主編『国父年譜』下冊、一四八〇、一四八六頁。

(18) 国民党内部の派閥闘争についての分析は、白永瑞「戴季陶の国民革命論の構造的分析」『孫文研究』、以下同）第一一号、郭緒印主編『国民党派系闘争史』（上海人民出版社、一九九二年）を参照。

(19) 戴季陶「致蒋介石先生書」九八一、九八二頁。

(20) 邵元沖著・王仰清・許映湖標注『邵元沖日記』（上海人民出版社、一九九〇年）、二〇頁で、戴が広州を去ったのは一九日午後であり、白永瑞「戴季陶の国民革命論の構造的分析」第一一号、六頁では、二〇日となっているが、李雲漢『従容共到清党』（一九八七年影印二版）、三九九頁は、二八日と記している。

(21)「呈総理懇辞中央執行委員会秘書及宣伝部長文」一九二四年六月二〇日、陳天錫編『戴季陶先生文存』三続編（中国国民党中央委員会党史史料編纂委員会、一九七一年）、一六三～一六四頁。羅家倫主編『国父年譜』下冊、一四九五頁。

(22)「中央執行委員会反共産党的大武劇」『華字日報』一九二四年六月二三日。『包恵僧回憶録』（人民出版社、一九八三年）、一四七頁も同じ内容を記しているが、場所は異なる。前者は恵州会館、後者は鄒魯宅。人身攻撃とは、張が戴を指して「共産党の走狗」「保皇党の残党」と罵倒したことで、戴が一時日本で政聞社を運営していた梁啓超の秘書だったことを指したという。白永瑞「戴季陶の国民革命論の構造的分析」第一一号、六頁、二三頁。ただし、白氏は張継らの「共産党弾劾大会」を一九日と記しているが、一八日の誤りである。

(23)「戴委員季陶之談話」『中国国民党週刊』第二九期（一九二四年七月一三日）。

(24)戴季陶「致蒋介石先生書」九八二～九八三頁。

(25)羅家倫主編『国父年譜』下冊、一四九八頁。

(26)「請戴委員季陶回任宣伝部原職」『中国国民党週刊』第三六期（一九二四年八月三一日）、白永瑞「戴季陶の国民革命論の構造的分析」第一一号、一〇頁。

(27)李雲漢「戴季陶」王寿南総編輯『中国歴代思想家』第五五輯（台湾商務印書館、一九七八年）、三二頁で、戴の来粤は八月中旬と記してあるが、邵元沖著・王仰清・許映湖標注『邵元沖日記』四〇頁で、八月一〇日に上海から広州に来たばかりの戴は邵宅を訪れたと記している。ここでは後者に従う。

(28)戴季陶「致蒋介石先生書」九八三頁、李雲漢「戴季陶」三三頁。

(29)白永瑞「戴季陶の国民革命論の構造的分析」第一一号、一〇～一一頁。一回三中全会の会場が途中で北京から広州に移ったことは、北京派と広州派の権力闘争の表われである。また、監察委員の鄧沢如が中執委に書簡を送り、政治委員会が少数により運営され、政府改組が宣布された経緯を弾劾したこともその一例である。

(30)戴季陶「致蒋介石先生書」九八三頁。

(31)白永瑞「戴季陶の国民革命論の構造的分析」第一一号、一一頁。

(32)戴季陶「重刊序言」『国民革命与中国国民党』（中央政治会議武漢分会、一九二八年）、二頁。この書の出版地・出版社・出版年は以下のとおりである。出版地・出版社不明、一九二七年。武漢、中央政治会議武漢分会、一九二八年。上海、大東書局、一九二九年。陝西、中国文化服務社陝西分社、一九三九年。重慶、中国文化服務社、一九四一年。

(33)戴季陶「致呉陳梁三先生書」一九四四年六月七日、陳天錫編『戴季陶先生文存』第三巻、一一二〇頁。

(34) 邵元沖「読『国民革命与中国国民党』書後」、戴季陶『国民革命与中国国民党』の末尾、七二頁。
(35) 陳独秀・瞿秋白の戴季陶批判について、緒形康は『危機のディスクール——中国革命一九二六~一九二九』(新評論、一九九五年)、三二~三六頁で鋭く分析している。
(36) 陳天錫編『戴季陶先生文存』三続編、一六七頁。
(37) 李雲漢『従容共到清党』三七四頁。
(38) 戴季陶「国民党中反動劇之一幕」一九二五年一一月、「対鄧演達報告的声明」一九二六年一月二二日、陳天錫編『戴季陶先生文存』第三巻、九七五~九七八、九八六頁。
(39) 戴季陶「解除職責電宣言」一九二五年一二月一三日、陳天錫編『戴季陶先生文存』第三巻、九七八~九七九頁。戴季陶「致蒋介石先生書」九八〇~九八六頁。
(40) 「査弁西山会議派」中国第二歴史档案館所蔵、一九—一一〇。
(41) 戴季陶「覆中央執行委員会因病不能赴粤請予解除一切職務函」一九二六年一月一二日、陳天錫編『戴季陶先生文存』三続編、一六八頁。
(42) 戴季陶「呈中央執監委員会対二全大会処分西山会議関係諸同志失其公平請停止執行文」一九二六年一月二七日、陳天錫編『戴季陶先生文存』三続編、一六八頁。
(43) 一九二六年五月一五日から開催された二期二中全会で、蒋介石の主導権が確立された。蒋は張静江を党の主席(中央執行委員会常務委員会主席)に就任させた。北村稔『第一次国共合作の研究』(岩波書店、一九九八年)、一〇二頁。また、『陳公博・周佛海回憶録合編』(春秋出版社、一九六七年)、六四~六七頁によると、一九二六年四月末、ボロディンは張静江を執行委員会の主席に推薦したいと陳公博に話した。
(44) 白永瑞「戴季陶の国民革命論の構造的分析」第一一号、一七頁、北村稔「広東国民政府における政治抗争と蒋介石の抬頭」『史林』第六八巻第六号(一九八五年一一月)。
(45) 戴季陶「呈国民政府陳明関於中山大学組織上之意見文」一九二六年九、一〇月間、陳天錫編『戴季陶先生文存』第二巻、六一三~六一四頁。戴季陶「上中央執行委員会請準解除中山大学校長一職並陳明大学行政組織委員制較校長制便利呈」一九二六年九月三〇日、陳天錫編『戴季陶先生文存』続編(中国国民党中央委員会党史史料編纂委員会、一九六七年)、一九三頁。
(46) 白永瑞「戴季陶の国民革命論の構造的分析」第一一号、一八頁。
(47) 「国立中山大学委員会佈告」一九二六年一〇月一七日、陳天錫編『戴季陶先生文存』第二巻、六一五頁。

(48) 戴季陶「青年之路」一九二七年一二月初版、『革命先烈先進闡揚国父思想論文集』第三冊(中華民国各界紀念国父百年誕辰籌備委員会、一九六五年)、一九八〇頁。
(49) 范小方・包東波・李娟麗『国民党理論家戴季陶』一八九頁。
(50) 同前、一九九〜二〇二頁。
(51) 兪辛焞『孫中山与日本関係研究』(人民出版社、一九九六年)、五七八〜五七九頁。
(52) 「北上宣言」『孫文全集』第一一巻(中華書局、一九八六年)、二九四〜二九八頁。
(53) 「在上海招待新聞記者的演説」前掲『孫文全集』第一一巻、三三一、三三四頁、「在長崎対中国留日学生代表的演説」同、三六八頁。
(54) 「在神戸与日本新聞記者的談話」前掲『孫文全集』第一一巻、三七二頁。
(55) 戴季陶「致蒋介石先生書」九八三頁。
(56) 「致李烈鈞電」『孫中山全集』第一一巻(中華書局、一九八六年)一〇八頁。李は一一月一七日に上海に戻り、孫に訪日の結果を報告し、後に孫と同行してふたたび来日した。兪辛焞『孫文の革命運動と日本』(六興出版、一九八九年)、三五七、三六〇頁。
(57) 兪辛焞『孫文の革命運動と日本』三五七頁。
(58) 段雲章『孫文与日本史事編年』(広東人民出版社、一九九六年)、六五三頁、兪辛焞『孫文の革命運動と日本』三六一〜三六三頁。
(59) 段雲章編著『孫文与日本史事編年』六五三〜六五四頁。
(60) 同前、六五七、六五九頁。人名の詳細は、同書六七七〜六八〇頁を参照。
(61) 戴季陶「題　国父最後演講留影」一九四八年、陳天錫編『戴季陶先生文存』第四巻、一四七九頁。
(62) 兪辛焞『孫中山宋慶齢与梅屋庄吉夫婦』(中華書局、一九九一年)、一〇一頁。
(63) 戴季陶「日本の東洋政策に就いて」『改造』(一九二五年三月号)、一二一〜一二二頁。
(64) 戴季陶「致蒋介石先生書」九八三頁。
(65) 段雲章編著『孫文与日本史事編年』六八七頁。
(66) 戴季陶「総理孫中山先生与台湾」一九二七年広州中山大学対台湾青年革命団講詞、范小方・包東波・李娟麗『国民党理論家戴季陶』一六五頁より転引。
(67) 陳天錫『戴季陶先生編年伝記』六五頁。
(68) 「国民政府の対日方針」『東京朝日新聞』一九二七年一月二七日、「戴天仇氏を迎へて」『東京朝日新聞』一九二七年二月二六日。
(69) 「南方支那の使節」『東京朝日新聞』一九二七年二月二七日。

(70)「国民党の使として乗り込んだ戴天仇氏」『大阪朝日新聞』一九二七年二月一八日。
(71)「わが『朝日』を通して」『大阪朝日新聞』一九二七年二月一八日。
(72)「支那国民党と赤露を同視すな」『大阪毎日新聞』一九二七年二月一八日。
(73)「南方国民党の大立物戴天仇氏今朝紅丸で来神す」『神戸又新日報』一九二七年二月一三日。
(74)「日支両国を精神的に結びたい」『神戸又新日報』一九二七年二月二六日。
(75)「支那留学生に警官が暴行を加ふ」『大阪毎日新聞』一九二七年二月二六日。
(76)「先づ外務省を訪ふ」『大阪毎日新聞』一九二七年二月二七日。二月二七日旭館に移った。陳以一編『戴季陶先生赴日講演録・別名東亜之東』（中華書局、一九二七年）、五〇頁。
(77)「来訪の使命は単純日支親善の促進に」『東京朝日新聞』一九二七年二月二六日。
(78)前掲「先づ外務省を訪ふ」。
(79)「衆議院各派の戴氏請待」『大阪朝日新聞』一九二七年三月二日。
(80)「民間有志の戴氏歓迎会」『東京日日新聞』一九二七年三月一八日。
(81)「革命政府援助に、久原氏二百五十万圓を投げ出す」『読売新聞』一九二七年三月一九日。
(82)戴季陶「闢謡通電」時希聖編『戴季陶言行録』（広益書局、一九二九年）、八一頁。
(83)陳以一編『東亜之東』四九頁。
(84)「戴天仇氏の迷惑」『読売新聞』一九二七年三月二〇日。
(85)戴季陶「記民国十六年使日時事略」一九四五年初冬、陳天錫編『戴季陶先生文存』第四巻、一四三九頁。
(86)陳以一編『東亜之東』五一頁。
(87)「戴季陶離日帰国」『民国日報』一九二七年三月二三日。
(88)「戴季陶在大阪演辞」『民国日報』一九二七年四月二八日。
(89)「支那の自由と独立は世界平和の基礎」『大阪朝日新聞』一九二七年三月二七日。
(90)「戴季陶在大阪演辞」『民国日報』一九二七年四月二八日。
(91)戴季陶「記民国十六年使日時事略」一四三九頁。戴季陶「題民国十六年使日事竣告別書」一九四五年初冬、陳天錫編『戴季陶先生文存』第四巻、一四四〇頁。陳天錫『戴季陶先生編年伝記』八三頁では、講演の回数は六四回と記している。
(92)陳天錫『戴季陶先生編年伝記』八三頁。

(93) 戴季陶「記日本佐分利事」一九四七年四月、陳天錫編『戴季陶先生文存』第四巻、一四五八頁。
(94) 「戴季陶之談話」『民国日報』一九二七年四月三日。
(95) 森永優子「近代中国の対日観——戴季陶の『日本論』と戴季陶主義に関する一考察」『史観』第九三冊(一九七六年)、五一～五二頁。
(96) 戴季陶『国民革命与中国国民党』二、五～六、二八～三〇、三八、五一、六九頁。
(97) 戴季陶『孫文主義之哲学的基礎』(民智書局、一九二五年)、七～八、一〇、一一頁。
(98) 戴は「支那を救ふは国家主義(一)——帝王の教」『大阪毎日新聞』(一九二四年一二月二八日)において、孫の三民主義は欧州の近代政治思潮より生まれたと思われているが、「その思想の根帯をなすものに孔子の思想あり、しかも直系」であり、一〇年前から孫が中国の国学を研究し、日本亡命時に「孔子と全生命的に共鳴せられた」と語っている。戴の孫文思想に対する独自の解釈は、孫の生前にすでに始まっているのである。このことは、嵯峨隆氏も指摘している。嵯峨「国民革命時期における戴季陶の対外観について」『近きに在りて』第三三号(一九九八年五月)、二六頁。
(99) 戴季陶『孫文主義之哲学的基礎』一〇、四三～四四頁。
(100) 戴季陶『孫文主義之哲学的基礎』一四～一五、一七頁。
(101) 緒形『危機のディスクール』三〇頁。
(102) 戴季陶「孫文主義之哲学的基礎」一七～一八頁。
(103) 同前、一八～一九、二六、三九～四〇頁。
(104) 戴季陶『国民革命与中国国民党』五二、五五、五七頁。
(105) 戴季陶「青年之路」一九〇二、一九一一頁。
(106) 戴季陶『国民革命与中国国民党』五四頁。
(107) 戴季陶「青年之路」一九〇六、一九一二頁。
(108) 戴季陶『国民革命与中国国民党』五二～五四頁。
(109) 以上のような戴季陶主義について、緒形康氏が鋭い指摘を行なっている。すなわち、戴季陶主義は二面性を持っている。ひとつは「孔孟」と「孫文」を架橋し、「社会的なもの」によって「政治的なもの」を決定する。いまひとつは、粛清装置が「純正」化された政治によって社会構造を透明なものへと改造しようとする。つまり、「政治的なもの」がふたたび「社会的なもの」より優位に置かれるのである。したがって戴季陶主義はきわめて復古的・反動的に見える(社会の優位)。しかし他方で、それは徹頭徹尾、近代的である（政治の優位）。三民主義や毛沢東主義以上に破壊的であったために、共産党のイデオロギー担当者たちをそれほど震撼させたのである。緒形『危機のディスクール』三一～三二頁。

(110) 戴季陶「中国国民革命の意義」『事業之日本』第六巻第四号（一九二七年四月）、一〇頁。

(111) 「戴季陶対時局之談話」『民国日報』一九二五年七月三一日。

(112) 戴季陶「中国独立運動的基点」（民智書局、広州、一九二五年）、五頁。

(113) 「戴季陶対時局之談話」『民国日報』一九二五年七月三一日。

(114) 白永瑞「戴季陶の国民革命論の構造的分析」『孫文研究』第一一号（一九九〇年一二月）、二九頁。

(115) 前掲「戴季陶対時局之談話」。

(116) 福田徳三・戴季陶・後藤新平「日・支・露問題討議」『改造』第九巻四号（一九二七年四月）、一九～二〇頁。

(117) 戴季陶『国民革命与中国国民党』六三頁。

(118) 李朝津「戴季陶対日観的変遷」胡春恵主編『「近代中国与亜洲」学術討論会論文集』上（香港珠海書院亜洲研究中心、一九九五年）、三四一頁。

(119) 戴季陶『国民革命与中国国民党』六三頁。

(120) 「戴季陶君関於民族国際的談話」『民国日報』一九二五年九月二日。

(121) 前掲「戴季陶対時局之談話」。

(122) 前掲「戴季陶君関於民族国際的談話」。

(123) 同前。

(124) 嵯峨「国民革命時期における戴季陶の対外観について」二八～二九頁。

(125) 前掲「戴季陶対時局之談話」。

(126) 栃木利夫・坂野良吉『中国国民革命——戦間期東アジアの地殻変動』（法政大学出版局、一九九七年）、二頁、一〇頁。「済南日軍惨無人道」『申報』一九二八年五月五日。

(127) 参謀本部編『昭和三年支那事変出兵史』九九九頁。栃木・坂野『中国国民革命』七～八頁より転引。

(128) 「中枢対日態度」『申報』一九二八年五月六日。

(129) 「国府臨時緊急会議」『申報』一九二八年五月六日。

(130) 「五三惨案之意見」『申報』一九二八年五月七日。

(131)「武漢民衆反日運動続誌」『申報』一九二八年五月二日。
(132)「昨日五五紀念」『申報』一九二八年五月六日。
(133)「対日暴擧之憤慨」『申報』一九二八年五月六日。
(134)「対日交渉多主強硬」『申報』一九二八年五月一〇日。
(135)前掲「対日暴擧之憤慨」。前掲「昨日五五紀念」。
(136)前掲「昨日五五紀念」。
(137)「武漢各界反日之激厲」『申報』一九二八年五月一二日。
(138)日本外務省編『日本外交年表竝主要文書』下（日本国際連合協会、一九五五年）、六一頁。
(139)兪辛焞『孫文の革命運動と日本』三三三～三三四頁。
(140)「関于建立反帝聯合戦線宣言」前掲『孫中山全集』第九巻、二三～二四頁。
(141)「三民主義」第五講、前掲『孫中山全集』第九巻、二三三頁。
(142)「対神戸商業会議所等団体的演説」前掲『孫中山全集』第一一巻、四〇一～四〇三頁。
(143)「与長崎新聞記者的談話」前掲『孫中山全集』第一一巻、三六五頁。
(144)「与日本記者的談話」前掲『孫中山全集』第一一巻、三六〇頁。
(145)「在神戸与日本新聞記者的談話」前掲『孫中山全集』第一一巻、三七五～三七六頁。
(146)嵯峨隆「戴季陶による『大アジア主義』の継承と展開」（慶應義塾大学法学部編、創立一五〇周年記念法学部論文集『慶應の政治学　地域研究』慶應義塾大学法学部刊、二〇〇八年）は、戴季陶による孫文「大アジア主義」講演の解釈について戴季陶主義および「民族国際」思想と関連づけて詳細に論じている。
(147)「対神戸商業会議所等団体的演説」前掲『孫中山全集』第一一巻、四〇五、四〇七、四〇九頁。
(148)「与日本某訪員的談話」前掲『孫中山全集』第一一巻、四六六頁。
(149)前掲「対神戸商業会議所等団体的演説」四〇五、四〇七、四〇九頁。
(150)兪辛焞『孫中山与日本関係研究』二八五～二八六頁。
(151)「与高木的談話」前掲『孫中山全集』第一一巻、三九二～三九三頁。
(152)以下、引用頁は、戴季陶『日本論』（民智書局、一九二八年再版）による。訳文は戴季陶（市川宏訳・竹内好解説）『日本論』（社会思想社、一九七二年）から引用した。ただし若干の修正を加えた。

(153) 李朝津「戴季陶対日観的変遷」三三八頁。

(154) 竹内好は戴のいう武力について、武は力のことであり、力は信仰にもとづくものであると理解している。竹内好「戴季陶の『日本論』」戴季陶（市川宏訳・竹内好解説）『日本論』二四四頁。

(155) この認識は、一九二五年に戴が日本国民に孟子の仁を中心とした国際政策、すなわち「大を以て小に仕える」ことを強く勧めたことにも表われている。戴季陶「日本の東洋政策に就いて」『改造』第七巻三月号（一九二五年三月）、一一三頁。

(156) 前掲「戴季陶対時局之談話」。

(157) 竹内「戴季陶の『日本論』」二三三頁。

(158) 「総政部反日出兵文電」『申報』一九二八年四月二九日。

第7章　「剿共」と「抗日」の狭間で

(1) 陳天錫『増訂戴季陶先生編年伝記』（陳天錫、一九六七年再版）、一〇一～一〇二頁。

(2) 范小方・包東波・李娟麗『国民党理論家戴季陶』（河南人民出版社、一九九二年）、二一四頁。戴季陶による考試制度の創立については、同書二一三～二二三頁が詳しい。また、陳天錫『増訂戴季陶先生編年伝記』はその過程を一年ごとに詳細に紹介している。その他には、鄧奇峰「創建考銓制度的功臣——戴伝賢先生」簡笙簧・侯坤宏編『戴季陶与現代中国』（国史館、一九八九年）、三七～四八頁、肖如平『国民政府考試院研究』（社会科学文献出版社、二〇〇八年）などがある。それゆえここでは贅述しないことにする。

(3) 陳天錫『増訂戴季陶先生編年伝記』一〇四頁。

(4) 范小方・包東波・李娟麗『国民党理論家戴季陶』二二三頁。

(5) 戴季陶「中山大学法科的建設講詞」一九三〇年一月、陳天錫編『戴季陶先生文存』第二巻（中国国民党中央委員会、一九五九年）、六五〇頁。

(6) 范小方・包東波・李娟麗『国民党理論家戴季陶』二四六頁。

(7) 謝振民『中華民国立法史』（南京正中書局、一九三七年）、二六五頁、陳天錫『増訂戴季陶先生編年伝記』一〇三頁。

(8) 陳天錫『増訂戴季陶先生編年伝記』一〇〇～一〇二頁、范小方・包東波・李娟麗『国民党理論家戴季陶』二一一～二一二頁。

(9) 范小六・包東波・李娟麗『国民党理論家戴季陶』二四六～二四七頁。

(10) 「中国国民党中央執行委員会第一六〇次常務会議（臨時会）記録」羅家倫主編『革命文献』第三五輯（中央文物供応社、一九八四年、影印再版）、七八五六～七八五七頁。

(11)「日本軍の即時撤兵を要求する戴天仇の談話について」一九三一年九月二〇日、外務省編『日本外交文書　満洲事変』第一巻第二冊（一九七七年）、三〇四頁、嵯峨隆『戴季陶の対日観と中国革命』（東方書店、二〇〇三年）、一一八頁。

(12)「中国国民党中央執行委員会為日軍侵華対各級党部訓令」、「中央嘱王寵恵林森等向国際宣告日軍侵華電」羅家倫主編『革命文献』第三五輯、七八五八～七八五九頁。

(13) 范小方・包東波・李娟麗『国民党理論家戴季陶』二三六頁。

(14) 戴季陶「題民国二十年外交三文件」一九四二年冬、陳天錫編『戴季陶先生文存』第一巻、三八〇～三八一頁。

(15)「戴伝賢在特種外交委員会対日交渉弁法報告」一九三一年一〇月二一日、羅家倫主編『革命文献』第三五輯、七八八七頁。

(16) 范小方・包東波・李娟麗『国民党理論家戴季陶』二三九頁。

(17) 戴季陶「復駐日蒋公使書」一九三四年一一月一日、九日、陳天錫編『戴季陶先生文存』第四巻、一五三九、一五四〇頁。

(18) 戴季陶「致駐日蒋公使書」一九三四年九月二〇日、陳天錫編『戴季陶先生文存』第四巻、一五三三～一五三五頁。

(19) 戴季陶「新亜細亜学会綱領」一九三三年一二月一五日、陳天錫編『戴季陶先生文存』第三巻、九三〇頁。

(20) 王更生「戴伝賢先生的徳業与事功」『近代中国』第六八期（一九八八年一二月）、一三六頁。

(21) 徐鰲潤「戴伝賢対『民族国際』的推行与貢献」『中華民国史専題論文集』（国史館、一九九二年）、二七〇頁以下。

(22) 戴季陶「覆中央党部秘書処電」一九三二年四月二九日、陳天錫編『戴季陶先生文存』第二巻、五三五頁。陳子堅「戴季陶『訓話』挨打記」『山西文史資料』第四巻第九期（一九八一年）、一五三頁。

(23) 范小方・包東波・李娟麗『国民党理論家戴季陶』二四二～二四五頁、陳天錫『増訂戴季陶先生編年伝記』一三二頁。

(24) 戴季陶「致陝西省政府南秘書長書」一九三二年五月一五日、陳天錫編『戴季陶先生文存』第一巻、二一頁。

(25) 戴季陶「中国国民党第五次全国代表大会宣言」一九三五年一一月二三日、「中国国民党党員守則前文」一九三五年一一月一八日、陳天錫編『戴季陶先生文存』第三巻、一〇四六～一〇五八頁。

(26) 王維礼「抗日戦争中的国共関係与中国政治前途論綱」張憲文主編『民国研究』第三輯（南京大学出版社、一九九六年）、一三八頁。蒋の連ソ制日方針の制定について、李義彬「南京国民政府的聯蘇制日方針」『歴史研究』（一九九一年第一期）、六三～七九頁が詳細に述べている。

(27) 詳細は黎潔華・虞葦『戴季陶伝』（広東人民出版社、二〇〇三年）、二八一～二九二頁、范小方・包東波・李娟麗『国民党理論家戴季陶』二五八～二六五頁、を参照。

(28) 一九三八年一二月に娘と、一九四二年五月に鈕夫人とやっと重慶で再会できたが、四カ月後に夫人と死別し、一九四四年一月二七

日に趙文淑と再婚した。范小方・包東波・李娟麗『国民党理論家戴季陶』二六六〜二六七、二八〇〜二八一、二八三頁。
(29) 戴季陶「告成都童子軍全体兄弟姉妹書」一九四五年一〇月一二日、陳天錫編『戴季陶先生文存』第二巻、八六七〜八六八頁。
(30) 戴季陶「致中央党部葉陳朱三先生書」一九四一年、陳天錫編『戴季陶先生文存』第一巻、三七八頁。ただし、『皇族画譜』について、現在確認できていない。
(31) 陳天錫『増訂戴季陶先生編年伝記』三四六頁。
(32) 戴季陶「三事偈」一九四六年六月、陳天錫編『戴季陶先生文存』第四巻、一四五〇頁。
(33) 戴季陶「致向議長書」一九四四年一二月一二日、陳天錫編『戴季陶先生文存』第一巻、三三二頁。
(34) 范小方・包東波・李娟麗『国民党理論家戴季陶』二八四頁。
(35) 鄭彦棻「戴季陶先生逝世前後」『伝記文学』第三九巻第二期、一九八一年八月、四五〜四六頁。范小方・包東波・李娟麗『国民党理論家戴季陶』三一五頁。
(36) 范小方・包東波・李娟麗『国民党理論家戴季陶』三一六頁、陳天錫『増訂戴季陶先生編年伝記』四一〇頁。
(37) 竇応泰『蔣緯国其人』吉林人民出版社、一九九八年、一三六、一五三〜一五七頁。
(38) 汪士淳『千山独行——蔣緯国的人生之旅』(天下文化出版股份有限公司、一九九六年)、一二二頁。
(39) 前掲「戴伝賢在特種外交委員会対日交渉弁法報告」七八八六〜七八八九頁。
(40) 「戴伝賢任特種外交委員会委員長時上中央政治会議報告」一九三一年一一月、羅家倫主編『革命文献』第三五輯、七八九三〜七八九五頁。
(41) 戴季陶「抵抗暴日是為全世界人類之公理而奮闘」一九三二年四月一二日、羅家倫主編『革命文献』第三五輯、八四一九〜八四二〇頁。
(42) 嵯峨『戴季陶の対日観と中国革命』一一九頁。
(43) 王維礼「抗日戦争中的国共関係与中国政治前途論綱」一三七頁。
(44) 戴季陶「中日俄三民族之関係」一九三〇年一〇月一〇日、陳天錫編『戴季陶先生文存』第一巻、三七二頁。
(45) 蔣介石著・毎日新聞外信部訳『中国のなかのソ連』(毎日新聞社、一九五七年)を参照。家近亮子「蔣介石の外交戦略と日本——『安内攘外』から『以徳報怨』まで」『近きに在りて』第三三号(一九九八年五月)、一三頁。
(46) 朱漢国主編『南京国民政府紀実』(安徽人民出版社、一九九三年)、二二五頁。
(47) 戴季陶「民国明日的希望」一九三一年一二月一四日、『中央党務月刊』第四一期(一九三一年一二月)、二二七頁。

(48) 戴季陶「救国于危亡憂患中」『中央日報』一九三三年五月九日。
(49) 戴季陶「先烈朱執信先生殉国紀念大会」一九三一年九月二一日、『中央党務月刊』第三八期（一九三一年九月）、三五五頁。
(50) 「切実水災救済　国府特設水災委会」『中央日報』一九三一年八月一五日、「国府救済経過」『中央日報』一九三一年八月二〇日。
(51) 「我国当選国連非常任理事国」『中央日報』一九三一年九月一八日、「国連議決救済華災」『中央日報』一九三一年九月一八日。
(52) 家近「蔣介石の外交戦略と日本」六頁。
(53) 戴季陶「抵抗暴日是為全世界人類之公理而奮闘」八四二〇頁。
(54) 戴季陶「民国明日的希望」二二八頁。
(55) 戴季陶「題民国二十年外交三文件」三八〇〜三八一頁。
(56) 蔣介石「東北問題与対日方針」一九三二年一月一一日、羅家倫主編『革命文献』第三五輯、七九五九、七九六二〜七九六三頁。
(57) 蔣永敬「『九一八』事変中国方面的反応」『新時代』第五巻第一二期（一九六五年一二月）、三四頁。
(58) 戴季陶「抗敵救国的要点」『中央日報』一九三七年八月七日。
(59) T. V. Soong Papers, Hoover Institution Archives, Box No. 42,5. Accession No. 73004-8M. 31. この資料は楊天石氏から提供を受けた後、筆者も現地で現物を確認した。
(60) 戴季陶「世界戦争与中国——為太平洋社訳『世界戦争与中国』作的序」『建設』第二巻第一号（一九二〇年一月一五日）、唐文権・桑兵編『戴季陶集』（華中師範大学出版社、一九九〇年）、一一一三頁。
(61) 戴季陶「遊日紀要序」一九三三年二月、陳天錫編『戴季陶先生文存』第四巻、一三六一頁。
(62) 戴季陶「致駐日蔣公使書」一五三四〜一五三五頁。
(63) 蔣復璁「戴季陶先生八旬誕辰紀念献辞」『伝記文学』第一八巻第二期（一九七一年二月）、二九頁。
(64) 戴季陶「東北血痕序」一九三二年四月、陳天錫編『戴季陶先生文存』第四巻、一三五三頁。
(65) 戴季陶「南遊雑詩」一九四〇年一一月、陳天錫編『戴季陶先生文存』第四巻、一四〇九頁。日本語訳は、「座談会——戴季陶『日本論』をめぐって」戴季陶（市川宏訳・竹内好解説）『日本論』（社会思想社、一九七二年）、二一〇頁を参照した。
(66) 戴季陶「抗敵救国的要点」。
(67) 「戴伝賢講尽職救国」『中央日報』一九三一年一一月二四日。
(68) 「戴院長在国府報告救国唯一的途徑」『中央日報』一九三三年三月七日、戴季陶「救国于危亡憂患中」。王仁（生没年不詳）は記紀に記述される百済から日本に渡来し、漢字と儒教を伝えたとされる人物。

(69) 戴季陶「中日俄三民族之関係」三七二頁。
(70) 顧維鈞の回想によると、満洲事変勃発後、日本との直接交渉という顧の意見に戴は最初賛成したが、当時中国で活躍していた国際連盟衛生局主任のルドウィク・ライヒマンが日本との直接交渉を拒絶し、国際連盟理事会に任せるべきだという彼の主張が蒋介石を動かし、国民政府の対日方針として採用されたという。顧維鈞著・中国社会科学院近代史研究所訳『顧維鈞回憶録』第一分冊(中華書局、一九八三年)、四一七~四一八頁。しかし、現存する資料から見ると、戴は直接交渉を否定している。「戴伝賢為述中央外交方針覆某君電」羅家倫主編『革命文献』第三五輯、七九四四頁。賀淵氏も同じことを指摘している。「戴季陶的日本観(一九一〇~一九三一)」梅屋庄吉関係資料研究会編『近代日中関係研究の課題と方法——梅屋庄吉とその時代』(報告集、一九九九年)、四四頁。

終　章　戴季陶の日本観の変遷

(1) 戴季陶「自警」一九三九年四月三日、陳天錫編『戴季陶先生文存』第四巻(中国国民党中央委員会、一九五九年)、一四〇三頁。

あとがき

　本書は、筆者が東京大学大学院総合文化研究科地域文化研究専攻に提出し、二〇〇二年三月に博士学位を授与された学位請求論文「戴季陶の日本観の研究」に加筆・修正したものである。学位論文審査委員を引き受けてくださった村田雄二郎先生、故並木頼寿先生、黒住真先生、酒井哲哉先生、そして審査委員会に加わっていただいた久保田文次先生（日本女子大学名誉教授）に、謝意を表したい。先生方からいただいた貴重なコメントは、出版に際して最大限に活かすよう努めたつもりである。

　また、博士論文の提出直前に、久保田文次先生および小島淑男先生（日本大学名誉教授）、藤井昇三先生（電通大学名誉教授）には、半日にわたって論文の内容をお聞きいただき、たいへん貴重なコメントを頂戴した。心より謝意を表したい。

　史料を収集するとともに戴季陶の生涯を明らかにするため、私は彼の足跡を可能な限りたどった。成都、重慶、宜昌、武漢、上海、北京、大連、広州、香港、長崎、神戸、大阪、京都、横浜、東京、ペナン、シンガポールなど、いたるところで戴季陶の面影を想像してみた。

本書の各章は第六章を除き、すでに個別に発表したものである。その初出は以下のとおりだが、本書への収録にあたって、いずれも加筆・修正を行なった。

第一章「戴季陶の日本留学」『中国研究月報』第六三巻第七号〔総第七三七号〕（二〇〇九年七月）および、「留日時期的戴季陶」『江海学刊』二〇一〇年第二期（二〇一〇年四月）。

第二章「辛亥革命期における戴季陶の日本認識（一九〇九〜一九一二年）」『中国研究月報』第五二巻第一二号〔総第六一〇号〕（一九九八年一二月）。

第三章「討袁運動期における戴季陶の日本認識（一九一三〜一九一六年）」『近きに在りて』第三六号（一九九九年一二月）。

第四章「護法運動期における戴季陶の日本観（一九一七〜一九一八年）」『歴史学研究』第八一一号（二〇〇六年二月）。

第五章「五・四運動期における戴季陶の日本観」『中国研究月報』第六四巻第九号〔総第七五一号〕（二〇一〇年九月）。

第七章「日中戦争期の戴季陶と日本」『和光大学表現学部紀要』一〇号（二〇〇九年度）

今日まで研究を続けるうえで、私は多くの方々からご支援をいただいた。東京外国語大学日本語学科に在学中の指導教官であった野本京子先生、大学院博士前期課程の指導教官で元学長の中嶋嶺雄先生、そして佐藤公彦先生、有田和夫先生から大いにご教示をいただいた。博士後期課程は東京大学大学院総合文化研究科地域文化研究専攻に所属し、指導教官は村田雄二郎先生であった。村田先生はご自身が戴季陶を研究されたこともあり、私の研究に対して終始ご理解やご支持をいただいた。私の博士論文は、まさに先生のご指導や激励があってこそ完成できたものであり、感謝の気持ちをとうてい言葉で表わすことは不可能である。先生の学恩には、これからの研究を通じて応えていきたい。故並木頼寿先生は、いつも仏様のように微笑みながら私の発表を聞いてくださり、温かい助言をいただいた。黒住真先生、三谷博先生などのゼミにも出席し、活発な議論から多くの教示を受けた。

学外では、辛亥革命研究会の故野沢豊先生（元駿河台大学）、藤井昇三先生、故中村義先生（東京学芸大学）、久保田文次先生、小島淑男先生、高綱博文先生（日本大学）、家近亮子先生（敬愛大学）、松重充浩先生（日本大学）、中国現代史研究会（東京）では姫田光義先生、久保亨先生（信州大学）、高田幸男先生（明治大学）など、多くの方々からご教示をいただいた。中国大陸においては、中山大学の段雲章先生、桑兵先生、北京大学の王暁秋先生、清華大学の劉桂生先生、董士偉先生、中国社会科学院近代史研究所の張海鵬先生、楊天石先生、南京大学の張憲文先生、浙江大学の陳紅民先生、中国第二歴史档案館の万仁元前館長、そして台湾の中央研究院近代史研究所の黄福慶先生、呂芳上先生、張啓雄先生、黄自進先生など、多くの方々にお世話になった。

このほか、大学学部時代には三菱信託銀行奨学財団、博士前期課程では樫山奨学財団の奨学金をいただき、博士後期課程では日本学術振興会特別研究員となったお陰で、勉学に励むことができた。また城石武氏には長年来、私の留学生活を温かく見守っていただいた。吉崎操氏、金田登紀子氏には、出版にあたってご理解とご支持をいただいた。このような多くの方々のご好意に対して、心より感謝を申し上げたい。

そして、本書の出版は、村田雄二郎先生、飯島渉先生（青山学院大学）を介して、法政大学出版局の勝康裕氏をご紹介いただいたことに始まる。昨今の困難な出版事情のなかで、勝氏は多大な心血を注いでくださり、いかに読者の立場に立って本を書くべきかなど、多くのことをご教示いただいた。心より感謝を申し上げたい。また、本書は独立行政法人日本学術振興会平成二二年度科学研究費補助金（研究成果公開促進費）の交付により出版されることを記し、謝意を表したい。

私が日本留学の道を歩み、人生を大きく変えることができたのは、日本での身元保証人となってくださった、佐山喜作先生（元杉並区立大宮中学校教諭）のお蔭であることを特筆したい。後で知ったことだが、私が東京へ来た一九八八年は、まさに歴史上二度目の中国人の日本留学ブームの最中であった。最初の一年間は先生のお宅に住まわせていただいただけでなく、日本語のほか、英語、日本史、世界史、数学など、私費外国人留学生が日本の国立大学を受験する際に必要な科目を教えてくださり、一〇か月で東京外国語大学日本語学科に入学できたのは、何より先生のご指導のお陰であった。勉強することを渇望していた私が、教育者としての意欲に満ちた先生と二人三脚で目標に向かって頑張った日々は、一生忘れられない。そして伊佐子夫人、娘のたか子氏、なお子氏も、温かく応援してくださったことに、心より感謝を申し上げたい。関東、北陸、近畿、四国、九州、イギリス、イタリアなど、先生ご一家との旅行は、私の日本観の形成に大きな影響を与えた。

このような国境を越えた温かい人的交流を通じて、私は日中文化交流に関心を持つようになり、とくに中国人の日本留学を通じて、日中交流の素晴らしさを描きたいという願いが、卒業論文執筆の最初の動機となった。しかし、現代の留学生については不確定な部分が多く、学術的には扱いにくいので、まず歴史を遡って最初の中国人の日本留学ブームについて調べることにしたのが、私の歴史研究の始まりである。卒業論文「清末留日学生についての考察」では、一八九六年から一九一一年までの留日学生の文化活動を明らかにした。修士論文「清末民国期留日知識人の日本観」では、政治家である戴季陶、文学者である周作人、軍事思想家である蒋方震の、日本留学の経緯や留学生活および日本観を比較・分析した。そして、この三人のなかでもっとも興味深い日本論を著わした戴季陶に絞って、彼の帰国後の対日関係や日本観の変遷を検討したのが博士論文である。しかし、二〇〇三年に佐山先生が亡くなられたため、生前に本書を捧げることができなかったことは、何より残念である。この場を借りて、先生のご冥福をお祈りしたい。

以上にお名前をあげた以外にも、多くの方々にお世話になった。あわせてお礼を申し上げたい。しかしながら、もっとも私を支えてくれているのは、やはり身近な家族である。彼らの励ましや慰めがなければ、私は今日まで学問を続けることができなかったであろう。学問の世界へ案内してくれたのは、夫の深町英夫（中央大学）である。私の執筆する原稿にすべて目を通し、適切な助言を与えてくれただけでなく、研究の途上で私が感じる喜怒哀楽を、つねに冷静に温かく受けとめてくれた彼は、良き伴侶であり良き師でもある。また、北京にいる両親は長年来、私の最大の理解者であり支持者である。「父母在、不遠遊」の古訓を守れないことで自責する私を慰めてくれたのは両親であり、私は「遊必有方」たるよう自覚を促された。そして二人の娘は、日々の暮らしのなかで私の太陽であり、仕事に取り組む原動力となっている。それゆえ、父の張躍と母の王素清、おばの王素貞、義母の深町瑞枝、夫の深町英夫、長女の縁、次女の陽に、本書を捧げることにする。

二〇一一年一月六日　戴季陶生誕一二〇周年の記念日に

張　玉　萍

人名索引

[あ　行]
秋山真之　98, 205, 207, 245
板垣退助　201
犬養　毅　56, 75, 80, 98, 101, 107, 114
殷汝耕（インジョコウ）　80, 101, 131
上原勇作　106
梅屋庄吉　74, 81, 131, 155
于右任（ウユウジン）　50, 219
惲代英（ウンタイエイ）　168
江藤新平　201
袁世凱（エンセイガイ）　51, 75, 84, 85, 95, 96, 120
王寵恵（オウチョウケイ）　171, 219
汪兆銘（精衛）（オウチョウメイ・セイエイ）　37, 135, 166, 220
王用賓（オウヨウヒン）　42
大隈重信　56, 75, 201

[か　行]
カウツキー，カール（Kautsky, Karl）　128, 141, 142
筧　克彦　36, 38, 46, 150, 151, 196
桂　太郎　56, 74, 75, 187, 203, 205, 245
何天炯（カテンケイ）　74, 127
加藤高明　74, 99
萱野長知　31, 73, 80, 131, 174, 221
河上　清　114
木戸孝允　118
木村鋭市　178
許崇智（キョスウチ）　168
居正（キョセイ）　169, 170
金鋭新（キンエイシン）　39, 40
虞洽卿（グコウケイ）　131
瞿秋白（クシュウハク）　168
久原房之助　80, 179
胡漢民（コカンミン）　31, 37, 38, 108, 132, 135, 166, 170, 196, 219, 220
黄興（コウコウ）　80
孔子（コウシ）　20, 87, 197, 198, 215
幸徳秋水　69
康白情（コウハクジョウ）　143
後藤新平　74
小西三七　21
近衛篤麿　25
呉佩孚（ゴハイフ）　172

[さ　行]
西園寺公望　101
蔡元培（サイゲンバイ）　51
西郷隆盛　118, 201
堺　利彦　129
施存統（シゾントウ）　129
渋沢栄一　75, 101
謝健（シャケン）　31, 33, 39-41, 43
謝持（シャジ）　165, 169, 170
周恩来（シュウオンライ）　129
周作人（シュウサクジン）　22, 31
周佛海（シュウフツカイ）　130
朱家驊（シュカカ）　171
朱執信（シュシツシン）　108
蒋緯国（ショウイコク）　81, 226, 227
蒋介石（ショウカイセキ）　27, 29, 82, 130, 132, 161, 169, 170, 176, 180, 187, 219, 220, 223, 226, 227, 231, 233
邵元沖（ショウゲンチュウ）　168, 169, 219
蒋作賓（ショウサクヒン）　221
章宗祥（ショウソウショウ）　146, 147
肖楚女（ショウソジョ）　168
蒋方震（ショウホウシン）　22
邵力子（ショウリキシ）　219
沈定一（玄盧）（シンテイイツ・ゲン

ロ） 169, 170
鄒魯（スウロ） 169, 170
西太后（セイタイゴウ） 24
宋嘉樹（ソウカジュ） 74
宋教仁（ソウキョウジン） 31, 41, 51, 75
宋慶齢（ソウケイレイ） 174
曹錕（ソウコン） 172
宋子文（ソウシブン） 219, 224, 234, 235
曹汝霖（ソウジョリン） 146, 147
副島義一 75, 179
孫科（ソンカ） 166
孫文（ソンブン） 3, 22, 29, 38, 42, 51, 74, 75, 78-81, 101, 107, 108, 114, 126, 131-133, 139, 150, 155, 163, 166, 167, 172, 174, 176, 187, 193-195, 202, 205, 207, 223, 227, 243, 245, 248

[た 行]
戴季陶（伝賢，天仇，散紅生，戴良弼）（タイキトウ・デンケン・テンキュウ・サンコウセイ・タイリョウヒツ）
——「我的日本観」 131
——「最近之日本政局及其対華政策」 104
——自殺 134, 135, 171, 226
——主義 167-169, 171, 183, 247
——逝去 226, 227
——中国古典の学習 18, 19
——と考試院 218-220, 226
——と蔣緯国との関係 81-83, 226, 227
——と「天鐸報筆禍事件」 51
——と特種外交委員会 219, 220, 228, 235
——と仏教 134, 228, 247
——日本語の習得 29, 30, 31
——日本大学の退学 39, 40
——『日本論』 181, 196
——初恋 44
——法律の制定 133, 135, 136, 218
戴小軒（タイショウケン） 18
戴伝薪（タイデンシン） 18, 19
平 貞蔵 129
高畠素之 128, 129
財部 彪 179
田中義一 98, 101, 106, 195, 207, 245
段祺瑞（ダンキズイ） 106, 112, 114, 147, 172
譚平山（タンペイザン） 166
鈕有恒（チュウユウコウ） 83, 177
張学良（チョウガクリョウ）223
張勲（チョウクン） 98
張継（チョウケイ） 99, 100, 119, 135, 166, 169
張作霖（チョウサクリン） 172
張之洞（チョウシドウ） 23-25
張静江（チョウセイコウ） 108, 130, 132, 170
趙文淑（チョウブンシュク） 226
趙素昂（チョソアン） 42, 43
陳果夫（チンカフ） 132
陳其美（チンキビ） 78
陳炯明（チンケイメイ） 131, 133
陳公博（チンコウハク） 130, 187
陳天華（チンテンカ） 37
陳独秀（チンドクシュウ） 129, 130, 133, 137, 168
陳布雷（チンフライ） 219
陳望道（チンボウドウ） 129
丁惟汾（テイイフン） 219
程壁光（テイヘキコウ） 101, 107
出淵勝次 174, 178
寺内正毅 100, 104, 114, 119
寺尾 亨 36, 74, 80
唐継堯（トウケイギョウ） 99, 105, 148
唐紹儀（トウショウギ） 107, 148
頭山 満 74, 80, 101, 107, 179, 221
徳川光圀 204
戸水寛人 36
豊臣秀吉 115

[な 行]
中江藤樹 152
中村惕齋 152
西 徳二郎 25

［は　行］
ハインツルマン，P. S.（Heinzleman, P. S.）　100
林　権助　106
服部　操　20
原　敬　101, 148
馮玉祥（フウギョクショウ）　172
馮国璋（フウコクショウ）　111
藤田東湖　151
藤原惺窩　152
包恵僧（ホウケイソウ）　166
ボロディン，ミハイル（Borodin, Mikhail）　164, 187

［ま　行］
牧野伸顕　74, 101
益田　孝　75
松岡康毅　32
三上豊夷　131, 155
美濃部達吉　36, 80
宮崎寅蔵（滔天）　31, 74, 131, 149, 221
宮崎龍介　129, 138, 174, 181
本野一郎　101

［や　行］
矢野文雄　25
山鹿素行　151, 197, 204
山田顕義　32
山田純三郎　74, 78, 131, 174
山本権兵衛　74
山本條太郎　75
楊子鴻（ヨウシコウ）　33, 39
楊深秀（ヨウシンシュウ）23
楊枢（ヨウスウ）　25
葉楚傖（ヨウソソウ）　168, 170
吉田松陰　151
吉野作造　80
ヨッフェ，アドルフ（Joffe, Adolf）　162

［ら　行］
頼　山陽　151, 204
雷鉄崖（ライテツガイ）　51
ライヒマン，ルドウィク・J.（Rajchman, Ludwik J.）　296
ラッセル，バートランド（Russell, Bertrand）　139
リー，ホーマー（Lea, Homer）　63
陸栄廷（リクエイテイ）　99, 107, 148
陸宗輿（リクソウヨ）　147
李大釗（リタイショウ）　129
李端棻（リタンフン）　23
リープクネヒト，ヴィルヘルム（Liebknecht, Wilhelm）　128
李烈鈞（リレツキン）　80, 101, 173, 174
劉坤一（リュウコンイツ）　24
梁啓超（リョウケイチョウ）　146
廖仲愷（リョウチュウガイ）　108, 130
林森（リンシン）　169, 170, 219, 222
レーニン，ウラジーミル・I.（Lenin, Vladimir Ilitch）　144
魯迅（ロジン）　22, 137

［わ　行］
若槻礼次郎　179
王仁（ワニ）　237

事項索引

附録1　戴季陶の来日歴

第1回	1905年～1909年夏 東京に留学。
第2回	1911年春，2週間 「天鐸報筆禍事件」により，長崎へ亡命。
第3回	1913年2月13日～3月23日 実業振興，鉄道建設のために日本からの援助の獲得を希望した孫文は，中国革命の紹介，各地の工商トップと中国開発の実業計画の検討，旧友の訪問のために来日。戴は秘書兼通訳として同行。「宋案」より帰国。
第4回	1913年9月25日～1914年1月19日 第二革命の失敗により，日本亡命。1914年1月2日～9日，孫の命令で張継と大連へ帰国予定だったが，家族の来日のため長崎で折り返し東京へ。
第5回	1914年3月17日～1916年4月29日 第三革命の準備のため，日本亡命。
第6回	1916年7月6日～8月4日 孫に派遣され，孫の田中義一宛の手紙を持参して田中を訪問。
第7回	1917年2月27日～ 上海交易所設立のため，東京へ赴き，著名な株式仲買人と交渉した。後，完成。
第8回	1917年6月21日～数日間 孫に派遣され，張勳の復辟活動に対する日本側の態度を調査。秋山真之・田中義一・原敬・加藤高明らと会見。
第9回	1917年8月19日～9月15日 日本の段祺瑞援助の阻止，広東軍政府の支持を求めるため，孫に派遣され張継と訪日。寺内正毅・田中義一・原敬・西園寺公望・牧野伸顕らと会見。
第10回	1918年6月10日～6月23日 第一次護法運動失敗後，孫は日本に期待を寄せ，新局面の打開のために訪日。戴と胡漢民は同行，戴は秘書兼通訳。
第11回	1918年11月19日～12月2日 日本の世界情勢に対する態度を探るとともに，定期取引所設立準備のために来日。日本朝野の名士と会見。
第12回	1919年2月22日～

	孫に派遣され，日本事情を調査，日本の段支持の停止を要求。
第13回	1924 年 11 月 23 日～12 月 1 日 孫は北上議和のため，日本経由，「大亜細亜主義」を講演。戴は秘書兼通訳。
第14回	1927 年 2 月 17 日～ 3 月 30 日 蒋介石に派遣され，中国の国民革命に対する日本の理解・支持を求めるために訪日。武装侵略の反対，世界平和・中華民族の尊厳の護持を演説。

附録2　本書に関する史料（発表日付順）

Ⅰ　戴季陶の著作

1　辛亥革命期（1909〜1912年）

辛亥革命期から五・四運動期までのものは，基本的には桑兵・黄毅・唐文権合編『戴季陶辛亥文集』（中文大学出版社，1991年，以下『文集』と省略する）および唐文権・桑兵編『戴季陶集』（華中師範大学出版社，1990年）に収録されている。ただし，「＊」を付してあるものはそこに収録されていない。


「憲法綱要」『江蘇自治公報』第8〜15期連載，1909年12月2日〜1910年3月1日，『文集』上冊，1頁。

「短評」『中外日報』1910年8月5日，『文集』上冊，29頁。

「日韓合邦与中国之関係」『中外日報』1910年8月5日，『文集』上冊，30頁。

「併韓」『中外日報』1910年8月6日，『文集』上冊，35頁。

「『憲法大綱』私議」『中外日報』1910年8月7日，『文集』上冊，39頁。

「短評」『中外日報』1910年8月7日，『文集』上冊，47頁。

「九哭」『中外日報』1910年8月11〜22日，『文集』上冊，74頁。

「日本文学之鱗爪」『中外日報』1910年8月13日，『文集』上冊，82頁。

「短評両則」『中外日報』1910年8月20日，『文集』上冊，100頁。

「近世之国民活動」『中外日報』1910年8月21日，『文集』上冊，101頁。

「借款問題与財政経済」『天鐸報』1910年10月1〜3日，『文集』上冊，119頁。

「東亜陽秋」『天鐸報』1910年10月8日，『文集』上冊，133頁。

「東亜陽秋」『天鐸報』1910年10月11日，『文集』上冊，150頁。

「珠璣砂礫」『天鐸報』1910年10月13日，『文集』上冊，164頁。

「世界国民論」『民立報』1910年10月14〜16日，『文集』上冊，165頁。

「安重根墓」『天鐸報』1910年10月14日，『文集』上冊，171頁。

「珠璣砂礫」『天鐸報』1910年10月14日，『文集』上冊，173頁。

「珠璣砂礫」『天鐸報』1910年10月15日，『文集』上冊，174頁。

「珠璣砂礫」『天鐸報』1910年10月16日，『文集』上冊，175頁。

「日本人之気質」『天鐸報』1910年10月17〜20日，『文集』上冊，177頁。

「珠璣砂礫」『天鐸報』1910年10月18日，『文集』上冊，179頁。

「嗚呼無能国嗚呼無能国之民」『天鐸報』1910年10月18〜21日，『文集』上冊，180頁。

「珠璣砂礫」『天鐸報』1910年10月19日,『文集』上冊,183頁。

「中国之資本問題与労働問題」『民立報』1910年10月19～22日,『文集』上冊,184頁。

「珠璣砂礫」『天鐸報』1910年10月20日,『文集』上冊,189頁。

「珠璣砂礫」『天鐸報』1910年10月21日,『文集』上冊,190頁。

「珠璣砂礫」『天鐸報』1910年10月22日,『文集』上冊,224頁。

「鈕機蘭島之社会政策」『天鐸報』1910年10月22～26日,『文集』上冊,225頁。

「珠璣砂礫」『天鐸報』1910年10月24日,『文集』上冊,230頁。

「耳聞眼見」『天鐸報』1910年10月28日,『文集』上冊,235頁。

「珠璣砂礫」『天鐸報』1910年11月1日,『文集』上冊,237頁。

「嗚呼罪民」『天鐸報』1910年11月4日,『文集』上冊,242頁。

「嗚呼出版界之前途」『天鐸報』1910年11月7日,『文集』上冊,260頁。

「片片的日本文学観」『天鐸報』1910年11月7～8日,『文集』上冊,261頁。

「嗚呼同盟国哈哈同盟国」『天鐸報』1910年11月10日,『文集』上冊,263頁。

「社会之大不幸」『天鐸報』1910年11月12日,『文集』上冊,271頁。

「請足踏実地做人」『天鐸報』1910年11月16日,『文集』上冊,280頁。

「内国経済発展策」『天鐸報』1910年11月22～24日,『文集』上冊,286頁。

「大国民当学小国民」『天鐸報』1910年11月28日,『文集』上冊,313頁。

「病床呻吟録」(一)『天鐸報』1910年11月29日,『文集』上冊,319頁。

「哭笑集」(二)『天鐸報』1910年12月6日,『文集』上冊,333頁。

「駁『同志会宣言書』」(初刊名,二回目以後は「駁『同志会通知書』」と改名。)『天鐸報』1910年12月9～13日,『文集』上冊,345頁。

「日英関税問題之冷眼観」『天鐸報』1910年12月13日。*

「日人真小家子気」『天鐸報』1910年12月16日,『文集』上冊,370頁。

「珠璣砂礫」『天鐸報』1910年12月28日,『文集』上冊,403頁。

「哀国民」『天鐸報』1910年12月29～30日,『文集』上冊,404頁。

「武力救国論」『天鐸報』1911年1月1～3日,『文集』上冊,417頁。

「珠璣砂礫」『天鐸報』1911年1月7日,『文集』上冊,444頁。

「嗚呼腥風血雨之東三省」『天鐸報』1911年1月8日,『文集』上冊,447頁。

「自強即報復」『天鐸報』1911年1月10日,『文集』上冊,457頁。

「地方分治論」『天鐸報』1911年1月13～16日,『文集』上冊,468頁。

「法律及法官之腐敗」『天鐸報』1911年1月13・15・20日,『文集』上冊,474頁。

「珠璣砂礫」『天鐸報』1911年1月15日,『文集』上冊,481頁。

「哭庚戌」『天鐸報』1911年1月21～25日,『文集』上冊,495頁。

「俄人之中国政治観」『天鐸報』1911年1月22日,『文集』上冊,508頁。

「珠璣砂礫」『天鐸報』1911年1月22日,『文集』上冊,510頁。

「同盟嗚呼同盟」『天鐸報』1911年1月23日,『文集』上冊,511頁。

「無道国」『天鐸報』1911年2月2日,『文集』上冊,516頁。

「珠璣砂礫」『天鐸報』1911年2月5日,『文集』上冊,531頁。

「咄咄二重外交」『天鐸報』1911年2月7日,『文集』上冊,536頁。

「俄報之反間論」『天鐸報』1911年2月7～9日,『文集』上冊,541頁。

「徴兵与民兵」『天鐸報』1911年2月12〜13日，『文集』上冊，552頁。

「国防与民兵」『天鐸報』1911年3月2日，『文集』上冊，558頁。

「可憐中国之外交」『天鐸報』1911年3月2日，『文集』上冊，559頁。

「咄咄賊民民賊」『天鐸報』1911年3月3日，『文集』上冊，564頁。

「亡機与戦機」『天鐸報』1911年3月5日，『文集』上冊，573頁。

「排外与親外」『天鐸報』1911年3月12日，『文集』上冊，608頁。

「杜鵑声」『天鐸報』1911年3月12日，『文集』上冊，611頁。

「中俄交渉論——俄人之野心暴発　中国之土地喪失　亡国滅種之先兆」『天鐸報』1911年3月12・14日，『文集』上冊，612頁。

「哭告弱国之弱民」『天鐸報』1911年3月17日，『文集』上冊，630頁。

「可憐亡国人之口」『天鐸報』1911年3月17日，『文集』上冊，632頁。

「借款練兵策」『天鐸報』1911年3月19日，『文集』上冊，637頁。

「戦」『天鐸報』1911年3月20〜21日，『文集』上冊，643頁。

「日美風雲急」『天鐸報』1911年3月24日，『文集』上冊，661頁。

「日本海軍之新活動」『天鐸報』1911年4月9日，『文集』上冊，674頁。

「外交術」『天鐸報』1911年4月9日，『文集』上冊，677頁。

「此之謂英日同盟」『天鐸報』1911年4月10日，『文集』上冊，678頁。

「日英美之新条約観」『天鐸報』1911年4月15日，『文集』上冊，685頁。

「英美殺人器之威力」『天鐸報』1911年4月15日，『文集』上冊，687頁。

「珠璣砂礫」『天鐸報』1911年4月19日，『文集』上冊，690頁。

「致張静江先生書」1911年冬，陳天錫編『戴季陶先生文存』続編，中国国民党中央委員会党史史料編纂委員会，1967年（以下『文存』続編，と省略する），287頁。『文集』上冊，704頁。

「致張静江黄復生藍秀豪三先生書」1911年冬，『文存』続編，287頁；『文集』上冊，705頁。

「天仇叢話」『民権報』1912年4月1・7・28日，『文集』下冊，729頁。

「拓殖論」『民権報』1912年4月12日，『文集』下冊，763頁。

「海軍世界——観人観我，慚愧慚愧」『民権報』1912年4月16日，『文集』下冊，773頁。

「海外天府論」『民権報』1912年4月19日〜5月17日，『文集』下冊，784頁。

「新国承認論」『民権報』1912年4月20日，『文集』下冊，800頁。

「嗚呼南満」『民権報』1912年4月29日，『文集』下冊，822頁。

「吾国果為猶太乎」『民権報』1912年4月30日，『文集』下冊，824頁。

「我之経済政策」『民権報』1912年5月19日，『文集』下冊，877頁。

「嗚呼滅種之機」『民権報』1912年5月29日，『文集』下冊，911頁。

「今日之外交界」『民権報』1912年6月5〜7日，『文集』下冊，919頁。

「日人之醋意」『民権報』1912年6月13日，『文集』下冊，944頁。

「公道与人道」『民権報』1912年6月19日，『文集』下冊，956頁。

「満洲休矣」『民権報』1912年6月22日，『文集』下冊，967頁。

「満洲眞亡矣」『民権報』1912年6月23日，『文集』下冊，971頁。

「今日之国是」『民権報』1912年7月1〜7日，『文集』下冊，984頁。

「刑罰与人道」『民権報』1912 年 7 月 6 日，『文集』下冊，1011 頁。

「聯美与聯日」『民権報』1912 年 7 月 7 日，『文集』下冊，1014 頁。

「告進徳会諸君」『民権報』1912 年 7 月 9 日，『文集』下冊，1017 頁。

「共和與平和」『民権報』1912 年 7 月 11 日，『文集』下冊，1018 頁。

「民性更始論」『民権報』1912 年 7 月 16 日，『文集』下冊，1024 頁。

「戦争与平和」『民権報』1912 年 7 月 16〜17 日，『文集』下冊，1028 頁。

「苦哉中国之外交家」『民権報』1912 年 7 月 20 日，『文集』下冊，1048 頁。

「日皇之病」『民権報』1912 年 7 月 23 日，『文集』下冊，1062 頁。

「瓜分之実現」『民権報』1912 年 7 月 25 日，『文集』下冊，1066 頁。

「機会均等之結果」『民権報』1912 年 7 月 30 日，『文集』下冊，1077 頁。

「四十五年之日本」『民権報』1912 年 7 月 31 日，『文集』下冊，1081 頁。

「日本政治方針之誤」『民権報』1912 年 8 月 4 〜 5 日，『文集』下冊，1092 頁。日本語訳：『滬上評論』第 1 号，1912 年 9 月 1 日，8 頁。*

「日俄与内外蒙古」『民権報』1912 年 8 月 9 日，『文集』下冊，1109 頁。

「中国之軍事問題」『民権報』1912 年 8 月 15〜16 日，『文集』下冊，1125 頁。

「遷都問題」『民権報』1912 年 9 月 4 日，『文集』下冊，1169 頁。

「第三次平和会之研究」『民権報』1912 年 10 月 20 日〜11 月 27 日，『文集』下冊，1181 頁。

「征蒙與拒俄」『民権報』1912 年 10 月 29 日〜11 月 3 日，『文集』下冊，1251 頁。

「日本之承認条件」『民権報』1912 年 11 月 7 日，『文集』下冊，1272 頁。

「日本議員観光団之態度」『民権報』1912 年 11 月 9 日，『文集』下冊，1277 頁。

「日本侵略満洲之決心」『民権報』1912 年 11 月 9 日，『文集』下冊，1280 頁。

「告『時事新報』之斐青君」『民権報』1912 年 11 月 13 日，『文集』下冊，1284 頁。

「兵与餉」1912 年 11 月 21 日，陳天錫編『戴季陶先生文存』三続編，中国国民党中央委員会党史史料編纂委員会，1971 年（以下『文存』三続編，と省略する），20 頁。*

「民国存亡大問題」『民権報』1912 年 12 月 4 日，『文集』下冊，1299 頁。

「日本内閣辞職観」『民権報』1912 年 12 月 5 日，『文集』下冊，1306 頁。

「内閣辞職後之日本政局」『民権報』1912 年 12 月 12 日，『文集』下冊，1323 頁。

「武力外交――告外交当局者」『民権報』1912 年 12 月 19 日，『文集』下冊，1351 頁。

「民国政治論」『民権報』臨時増刊，1913 年 2 月 10 日，『国民月刊』第 1 巻第 1 号（1913 年 5 月），『文集』下冊，1370 頁。

2　討袁運動期（1913〜1916 年）

「強権陰謀之黒幕」『民権報』1913 年 4 月 3 日，『文集』下冊，1401 頁；『戴季陶集』635 頁。

「中華民国与世界」『民権報』1913 年 4 月 12 日，『文集』下冊，1417 頁。

「亡国病民之借款」『民権報』1913 年 4 月 23〜24 日，『文集』下冊，1448 頁；『戴季陶集』654 頁。

「討叛逆」『民権報』1913 年 4 月 26 日，『文集』下冊，1457 頁；『戴季陶集』660 頁。

「在上海紀念黄花崗起義並林述慶追悼大会上演説辞」『民権報』1913 年 4 月 27 日，『文

集』下冊，1458 頁。

「一知半解」1914 年 5 月 10 日，『民国』雑誌第 1 年第 1 号，『戴季陶集』695 頁。

「欧美時局観」1914 年 5 月 17～23 日，『民国』雑誌第 1 年第 2 号，『戴季陶集』702 頁。

「支那に於ける共和思想」『支那と日本』第 2 年 5 月号（1914 年 5 月），14 頁。*

「国家精神より見たる支那」『国家及国家学』第 2 巻第 5 号（1914 年 5 月），37 頁。*

「中国革命論」1914 年 6 月 8 日，『民国』雑誌第 1 年第 2 号，『戴季陶集』713 頁。

「軍備与軍政」1913 年 6 月 26 日，『文存』三続編，20 頁。*

「欧羅巴大同盟論」1914 年 7 月 10 日，『民国』雑誌第 1 年第 3 号，『戴季陶集』730 頁。

「中華民国与連邦組織」1914 年 7 月 10 日，『民国』雑誌第 1 年第 3 号，『戴季陶集』754 頁。

「世界時局観」1914 年 8 月 10 日，『民国』雑誌第 1 年第 4 号，『革命先烈先進詩文選集』第 4 冊『戴伝賢選集』（中華民国各界紀念国父百年誕辰籌備委員会，1965 年），237 頁，

「支那革命党員戴天仇ノ談話」（乙秘第一六一五号）1914 年 8 月 24 日，『各国内政関係雑纂（集）支那の部　革命党関係（亡命者を含む）』第 13 巻。*

「支那亡命者戴天仇ノ談話」（乙秘第二二五五号）1914 年 11 月 12 日，同上，第 14 巻。*

「存歟亡歟」東京『民報』1914 年 11 月 22 日～1915 年 1 月 6 日。*

「支那亡命者戴天仇ノ談話」（乙秘第四三五号）1915 年 3 月 1 日，『各国内政関係雑纂（集）支那の部　革命党関係（亡命者を含む）』第 15 巻。*

「東洋の運命」1915 年 3 月，崎村義郎著・久保田文次編『萱野長知研究』（高知市民図書館，1996 年），129 頁。*

「支那政治思想の変遷」1915 年 4 月 26 日，『吉野作造選集』別巻（岩波書店，1997 年），86 頁。*

「日支親善の理想境――ボイコットの真相を論ず」1915 年 4 月 26 日，『第三帝国』第 45 号（1915 年 7 月 5 日），6 頁。*

3　護法運動期（**1917～1918** 年）

「中国政界之近状」『民国日報』1917 年 9 月 21 日（これは 1917 年 9 月 13 日戴は大阪朝日新聞社の歓迎会での演説辞である），『戴季陶集』806 頁。

「中国政界の近状」『大阪朝日新聞』1917 年 9 月 14 日。*

「在非常国会報告日本対西南護法之態度」『民国日報』1917 年 10 月 1 日（報告日は 1917 年 9 月 22 日），『戴季陶集』808 頁。

「最近之日本政局及其対華政策」『民国日報』1917 年 12 月 13 日～1918 年 1 月 24 日，『戴季陶集』809 頁。

「支那に於ける共和制体」『滬友』第 4 号（滬友同窓会，1918 年 3 月），2 頁（これは 1918 年 1 月 11 日に上海同文書院の学生向けの講演である）。*

「支那における共和制」『滬城に時は流れて』（滬友会，1992 年 10 月），479 頁（これは『滬友』第 4 号に掲載された戴季陶「支那に於ける共和制体」の摘録である）。*

「関于段派造謡之弁明」『民国日報』1918 年 7 月 16 日，『戴季陶集』864 頁。

「論日本原内閣」『民国日報』1918 年 10 月 3 日，『戴季陶集』865 頁。

「対日本朝野之通電」『民国日報』1918年12月26日（原電は12月25日），『戴季陶集』869頁。

「就『日本朝野之通電』答『国民日報』記者」『民国日報』1918年12月26日（原文は12月25日），『戴季陶集』870頁。

4　五・四運動期（1919〜1923年）

「張継何天炯戴伝賢告日本国民書」『民国日報』1919年5月9日，『戴季陶集』871頁。

「国民自給与国民自決」『星期評論』第1号（1919年6月8日），『戴季陶集』875頁。

「造謡生事的日本報」『星期評論』第1号（1919年6月8日）。*

「日本的『黎明会』和『新人会』」『星期評論』第2号（1919年6月15日）。*

「戴季陶氏トノ社会問題ニ関スル談話」1919年6月22日，外務省調査部『孫文全集』（1967年），1027頁。*

「上海的社会改造」『星期評論』第5号（1919年7月6日），『戴季陶集』908頁。

「愛爾蘭独立運動与美国（四）」『星期評論』第5号（1919年7月6日）。*

「鬼打鬼」『星期評論』第6号（1919年7月13日）。*

「日徳俄連盟論」『星期評論』第6号（1919年7月13日）。*

「張作霖与孟恩遠」『星期評論』第6号（1919年7月13日）。*

「救国儲金拿来做甚麼」『星期評論』第7号（1919年7月20日），『戴季陶集』912頁。

「誰教你不自然」『星期評論』第8号（1919年7月27日）。*

「軍閥外交の惨害――戴天仇君最近の書簡」『解放』第1巻第2号（1919年7月），42頁。*

「我的日本観」『建設』第1巻第1号（1919年8月1日），『戴季陶集』923頁。

「吊板垣先生」『星期評論』第9号（1919年8月3日）。*

「可憐富強国之国民」『星期評論』第10号（1919年8月10日）。*

「読黎明会的朝鮮問題号」『星期評論』第12号（919年8月24日）。*

「従経済上観察中国的乱源」『建設』第1巻第2号（1919年9月1日），『戴季陶集』975頁。

「聯合国対俄政策的変動――日本究竟怎麼様？」『星期評論』第17号（1919年9月28日），『戴季陶集』1024頁。

「日本義士山田良政誄」1919年10月10日，『革命先烈先進詩文選集』第4冊『戴伝賢選集』552頁。*

「美国的修正和約内山東条項案否決了」『星期評論』第20号（1919年10月19日）。*

「戴天仇氏より」『大阪朝日新聞』1919年11月17日。*

「日本労働運動的新機軸」『星期評論』第23号（1919年11月9日）。*

「改造日本的奇論」『星期評論』第23号（1919年11月9日）。*

「国際労働会議与日本労働委員資格問題」『星期評論』第24号（1919年11月16日）。*

「俄国的近況与聯合国的対俄政策」『星期評論』第26号（1919年11月30日），『戴季陶集』1058頁。

「東亜永久平和策」『星期評論』第27号（1919年12月7日），『戴季陶集』1072頁。

「満蒙山東与東部西比利亜」『民国日報』1920年1月1日，『戴季陶集』1091頁。

「世界戦争与中国——為太平洋社訳『世界戦争与中国』作的序」『建設』第2巻第1号（1920年1月15日），『戴季陶集』1108頁。

「美国西北利亜撤兵与日本」『星期評論』第33号（1920年1月18日）。*

「日俄辺界是誰使他接近的？」『星期評論』第33号（1920年1月18日）。*

「蹂躙大学的日本政府」『星期評論』第34号（1920年1月25日），『戴季陶集』1114頁。

「日本問題之過去与将来——在報界聯合会之演説詞」『黒潮』第1巻第3号（1920年1月），『戴季陶集』1115頁。

「三民主義」（堺利彦〔枯川〕にあて書簡）『解放』第2巻第2号（1920年2月），103頁。*

「日本衆議院解散的結果如何？」『星期評論』第41号第1張（1920年3月14日）。*

「日本会発生革命嗎」『民国日報』1920年3月19日，『戴季陶集』1179頁。

「短評」『星期評論』第47号（1920年4月25日），『戴季陶集』1206頁。

「『五一』『五四』『五五』『五七』『五九』」『民国日報』1920年5月4日，『戴季陶集』1244頁。

「戴季陶君対於日本遊歴学生的講演」『民国日報』副刊「覚悟」1920年5月21日，『戴季陶集』1247頁。

「到湖州後的感想」『建設』第2巻第6号（1920年7月1日），『戴季陶集』1271頁。

「資本主義下面的中日関係」『民国日報』副刊「覚悟」1920年7月17日，『戴季陶集』1280頁。

「反響」『解放』第2巻第12号（1920年12月），166頁。*

「産業協作社法草案理由書」『新青年』第9巻第1号（1921年5月1日），55頁。*

5　国民革命期（1924～1928年）

「国民党的継往開来」1924年1月27日，羅家倫主編『革命文献』第8輯（中央文物供応社，1978年，影印版），1169頁。

「中国与暹羅序」1924年3月13日，陳天錫編『戴季陶先生文存』第4巻（中国国民党中央委員会，1959年，以下『文存』と省略する），1759頁。

「東方問題与世界問題」1924年3月14日，『文存』第4巻，1729頁。

「孫文氏と其事業」（1～4）『大阪毎日新聞』1924年11月27～30日。

「孫文氏の革命事業」（1～4）『東京日日新聞』1924年11月29日～12月4日。

「支那を救ふは国家主義（1）帝王の教——孫文氏の思想に就て」『大阪毎日新聞』1924年12月28日。

「支那を救ふは国家主義（2）孔子に還れ——孫文氏の思想に就て」『大阪毎日新聞』1924年12月29日。

「支那を救ふは国家主義（3）復古的精神——孫文氏の思想に就て」『大阪毎日新聞』1924年12月30日。

「日本の東洋政策に就いて」『改造』第7巻第3号（1925年3月），117頁。

「我們要推翻大英帝国主義」1925年5月，『革命』週刊第3期，24頁。

『日本革命之過去現在与将来』『民国日報』1925年7月2～3日に掲載された「戴季陶著作出版」にあった著作名である，未発見。

「戴季陶対国民運動之談話」『民国日報』1925 年 7 月 3 日。

「因五卅事件告中国国民」『湖州』第 2 巻第 4 号（1925 年 7 月）。

戴季陶演講，林霖筆記「三民主義的一般意義与時代背景（7）」『広州民国日報』副刊「現代青年」1927 年 1 月 25 日。

戴季陶演講，秀哲筆記「孫中山先生与台湾」『広州民国日報』副刊「現代青年」1927 年 2 月 23，25 日。

「戴季陶致日本萱野長知書」『広州民国日報』1927 年 2 月 23 日。

「中国革命の思想と実際の歴史的考察」『帝国大学新聞』1927 年 3 月 21 日。

「支那革命の解決は世界平和の鍵」『帝国大学新聞』1927 年 3 月 21 日。

福田徳三・戴天仇・後藤新平「日・支・露問題討議」『改造』第 9 巻第 4 号（1927 年 4 月），2 頁。

「戴季陶対党事宣言」『広州民国日報』1927 年 4 月 12 日。

「中国国民革命の意義」『事業之日本』第 6 巻第 4 号（1927 年 4 月），7 頁。

「中国革命運動の歴史的考察」『中央公論』第 471 号（1927 年 4 月），39 頁。

「戴季陶在大阪演辞」『民国日報』1927 年 4 月 28 日。

「対日本出兵山東及撤兵回国之分析」1927 年 9 月中旬，『文存』三続編，104 頁。

「日本人的信仰力和愛美性」（『日本論』第 22～23 節に当たる）『新生命月刊』第 1 巻創刊号（1928 年 1 月）。

「民族主義与武力」（『日本論』第 15～17 節に当たる）『新生命月刊』第 1 巻第 3 期（1928 年 3 月）。

『日本論』（民智書局，1928 年 5 月再版）。

「日本人応該信仰三民主義」1928 年 6 ～ 7 月，『革命先烈先進詩文選集』第 4 冊『戴伝賢選集』574 頁。

「怎様建設法学的基礎講詞」1928 年 11 月 30 日，『文存』第 2 巻，481 頁。

『青年之路』（民智書局，1928 年）。

陳以一編『戴季陶先生赴日講演録・別名東亜之東』（中華書局，1927 年）。

6　国民革命後（1929～1949 年）

「個人求学的経過及対于青年学生的希望講詞」1929 年 10 月 15 日，『文存』第 2 巻，500 頁。

「国民教育与軍事教育講詞」1929 年 10 月，『文存』第 2 巻，719 頁。

「上中央執行委員会擬由本党購回日本熊本市宮崎民藏宮崎寅藏先生旧家為　総理在日永久紀念提議案」1929 年 11 月 2 日，『文存』続編，228 頁。

「不学礼無以立講詞」1929 年 12 月 30 日，『文存』第 2 巻，800 頁。

「致日本犬養毅書」1930 年 6 月 1 日，『文存』続編，4 頁。

「中日俄三民族之関係」1930 年 10 月 10 日，『文存』第 1 巻，372 頁。

「建設東北是中国強盛的起点」『新亜細亜』第 1 巻第 3 期（1930 年 12 月），9 頁。

「中国教育之根本建設講詞」1930 年 12 月 20 日，『文存』第 2 巻，512 頁。

「世界戦争与中国序」1930 年，『文存』第 1 巻，367 頁。

「戴季陶から木村・佐分利への書」1927 年 3 月 13 日，『外国人ニ関スル暴行殺傷関係

雑件　第2巻　在本邦外国人関係（支那人之部）』（1930年），外務省外交史料館（D.2.6.0.1-2）。

「中国辺疆之実況序言」『新亜細亜』第1巻第5期（1931年2月），13頁。

「先烈朱執信先生殉国記念大会上的発言」1931年9月21日，『中央党務月刊』第38期（1931年9月），2070頁。

「中央政治会議特種外交委員会第16次会議記録」1931年10月17日，羅家倫主編『革命文献』第35輯（中央文物供応社，1965年），7885頁。

「戴伝賢在特種外交委員会対日交渉方法報告」1931年10月21日，『革命文献』第35輯，7886頁。

「東北事件近状及応有之努力」1931年10月26日，『中央党務月刊』第39期（1931年10月），206頁。

「中央政治会議特種外交委員会第25次会議記録」1931年10月29日，『革命文献』第35輯，7891頁。

「日本之対華政策与政治組織」『新亜細亜』第3巻第1期（1931年10月），1頁。

「維持全世界和平——国際間応共同遵守国際道徳　日毀棄公理信義決不能倖存　戴院長昨在国府紀念週講」『中央日報』1931年11月3日。

「四全大会対日寇侵略暴行之決議案」1931年11月20日，秦孝儀主編『中華民国重要史料初編——対日抗戦時期』第1編　緒編（一），307～308頁。

「中国国民党第四次全国代表大会対日問題専門委員会報告」1931年11月20日，『中華民国重要史料初編——対日抗戦時期』第1編　緒編（一），304～305頁；『革命文献』第35輯，7917頁。

「任特種外交委員委員長時上中央政治会議報告」1931年11月，『文存』第1巻，373頁；『革命文献』第35輯，7893頁。

「反対日本暴力圧迫与中国国民自強的基本工作」1929年，『新亜細亜』第3巻第2期（1931年11月），1頁。

「中央政治会議特種外交委員会第59次会議記録」1931年12月8日，『革命文献』第35輯，7894頁。

「戴伝賢為述中央外交方針覆某君電」『中央日報』1931年12月12日，『革命文献』第35輯，7944頁。

「東方形勢之日本与中国」1928年12月24日，『新亜細亜』第3巻第3期（1931年12月），1頁。

「民国明日的希望」1931年12月14日，『中央党務月刊』第41期（1931年12月），2835頁。

「抵抗暴日是為全世界人類之公理而奮闘」1932年4月12日，『革命文献』第35輯，8417頁。

「欲救中国応恢復中国固有之道徳智能」中央党部主催の拡大記念週での演説，1932年4月18日，『中央党務月刊』第45・46期合刊（1932年5月），206頁。

「東北血痕序」1932年4月，『文存』第4巻，1353頁。

「三十三年浮雲影序」1932年4月29日，『文存』第4巻，1355頁。

「遊日紀要序」1933年2月，『文存』第4巻，1361頁。

「中央対日之堅決態度――擬定具弁法三項，交国防会審議」1933 年 3 月 16 日，『中央党務月刊』第 56 期（1933 年 3 月），1376 頁。
「三民主義的五権憲法要義――二十二年三月二十日在考試院紀念週及中央広播電台講」，『中央党務月刊』第 56 期（1933 年 3 月），1393 頁。
「余之読書記」1933 年 3 月，『文存』第 2 巻，541 頁。
「今晨中央国府沈痛記念『九一八』――奉行総理遺教充実国力　以解救国家民族危亡　呉敬恒戴伝賢之報告」『中央夜報』1933 年 9 月 18 日。
「示安国児」1934 年 9 月 3 日，『文存』続編，333 頁。
「致駐日蒋公使書」1934 年 9 月 20 日，『文存』第 4 巻，1533 頁。
「救国週間序」1934 年 10 月 24 日，『新亜細亜』第 8 巻第 5 期（1934 年 11 月）。
「致萱野先生・鳳梨夫人書」1934 年 10 月 31 日，『文存』第 4 巻，1538 頁。
「復駐日蒋公使書」1934 年 11 月 1 日，『文存』第 4 巻，1539 頁。
「致滔天夫人書」1934 年 11 月 1 日，『文存』第 4 巻，1539 頁。
「復駐日蒋公使書」1934 年 11 月 9 日，『文存』第 4 巻，1540 頁。
「致駐日蒋公使書」1934 年 11 月 19 日，『文存』第 4 巻，1544 頁。
「致張孟劬先生書」1935 年 8 月 11 月，『文存』第 1 巻，62 頁。
「誌日本東京政法学校概略」1937 年仲春，『文存』第 4 巻，1391 頁。
「示安国児」1938 年 2 月 6 日，『文存』続編，341 頁。
「総理紀念週述詞」1938 年 8 月 15 日，『文存』第 4 巻，1397 頁。
「致譚伯羽世講書」1939 年 3 月 19 日，『文存』第 1 巻，375 頁。
「題長特種外交委員会時上中央政治会議報告」1939 年 9 月，『文存』続篇，285 頁。
「勗海外僑胞」1940 年 2 月，『文存』第 4 巻，1405 頁。
「致唐執礼先生書」1940 年 5 月 28 日，『文存』第 4 巻，1630 頁。
「覆于乃仁君書」1940 年 5 月 28 日，『文存』第 4 巻，1630 頁。
「党軍日報抗戦第三週年紀念特刊題詞」1940 年 6 月 24 日，『文存』第 4 巻，1408 頁。
「致全緬僑胞書」1940 年 10 月 20 日，『文存』第 4 巻，1632 頁。
「南遊雑詩」1940 年 11 月，『文存』第 4 巻，1409 頁。
「致中央党部葉陳朱三先生書」1940 年，『文存』第 1 巻，377 頁。
「致外交部曽次長書」1941 年 1 月 13 日，『文存』第 4 巻，1634 頁。
「九一八十週年紀念日感言」1941 年 9 月 18 日，『文存』第 4 巻，1412 頁。
「題民国二十年外交三文件」1941 年冬，『文存』第 1 巻，380 頁。
「題重慶遭炸図二則」1942 年 8 月。
「戴院長播講――中美中英新約成立更応努力実行主義」『中央日報　掃蕩報（連合版）』1943 年 1 月 20 日。
「浙災籌振大会致詞」1943 年 1 月 22 日，『文存』第 4 巻，1420 頁。
「中韓文協成立一週年　両国人士挙行盛大茶会」『中央日報』1943 年 10 月 12 日。
「記少時事」1944 年中秋節前十日，『文存』第 2 巻，598 頁。
「開国会議録題詞」1944 年初冬，『文存』第 4 巻，1435 頁。
「記旧事貽寥夢醒」1944 年，『文存』第 4 巻，1436 頁。
「告成都童子軍全体兄弟姉妹書」1945 年 10 月 12 日，『文存』第 2 巻，868 頁。

「記民国十六年使日時事略」1945 年初冬,『文存』第 4 巻，1438 頁。

「題民国十六年使日事竣告別書」1945 年初冬,『文存』第 4 巻，1440 頁。

「哀日本」1946 年 6 月 1 日,『文存』第 4 巻，1449 頁。

「祈昇平」1946 年 6 月 1 日,『文存』第 4 巻，1449 頁。

「三事偈」1946 年 6 月,『文存』第 4 巻，1450 頁。

「甘節亭記」1946 年仲夏,『文存』第 4 巻，1451 頁。

「対印度尼赫魯発起召集泛亜会議之感想」1946 年冬,『文存』第 1 巻，386 頁。

「記日本佐分利事」1947 年 4 月,『文存』第 4 巻，1458 頁。

「記日本二則」1947 年首夏,『文存』第 4 巻，1457 頁。

「東京太平洋倶楽部宴会回憶」1947 年 12 月,『文存』第 4 巻，1460 頁。

「憂思」1947 年 12 月,『文存』第 4 巻，1461 頁。

Ⅱ　戴季陶に関する中国の新聞記事

1　辛亥革命期（1909～1912 年）

未発見。

2　討袁運動期（1913～1916 年）

「中山先生之東遊」『民権報』1913 年 2 月 11 日。

「孫中山回国先声」『民権報』1913 年 3 月 15 日。

「孫文返滬」『申報』1913 年 3 月 26 日。

3　護法運動期（1917～1918 年）

「戴天仇与某報記者之談話——説明日本朝野対華之意見」『中華新報』1917 年 9 月 19 日。

「戴季陶君之談話——説明日本朝野対華之意見」『民国日報』1917 年 9 月 19 日。

「記朝日講演会之演辞——大阪朝日新聞社開会歓迎中国民党」『民国日報』1917 年 9 月 21 日。

「戴天仇二十二日臨広東非常国会演説」『中華新報』1917 年 9 月 26 日。

「日本対於西南護法之態度——戴天仇在非常国会之報告」『民国日報』1917 年 10 月 1 日。

「戴季陶君之談話——関於段派造謡之辯明」『民国日報』1918 年 7 月 16 日。

「戴季陶君之原内閣談」『民国日報』1918 年 10 月 3 日。

「戴季陶君対日本朝野之通電・主張撤廃列強之特殊地位」『民国日報』1918 年12月26 日。

4　五・四運動期（1919～1923 年）

「張継等対日本国民之宣言」『申報』1919 年 5 月 9 日。

「論説　読告日本国民書」（上，下）『順天時報』1919 年 5 月 20，27 日。

5　国民革命期（1924～1928 年）

「戴季陶在滬之談話」『広州民国日報』1924 年 7 月 2 日。

「中山派代表戴天仇訪日領」『申報』1924年12月7日。
「戴季陶回滬後之言論」『民国日報』1925年4月18日。
「戴季陶対国民運動之談話」『民国日報』1925年7月3日；『広州民国日報』1925年7月13日。
「戴季陶対於時局之談話——国際連盟係侵略司令部　中国応謀另建新国際　聯合俄徳奥土等国」『民国日報』1925年7月31日。
「戴季陶君関於民族国際的談話——新天下三分策　孫先生的宿願」『民国日報』1925年9月2日。『広州民国日報』1925年7月18日。
「戴季陶対於鄧演達報告的弁明」『民国日報』1926年1月26日。
「戴季陶対党事意見」『民国日報』1926年1月27日。
「戴季陶請赴欧考査教育」『広州民国日報』1926年11月6日。
「戴季陶対日庚賠問題通電」『申報』1926年11月8日。
「戴季陶対日本参観団之重要演説」『広州民国日報』1926年12月6，7日。
「各社要電　東方社二十四日漢口電」『申報』1927年1月25日。
「戴季陶将奉命赴日」『広州民国日報』1927年2月10日。
「戴季陶致日本萱野長知書」『広州民国日報』1927年2月23日。
「民国革命的真相」『申報』1927年3月1日。
「戴季陶在日本演説」『申報』1927年3月1日。
「戴天仇在日之宣伝」『時報』1927年3月1日。
振青「日本特約通信『戴天仇抵神戸記』」『時報』1927年3月6日。
「戴季陶同志到日後之演講」『広州民国日報』1927年3月8日。
「戴季陶与日本記者団之談話」『広州民国日報』1927年3月10日。
「戴季陶在東京演説」『申報』1927年3月20日。
「国民政府之前因後果——在東京陶陶亭演説詞」1927年3月22日，時希聖編『戴季陶言行録』（広益書局，1929年）。
「日本報紙造謡妄言国民政府向日人借款　経戴特派員厳重責問後已申明謝罪」『広州民国日報』1927年3月23日。
「戴季陶啓事」『申報』1927年3月23日。
「謹告親愛之日本国民」『申報』，『民国日報』，『晨報』1927年3月23日。
「戴季陶離日帰国——発表致日本国民書」『民国日報』1927年3月23日。
「戴季陶由日啓程回国」『申報』1927年3月23日。
「戴季陶由日帰国」『時報』1927年3月23日。
「戴天仇離日本」『晨報』1927年3月23日。
「戴季陶電告糾正日報」『申報』1927年3月24日。
「日本国際倶楽部歓迎戴氏盛況」『広州民国日報』1927年3月25日。
「戴氏陳述書発表」『北京週報』第250号，1927年3月27日。
「戴季陶昨日返滬——陳志群秘書之談話」『民国日報』1927年4月1日。
「戴季陶之談話——将赴欧洲考察教育」『民国日報』1927年4月3日。
「戴季陶同志離日返国」『広州民国日報』1927年4月4日。
「戴季陶対党事宣言」『広州民国日報』1927年4月12日。

「戴季陶対日人解釈中国国民革命之意義」『広州民国日報』1927年4月13～14日。
「戴季陶在大阪演辞」『民国日報』1927年4月28日。
「戴季陶同志在長崎演詞之補録」『広州民国日報』1927年5月6日。
湘君「戴季陶氏在日言論之片段」『時事新報』1927年6月3日。
「戴季陶不出席説」『申報』1928年1月10日。
「戴季陶告別国人書」『申報』1928年1月11日。
「戴季陶仍想出洋」『中央日報』1928年2月18日。
「中央党部発表　告世界民衆書及告日本国民書」『申報』1928年4月26日。
「告日本民衆書」『申報』1928年4月29日。
「総政部反日出兵文電」『申報』1928年4月29日。
「日対華採爪形侵略」『申報』1928年5月13日。
「戴季陶的中日外交談」『中央日報』1928年7月25日。
「中央与国府之記念週——戴伝賢報告編遣会議与日本文化　蔣中正報告四川戦事」『申報』1928年12月25日。

6　国民革命後（1929～1949年）

「戴伝賢報告日本所以進歩之原因」1929年5月19日，『中央日報』1930年5月20日。
「昨四全大会記念週戴伝賢講尽職救国」『中央日報』1931年11月24日。
「国府慰留戴伝賢——望本尽忠党国之初衷　成就百年樹人之大計」『中央日報』1931年12月23日。
「戴伝賢再堅辞本兼各職——多病之躯不能再肩重任　謹再呈懇辞職俾資療養」『中央日報』1931年12月24日。
「戴伝賢——定今日赴滬　辞意仍甚堅決」『中央日報』1931年12月25日。
「戴伝賢——再辞考試院長　林主席再電促」『中央日報』1931年12月31日。
「桂崇基昨赴湖州　迎戴伝賢来京就職」『中央日報』1932年1月1日。
「敦促戴伝賢——陳大齊昨赴湖州」『中央日報』1932年1月16日。
「確立自信心拯救中国——一洗頽廃萎靡習気　団結一致立志図強　戴季陶対西安学生演詞」『中央日報』1932年5月3～4日。
「建設西北——中央今後決全力従事　人民当与政府相終始　戴季陶在西安之演詞」『中央日報』1932年5月6～7日。
「戴院長在国府報告　救国唯一的途徑——在戦場上的人要知道犠牲」『中央日報』1933年3月7日。
「救国団結——互助是生互争是死　戴院長在国府演講」『中央日報』1933年4月18日。
「今晨国府紀念週　戴報告抗日与剿匪——抗日工作此後尤須集中精力奮闘　閩粤等省大挙囲剿贛匪不難殲滅」『中央夜報』1933年5月8日。
「林主席戴院長　今晨赴西安視察——督促西京建設並籌備農校　一星期後赴洛定月内返京」『中央夜報』1933年5月9日。
「救国于危亡憂患中——粛清共匪与抗日同様重要　戴院長在国府紀念週報告」『中央日報』1933年5月9～11日。
「今晨中央国府　沈痛紀念『九一八』——奉行　総理遺教充実国力　以解救国家民族

危亡呉敬恒戴伝賢之報告」『中央夜報』1933 年 9 月 8 日。

「抗敵救国的要点——戴院長広播演詞」『中央日報』1937 年 8 月 7 ～ 8 日。

「中央国府両紀念週」漢口『申報』1938 年 2 月 15 日。

「中韓文協成立一週年——両国人士挙行盛大茶会　由孫理事長等先後致詞」『中央日報』1943 年 10 月 12 日。

Ⅲ　戴季陶に関する日本の新聞記事

1　辛亥革命期（1909～1912 年）

未発見。

2　討袁運動期（1913～1916 年）

「戴天仇着服説」『大阪毎日新聞』1913 年 9 月 27 日。

「戴天仇来る」『大阪毎日新聞』1913 年 9 月 28 日。

「戴天仇東上」『大阪毎日新聞』1913 年 9 月 29 日。

「戴天仇氏大に語る——決死の士を求めて袁を戮せんかな」『神戸新聞』1913 年 9 月 29 日。

「戴天仇密かに来る」『神戸新聞』1914 年 5 月 8 日。

3　護法運動期（1917～1918 年）

「張戴日本に向ふ」『神戸新聞』1917 年 8 月 13 日。

「張継氏来る　戴天仇氏も同行」『神戸又新日報』1917 年 8 月 19 日。

「南方の決心牢乎たり——着神せる張継戴天仇両氏の支那時局談」『神戸新聞』1917 年 8 月 20 日。

「張継と戴天仇——両氏日本朝野の誤解弁明に努む」『神戸又新日報』1917 年 8 月 20 日。

「南方の力——張戴両氏談」『大阪朝日新聞』1917 年 8 月 20 日。

「南方民党を代表して——張戴氏語る」『大阪毎日新聞』1917 年 8 月 20 日。

「段祺瑞を此儘にしておけば今に第二の復辟が来ますよ」『大阪毎日新聞』1917 年 8 月 20 日。

「渡来の使命——張戴両氏」『東京朝日新聞』1917 年 8 月 20 日。

「張戴両氏入京」『神戸又新日報』1917 年 8 月 21 日。

「劒を抜いて起てる　大元帥孫文氏——五十年終始一貫の大精神　近頃では元の丈夫な身体　秘書戴天仇氏談」『東京朝日新聞』1917 年 9 月 3 日。

「曹汝霖渡日無根」『神戸新聞』1917 年 9 月 7 日。

「張戴の奔走」『神戸新聞』1917 年 9 月 8 日。

「朝日講演会」『大阪朝日新聞』1917 年 9 月 11～12 日。（講演会の広告）

「張戴両氏来神——共和維持会の陳情書」『神戸新聞』1917 年 9 月 13 日。

「外交調査会に建白——支那人借款交附反対　張継戴天仇両氏歓迎」『神戸又新日報』1917 年 9 月 13 日。

「朝日講演会」『大阪朝日新聞』1917年9月14日。

「雨中に響く革命の声――朝日講演会に於ける支那三名士の獅子吼　聴衆猛雨を衝いて来集し　巧妙なる日本語に酔ふ」『大阪朝日新聞』1917年9月14日。

「支那政界の近況」『大阪朝日新聞』1917年9月14日。

「南方志士の熱弁――張戴殷三氏の悲憤的演説」『神戸新聞』1917年9月15日。

「張戴両氏演説」『神戸又新日報』1917年9月15日。

「張戴殷氏」『大阪朝日新聞』1917年9月15日。

「張継氏等請待――大阪倶楽部員主催にて」『大阪朝日新聞』1917年9月15日。

「戴氏」『大阪朝日新聞』1917年9月16日。

「戴天仇氏講演（1月11日）」『滬友』第4号（滬友同窓会，1918年3月），147頁。

「孫逸仙氏来航――信濃丸喫煙室に於ける談片」『大阪毎日新聞』1918年6月10日。

「孫逸仙来る――支那南方の巨擘中山先生」『大阪毎日新聞』1918年6月12日。

「憔悴の色傷しき孫氏――形容枯槁して昔日の面影なし　胡漢民戴天仇を帯同して来朝　曰私首級十万圓」『神戸新聞』1918年6月12日。

「敗残の孫逸仙氏――戴氏の通訳にて語る」『神戸又新日報』1918年6月12日。

「白くなった孫氏の髯――出迎人を顧て淋しく笑ふ　胃を病んで煙霞療養　昨夜は環翠楼で寛ぐ」『東京朝日新聞』1918年6月12日。

「孫氏の立場――と来航の使命」『大阪毎日新聞』1918年6月17日。

「孫文氏の箱根落――こっそりと京都へ　革命軍に関係した日本　予備軍人の脅迫の為か」『東京朝日新聞』1918年6月20日。

「眼疾を得た孫逸仙――函根から俄かに行李を収めて西下帰国の途に就く　廿日京都着　市川博士の診断を請ふ　急性結膜炎と診定さる」『大阪毎日新聞』1918年6月21日。

「日本国民の同情――孫文氏上海へ出発」『東京朝日新聞』1918年6月24日。

「孫逸仙氏帰国」『大阪毎日新聞』1918年6月24日。

「孫逸仙氏着滬」『東京朝日新聞』1918年6月28日。

「平和の機運熟す――戴天仇氏時事談　孫文氏の政界隠退　南方派の強硬」『神戸新聞』1918年11月20日。

「戴氏の談」『神戸又新日報』1918年11月20日。

「戴天仇氏の談」『大阪毎日新聞』1918年11月20日。

4　五・四運動期（1919～1923年）

「戴天仇より」『大阪毎日新聞』1919年11月17日。

「戴天仇氏自殺か――宜昌着と同時に行方不明」『大阪毎日新聞』1922年11月12日。

「戴天仇氏自殺か――宜昌で行方不明」『東京朝日新聞』1922年11月22日。

5　国民革命期（1924～1928年）

「日本と提携――せねば時局解決は不可能　日本国民に対する孫文氏の声明書」『大阪朝日新聞』1924年11月22日。

村田特派員（村田孜郎）「孫文氏と同船して」1924年11月22日，『大阪毎日新聞』1924年11月23日。

「東亜の一員であることを忘れて了った日本——彼は眼を閉ぢて率直にかく語った感慨深い七年目の来朝」『大阪毎日新聞』1924 年 11 月 23 日。

「支那を救ふはこの期を措いてない——廿三日長崎に入港した孫文氏は語る」『大阪毎日新聞』1924 年 11 月 24 日。

「上海丸船上に頗る上機嫌で　黒い支那服の孫文氏——戴天仇氏を通訳に　ニコニコ顔で語る『中国の将来は民国人民の力に依って統一する』」『神戸又新日報』1924 年 11 月 25 日。

「昨午後郵船上海丸で　久方振り孫文氏来神——柯支那領事を初め在留有力民国人や対支関係者の熱誠な観迎を受けつ　夫人・李烈鈞・戴天仇氏と共に」『神戸又新日報』1924 年 11 月 25 日。

「二十八日午後二時から神戸高等女学校（下山手通四）にて　孫文氏講演会（聴講無料）——『大アジア問題』に就きて　孫文氏　右通訳戴天仇　主催　神戸商業会議所　後援　大阪朝日新聞社　大阪毎日新聞社」『大阪毎日新聞』1924 年 11 月 27 日。（講演会の広告）

「孫文氏大忙し——変相らず訪問客の大入り　接待役の戴天仇氏大量の事　一行は卅日出発」『神戸又新日報』1924 年 11 月 29 日。

「支那を救ふは国家主義——孫文氏の思想に就て」『大阪毎日新聞』1924 年 12 月 28～30 日。

「国民政府の対日方針——戴氏の使命」『東京朝日新聞』1927 年 1 月 27 日。

「重大使命を帯び戴天仇氏来朝す」『神戸新聞』1927 年 2 月 18 日。

「国民党の使として乗込んだ戴天仇氏——日本朝野の同情と援助を求む　夫人同伴で桜見物でもしよう」『大阪朝日新聞』1927 年 2 月 18 日。

「わが『朝日』を通じて——戴氏の声明書」『大阪朝日新聞』1927 年 2 月 18 日。

「国民政府代表戴天仇氏来る」『大阪毎日新聞』1927 年 2 月 18 日。

「国民政府代表戴天仇氏来る　支那国民党と赤露を同視するな——日本実業家は不平等条約撤廃で考違ひしてると語る」『大阪毎日新聞』1927 年 2 月 18 日。

「支那の運動は民族運動」『東京朝日新聞』1927 年 2 月 18 日。

「南方政府が南北を統一　時機は近い将来——戴天仇の講演」『大阪朝日新聞』附録「九州朝日新聞」1927 年 2 月 18 日。

「戴天仇氏を追うて別府へ　元広東政府公安局長呉鉄城氏　きのう神戸から乗船した　国民革命政府将来のため　両巨頭何を劃策か」『神戸新聞』1927 年 2 月 19 日。

「素人義太夫を熱心にきく別府の戴天仇氏『大阪朝日新聞』付録「九州朝日新聞」1927 年 2 月 20 日。

「戴天仇廿一日出発上京」『福岡日日新聞』1927 年 2 月 21 日。

「廿一日夜別府発戴天仇氏上京——『公使にはならぬ』と語る」『神戸新聞』1927 年 2 月 21 日。

「戴氏は公使格で来朝」『神戸新聞』1927 年 2 月 22 日。

「戴天仇氏来神」『神戸新聞』1927 年 2 月 23 日。

「南方国民党の大立物戴天仇氏今朝紅丸で来神す——中国国民党の使者として日本朝野の人士に支那国民の心情を愬へる使命　理智縦横の鋭い観察談」『神戸又新日

報』1927年2月23日。

「翻へる青天白日旗に大得意の戴氏けさ神戸に着く」『東京朝日新聞』1927年2月23日。

「翻へる青天白日旗に大得意の戴氏夫妻『日本の方よ冷静なれ』と戴氏語る」『大阪朝日新聞』1927年2月23日。

「戴天仇氏演説」『大阪毎日新聞』1927年2月23日。

「戴天仇氏を迎へて日華実業協会総会」『神戸新聞』1927年2月25日。

「戴天仇氏――神戸の歓迎会上で演説」『大阪毎日新聞』1927年2月25日。

「戴天仇氏神戸の歓迎会場で演説」『大阪毎日新聞』1927年2月25日。

「戴天仇氏東上」『大阪朝日新聞』1927年2月25日。

「人事　戴天仇氏東上」『神戸新聞』1927年2月25日。

「戴天仇氏に弔ひ花輪――添書曰く速かれに去れ」『神戸又新日報』1927年2月26日。

「戴天仇氏永住策」『神戸又新日報』1927年2月26日。

「日支両国を精神的に結びたい――日華実業協会総会で戴天仇氏の演説」『神戸又新日報』1927年2月26日。

「張作霖氏とは到底融和し能はず」『大阪毎日新聞』1927年2月26日。

「支那留学生に警官が暴行を加ふ――『日本への期待を裏切られた』と目撃の戴天仇氏憤る」『大阪毎日新聞』1927年2月26日。

「戴氏の身辺を心配しての事――学生はすぐ放還した　京都七條署員の話」『大阪毎日新聞』1927年2月26日。

「戴天仇氏を迎へて」『東京日日新聞』1927年2月26日。

「同志に迎へられ戴天仇氏入京」『国民新聞』1927年2月26日。

「青天白日旗に迎へられ戴天仇氏入京す」『東京日日新聞』1927年2月26日。

「戴氏の身辺を厳重に警戒　反対派の留学生や暴力団が覗ふので」『読売新聞』1927年2月26日。

「来訪の使命は単純日支親善の促進に――国民政府の理想目的を説く　車中の戴天仇氏」『東京朝日新聞』1927年2月26日。

「青天白日旗に囲まれて――戴天仇夫妻けさ着京す」『東京朝日新聞』1927年2月26日。

「戴天仇氏出淵次官訪問」『神戸新聞』1927年2月27日。

「戴天仇氏に弔ひ花輪」『神戸又新日報』1927年2月27日。

「戴天仇氏の諒解運動」『神戸新聞』1927年2月27日。

「戴天仇氏うごく」『読売新聞』1927年2月27日。

「日本の諒解を求めた戴天仇氏――きのふ外務省を訪問」『大阪朝日新聞』1927年2月27日。

「先づ外務省を訪ふ――国民政府特使戴天仇氏」『大阪毎日新聞』1927年2月27日。

「南方支那の使節――戴氏来たる」『東京朝日新聞』1927年2月27日。

「戴天仇氏外務省を訪問」『東京朝日新聞』1927年2月27日。

「支那国民の覚醒とその団結運動――記者聯盟創立総会にて　戴天仇氏の演説」『東京日日新聞』1927年2月28日。

「衆院各派代表の戴氏請待――丸の内中央亭で」『大阪朝日新聞』1927年3月2日。

「苦しみの支那を援けよ――昨日衆議院有志招待会で戴天仇使節のあいさつ」『東京朝

日新聞』1927 年 3 月 2 日。

「戴天仇氏熱海へ」『国民新聞』1927 年 3 月 11 日。

「戴天仇氏の招待会」『読売新聞』1927 年 3 月 18 日。

「民間有志の戴氏歓迎会」『東京日日新聞』1927 年 3 月 18 日。

「革命政府援助に，久原氏　二百五十万圓を投げ出す――けふ戴氏と自邸会見して　上海のストライキ防止の為　紡績業者達もやはり二百万圓を」『読売新聞』1927 年 3 月 19 日。

「戴天仇氏の迷惑」『読売新聞』1927 年 3 月 20 日。

「無根の風説に戴天仇氏の迷惑」『東京朝日新聞』1927 年 3 月 20 日。

「去るに臨んで親愛なる日本国民に告ぐ！！」1927 年 3 月 22 日，日本内務省警保局編『特秘外事警察報』第 57 号，1927 年 3 月。

「戴天仇氏退京の辞――日本神戸へ」『読売新聞』1927 年 3 月 23 日。

「革命軍の第一着手派揚子江一帯の統一」『神戸新聞』1927 年 3 月 25 日。

「日支労働者の提携を望む――けさ神戸で郵船争議につき久留氏などと会見した戴天仇氏」『大阪毎日新聞』1927 年 3 月 25 日。

「民国統一の成就を信ずる――いよいよ帰支すべく　来神の戴天仇氏談」『大阪毎日新聞』1927 年 3 月 25 日。

「戴天仇氏を駅頭に迎へて握手を交はした争議団幹部」『神戸新聞』1927 年 3 月 25 日。

「戴天仇に応援を求む　日労党の魂胆」『無産者新聞』1927 年 3 月 26 日。

「支那からは一人も補給させぬ――戴天仇氏を迎へて」『大阪毎日新聞』1927 年 3 月 26 日。

「親善の根本義は国民の諒解」『神戸新聞』1927 年 3 月 27 日。

「支那の自由と独立は世界平和の基礎――その苦しき立場を愬へた　大阪倶楽部における戴天仇氏の演説」『大阪朝日新聞』1927 年 3 月 27 日。

「大阪の戴氏」『大阪朝日新聞』1927 年 3 月 27 日。

「戴天仇氏来社」『大阪毎日新聞』1927 年 3 月 27 日。

「戴氏陳述書発表」『北京週報』第 250 号（1927 年 3 月 27 日），20 頁。

「熱望する所は日支両国民の諒解」『九州日日新聞』1927 年 3 月 28 日。

「議会政治への第一段階として先づ豫備議会を」『神戸新聞』1927 年 3 月 29 日。

「戴天仇氏本社来訪」『神戸新聞』1927 年 3 月 29 日。

「戴天仇氏の帰国」『神戸新聞』1927 年 3 月 30 日。

「中国々民政府代表戴天仇の来往」内務省警保局『特秘外事警察報』第 57 号（1927 年 3 月）。

華山　生「戴天仇来」『内観』第 85 号（1927 年 4 月 1 日），17 頁。

「代表の名を騙る戴天仇氏　彼を卑屈にしたわが政府の買収政策」『無産者新聞』1927 年 4 月 2 日。

「廃せよ恐怖政策――帰国せる戴天仇声明」『東京日日新聞』1927 年 4 月 3 日。

宮崎龍介「三民主義か共産主義か」『帝国大学新聞』1927 年 4 月 4 日。

「戴季陶附記」『改造』第 9 巻第 4 号（1927 年 4 月），27 頁。

古島一雄「先づ支那を理解せよ」『事業之日本』第 6 巻第 4 号（1927 年 4 月），11 頁。

「戴天仇と其の書」『事業之日本』第6巻第4号（1927年4月），19頁。

吉野作造「無産政党に代りて支那南方政府代表者に告ぐ」『中央公論』第471号（1927年4月），2頁。

「国民党赴日専使戴溥（傳〔伝〕）賢　民生哲学の基本的概念」1927年3月12日，東京『支那時報』第6巻第4号（1927年4月），2頁。

「日華実業協会記事」東京『支那時報』第6巻第4号（1927年4月），107頁。

「戴天仇氏ノ動静」外務省記録『各国名士ノ本邦訪問関係雑件　中華民国人ノ部』第1巻（外務省外交史料館 L.3.3.0.8-1）

長野　朗「国民党と共産党は分裂するか」『太陽』第33巻第5号（1927年5月1日），210頁。

華山　生「支那問題再評論」『内観』第86号（1927年5月1日），6頁。

「日本の対支態度は独断専行——統一運動と衝突するは当然　戴天仇氏毒づく」『東京朝日新聞』1928年7月23日。

「日本は中国統一を妨害，と中国側反発」『東京朝日新聞』1928年7月23日。

6　国民革命後（1929〜1949年）

「戴天仇氏突如罷免さる」『大阪毎日新聞』1931年8月15日。

「戴天仇氏仏門に走る」『大阪朝日新聞』1931年12月19日。

Ⅳ　戴季陶に関する他の史料

「戴季陶書簡」梅屋庄吉資料室，小坂文乃氏所蔵。

「山田純三郎資料」愛知大学東亜同文書院記念センター所蔵，12-1-54，12-11-67など。

「戴季陶と宋子文の往来電報」1941年5月4日，20日，「宋子文档案」スタンフォード大学フーヴァー研究所所蔵，T. V. Soong Papers, Hoover Institution Archives.

孫文「致加藤男爵請求協助函（訳文）」（原文は英文，党史会所藏）1917年6月18日，秦孝儀主編『国父全集』第4冊（近代中国出版社，1989年），490頁。

——「原敬殿　紹介戴君」1917年6月21日，原敬文書研究会編『原敬関係文書　第1巻　書翰篇』（日本放送出版協会，1984年），182頁。

——「致国会非常会議告派戴伝賢出席報告外交問題函」1917年9月22日，『国父全集』第4冊，504頁。

参考文献

Ⅰ　戴季陶のもの（出版年順）

1　著　書

『中華国民必読』（上海国民印刷局，1915 年）。

『中華民国与連邦組織』（中国図書公司，1917 年；1914 年初印）。

『孫文主義之哲学的基礎』（民智書局，1925 年 8 月）。日本語訳：中山志郎（山本秀夫訳）『孫文主義の哲学的基礎』（生活社，1939 年）。

『中国独立運動的基点』（民智書局，1925 年）。

『国民革命与中国国民党』（中央政治会議武漢分会，1925 年 7 月初版；1928 年 12 月再版）。

『協作社的効用』（民智書局，1926 年）。

『三民主義的一般意義与時代背景』（真美書社，1927 年）。

『三民主義的国家観』（真美書社，1927 年）。

『政治訓育叢書』（甘乃光との共著）（真美書社，1927 年）。

『日本論』（民智書局，1928 年）。日本語訳：市川宏訳・竹内好解説『日本論』（社会思想社，1972 年）。

『青年之路』（民智書局，1928 年）。

『西北』（南京新亜細亜学会，1931 年）。

2　論文集

『戴季陶集』上・下巻（上海三民公司，1927 年）。

時希聖編『戴季陶言行録』（上海広益書局，1929 年初版；1932 年第 2 版）。

陳天錫編『戴季陶先生文存』第 1 巻～第 4 巻（中国国民党中央委員会，1959 年）。

呉相湘主編『中国現代史料叢書』第 1 輯（4）「建立民国」『戴天仇文集』（文星書店，1962 年，影印版）。

『孫文主義論集』（台湾文星書店，1965 年）。

中国国民党中央党史史料編纂委員会編『革命先烈先進闡揚国父思想論文集』第 1 冊～第 3 冊（中華民国各界紀念国父百年誕辰籌備委員会，1965 年）。

中国国民党中央党史史料編纂委員会編『革命先烈先進詩文選集』第 4 冊『戴伝賢選集』（中華民国各界紀念国父百年誕辰籌備委員会，1965 年）。

陳天錫編『戴季陶先生文存』続編（中国国民党中央委員会党史史料編纂委員会，1967

年）。

陳天錫編『戴季陶先生文存』再続編，上・下冊（台湾商務印書館，1968 年）。

陳天錫編『戴季陶先生文存』三続編（中国国民党中央委員会党史史料編纂委員会，1971 年）。

『戴季陶主義資料選編』（中国人民大学中共党史系中国近現代政治思想史教研室，1982 年）。

簡笙簧・侯坤宏編『戴季陶与現代中国』（国史館，1989 年）。

唐文権・桑兵編『戴季陶集』（華中師範大学出版社，1990 年）。

桑兵・黄毅・唐文権合編『戴季陶辛亥文集』上・下冊（中文大学出版社，1991 年）。

その他，上記の論文集に収録されていないものを掲載している雑誌。

『星期評論』第 1 ～53 期（1919 年 6 月 8 日～1920 年 6 月 6 日）。

『建設』第 1 巻第 1 期～第 3 巻第 1 期（1919 年 8 月～1920 年 12 月）。

『新青年』第 9 巻（汲古書院，1971 年影印）。

3　未公刊史料

「孝園文稿」中国第二歴史档案館所蔵，「戴季陶档案」3000-85。

「戴伝賢文稿」中国第二歴史档案館所蔵，「戴季陶档案」3020-30。

「戴伝賢的講演詞」中国第二歴史档案館所蔵，「戴季陶档案」3020-31。

「蒋介石汪精衛関于代表人選『国民参政会』等問題給戴季陶的信」中国第二歴史档案館所蔵，3020-25。

「査弁西山会議派」中国第二歴史档案館所蔵，十九－110。

「南京臨時政府為促袁世凱南下所派歓迎専使蔡元培等名単」中国第二歴史档案館所蔵，廿六－137。

戴季陶編『戴季陶先生最近講演集』第一編（国立中山大学事務処出版部，1927 年），南京図書館特蔵部所蔵，＋D693.09－1026。

戴季陶『三民主義講演集』（江西省三民主義文化運動委員会，1941 年），南京図書館特蔵部所蔵，＋D693.0－18。

戴季陶『三民主義之哲学基礎』（国民政府軍事委員会政治部，1938 年），南京図書館特蔵部所蔵，＋B26－74。

戴伝賢等撰『党国先進抗戦言論続集』（重慶独立出版社，1940 年），南京図書館特蔵部所蔵，J3730-7071-P351。

『党国要人戴季陶最近言論集』上・中・下編（上海大東書局，1928 年），南京図書館特蔵部所蔵，＋D693.09－722。

Ⅱ　そ の 他

1　日本語（五十音順）

⑴ 著　書

赤松祐之編・国際聯盟事務局東京支局訳『ライヒマン報告集――国際聯盟の対支技術

援助に関する報告書』(日本国際協会，1934年)。

青木節一編著『国際聯盟年鑑 1931～1932』(昭和7年度版)(朝日新聞社，1931年)。

有田和夫『清末意識構造の研究』(汲古書院，1984年)。

――『近代中国思想史論』(汲古書院，1998年)。

池田誠・倉橋正直・副島昭一・西村成雄編『世界のなかの日中関係―― 20世紀中国と日本』上巻 (法律文化社，1996年)。

石川禎浩『中国共産党成立史』(岩波書店，2001年)。

伊東昭雄・小島晋治・光岡玄・坂垣望・杉山文彦・黄成武共著『中国人の日本人観100年史』(自由民国社，1974年)。

今井　駿『中国革命と対日抗戦――抗日民族統一戦線史研究序説』(汲古書院，1997年)。

上村希美雄『宮崎兄弟伝』日本篇 (上・下)，アジア篇 (上・中・下)，完結篇，葦書房 (完結篇のみ創流出版)，1984～2004年。

魚返善雄編注『中国人の日本観』(目黒書店，1943年)。

臼井勝美『日中外交史――北伐の時代』(塙書房，1971年)。

――『満州事変　戦争と外交と』(中央公論社，1974年)。

汪婉『清末中国対日教育視察の研究』(汲古書院，1998年)。

岡田英弘『中国のなかの日本』(アジア・アフリカ言語文化研究所，1982年)。

――『現代中国と日本』(新書館，1998年)。

緒形　康『危機のディスクール――中国革命 1926～1929』(新評論，1995年)。

『会員名簿』上 (日本大学学友会，1942年)。

外務省編纂『日本外交文書』大正2年，第2冊 (外務省，1964年)。

――『日本外交文書』大正6年，第2冊 (外務省，1968年)。

――『日本外交文書』大正7年，第2冊上巻 (外務省，1969年)。

カウツキー，カール (Kautsky, Karl)(栗原佑訳)『中世の共産主義』(法政大学出版局，1980年)。

川合貞吉『日本の民族性と社会』(谷沢書房，1982年)。

北村　稔『第一次国共合作の研究』(岩波書店，1998年)。

木山英雄『北京苦住庵記――日中戦争時代の周作人』(筑摩書房，1978年)。

許介鱗『中国人の視座から――近代日本論』(そしえて，1979年)。

近代日本研究会編『比較の中の近代日本思想』(山川出版社，1996年)。

久保田文次編『萱野長知・孫文関係史料集』(高知市民図書館，2001年)。

クロウ，カール (Crow, Carl)(山腰敏寛訳)『モルモットをやめた中国人――米国人ジャーナリストが見た中華民国の建設』(東方書店，1993年)。

厳安生『日本留学精神史――近代中国知識人の軌跡』(岩波書店，1991年)。

興亜院政務部『日本留学中華民国人名調』(興亜院，1940年)。

小路田泰直『日本史の思想――アジア主義と日本主義の相克』(柏書房，1997年)。

小島晋治・並木頼寿編『近代中国研究案内』(岩波書店，1993年)。

小島朋之・家近亮子『歴史の中の中国政治――近代と現代』(勁草書房，1999年)。

小島淑男『留日学生の辛亥革命』青木書店，1989年。

佐伯彰一・芳賀徹編『外国人による日本論の名著——ゴンチャロフからパンゲまで』（中央公論社，1987 年初版，1989 年 4 版）。

嵯峨　隆『戴季陶の対日観と中国革命』（東方書店，2003 年）。

﨑村義郎著・久保田文次編『萱野長知研究』（高知市民図書館，1996 年）。

作道好男・江藤武人編『日本大学創基八十五年』（財界評論新社，1977 年）。

さねとうけいしゅう『中国人日本留学史』（くろしお出版，1960 年初版；1970 年増補版，1981 年増補版第 2 刷）。

サンケイ新聞社『蔣介石秘録』上・下冊（サンケイ出版，1985 年）。

シュウォルツ，ベンジャミン・I.（Schwartz, Benjamin I.）（石川忠雄・小田英郎訳）『中国共産党史——中国共産主義と毛沢東の抬頭』（慶應通信，1964 年初版；1980 年 3 版）。

銭国紅『日本と中国における「西洋」の発見』（山川出版社，2004 年）。

武内義雄『中国思想史』（岩波書店，1936 年）。

玉嶋信義編訳『中国の眼——魯迅から周恩来までの日本観』（弘文堂，1959 年）。

築島謙三『「日本人論」の中の日本人』（大日本図書，1984 年）。

中央大学人文科学研究所編『五・四運動史像の再検討』（中央大学出版部，1986 年）。

——『民国前期中国と東アジアの変動』（中央大学出版部，1999 年）。

中国研究所編『中国の日本論』（潮流社，1952 年）。

中国現代史研究会編『中国国民政府史の研究』（汲古書院，1986 年）。

趙軍『大アジア主義と中国』（亜紀書房，1997 年）。

陳徳仁・安井三吉『孫文・講演「大アジア主義」資料集』（法律出版社，1989 年）。

陳立夫著・松田州二訳・保阪正康解説『成敗之鑑——陳立夫回想録』上・下巻（原書房，1997 年）。

栃木利夫・坂野良吉『中国国民革命——戦間期東アジアの地殻変動』（法政大学出版局，1997 年）。

並木頼寿・井上裕正『中華帝国の危機』（中央公論社，1997 年）。

新堀通也監修『知日家関係文献目録』（広島大学教育社会学研究室，1983 年）。

ニッシュ，イアン・ヒル（Nish, Ian Hill）（宮本盛太郎監訳）『日本の外交政策 1869～1942 ——霞が関から三宅坂へ』（ミネルヴァ書房，1994 年）。

『日本外交年表並主要文書』（原書房，1965 年）。

日本外務省編『日本外交年表竝主要文書』下（日本国際連合協会，1955 年）。

『日本大学九十年史』（日本大学，1982 年）。

日本大学史編纂委員会編『日本大学百年史』第 1 巻・第 2 巻（日本大学，1997 年）。

『日本大学七十年略史』（日本大学，1959 年）。

西村成雄『中国ナショナリズムと民主主義——二十世紀中国政治史の新たな視界』（研文出版，1991 年）。

日本孫文研究会編『孫文とアジア—— 1990 年 8 月国際学術討論会報告集』（汲古書院，1993 年）。

野沢豊編『中国国民革命史の研究』（青木書店，1974 年）。

野村浩一『中国革命の思想』（岩波書店，1971 年）。

——『蒋介石と毛沢東——世界戦争のなかの革命』(岩波書店，1997 年)。

波多野幹一『中国国民党通史』(大東出版社，1943 年初版；1944 年再版)。

狭間直樹編『中国国民革命の研究』(京都大学人文科学研究所，1992 年)。

蓮実重彦・山内昌之『いま，なぜ民族か』(東京大学出版会，1994 年)。

原奎一郎編『原敬日記』第 4 巻，第 7 巻（乾元社，1951 年)。

原敬文書研究会編『原敬関係文書　第一巻　書翰篇』(日本放送出版協会，1984 年)。

平野　正『中国革命の知識人』(日中出版，1977 年)。

武安隆・熊達雲『中国人の日本研究史』(六興出版，1989 年)。

深町英夫『近代中国における政党・社会・国家——中国国民党の形成過程』(中央大学出版部，1999 年)。

藤井昇三『孫文の研究——とくに民族主義理論の発展を中心として』(勁草書房，1966 年)。

ホワイティング，アレン・S.（Whiting，Allen S.)（岡部達味訳)『中国人の日本観』(岩波書店，1993 年)。

丸山松幸『五四運動』(紀伊國屋書店，1981 年)。

溝口雄三『中国の公と私』(研文出版，1995 年)。

——『方法としての中国』(東京大学出版会，1989 年)。

宮崎龍介・小野川秀美編『宮崎滔天全集』第 3 巻（平凡社，1972 年)。

村田雄二郎，C. ラマール編『漢字圏の近代——ことばと国家』(東京大学出版会，2005 年)。

山本佐門『ドイツ社会民主党とカウツキー』(北海道大学図書刊行会，1981 年)。

横山宏章『清末中国の青年群像』(三省堂，1986 年)。

——『中国の政治危機と伝統的支配』(研文出版，1996 年)。

——『孫文と袁世凱——中華統合の夢』(岩波書店，1996 年)。

劉岸偉『東洋人の悲哀——周作人と日本』(河出書房新社，1991 年)。

山口一郎『近代中国対日観の研究』(アジア経済研究所，1970 年)。

兪辛焞『孫文の革命運動と日本』(六興出版，1989 年)。

読売新聞調査研究本部編『新・日本人論——世界の中の日本人』(読売新聞，1986 年)。

(2) 論　文

安藤久美子「孫文の「五族共和」批判と戴季陶の連邦共和制論」日本女子大学『史艸』第 46 号（2005 年 11 月)。

——「辛亥革命前後の戴季陶の共和思想」『孫文研究』第 40・41 合併号（2007 年 3 月)。

家近亮子「蒋介石の外交戦略と日本——『安内攘外』から『以徳報怨』まで」『近きに在りて』第 33 号（1998 年 5 月)。

石川禎浩「マルクス主義の伝播と中国共産党の結成」狭間直樹編『中国国民革命の研究』(京都大学人文科学研究所，1992 年)。

——「死後の孫文——遺書と紀念週」京都大学人文科学研究所『東方学報』第 79 冊（2006 年 9 月)。

王永祥「1920年代前半期ソ連・コミンテルンの対中国政策」中央大学人文科学研究所編『民国前期中国と東アジアの変動』(中央大学出版部，1999年)。

王奇生（張玉萍訳）「党員・党組織・都市社会――上海の中共地下党（1923～1927）」中央大学『政策文化総合研究所年報』第13号（2010年8月）。

岡田英弘「中国人はなぜ日本に無関心なのか――戴季陶の『日本論』」『中央公論』第95巻第3号（1980年3月）。

上島　武「カウツキーの社会主義革命論」『大阪経大論集』第50巻第6号（通巻第254号）(2000年3月)。

河村一夫「駐清時代の矢野龍渓氏」成城大学文芸学部研究室編『成城文芸』46（1967年)。

北河征四郎「中国国民党『新右派』理論形成的前提――戴季陶を中心に（五四運動～一全大会)『歴史研究』愛知教育大学，第17号（1970年3月)。

北村　稔「広東国民政府における政治抗争と蒋介石の抬頭」『史林』第68巻第6号(1985年11月)。

久保純太郎「戴季陶における『中国革命』とその思想――中国・日本・アジアをめぐって」(神戸大学大学院文化学研究科博士論文，2005年)。

久保田文次「孫文の対日観」辛亥革命研究会編『中国近現代史論集――菊池貴晴先生追悼論集』(汲古書院，1985年)。

厳安生「近代中国人による日本論」国際日本文化研究センター『世界の中の日本Ⅱ』(1990年)。

小杉修二「戴季陶主義の一考察――蒋介石政権成立の思想的前提」『歴史評論』第279号（1973年8月)。

――「蒋介石政権成立の諸前提」『歴史評論』臨時増刊（1973年12月)。

――「五・三〇運動の一考察」野沢豊編『中国国民革命史の研究』(青木書店，1974年)。

小林　勝「カール・カウツキーのプロレタリア独裁論（ソ連東欧社会主義崩壊をめぐって)」『社会主義』通号第416号（1997年12月)。

近衛篤磨「同人種同盟　附支那問題研究の必要」竹内好・橋川文三編『近代中国と日本』上・下（朝日新聞社，1974年)。

近藤邦康「1930年代中国における抗日の思想」東京大学社会科学研究所「ファシズムと民主主義」研究会編『運動と抵抗・下〈ファシズム期の国家と社会・八〉』(東京大学出版会，1980年)。

嵯峨　隆「国民革命期における戴季陶の対外観について」『近きに在りて』第33号(1998年5月)。

――「五四時期における戴季陶の対日観について――社会主義認識との関連で」『東洋学報』第82巻第2号（2000年9月)。

――「満州事変の中での戴季陶――その対外観と現実との接点」静岡県立大学国際関係学部編『国際関係・比較文化研究』第2巻第1号（2003年9月)。

――「戴季陶による『大アジア主義』の継承と展開」慶應義塾大学法学部編，慶應義塾大学創立150周年記念法学部論文集『慶應の政治学　地域研究』(慶應義塾大

学法学部刊，2008年)。

佐々木英昭「戴季陶『日本論』」佐伯彰一・芳賀徹編『外国人による日本論の名著——ゴンチャロフからパンゲまで』(中央公論社，1987年初版；1989年4版)。

——「戴季陶『日本論』——日本的美徳への畏望と失望」『国文学　解釈と観賞』第60巻第5号（1995年5月)。

左双文・高文勝（張玉萍訳)「革命と外交——北伐期における蒋介石の外交戦略」貴志俊彦・谷垣真理子・深町英夫編『模索する近代日中関係——対話と競存の時代』(東京大学出版会，2009年)。

蒋海波「孫文のキリスト教理解と大亜細亜主義」『孫文研究』第23号（1998年1月)。

関口　勝「五・四時期における戴季陶の思想について」『亜細亜大学教養部紀要』第50号（1994年11月)。中国語訳：「戴季陶与『星期評論』雑誌」『近代中国』第128期（1998年12月)。

——「戴季陶の思想転換の動機とその時代背景について」『亜細亜大学教養部紀要』第51号（1995年6月)。

——「戴季陶の『孫文主義』解釈を繞って」『亜細亜大学教養部紀要』第52号（1995年11月)。

——「戴季陶と中山大学についての考察」『亜細亜大学教養部紀要』第53号（1996年6月)。中国語訳：「戴季陶先生主持中山大学之前後」『近代中国』第116期（1996年12月)。

——「戴季陶逸事」『亜細亜大学教養部紀要』第56号（1997年11月)。

——「戴季陶について——魯迅と中山大学」『アジアの文化，特に思想・宗教・言語の多様性の研究』(亜細亜大学アジア研究所，2003年)。

桑兵・黄毅「戴季陶文集の編集状況について」『近きに在りて』第22号（1992年11月)。中国語訳：「『戴季陶文集』与戴季陶研究」桑兵『孫中山的活動与思想』(中山大学出版社，2001年)。

蘇徳昌「中国人の日本観——戴季陶」『奈良大学紀要』第31号（2003年3月)。

孫歌「近代中国における日本イメージと日本研究の課題」『東西南北』(和光大学総合文化研究所，2000年)。

高綱博文「孫文の『大アジア主義』講演をめぐって——『孫文講演「大アジア主義」資料集』を中心に」(『歴史評論』第494号，1991年)。

——「戴季陶の『共和思想』」『松村潤先生古稀記念清代史論叢』(汲古書院，1994年)。

——「日中関係史における孫文の『大アジア主義』——戦前編」(『近きに在りて』第32号，1997年)。

——「上海『在華紡』争議と五・三〇運動——顧正紅事件をめぐって」中央大学人文科学研究所編『民国前期中国と東アジアの変動』(中央大学出版部，1999年)。

竹田稔和「筧克彦の国家論——構造と特質」『岡山大学大学院文化科学研究科紀要』第10号（2000年11月)。

田嶋信雄「孫文の『中独ソ三国連合』構想と日本 1917〜1924年——『連ソ』路線および『大アジア主義』再考」服部龍二・土田哲夫・後藤春美編著『戦間期の東アジア国際政治』(中央大学出版部，2007年6月)。

張玉萍「清末民国期留日知識人の日本観」『歴史と未来』第 22 号（1996 年 2 月）。

——「清末民国期留日知識人の日本観——留日経験との関連を中心に」『東瀛求索』第 8 号（1996 年 8 月）。

——「辛亥期における戴季陶の日本認識（1909〜1912 年）」『中国研究月報』第 52 巻第 12 号［総第 610 号］（1998 年 12 月）。

——「討袁運動期における戴季陶の日本認識」『近代日中関係史研究の課題と方法〜梅屋庄吉とその時代』論文集（日中歴史研究センター助成研究，1999 年 3 月）。

——「討袁運動期における戴季陶の日本認識（1913〜1916 年）」『近きに在りて』第 36 号（1999 年 12 月）。

——「戴季陶の日本観の研究」（東京大学大学院総合文化研究科地域文化研究専攻博士論文，2001 年度）。

——「護法運動期における戴季陶の日本観（1917〜1918 年）『歴史学研究』第 811 号（2006 年 2 月）。

——「戴季陶の日本留学」『中国研究月報』第 63 巻第 7 号［総第 737 号］（2009 年 7 月）。

——「日中戦争期の戴季陶と日本」『和光大学表現学部紀要』10 号（2009 年度）。

——「五・四運動期における戴季陶の日本観」『中国研究月報』第 64 巻第 9 号［総第 751 号］（2010 年 9 月）。

董世奎「戴季陶『日本論』の構造および文体」『中国研究月報』総第 670 号（2003 年 12 月）。

——「戴季陶民族主義の脈絡——反日と恐日にゆれた自己保存主義」名古屋大学大学院国際言語文化研究科『言語と文化』第 6 号（2005 年）。

——「戴季陶政治思想の研究——日本との関わりを通して」（名古屋大学大学院国際言語文化研究科博士論文，2006 年）。

中島　及「高知での戴季陶」『中国』第 63 号（1969 年 2 月）。

白永瑞「戴季陶の国民革命論の構造的分析」『孫文研究』第 11 号，12 号（1990 年 5 月，12 月）。

平石直昭「近代日本の『アジア主義』——明治期の諸理念を中心に」溝口雄三・浜下武志・平石直昭・宮嶋博史『アジアから考える（5）近代化像』（東京大学出版会，1994 年）。

深町英夫「中国人の民族意識と日本——戴季陶の『日本論』」『歴史と未来』第 20 号（1994 年）。

——「中国革命と外国勢力——孫文の対外宣伝」上・下，中央大学人文科学研究所『人文研紀要』第 31 号，34 号（1998 年 9 月，1999 年 9 月）。

——「広東軍政府論—民国前期における『中央政府』」中央大学人文科学研究所編『民国前期中国と東アジアの変動』（中央大学出版部、1999 年）。

藤井昇三「中国人の日本観——第一次大戦直後から幣原外交まで」『社会科学研究』第 20 巻第 2，3 号合刊（1975 年 3 月）。

——「二十一ヵ条交渉時期の孫文と『中日盟約』」市古教授退官記念論叢編集委員会『論集　近代中国研究』（山川出版社，1981 年）。

──「孫文の『アジア主義』」辛亥革命研究会編『中国近現代史論集──菊池貴晴先生追悼論集』(汲古書院，1985年)。

──「孫文の民族主義再論」『歴史評論』第549号（1996年1月)。

松田道雄・市井三郎・葦津珍彦・色川大吉「戴季陶『日本論』を読んで」『中国』第64号（1969年3月号)。

宮崎龍介「新装の民国から」『解放』第1巻第7号（1919年12月)。

村田雄二郎「五・四時期の中国国民党──戴季陶と中国革命」東京大学「アジアの文化と社会」(学科卒業論文，1980年，未発表)。

──「中華ナショナリズムの表象──顧頡剛における〈民族〉と〈文化〉」『江戸の思想』第8号（1998年6月)。

──「もう一つの簡体字──漢字とナショナリズム」田中克彦ほか編『言語・国家，そして権力』(新世社，1997年)。

望月敏弘「五・四時期における戴季陶の政治主張に関する一考察」『嘉悦女子短期大学研究論叢』第29巻2号（1986年12月)。

──「中国国民党の対日観」宇野重昭・天児慧編『20世紀の中国──政治変動と国際契機』(東京大学出版会，1994年)。

──「近十年来の日本における政治思想史研究──国民党関係人物を中心に」『近きに在りて』第28号（1995年11月)。

──「戴季陶の初期日本認識について」小島朋之・家近亮子編『歴史の中の中国政治──近代と現代』(勁草書房，1999年)。

森永優子「近代中国の対日観──戴季陶の『日本論』と戴季陶主義に関する一考察」『史観』第93冊（1976年)。

安井三吉「孫文の最後の訪日について」『中国研究』第65号（1975年9月)。

──「講演『大亜細亜問題』について──孫文と神戸（1924年)」『近代』第61号（1985年3月)。

──「孫文『大アジア主義』のテキストについて」『近代』第64号（1988年3月)。

──「講演『大亜細亜問題』の成立とその構造」陳徳仁・安井三吉編『孫文講演「大アジア主義」資料集』(法律文化社，1989年)。

──「孫文講演『大アジア主義』の研究を深めるために」『歴史評論』第498号（1991年10月)。

──「孫文の講演『大アジア主義』と戴天仇」孫文研究会編『孫文とアジア──1990年8月国際学術討論会報告集』(汲古書院，1993年)。

山田純三郎「シナ革命と孫文の中日聯盟」嘉治隆一編『第一人者の言葉──同時代人と次代人とに語る』(亜東倶楽部，1961年)。

兪慰剛「戴季陶と日本」『東瀛求索』第8号（1996年8月)。

──「戴季陶「わが日本観」から『日本論』へ」『環日本海研究年報』第3号（1996年)。

──「孫文の日本観・アジア観と戴季陶」『現代社会文化研究』第6号（1996年11月)。

──「戴季陶の日本人論」──『日本論』を中心にして」『現代社会文化研究』第7

号（1997 年 2 月）。

——「戴季陶『日本論』の研究」（新潟大学大学院現代社会文化研究科博士論文，1997 年 11 月）。

——「中国人の武士道論——戴季陶の『日本論』を中心にして」『埼玉大学紀要』第 34 巻第 2 号（1998 年）。

——「抗日戦争期における戴季陶の日本観について」『東瀛求索』第 10 号（1999 年 3 月）。

湯元国穂「五四運動状況における戴季陶——『時代』の方向と中国の進む道」『千葉大学教養部研究報告』B-19（1986 年 11 月）。

——「五四運動状況と戴季陶の思想」『現代中国』第 61 号（1987 年 6 月）。

——「戴季陶」佐藤慎一編『近代中国の思索者たち』（大修館書店，1998 年）。

楊暁文「中国人の日本観——黄遵憲・戴季陶・豊子愷の場合」滋賀大学教育学部教育実践研究指導センター『教育実践研究指導センター紀要　パイディア』第 4 巻第 1 号（1996 年 3 月）。

横山宏章「蒋介石と上海交易所——株式仲買人時代について」『中国研究月報』第 527 号（1992 年 1 月）。

劉迪「戴季陶の連邦主義思想について」早稲田大学大学院法学研究科『法研論集』第 94 号（2000 年 6 月）。

(3) 未公刊史料
『会員名簿』上・下（日本大学学友会，1942 年）。

興亜院政務部『日本留学中華民国人名調』（興亜院，1940 年）。

(4) 定期刊行物
『大分新聞』『大阪朝日新聞』『大阪毎日新聞』『外交時報』『改造』『解放』『九州新聞』，京都帝国大学経済学会『経済論叢』『神戸新聞』『神戸又新日報』『国民新聞』『滬上評論』（上海），『国家及国家学』『時事新報』（東京），『実業之日本』『支那時報』『支那と日本』『社会主義研究』『新社会』『第三帝国』『太陽』『中央公論』『中央新聞』，東京『帝国大学新聞』『デモクラシー』『東京朝日新聞』『東京日日新聞』『東洋経済新報』『内観』『日本及日本人』『批評』『北京週報』（北京），『民報』（東京），『無産者新聞』『読売新聞』

2　中国語（五十音順）
(1) 著　書
尹家民『蒋介石与黄埔「四凶」』（中共中央党校出版社，1993 年）。

翁有為・趙文遠等『蒋介石与日本的恩恩怨怨』（人民出版社，2008 年）。

栄孟源主編『中国国民党歴次代表大会及中央全会資料』上冊（光明日報出版社，1985 年）。

王家驊『儒家思想与日本的現代化』（浙江人民出版社，1995 年）。

王奇生『中国留学生的歴史軌跡 1872～1949』（湖北教育出版社，1992 年）。

――『党員，党権与党争―― 1924～1949 年中国国民党的組織形態』（上海書店出版社，2003 年）。
――『革命与反革命――社会文化視野下的民国政治』（社会科学文献出版社，2010 年）。
王暁秋『近代中日文化交流史』（中華書局，1992 年）。
王更生『孝園尊者――戴伝賢伝』（近代中国出版社，1978 年）。
汪向栄『日本教習』（生活・読書・新知三聯書店，1988 年）。
汪士淳『千山独行――蒋緯国的人生之旅』（天下文化出版股份有限公司，1996 年）。
王俯民『蒋介石伝』（経済日報出版社，1995 年）。
夏衍『懶尋旧夢録』（浙江文芸出版社，2005 年）。日本語版：阿部幸夫訳『日本回憶――夏衍自伝』（東方書店，1987 年）。
賀淵『三民主義与中国政治』（社会科学文献出版社，1995 年）。
戈公振『中国報学史』（台湾学生書局，1964 年再版）。
郭緒印『国民党派系闘争史』（上海人民出版社，1992 年）。
郝盛潮主編・王耿雄等編『孫中山集外集』補編（上海人民出版社，1994 年）。
郭宝平『従孫中山到蒋介石――民国最高権力的交替与争奪』（上海人民出版社，1995 年）。
何香凝『回憶孫中山和廖仲愷』（生活・読書・新知三聯書店，1978 年）。
嚮導週報社編『反戴季陶的国民革命観（一）』（嚮導週報社，1925 年）。
金以林『国民党高層的派系政治』（社会科学文献出版社，2009 年）。
許放『中国民国政治史』（人民出版社，1994 年）。
匡長福・楊震・賈涛・劉寧『権与銭――蒋宋孔陳聚財録』（清華大学出版社，1989 年）。
瞿立鶴『清末留学教育』（三民書局有限公司，1973 年）。
顧維均著・中国社会科学院近代史研究所訳『顧維均回憶録』（中華書局，1983 年）。
黄彦『孫中山研究和史料編纂』（広東人民出版社，1996 年）。
洪聖斐『孫文与三井財閥』（文英堂，1998 年）。
黄仁宇『従大歴史的角度読蒋介石日記』（時報文化出版企業有限公司，1994 年）。
黄自進『吉野作造対近代中国的認識与評価（1906～1932）』（中央研究院近代史研究所，1995 年）。
黄自進主編『蒋中正先生留日学習実録』（財団法人中正文教基金会，2001 年）。
黄福慶『清末留日学生』（中央研究院近代史研究所，1975 年初版；1983 年再版）。
――『近代日本在華文化及社会事業之研究』（中央研究院近代史研究所，1982 年）。
胡春恵『民初的地方主義与聯省自治』（正中書局，1983 年）。
国家档案局明清档案館編『戊戌変法档案史料』（中華書局，1958 年）。
謝健『謝鋳陳回憶録』（台湾文海出版社，1975 年）。
朱匯森主編『戴伝賢与現代中国』（国史舘，1989 年）。
朱家驊等『戴季陶先生逝世十週年紀念特刊』（中山大学校友会，1959 年）。
朱漢国主編『南京国民政府紀実』（安徽人民出版社，1993 年）。
朱伝誉主編『伝記資料　第一至第五輯総目』（天一出版社，出版年不詳）。
周一良『中日文化関係史論』（江西人民出版社，1990 年）。
周作人『苦茶――周作人回想録』（敦煌文芸出版社，1995 年）。

――『知堂回想録』(三育図書文具公司，1970 年)。
邵元沖著・王仰清・許映湖標注『邵元沖日記』(上海人民出版社，1990 年)。
尚会鵬『儒家戦略文化与中国人日本観的深層』(国際政治研究，2004 年)。
肖如平『国民政府考試院研究』(社会科学文献出版社，2008 年)。
徐矛『中華民国政治制度史』(上海人民出版社，1992 年)。
秦孝儀主編『革命文献』第 50 輯（中央文物供応社，1970 年)。
秦孝儀総編纂『総統　蒋公大事長編初稿』(1978 年)。
秦孝儀主編『国父全集』(近代中国出版社，1989 年)。
『清光緒朝中日交渉史料』第 68 巻（文海出版社，1963 年，影印版)。
石源華『中華民国外交史』(上海人民出版社，1994 年)。
石暁軍『中日両国相互認識的変遷』(台湾商務印書館，1992 年)。
銭理群『周作人論』(上海人民出版社，1991 年)。
宋越倫『総理在日本之革命活動』(中央文物供応社，1953 年)。
宋教仁『我之歴史――宋教仁日記』(湖南人民出版社，1980 年)。
曹世昌編著『国民革命史』(国立編訳館，1996 年)。
桑兵『孫中山的活動与思想』(中山大学出版社，2001 年)。
蘇全有『孫中山与三角連盟』(河北人民出版社，1998 年)。
『孫中山由上海過日本之言論』(広州民智書局，1925 年初版；1927 年第 6 版)。
『孫中山全集』第 3 巻～第 11 巻（中華書局，1984～1986 年)。
段雲章『孫文与日本史事編年』(広東人民出版社，1996 年)。
――『放眼世界的孫中山』(中山大学出版社，1996 年)。
段雲章・邱捷『孫中山与近代軍閥』(四川人民出版社，1989 年)。
段雲章・陳敏・倪俊明『陳炯明的一生』(河南人民出版社，1989 年)。
段雲章・倪俊明『陳炯明集』上下巻（中山大学出版社，1998 年)。
中共中央馬克思恩格斯列寧斯大林著作編訳局研究室編『五四時期期刊紹介』Ⅰ～Ⅴ（人民出版社，1958 年)。
中国科学院近代史研究所近代史資料編輯組編『一九一九年南北議和資料』(中華書局，1962 年)。
中国科学院近代史研究所中華民国史組編『胡適来往書信選』上（中華書局，1979 年)。
中国抗日戦争史学会主弁・中国社会科学院近代史研究所編『抗日戦争研究』1998 年第 1 期，総第 27 期（近代史研究雑誌社，1998 年)。
『中国国民党第一次全国代表大会史料専輯』(中華民国史料研究中心，1984 年)。
中国国民党中央改造委員会編印『戴季陶先生逝世二週年紀念専輯』(1954 年)。
中国社会科学院近代史研究所編『中華民国史研究三十年（1972～2002)』(社会科学文献出版社，2008 年)。
中国史学界編『戊戌変法』第二冊（神州国光社，1953 年)。
中国第二歴史档案館編『中華民国史档案資料匯編』第 4 輯（江蘇古籍出版社，1986 年)。
――『蒋介石年譜初稿』(档案出版社，1992 年)。
張弓・牟之先主編『国民政府重慶陪都史』(西南師範大学出版社，1993 年)。

張群『我与日本七十年』（中日関係研究会，1980 年）。

張国涛『我的回憶』第 1 冊（香港明報月刊出版社，1971 年）。

趙爾巽等撰『清史稿』第 41 冊（中華書局版，1977 年）。

張之洞「遊学」『勧学篇』外篇（両湖書院刊印，1898 年）。

張静廬編『清末民初重要報刊作者筆名字号通検』（中山図書公司，1972 年）。

張朋遠『梁啓超与民国政治』（食貨出版社，1981 年再版）。

陳潔如『我做了七年蒋介石夫人——陳潔如回憶録』（団結出版社，1992 年）。

陳公博・周佛海『陳公博・周佛海回憶録合編』（春秋出版社，1967 年）。

陳固亭『国父与日本友人』（幼獅文化事業公司，1965 年初版；1977 年再版）。

陳欽国『護法運動——軍政府時期之軍政研究（1917～1921）』（中央研究院三民主義研究所，1984 年）。

陳錫祺『孫中山年譜長編』（中華書局，1991 年）。

陳天錫編『戴季陶先生年譜』（中華日報社，1951 年）。

陳天錫『増訂戴季陶先生編年伝記』（陳天錫，1967 年再版）。

——『戴季陶先生的生平』（台湾商務印書館，1968 年）。

——『遅荘回憶録』瀋雲龍編『近代中国史料叢刊』続編第 3 輯 24～27（文海出版社，1974 年影印）。

陳旭麓・郝盛潮主編・王耿雄等編『孫中山集外集』（上海人民出版社，1990 年）。

丁守和主編『辛亥革命時期期刊紹介』第 1 ～ 5 集（人民出版社，1982～1987 年）。

竇応泰『蒋緯国其人』（吉林人民出版社，1998 年）。

陶緒『晩清民族主義思潮』（人民出版社，1995 年）。

鄧中夏『中国職工運動簡史（1919～1926）』（人民出版社，1953 年）。

唐文権主編『雷鉄崖集』（華中師範大学出版社，1986 年）。

鄧文光『中共建党運動史諸問題（初稿）』（青驄出版社，1976 年）。

梅萼編『鄒魯文存』瀋雲龍編『近代中国史料叢刊』3 編第 3 輯 23（文海出版社，1985 年影印）。

莫世祥『護法運動史』（稲禾出版社，1991 年）。

范小方・包東波・李娟麗『国民党理論家戴季陶』（河南人民出版社，1992 年；『戴季陶伝』団結出版社，2006 年として再版）。

深町英夫『近代広東的政党・社会・国家——中国国民党及其党国体制的形成過程』（社会科学文献出版社，2003 年）。

克羅沢，布頼恩（Crozier, Brian）著（封長虹訳）『蒋介石』（内蒙古人民出版社，1995 年）。

裴京漢『従韓国看的中華民国史』（社会科学文献出版社，2004 年）。

方漢奇主編『中国新聞事業通史』第 1 巻（中国人民大学出版社，1992 年）。

満洲国国務院編『大清朝実録・徳宗朝』第 390 巻（1937 年影印）。

兪辛焞・王振鎖編訳『孫中山在日活動密録（1913・8 ～1916・4）——日本外務省档案』（南開大学出版社，1990 年）。

兪辛焞・熊沛彪『孫中山宋慶齢与梅屋庄吉夫婦』（中華書局，1991 年）。

兪辛焞『孫中山与日本関係研究』（人民出版社，1996 年）。

尹健次『日本国民論——近代日本のアイデンティティ』(筑摩書房，1997年)。

葉永烈『毛澤東与蒋介石』上・下篇（風雨時代出版股份有限公司，1993年)。

楊天石『中華民国史』第2編第5巻（中華書局，1996年)。

余方徳『風流政客戴季陶』(上海人民出版社，2003年)。

羅家倫主編『国父年譜』上・下冊（中国国民党中央委員会党史委員会，1958年初版，1994年第4次増訂)。

——『革命文献』第7～9，35～36輯（中央文物供応社，1978，1984年影印再版)。

羅剛編著『中華民国国父実録』第4冊（羅剛三民主義奨学金基金会，1988年)。

李雲漢『従容共到清党』(中国学術著作奨助委員会，1966年初版；1973年影印版)。

李喜所『近代留学生与中外文化』(天津人民出版社，1992年)。

李吉奎『孫中山与日本』(広東人民出版社，1996年)。

李玉貞『孫中山与共産国際』(中央研究院近代史研究所，1996年)。

李良玉『動蕩時代的知識分子』(浙江人民出版社，1990年)。

劉永明『国民党人与五四運動』(中国社会科学出版社，1990年)。

劉勝驥『大陸海外留学生面面観』(永業出版社，1992年)。

劉俐娜『中国民国思想史』(人民出版社，1994年)。

林桶法『民国八年之南北議和』(南天書局，1990年)。

黎潔華・虞葦『戴季陶伝』(広東人民出版社，2003年)。

呂芳上『革命之再起——中国国民党改組前対新思潮的回応（1914～1924)』(中央研究院近代史研究所，1989年)。

——『従学生運動到運動学生——民国八年至十八年』(中央研究院近代史研究所，1994年)。

(2) 論　文
韋傑廷「戴季陶主義論略」『湖南師範大学社会科学学報』(1983年第2期)。

石川禎浩（陶柏康訳)「関于陳望道翻訳的『共産党宣言』」『上海党史与党建』(1995年第2期)。

——（王士花訳)「青年時期的施存統——「日本小組」与中共建党的過程」『中共党史研究』(1995年第3期)。

——（斉衛平訳)「留学日本期間的施存統」『档案与史学』(1995年第6期)。

臼井勝美（陳鵬仁訳)「日本外務省与中国政策（1913～1941)」『近代中国』第43期（1984年10月)。

于楊「留日学生在南京政府中的地位及対中日政策的影響」『徐州師範大学学報（哲学社会科学版)』(2006年第6期)。

袁偉時「対孫中山史跡的質疑——護法運動与法治的歴史経験」『明報』第36巻第7期（2001年7月)。

袁同疇「一個亟応弁正的史実——従外伝戴季陶先生参加発起共党説起」『伝記文学』第14巻第5期（1969年5月)。

王偉・楊桂宏「試論戴季陶的民主共和思想」『中国農業大学学報（社会科学版)』総第41期（2000年第4期)。

区惟堯「戴季陶主義論略」『韶関学院学報』(1985年第1期)。

区惟堯・周新月「戴季陶」『中山大学研究生学刊』総第6期(1981年第3期)。

王維礼・程舒偉「関于南京国民政府『安内攘外』政策的評価」『中共党史研究』総第230期(1993年第3期)。

王彦民「国民党理論宣伝家戴季陶」『歴史教学』(1999年第7期)。

王貴仁「二十年代国民党人的唯物史観探析」『時代人物』(2008年第5期)。

王剣秋「試論国民党各派対抗日的不同態度」『上海師範大学学報』(1986年第4期)。

王更生「戴伝賢先生的徳業与事功」『近代中国』第68期(1988年12月)。

王成聖「戴伝賢的一生」一～五,『中外雑誌』第16巻第4期～第17巻第2期(1974年10月～1975年2月)。

賀淵「戴季陶的日本観(1910～1931)」梅屋庄吉関係資料研究会編『近代日中関係史研究の課題と方法——梅屋庄吉とその時代』論文集(日本歴史研究センター助成研究, 1999年)。

——「辛亥前戴季陶的政治思想」中国社会科学院近代史研究所編『青年学術論壇』1999年巻(社会科学文献出版社, 2000年)。

——「『五四』時期戴季陶的政治思想」中国社会科学院近代史研究所編『青年学術論壇』2001年巻(社会科学文献出版社, 2002年)。

何海鳴「金陵紀戦」中国社会科学院近代史研究所中華民国史研究室主編『民初政争与二次革命』(上海人民出版社, 1983年)。

郭聖福「五四時期戴季陶対馬克思主義的介紹和研究」『学術月刊』(1990年第9期)。

賈景徳「戴伝賢先生伝略」『近代中国』第68期(1988年12月)。

砍石「戴季陶心労日拙」『政治生活』第47期(1925年8月19日)。

魏伯楨「上海証券物品交易所与蒋介石」『文史資料選輯』第49輯(合訂本, 第17冊)(中国文史出版社, 1986年)。

金沖及「民初同盟会人的幾種社会政治方案」『歴史研究』(1991年第1期)。

秋白(瞿秋白)「中国国民革命与戴季陶主義」嚮導週報社編『反戴季陶的国民革命観(一)』(嚮導週報社, 1925年9月)。

撃「孫中山主義的考茨基」『政治生活』第55期(1925年10月21日)。

——「国民党的政党派」『政治生活』第55期(1925年10月21日)。

——「結論」考試院考銓叢書指導委員会主編『戴季陶先生与考銓制度』(正中書局, 1984年)。

剣慧「送希(季)陶」『民権素』第3集(1914年9月)。

黄季陸「懐念戴季陶先生」『伝記文学』第6巻第2期(1965年2月)。

高軍「戴季陶政治思想的三次転変」『恵州大学学報』(2000年第2期)。

龔杰「戴季陶与孔孟之道」『学習与批判』(1974年第6期)。

高徳福「戴季陶与戴季陶主義」『歴史教学』(1980年第5期)。

黄福慶「論中国人的日本観——以戴季陶的『日本論』為中心」『中央研究院近代史研究所集刊』第9期(1980年7月)。

胡有瑞編「戴伝賢先生百年誕辰口述歴史座談会記実」『近代中国』第68期(1988年12月)。

呉相湘「戴天仇伝賢季陶三位一体」呉相湘著『民国百人伝』第 2 冊（伝記文学出版社, 1971 年）。
昂孫「送季陶遊歴南洋羣島序」『民権素』第 2 集（1914 年 7 月）。
左双文「西安事変後的南京討伐派——以戴季陶，何応欽為中心的再探討」『近代史研究』（2006 年 6 月）。
惨仏「贈天仇」『民権素』第 8 集（1915 年 7 月）。
史愛棠「論戴季陶主義」『民国档案』（1988 年第 4 期）。
周一志「戴季陶堅決主張討伐張・楊」呉福章編『西安事変親歴記』中国文史出版社,（1986 年）。
宗志文・厳如平・鄭則民「蒋介石」『中華民国史資料叢稿・人物伝記』第 23 輯（中華書局，1988 年）。
周徳豊「評戴季陶的文化哲学与歴史哲学」『人文雑誌』総第 102 期（1996 年第 4 期）。
周養儒「共産主義小組」朱成甲編『中共党史研究論文選』上冊（湖南人民出版社, 1983 年）。
朱秀春・劉利民「戴季陶早年政党政治思想論析」『広播電視大学学報（哲学社会科学版）』（2007 年第 3 期）。
蒋緯国「戴伝賢先生，我的親伯」『近代中国』第 68 期（1988 年 12 月）。
蒋永敬「『九一八』事変中国方面的反応」『新時代』第 5 巻第 12 期（1965 年 12 月）。
——「從九一八事変到一二八事変中国対日政策之争議」『抗戦前十年国家建設史研討会論文集』上冊（中央研究院近代史研究所，1985 年）。
蒋君章「西山会議与戴季陶先生」『伝記文学』第 33 巻第 2 期（1978 年 8 月）。
——「戴季陶先生的生平与著述」上・中・下『伝記文学』第 39 巻第 1 ～ 3 期（1981 年 7 ～ 9 月）。
蒋復璁「戴季陶先生八旬誕辰紀念献辞」『伝記文学』第 18 巻第 2 期（1971 年 2 月）。
徐鰲潤「戴伝賢対『民族国際』的推行輿貢献」『第一届民国史専題討論文集』（国史館, 1992 年）。
徐冰「戴季陶的日本観」『日本問題研究』（1994 年第 3 期）。
申徳成「戴季陶主義浅談」『伝承』（2008 年第 6 期）。
秦孝儀「革命党人的典型——戴季陶先生」『近代中国』第 68 期（1988 年 12 月）。
沈松僑「五四時期章士釗的保守思想」『中央研究院近代史研究所集刊』第 15 期下冊（1986 年 12 月）。
沈忱農「戴季陶先生之記者生涯」上・下『中国一周』総第 661 期（1962 年 12 月）。
栖梧老人（包恵僧）「中国共産党成立前後的見聞」『新観察』第 13 期（1957 年）。
荘宏誼「戴季陶与仏教」『中国歴史学会史学集刊』第 15 期（1983 年 5 月）。
桑兵・黄毅「辛亥時期戴季陶的日本観」胡春恵主編『「近代中国与亜洲」学術討論会論文集』（香港珠海書院亜洲研究中心，1995 年）。転載：『中山大学史学集刊』第 3 輯（1995 年 12 月）。
又転載：「辛亥前後戴季陶的日本観」桑兵『孫中山的活動与思想』（中山大学出版社, 2001 年）。
桑兵「世界主義与民族主義——孫中山対新文化派的回応」『近代史研究』（2003 年第 2

期)。
孫語聖「浅析戴季陶『馬克思主義』両重観之原因」『咸寧師専学報』(2000年第5期)。
孫淑「瞿秋白批判戴季陶主義的歴史功績」『南京大学学報（哲学社会科学)』(1985年増刊)。
——「従同路人到仇敵——瞿秋白与戴季陶」孫淑・湯淑敏主編『瞿秋白与他的同時代人』(南京大学出版社，1999年)。
存統「対于抄近路求学的朋友底忠告」『民国日報』副刊「覚悟」1921年1月27日。
——「評戴季陶先生的中国革命観」『中国青年』第91，92期合刊（1925年9月1日)。
段雲章「評1913年孫中山訪日」『歴史研究』(1991年第4期)。
段雲章・沈暁敏「宋慶齢和戴季陶——以孫中山革命事業為軸心的左右分趨」『中山大学学報（社会科学版)』(1993年第3期)。
代英（惲代英)「読『孫文主義之哲学的基礎』」『中国青年』第87期（1925年8月8日)。
趙英蘭「論五四前戴季陶的対日外交観」『史学集刊』総第70期（1998年第3期)。
張玉萍「留日時期的戴季陶——其日本観形成与留学経歴的関係」『江海学刊』2010年第2期（2010年4月)。
張水木「従歴史観点論国民政府領導中国対日抗戦之歴史地位」『近代中国』第61期(1987年10月)。
趙文田「戴季陶自殺的真相」『文史資料選輯』第1巻第2期（1963年)。
趙矢元「略論孫中山『大亜洲主義』与日本『大亜洲主義』」『孫中山研究論文集（1949～1984)』(四川人民出版社，1986年)。
陳幹「贈戴天仇」陳雋・佟立容編『陳幹集』(天馬図書，2001年)。
陳公懋「沈定一其人」『浙江文史資料選輯』第21輯（1982年6月)。
陳紅民「戴季陶1925～1926年間致胡漢民等幾封信」『民国档案』(2005年第4期)。
陳在俊「日本全面侵華決策過程之探討——以陸軍軍閥策謀為主（1874～1937)」『国父建党革命一百周年学術討論会』1994年11月19～23日。
陳子堅「戴季陶『訓話』挨打記」『山西文史資料』第4巻第9期（1981年)。
陳天錫「戴季陶先生与其夫人鈕有恒居士軼事」『伝記文学』第6巻第2期（1965年2月)。
独秀（陳独秀)「給戴季陶的一封信」1925年8月30日，『嚮導週報』第129期，第130期（1925年9月11日，18日)。
——「什麼是国民党左右派」『嚮導週報』第137期（1925年12月3日)。
——「国民党新右派之反動傾向」『嚮導週報』第139期（1925年12月20日)。
——「国民党右派之過去現在及将来」『嚮導週報』第148期（1926年4月3日)。
実（陳独秀)「戴季陶与反共産派運動」『嚮導週報』第129期（1925年9月11日)。
——「康有為章文釗戴季陶」『嚮導週報』第131期（1925年9月25日)。
——「戴季陶之道不孤矣」『嚮導週報』第134期（1925年10月30日)。
——「這就是戴季陶所謂『仁愛』之言」『嚮導週報』第148期（1926年4月3日)。
——「戴季陶其奈日本人的一定範疇何！」『嚮導週報』第189期（1927年2月28日)。
——「三民主義信徒的双包案」『嚮導週報』第189期（1927年2月28日)。
——「戴季陶願意出売工人嗎？」『嚮導週報』第192期（1927年3月18日)。

陳鵬仁「従日本外交官之記述論日本対華政策之失策」『近代中国』第 59 期（1987 年 6 月）。
陳明「1915 年期間孫中山被誣陷勾結日本的真相」広東省人民政府参事室文史資料工作組編印『文史資料選輯』第 26 輯（1982 年 12 月）。
陳立台「戴季陶早年的革命言論与活動（1910～1915）」（国立政治大学歴史研究所修士論文，1980 年）。
土田哲夫「張学良与不抵抗政策」『南京大学学報（哲学・人文・社会科学）』（1989 年第 3 期）。
鄭彦棻「戴季陶先生逝世前後」『伝記文学』（第 39 巻第 2 期）。
鄭佳明「論戴季陶主義的主要特徴」『求索』（1993 年第 1 期）。
鄭則民「戴季陶」朱信泉・厳如平主編『民国人物伝』第 4 巻（中華書局，1984 年）。
程天放「従萊因区域到法比——使徳回憶之五」『伝記文学』第 3 巻第 6 期～第 4 巻第 1 期（1963 年 12 月～1964 年 1 月）。
——「第十一届世界運動会——使徳回憶之六」『伝記文学』第 4 巻第 2 期～第 3 期（1964 年 2 月～ 3 月）。
——「徳国的華僑和留学生——使徳回憶之二十一」『伝記文学』第 8 巻第 3 期（1966 年 3 月）。
天嬰「贈戴季陶」『民権素』第 9 集（1915 年 8 月）。
董世奎「戴季陶的早期国家思想与筧克彦」『山東師範大学学報（人文社会科学版）』（2009 年第 3 期）。
董家安「中華革命党討袁期間的対外策略」『国父建党革命一百周年学術討論会』（1994 年 11 月 19～23 日）。
鄧文光「戴季陶与中国共産党」『中共建党運動史諸問題』初稿（青驄出版社，1976 年）。
陶文釗「影響戦時中国外交的若干因素」『近代史研究』総第 88 期（1995 年第 4 期）。
滕峰麗「回帰伝統：戴季陶的儒家思想」『理論月刊』（2006 年第 11 期）。
唐利国「蒋百里与戴季陶日本観的比較」北京大学日本研究中心『日本学』第 8 輯（1997 年 11 月）。
睨観（趙素昂）「贈天仇」『民権素』第 1 集（1914 年 4 月）。
日本産経新聞著・陳明訳「為了侵略中国，利用孫文」広東省人民政府参事室文史資料工作組編印『文史資料選輯』第 23 輯（1981 年 4 月）。
馬佩英「戴季陶早期政治思想論略」『河南大学学報』（1992 年第 4 期）。
——「戴季陶政治思想論」『史学月刊』（1997 年第 3 期）。
方一戈「戴季陶与現代白話文運動」『文史天地』（2004 年第 9 期）。
孟慶春「『一戦』時期共産党人与戴季陶主義的闘争」『斉斉哈尓師範学院学報』（1981 年第 3 期）。
兪慰剛「試論近代中日関係中的人際関係——以戴季陶与日人交往的言行為中心」蔡建国主編『亜太地区与中日関係』（上海社会科学院出版社，2002 年 8 月）。
——「関於戴季陶日本観的変化——従『我的日本観到『日本論』的再考察』古厩忠夫教授還暦記念論文集編輯委員会編『中日関係多維透視』（香港社会科学出版社，2002 年）。

――「戴季陶与同盟会」『華東理工大学学報（社会科学版）』(2006 年第 3 期)。
熊沛彪「九一八事変後日本的対華外交及戦略意図――兼論南京国民政府的対策」『歴史研究』(1998 年第 4 期)。
姚誠「民国辺政史上的重要媒介人物――戴季陶」『中国辺政』第 89 期（1985 年 3 月)。
楊奎松「『容共』，還是『分共』？―― 1925 年国民党因『容共』而分裂之縁起与経過」『近代史研究』(2002 年第 4 期)。
楊忠文「第一次国内革命戦争時期馬克思主義与戴季陶主義的闘争」『求是学刊』(1981 年第 3 期)。
楊天石「論国民党的社会改良主義」『中国文化』(2008 年第 1 期)。
楊天徳「試論戴季陶主義的出現及其反動実質」『史学月刊』(1980 年第 1 期)。
李雲漢「九一八事変前後蔣総統的対日政策」『師大学報』第 21 期（1976 年 4 月)。
――「戴季陶」王寿南総編輯『中国歴代思想家』第 55 輯（台湾商務印書館，1978 年)。
――「反共的先駆――戴季陶先生」『中華文化復興月刊』第 11 巻第 1 期（1978 年 1 月)。
――「中国対日抗戦的序幕：従盧溝橋事変到平津淪陥――国民政府決定応戦的過程」『近代中国』第 83 期（1991 年 6 月)。
李義彬「南京国民政府的聯蘇制日方針」『歴史研究』(1991 年第 1 期)。
李暁東「立憲政治與国民資格――筧克彦対『民報』與『新民叢報』論戦的影響」香港中文大学・中国文化研究所『二十一世紀』総第 98 期（2006 年 12 月号)。
陸茂清「『党国理論家』戴季陶自殺隠情」『文史春秋』(2005 年第 1 期)。
李建軍「迩迩東隣　亦幻亦真――読戴季陶『日本論』」『書屋』(2005 年第 12 期)。
李洪河「論五四時期戴季陶的反帝思想」『北方論叢』(2001 年第 6 期)。
――「五四時期戴季陶的日本観」『遼寧師範大学学報（社会科学版）』(2002 年第 2 期)。
――「戴季陶与五四運動」『河南広播電視大学学報』(2004 年第 2 期)。
――「論五四時期戴季陶的社会政治思想」『理論界』(2006 年第 1 期)。
――「五四時期戴季陶政治思想論略」『社会科学戦線』(2006 年第 4 期)。
陸丹林「蔣介石・張静江等做交易所経紀的物証」『文史資料選輯』第 49 輯（合訂本，第 17 冊）（中国文史出版社，1986 年)。
李占才「戴季陶五四時期的労工思想」『史学月刊』(1987 年第 4 期)。
――「五四時期的『星期評論』」『民国档案』(1991 年第 2 期)。
――「五四時期的戴季陶」『黄淮学刊（社会科学版）』(1992 年第 3 期)。
李朝津「戴季陶対日観的変遷」胡春恵主編『「近代中国与亜洲」学術討論会論文集』上（香港珠海書院亜洲研究中心，1995 年)。
陸雅乾「戴季陶的家庭情況見聞」上海『徐匯文史資料選輯』第 5 輯（1990 年 12 月)。
劉維開「『国民政府処理九一八事変之重要文献』導言」『近代中国』第 91 期（1992 年 10 月)。
劉洪鍾「光華日報七十年」鍾城芳主編『光華日報七十週年紀念刊』(光華日報有限公司，1981 年)。
劉曼容「1924 年孫中山北上与日本的関係」『歴史研究』(1991 年第 4 期)。
劉陸寅「共産党的反攻与反攻的共産党」『中央半月刊』第 5，6 号合刊（1927 年 9 月)。

劉利民「二十世紀初戴季陶政体思想演変論略」『安徽教育学院学報』(2001 年第 1 期)。

——「試論二十世紀初戴季陶対憲法実践理論的探討——兼論革命党人的憲政理論探索状況」『南京航空航天大学学報（社会科学版)』(2003 年第 2 期)。

——「近 20 年来戴季陶研究総述」『甘粛社会科学』(2003 年第 4 期)。

林華平「戴季陶先生之死」『伝記文学』第 39 巻第 1 期（1981 年 7 月)。

林家有「試論孫中山聯俄的主要原因和目的」『孫中山研究論文集（1949～1984)』(四川人民出版社，1986 年)。

黎潔華「戴季陶早期文化観初探」『中山大学学報（社会科学版)』(1997 年第 6 期)。

——「戴季陶的民族主義」『中山大学学報（社会科学版)』(2001 年第 1 期)。

呂厚軒・馬望英「『戴季陶主義』与国民党実権派的意識形態」『北方論叢』(2008 年第 4 期)。

呂乃澄・梁旭毅「従『九・一八』到『八・一三』蒋介石対日政策的変化」『歴史教学』(1985 年第 4 期)。

(3) 未公刊史料

『中日絶交問題』(条約委員会参事庁，1933 年)，中国第二歴史档案館所蔵，十八－516。

「国民政府為否認汪偽政府而発佈的宣言・訓令及対日宣戦布告等」(抄件，1937 年 12 月 20 日～1941 年）中国第二歴史档案館所蔵，十八－1308。

中央組織部選輯『研究中華民族致弱之由来与日本立国精神之所在』(中央秘書処文化驛駅総管理処印行，1941 年)，南京図書館特蔵部所蔵，＋D693.09－169。

湖北省政府編『大亜洲主義与中日和平』(出版社，出版年不明)，南京図書館特蔵部所蔵，＋D693.09－601。

柯璜稿編『中華民国国民敬告日本帝国君臣士民書』(出版社不明，1931 年)，南京図書館特蔵部所蔵，＋D693.09－678。

朱永編『中日国力的比較』(成都出版社，出版年不明)，南京図書館特蔵部所蔵，＋D693.09－834。

中央大学社会科学研究会編『対日問題研究』(南京書店，1932 年)，南京図書館特蔵部所蔵，＋D693.09－924。

(4) 定期刊行物

『革命週刊』『華字日報』『漢声』『響導週報』『近代中国』『軍政府広報』『広州民国日報』『江蘇自治公報』『国民日日報彙編』『湖州』『湖北学生界』『新亜細亜』『新華日報』『新時代』『晨鍾報』(後に『晨報』と改称)『新生命』月刊，『申報』『浙江潮』『大公報』『中央月刊』『中央週報』『中央党務月刊』『中央党務公報』『中央日報』『中央半月刊』『中央夜報』『中華新報』『中外日報』『中国国民党週刊』『中国青年』『中央童子軍総会月刊』『伝記文学』『天鐸報』『民吁報』『民国』(東京)，『民国日報』およびその副刊「覚悟」『民呼報』『民権素』『民権報』『民立報』『留東学報』

3　英語（アルファベット順）

（1）著　書

Israel, John, *Student Nationalism in China, 1927–1937*（Stanford, California: Stanford University Press, 1966）.

Lu, Yan（陸延）, *Re-understanding Japan: Chinese Perspectives, 1895–1945*（Honolulu: Association for Asian Studies and University of Hawai'i Press, 2004）.

Wilbur, C. Martin and How, Julie Lien-ying, *Documents on Communism, Nationalism, and Soviel Advisers in China, 1918–1927*（New York: Columbia University Press, 1956）.

（2）論　文

Bernal, Martin, "The Tzu-yu-tang and Tai Chi-t'ao:1912–1913," *Modern Asian Studies*, Vol. 1, No. 2（April 1967）.

Mast, Herman Wm. III, "An Intellectual Biography of Tai Chi-t'ao from 1891 to 1928"（Ph. D. dissertation University of Illinois, 1970）.

—— "Tai Chi-t'ao, Sunism and Marxism During the May Fourth Moverment in Shanghai," *Modern Asian Studies*, Vol. 5, No. 3（July 1971）. 中国語訳：馬時梓「五四運動前後之戴季陶与中山主義及馬克思主義（1918～1920）」中華民国史料研究中心編『中国現代史専題研究報告』第 1 輯（1971 年）。

Mast, Herman Wm. III and Saywell, William G., "Revolution Out of Tradition: The Political Ideology of Tai Chi-t'ao," *Journal of Asian Studies*, Vol. 34, No. 1（November 1974）. 中国語訳：馬時梓・塞維尔著（呉徳発訳・呉心健校訂）「由伝統中崛起之革命——戴季陶的政治理念」『近代中国思想人物論——民族主義』（時報文化出版社事業有限公司, 1980 年）。

Samarani, Guido, "The Making of Dai Jitao's Thought:The Japaness Years," *Paper prepared for the international Conference "Reinterpreting Twentieth Century China: New Perspectives,"* Hong Kong, June 7–9, 2001.

Saywell, William G., "The Thought of Tai Chi-t'ao: 1912–1928"（Ph. D. dissertation, University of Toronto, 1969）.

—— "Modernization without Modernity: Tai Chi-t'ao, A Conservative Nationalist," *Journal of Asian and African Studies*, Vol. 5, No. 4（October 1970）.

《著者紹介》
張 玉 萍（ちょうぎょくへい）
中国北京市出身
1993年，東京外国語大学外国語学部日本語学科卒業
1995年，東京外国語大学大学院地域文化研究科日本専攻博士前期課程修了
2001年，東京大学大学院総合文化研究科地域文化研究専攻博士後期課程単位取得
2002年，東京大学博士（学術）学位取得
2004年4月〜2006年3月，スタンフォード大学フーヴァー研究所客員研究員
現在，東京大学教養学部非常勤講師
専攻は，中国近現代史，日中関係史
主要論文に，「討袁運動期における戴季陶の日本認識（1913〜1916年）」『近きに在りて』第36号（1999年12月）；「護法運動期における戴季陶の日本観（1917〜1918年）」『歴史学研究』第811号（2006年2月）；「戴季陶の日本留学」『中国研究月報』第63巻第7号［総第737号］（2009年7月）；「五・四運動期における戴季陶の日本観」『中国研究月報』第64巻第9号［総第751号］（2010年9月）など。

戴季陶と近代日本

2011年2月28日　初版第1刷発行

著　者　張玉萍
発行所　財団法人　法政大学出版局
〒102-0073　東京都千代田区九段北3-2-7
電話03（5214）5540／振替00160-6-95814
製版・印刷　平文社／製本　誠製本
装丁　奥定泰之

ISBN 978-4-588-37706-8　Printed in Japan